Praxis Grounded Theory

Christian Pentzold · Andreas Bischof
Nele Heise
(Hrsg.)

Praxis Grounded Theory

Theoriegenerierendes empirisches
Forschen in medienbezogenen Lebenswelten. Ein Lehr- und Arbeitsbuch

 Springer VS

Herausgeber
Christian Pentzold
Bremen, Deutschland

Nele Heise
Hamburg, Deutschland

Andreas Bischof
Chemnitz, Deutschland

ISBN 978-3-658-15998-6   ISBN 978-3-658-15999-3   (eBook)
DOI 10.1007/978-3-658-15999-3

Die Deutsche Nationalbibliothek verzeichnet diese Publikation in der Deutschen National-
bibliografie; detaillierte bibliografische Daten sind im Internet über http://dnb.d-nb.de abrufbar.

Springer VS

Gedruckt auf säurefreiem und chlorfrei gebleichtem Papier

Springer VS ist Teil von Springer Nature
Die eingetragene Gesellschaft ist Springer Fachmedien Wiesbaden GmbH
Die Anschrift der Gesellschaft ist: Abraham-Lincoln-Str. 46, 65189 Wiesbaden, Germany

Inhalt

V

Einleitung: Theoriegenerierendes empirisches Forschen in medienbezogenen Lebenswelten

Christian Pentzold, Andreas Bischof und Nele Heise

Abstract

Die Einleitung führt sowohl in die Struktur des Bandes als auch in grundlegende Überlegungen zur Anwendung von Grounded Theory für das Erforschen medienbezogener Lebenswelten ein. In einer Vorüberlegung wird das Buch als Sammlung zu adaptierender Anwendungen statt fertiger ‚Patentrezepte‘ vorgestellt, um gemäß der Grounded Theory theoriegenerierend zu forschen. Grounded Theory kann dabei als Verfahrensrahmen, als Methode und/oder als Ergebnis begriffen und gebraucht werden. Insbesondere für Einsteigerinnen und Einsteiger ist es nicht einfach, forschungspraktische, für ihre Vorhaben und Materialien passende Darstellungen des Arbeitens mit Grounded Theory zu finden. Deshalb trägt der Band beispielhafte Anwendungen für den Gegenstandsbereich medienbezogene Lebenswelten zusammen. Gemeint sind jene Felder der Alltagswelt, deren Sozialgeschehen grundlegend durch mediale Vermittlung und mediale Inhalte geprägt ist. Die Grounded Theory bietet sich gerade für ihre Erforschung an, weil sie offen und gegenstandsbezogen klärt, ob und inwiefern konkrete Medienbezüge in Lebenswelten hergestellt werden – anstatt deren Wirkmächtigkeit im Voraus festlegen zu wollen.

Keywords

Medienanalyse, Kommunikationsforschung, Lebenswelt, Mediatisierung, Theoriegenerierung, Medienalltag

1   Vorab: Die Unmöglichkeit eines Grounded Theory-Praxisbuches

Mit dem Ausdruck ‚Grounded Theory' sind eigentlich zwei unterschiedliche Dinge gemeint, die durch diese Art zu forschen eng miteinander verknüpft werden. Der Begriff bezeichnet sowohl eine Theorie als Ergebnis eines datennah erfolgenden Forschungsprozesses als auch dessen methodisches Prozedere selbst: „It is two things at the same time", schreibt Norman K. Denzin (2007, S. 454), „a verb, a method of inquiry, and a noun, a product of inquiry". Resultat und Prozess begrifflich zu vereinen, ist typisch für die philosophische und erkenntnistheoretische Denkrichtung des Pragmatismus, auf der die Grounded Theory basiert. Ähnlich wie beim doppeldeutigen englischen Wort ‚building' wird das Ergebnis – das Gebäude – auf die Praktiken des Bauens zurückgeführt (Dewey 1980, S. 65). Obwohl Grounded Theory von ihren Gründungsvätern Anselm L. Strauss und Barney G. Glaser nicht in der Verlaufsform eines *grounded theorizing* entworfen wurde, trägt sie diese doppelte Bedeutung in sich. Ihr Ergebnis, die wissenschaftliche Theorie, sollte eine geordnete, abstrahierte und generalisierbare Folge von konzeptuellen Aussagen sein, während der Prozess ihres Herstellens häufig eher ein Nebeneinander statt ein Nacheinander von Vorgängen ist, das phasenweise ausprobiert, auch irren kann und korrigiert wird, anstatt stringent zu schlussfolgern. Der methodologische und methodische Vorschlag der Grounded Theory basiert gerade auf eben dieser Spannung. Sie ist ein Forschungsstil, der empirisch erfahrbare, sozial konstruierte und dynamisch sich wandelnde Lebenswelten nicht nur anerkennt, sondern Mittel bereitstellt, um aus der Entdeckung und Erforschung ihrer kulturellen Logiken, Zwänge und Bezüge eine wissenschaftliche Methode zu machen.

Vor diesem Hintergrund ist das Ziel des vorliegenden Buches eine einsteigerfreundliche Darstellung dieses Prozesses, der auf die empirische Sättigung theoretisch gehaltvoller Aussagen aus ist. Damit sind die Autorinnen und Autoren dieses Bandes ebenfalls unmittelbar vom erwähnten Paradox betroffen. Denn im Gegensatz zum Resultat – der wohlgeordneten Theorie, dargestellt in Qualifikationsarbeiten (auf die eine Reihe der hier vorliegenden Aufsätze zurückgehen) oder anderweitigen wissenschaftlichen Veröffentlichungen –, lässt sich der Weg ihres forschungspraktischen Erlangens nur bedingt in Textform darstellen. Es ist also eigentlich unmöglich, ein Praxis*buch* über Grounded Theory zu schreiben. Das ist einerseits in der Kultur des wissenschaftlichen Schreibens begründet, andererseits in der Art des qualitativen Forschens selbst (Clifford und Marcus 2010).

Wissenschaftlerinnen und Wissenschaftler honorieren erstens eine bestimmte Sorte von Texten. Wissenschaftliche Texte stellen standardmäßig ein wissenschaftliches Problem dar, betten es in den fachlichen Diskurs ein und schlagen dann auf Basis eigener Forschung eine neue, andere oder bessere Lösung vor. Bei der Darstellung dieses Prozesses werden zeitliche Verläufe linearisiert, Abwege oft unterschlagen und auf die interessierende wissenschaftliche Frage fokussiert – obwohl sich diese womöglich erst im Laufe des Forschungsprozesses in der letztlich resultierenden Form herausgebildet hat. Während eine solche Darstellung hilft, eine wissenschaftliche Leistung zu erfassen und einzuordnen, sagt diese Textgattung beinahe nichts darüber aus, wie sie zustande kam (Bourdieu 1996). Das betrifft häufig auch die Kapitel zu Methoden und zur Methodologie einer Studie. Dort erfahren wir, nach welchen Kriterien das Sample zusammengestellt wurde, oder wie die Daten erhoben und ausgewertet wurden. Nur selten lernen wir dagegen, wie es zu diesen Entscheidungen kam, was ihnen vorausging und wie sie sich im Prozess bewährt haben. Solche Dinge erfährt man viel öfter in der Kaffeepause auf einer Konferenz, in den Diskussionen eines Forschungsworkshops, in einer Interpretationsgruppe oder als studentische Mitarbeiterinnen und Mitarbeiter in einem Projekt, also auf wissenschaftlichen Hinterbühnen und in der forscherischen Praxis selbst.

Zweitens ist die forschungspraktische Detailarbeit insbesondere für qualitative Studien nur bedingt verallgemeinerbar. Eine wesentliche Ursache des Erfolgs der Grounded Theory scheint gerade darin zu bestehen, dass sie ein Set an generischen Erhebungs- und Auswertungsverfahren bereitstellt, das für sehr unterschiedliche Gegenstandsbereiche und Fragestellungen angewendet werden kann. Grounded Theory ist keine starre Methodik, sondern ein problemzentrierter Verfahrensrahmen, der vor allem die Spezifik des Materials für die Bildung empirisch begründeter, konzeptuell gehaltvoller Theorien betont. Forschen *nach* Grounded Theory erfordert also ein fortlaufendes Vergleichen und Adaptieren anstatt das Befolgen fester Regeln. Ein Buch über die Praxis, mit Grounded Theory zu forschen, kann also zunächst Einzelfälle der Anwendung versammeln und durch diese ein Spektrum an Beispielen geben. Eine Standardisierung darüber hinaus, das Fixieren einer erfolgversprechenden Abfolge von Schritten, wäre hingegen nicht passend, da sie dem Mechanismus nicht-standardisierter, gegenstandsnaher Forschung widerspräche.

Die wesentliche Herausforderung für ein Praxisbuch über Grounded Theory lautet also: Wie können die Beiträge rückblickend die Praxis des Arbeitens mit Grounded Theory nachvollziehbar darstellen? Die Autorinnen und Autoren bringen in ihren Praxisberichten neben Hinterbühnen-Wissen über die jeweiligen empirischen Forschungsprojekte eine Vielzahl von Erfahrungen in der Durchführung und Vermittlung von qualitativen Forschungsmethoden ein und zeigen Material, das in den ursprünglichen Studien so bislang nicht oder nur zum Teil veröffentlicht wurde. Es handelt sich um reflektierte Darstellungen methodisch versierter und gegenstandsangemessener Anwendungen von Grounded Theory für die Erforschung medienbezogener Lebenswelten. Das grundlegende Paradoxon der letztlich nur fallbasiert ,richtig' durchführbaren Grounded Theory wird dabei nicht in Patentrezepten aufgelöst. Wohl aber möchten wir eine Reihe von ,Serviervorschlägen' präsentieren, die insbesondere Einsteigerinnen und Einsteigern helfen sollen, eigene Wege in der Umsetzung von Grounded Theory zu gehen (s. dazu auch jüngst die Beiträge in Equit und Hohage 2016).

2 ,Will the real Grounded Theory please stand up?!': Einführung

Die Grounded Theory hat sich als interpretative sozialwissenschaftliche Arbeits- und Verstehensweise etabliert. In der angelsächsischen und später auch in der deutschsprachigen Sozialforschung hat das Interesse an den so eröffneten Formen theoriegenerierenden empirischen Arbeitens in den letzten zwei Jahrzehnten merklich zugenommen. Mittlerweile gilt sie als ein „Klassiker" (Krotz 2005, S. 159) qualitativer Forschung und als „one of the most popular research designs in the world" (Birks und Mills 2011, S. 1). Ihre ursprünglich in den 1960er Jahren von den US-amerikanischen Soziologen Anselm L. Strauss und Barney G. Glaser formulierten Prinzipien und Strategien werden heute in verschiedenen Disziplinen zum datennahen Entwickeln von Theorien angewendet (Glaser und Strauss 1967; Glaser 1978; Strauss und Corbin 1990; Strauss 1998).

Die Auseinandersetzung mit der Grounded Theory folgt keinem Kanon einmal festgelegter Prozedere. Vielmehr ist sie geprägt von zum Teil kontroversen Debatten über die Frage, was als unverrückbare Grundlagen, einzuhaltende Abläufe und maßgebliche Gütekriterien eines Grounded Theory-gemäßen Vorgehens gelten soll. Entsprechend existiert kein allgemeingültiges Regelwerk, wie eine Grounded Theory-Analyse korrekt zu realisieren ist, sondern es finden sich eine Palette an Anwendungen, wie sie schon zum einen von Glaser, zum anderen von Strauss und den jeweils davon inspirierten Generationen an Forschenden betrieben wurden (Glaser 2004; Kelle und Kluge 2010; Legewie und Schervier-Legewie 2004). Diese Vielfalt an Traditionen und Adaptionen bedeutet aber nicht unbedingt ein *anything goes*, wonach im Grunde alle Arten des schrittweisen Sammelns und Deutens von Daten mit dem Label ,Grounded Theory' versehen und damit legitimiert werden können (Strübing 2014, S. 14). Vielmehr finden sich verschiedene Anläufe, um ihre Basisannahmen und Arbeitsweisen zu bestimmen – um sozusagen die Standards der dem nicht-standardisierten, qualitativen Paradigma zugerechneten Grounded Theory zu erfassen. Dabei herrscht aber allein schon darüber Uneinigkeit, ob sie in erster Linie als methodologischer Rahmen (als Grounded Theory-*Methodologie*), als methodische Orientierung mit konkreten Analyseschritten (als Grounded Theory-*Methode*) oder als Ergebnis eines solchen Vorgehens (also als generierte, gegenstandsnahe Grounded *Theory*) verstanden werden sollte.

3   ‚The proof of the pudding is in the eating': Praxis Grounded Theory

Kernaufgabe der Grounded Theory ist nach Glaser und Strauss (1967, S. 12) die „Entdeckung von Theorie auf der Grundlage von in der Sozialforschung systematisch gewonnenen Daten". Theoriebildung ist für Glaser und Strauss somit eine Strategie, mit Daten umzugehen, also „Möglichkeiten anzubieten, Beschreibungen und Erklärungen zu konzeptualisieren" (Glaser und Strauss 2005, S. 13). Eine gegenstandsbezogene bzw. auf Daten gestützte Theorie muss ‚angemessen' sein, ihre Kategorien müssen also von den untersuchten Daten nahegelegt werden, und sie muss ‚handhabbar' sein, die untersuchten Sachverhalte müssen sich also mit Hilfe der rekonstruierten Kategorien deuten lassen.

Das elementare Prozedere der prozessualen Theoriegenerierung gestaltet sich gemäß der Darstellung von Strauss und Corbin (1996) wie folgt: Wesentliche Strategie der Grounded Theory ist die komparative Analyse, also das beständige und systematische Vergleichen nach konzeptuellen Gemeinsamkeiten und Unterschieden einzelner Daten oder Gruppen von Daten – auf der Basis des Vorwissens und bereits gewonnener Erkenntnisse. Die vergleichende Auswertung wird als Kodieren bezeichnet, bei dem es darum geht, über Konzeptualisierungs-, Abstraktions- und Ordnungsstufen die Daten aufzuschließen und in den Dimensionen ihres sozialen Sinns, ihrer Relevanzen, (dynamischen) Strukturen und Relationen herauszuarbeiten. ‚Kodieren' meint bei Strauss und Corbin (1996, S. 43) zunächst schlicht den Prozess der Datenanalyse. Es stellt „die Vorgehensweise dar, durch die die Daten aufgebrochen, konzeptualisiert und auf neue Art zusammengesetzt werden" (Strauss und Corbin 1996, S. 39). Die im Kodieren aufgestellten ‚Kodes' und, davon ausgehend, die entwickelten ‚Konzepte' werden wiederum schrittweise zu ‚Kategorien' zusammengeführt, die in zentralen Kategorien (‚Schlüsselkategorien') münden. Die wesentlichen Verfahren sind das Vergleichen und das Stellen von Fragen: Vorkommnisse werden mit einem Konzept benannt (sprich: konzeptualisiert), Konzepte werden schrittweise zu Kategorien als strukturelle Elemente der zu entwickelnden Theorie gruppiert – also kategorisiert – und diese Kategorien wiederum werden hinsichtlich ihrer Eigenschaften dimensionalisiert. Mit anderen Worten: Die Analyse ist ein Prozess, der ausgehend von den Daten Kodes aufstellt,

Konzepte entwirft und in Abstraktionsstufen diese interpretiert, ordnet und deren kategoriale Beziehungen herausarbeitet (Krotz 2005, S. 167-179). Um dieser Prozesshaftigkeit des Verfahrens begrifflich gerecht zu werden, reden Hammersley und Atkinson (2007, S. 158/Anm. 1) deshalb von „grounded theorizing" und nicht von Grounded Theory.

Bereits die anfänglichen Erklärungen zum Anlegen und Durchführen von Grounded Theory-gemäßen Vorhaben, wie sie von Glaser und Strauss (1967) ausgeführt wurden, lassen Raum zur Diskussion ihrer erkenntnistheoretischen Prämissen und sozialtheoretischen Fundamente, aber auch zu ihren Durchführungs- und Darstellungsarten sowie der darauf bezogenen Gütekriterien (Strübing 2002). Dies reicht von Vorschlägen, sie als Sammlung pragmatisch anzuwendender *tricks of the trade* (Becker 1998) zu nutzen, bis zu Versuchen, Grounded Theory-konforme Verfahren und Ergebnisse zu formalisieren und zu kodifizieren (Hood 2007). Trotz, oder vielleicht gerade wegen dieses mehrstimmigen Echos wird die Grounded Theory – ob als Methodologie, Methode oder Analyseziel – in zahlreichen Forschungsbereichen aufgegriffen. Die fachlichen Schwerpunkte dieser Rezeption liegen dabei in der Pflege- und Gesundheitswissenschaft (de Chesnay 2014; Schreiber und Stern 2001), der Managementlehre und Organisationsforschung (Goulding 2002; Kehrbaum 2009; Locke 2001) sowie der Bildungs- und Biografieforschung (Breuer 2009; Dausien 1996; Gläser-Zikuda 2011; Nittel 2012; Tiefel 2005). In der Kommunikations- und Medienforschung findet die Grounded Theory dagegen nur verhalten Widerhall und wird erst allmählich erschlossen (Deacon et al. 1999; Krotz 2005; Lampert 2005; Scheufele 2011). Grundsätzlich erfordert die Aufnahme der Grounded Theory in andere disziplinäre und thematische Kontexte häufig die Anpassung und Weiterentwicklung der Verfahrensvorschläge, die von Glaser und Strauss (1965) ursprünglich in Fallstudien zum Umgang mit psychiatrischen Ideologien in Nervenheilanstalten und zum Sterben in Krankenhäusern entwickelt wurden.

Einsteigerinnen und Einsteiger, die in ihrer wissenschaftlichen Arbeit gern auf die Grounded Theory zurückgreifen wollen, finden zwar viele allgemeine Einführungen, aber wenig Ratgeber und vorbildhafte Studien, wie sie das anliegende Vorhaben analytisch konkret durchführen und wie sie die Ergebnisse ihrer Forschung darstellen sollen (Truschkat et al. 2011). Dazu kommt, dass diejenigen, die Grounded Theory gebrauchen, mit nur wenigen Ausnahmen kaum Formate finden, um die Details ihres Vorgehens im Sampling, Kodieren und Kategorisieren zu besprechen oder um die datennah generierte Theorie ausführlich zu präsentieren. In den Aufsätzen und Büchern zu Studien, die entlang der Grounded Theory angelegt wurden, finden sich meist nur knappe Hinweise zum eigentlichen analytischen Vorgehen. Dadurch läuft die Grounded Theory Gefahr, als ‚Kunstlehre' wahrgenommen zu werden, die auf nur schwer vermittelbarem sensiblen Gespür und kreativen Einfällen beruht – entweder man kann es irgendwie, oder eben nicht (Locke 2007; Strübing 2014, S. 16ff.). Dagegen steht im Rahmen der Qualitätssicherung qualitativer Forschung die Aufgabe, die durchgeführte Analyse plausibel und nachvollziehbar anzulegen, durchzuführen und dann auch darzustellen. Hier erlaubt und erfordert es gerade die reflexive Anlage der analytischen Entscheidungen von aneinander gekoppelter Datenerhebung und -auswertung eigentlich, dass die gewählten Verfahrenswege und der Erkenntnisprozess selbst fortwährend expliziert, reflektiert und adaptiert werden.

Vor diesem Hintergrund ist der vorliegende Band ein Hand- und Arbeitsbuch für theoriegenerierendes empirisches Forschen. In seinen einzelnen Anwendungsberichten steht die jeweilige konkrete Forschungsarbeit im Zentrum. Zum einen soll das Buch damit eine Referenz sein, wie an der Grounded Theory geschulte Vorgehen empirischer Forschung methodisch fundiert sowie erklär- und bewertbar durchgeführt und dargestellt werden können. Zum anderen soll es eine Handreichung sein für Forschungsvorhaben, die an Praxisbeispielen zeigt, wie sich Grounded Theory als Methodologie und als methodischer Verfahrensrahmen einsetzen lässt.

An dieser Stelle sei erneut betont, dass es ausdrücklich nicht Absicht ist, *eine* Variante oder gar *die* ‚korrekte‘ Grounded Theory abzubilden, was angesichts der zahlreichen Weiterentwicklungen ohnehin unmöglich erscheint. Der Band ist vielmehr am Praxiswissen der Forscherinnen und Forscher im Umgang mit Grounded Theory interessiert und möchte die Praxis empirischen Forschens abbilden. Damit ergänzt der Band vorhandene Lehr- und Einführungsbücher mit ihrem Fokus auf die methodologische Basis und allgemeine Verfahrenstypen von Grounded Theory. Die hier versammelten Beiträge sollen zeigen, mit welchen methodischen Entscheidungen, Verfahrensschritten und möglicherweise auch Kompromissen Grounded Theory in empirischen Projekten begründet und ertragreich genutzt werden kann. Dadurch werden durchaus unterschiedliche Akzentuierungen und Verwendungsweisen von Verfahrensschritten der Grounded Theory sichtbar und es bleibt nicht aus, dass die Autorinnen und Autoren dieselben Begriffe unterschiedlich verwenden. Ein Beispiel dafür ist der Stellenwert von Kategorien beim Kodieren von Daten (Müller, *in diesem Band*; Friese, *in diesem Band*; Lünenborg und Maier, *in diesem Band*; Linke, *in diesem Band*). Einerseits können Kategorien als ‚Oberbegriffe‘ genutzt werden, unter denen sich ähnliche oder zusammenhängende Kodierungen des Materials versammeln. Andererseits besteht der Anspruch, mit Kategorien schon wesentliche Zusammenhänge der sich herausbildenden Theorie zu formulieren, also Kodierungen auf Basis einer These zu verknüpfen. Grundsätzlich haben die Autorinnen und Autoren Grounded Theory in unterschiedlichem Umfang für ihre Forschungsarbeit herangezogen. Sie diente einigen als umfassende Methodologie, die den gesamten Forschungsprozess von der Formulierung der Forschungsfrage bis hin zur Auswertung strukturierte (zum Beispiel Eisemann und Tillmann, *in diesem Band*). Andere nutzen vor allem das dreistufige Kodierverfahren als Analysemethode zur Ordnung und Auswertung qualitativer Daten (Kannengießer bzw. Sommer, *in diesem Band*). Auch wurden gewissermaßen ‚klassische' Methoden und Verfahren der Grounded Theory für die Gegenstände der hier besprochenen Studien angepasst, eingeschränkt oder erweitert (zum Beispiel Bozdağ bzw. Grittmann, *in diesem Band*).

Grounded Theory wird hier in der Regel nicht als umfassendes Forschungsprogramm, sondern vornehmlich als Verfahrensrahmen wahrgenommen – es werden sozusagen gewisse Abkürzungsstrategien vorgenommen. In dieser Weise bietet die Grounded Theory reflexive Kodier- und Konzeptualisierungsstrategien, um ein systematisches Vergleichen von empirischem Material und Abgleichen mit den entwickelten Konzepten anzuleiten sowie explizierbar und intersubjektiv nachvollziehbar zu machen. Wir erachten diese unterschiedlichen Verwendungsweisen als methodisch und methodologisch legitim, wenn sie dem übergeordneten Ziel einer gegenstandsadäquaten Theoriebildung durch eine intensive empirische Auseinandersetzung mit medienbezogenen Lebenswelten diente. Damit ist auch das wesentliche Kriterium der Auswahl der vorliegenden Beiträge benannt: Es handelt sich um Anwendungen von Grounded Theory bzw. Grounded Theory-Elementen, die sich nicht nur rhetorisch mit dem Label ‚Grounded Theory' assoziieren, sondern sich tatsächlich an den reflexiven und auch dokumentarischen Anforderungen einer gegenstandsbezogenen Theoriebildung orientierten.

Folglich versammelt der Band sozusagen *best practices* von Studien medienbezogener Lebenswelten, die aus ihrer jeweiligen forschungspraktischen Perspektive die Spezifik ihres an der Grounded Theory orientierten empirischen Arbeitens präsentieren und dieses so konkret wie möglich und so abstrakt als nötig ausbuchstabieren. Die Autorinnen und Autoren beschreiben und reflektieren in den Beiträgen ihr Vorgehen in seinen Voraussetzungen, Bedingungen, Vorgängen und Ergebnissen und stellen das von ihnen gewählte, aufgaben- und gegenstandsbezogen gestaltete Verfahren zur Diskussion. Den Leserinnen und Lesern sei empfohlen, mit den Texten so zu verfahren, wie es der Umgang mit Fällen und Daten nach Grounded Theory vorschlägt: Erst auf der Basis des Vergleichs werden relevante Gemeinsamkeiten und Unterschiede sichtbar, die das eigene Forschen anleiten und unterstützen können. Dabei werden auch die Lücken und Leerstellen des Bandes deutlich: Es kann wohl nicht erwartet werden, alle oder doch die Mehrzahl medienbezogener Lebenswelten abzudecken – zu vielgestaltig und vielzählig ist das Spektrum gegenwärtigen alltäglichen Lebens und seiner Medienbezüge. Dem Band gelingt es auch nicht, alle vorhandenen deutschsprachigen Studien zu erfassen, die medienbezogene Lebenswelten mithilfe der Grounded Theory untersuchen. An dieser Stelle erwähnt werden könnten etwa die Forschungsarbeiten von Schulz (2012) zur Mobiltelefonnutzung Jugendlicher, von Süna (2013) zum Mediengebrauch in ethnischen Migrationsgemeinschaften oder von Zaynel (2017) zur Internetnutzung von Jugendlichen und jungen Erwachsenen mit Down-Syndrom. In anderen Studien – wenngleich mit weniger direktem lebensweltlichen Bezug – wird auf die Grounded Theory zurückgegriffen, um beispielsweise die Medienmenüs deutscher Mediennutzerinnen und -nutzer zu ermitteln (Meyen 2007), Open Data-Communities zu erforschen (Baack 2015) oder ideologische Einflüsse bei der Gestaltung von Suchmaschinen offenzulegen (Mager 2012).

Ein besonderes Anliegen – und gewissermaßen Anstoß – des Bandes war es, nicht allein beschreibende Darstellungen zu versammeln. Vielmehr glauben wir, dass gerade das Zeigen von Material, das Offenlegen einzelner Stufen der ‚Grounded Theory-in-progress' und auch die Diskussion von methodischen Problemen wichtig und hilfreich sein können, um sich den Prinzipien und Abläufen Grounded Theory-gemäßen Forschens anzunähern. Dieser Ansatz des Offenlegens beruht auch auf unserem grundlegenden Verständnis, empirische Forschung vor dem Hintergrund einer (Forschungs-)Ethik des Teilens und des wechselseitigen Lernens offen(er) zugänglich, vermittelbar und erfahrbar zu machen.

4 ‚Gettin' real with Grounded Theory': Forschungsfeld medienbezogene Lebenswelten

Das Hand- und Arbeitsbuch richtet sich an Studierende, Lehrende und Forschende in den Bereichen Kommunikationswissenschaft, Medienwissenschaft, Soziologie, Kulturwissenschaft, Politikwissenschaft und Erziehungswissenschaft, die sich in ihren Studien mit medienbezogenen Lebenswelten beschäftigen und diese verstehen wollen. Mit medienbezogenen Lebenswelten meinen wir nicht nur Phänomene, die durch den digitalen Wandel erst aufgekommen sind, wie etwa Online-Gemeinschaften. Die mediale Vermittlung von Kommunikation ist so allgegenwärtig geworden, dass es schwerfällt, überhaupt Lebensbereiche zu finden, die nicht durch (digitale) Medien geprägt sind. Deswegen orientieren wir uns am Begriff Lebenswelt, um Medien nicht losgelöst von sozialen Konstellationen zu betrachten, sondern sie in ihrer alltäglichen Verwobenheit mit Medientechnologien und Medieninhalten zu begreifen.

Die alltägliche Lebenswelt ist nach Alfred Schütz (1970, S. 72) die „world of daily life", also „der Wirklichkeitsbereich, an dem der Mensch in unausweichlicher, regelmäßiger Wiederkehr teilnimmt" (Schütz und Luckmann 1979, S. 25). Für die darin handelnden Menschen stellt sich ihre Lebenswelt als selbstverständlich und gegeben dar. Sie bildet in der ‚natürlichen Einstellung' den unhinterfragten Hintergrund ihres sozialen Handelns, „den der wache und normale Erwachsene in der Einstellung des gesunden Menschenverstandes als schlicht gegeben vorfindet" (Schütz und Luckmann 1979, S. 25). Alltag ist, wie Voß (2000, S. 36) erklärt, ein „Modus, der so selbstverständlich und unmittelbar ist, dass er (vielleicht genau deswegen) den Betreffenden meist nicht ohne weiteres zugänglich ist". Als solcher umfasst er Wissen, welches ohne darüber nachzudenken verfügbar ist und die Grundlage für soziales Handeln und intersubjektiv geteilte Wirklichkeitsannahmen bildet.

Im Zuge der Ausdifferenzierung verschiedener gesellschaftlicher Handlungssphären, die durch moderne Kommunikationsmedien zudem orts- und kulturübergreifend verknüpft werden, hat diese Selbstverständlichkeit allerdings abgenommen. Es entstanden viele neue Lebenswelten, die quer zu Schütz' Idee von der einen für die meisten Mitglieder einer Gesellschaft selbstverständlichen Alltagswelt liegen. Als kleine Lebenswelten sind sie stattdessen je für sich ein „intersubjektiv konstruierter Zeit-Raum situativer Sinnproduktion und -distribution", so Honer (1985, S. 131), „der im Tages- und Lebensablauf aufgesucht, durchschritten, gestreift wird. Damit sind sie nicht weit entfernt von den ‚social worlds', die Strauss (1978) selbst zu einem Fokus seiner Forschung gemacht hat. Für ihn zerfällt soziales Leben in mehr oder minder große Einzelwelten, wie die der Oper oder des Baseball, aber auch die der Wissenschaft oder des Katholizismus. Entscheidende Elemente einer Lebenswelt sind für Strauss die Orientierung ihrer Mitglieder auf bestimmte Aktivitäten und zentrale Orte, die Nutzung charakteristischer Formen an Technologien sowie die allmähliche Ausbildung von stärker organisierten und formalisierten Beziehungen.

Kleine Lebenswelten sind insofern ‚klein', weil in ihnen „subjektives Erleben der Wirklichkeit in Teil- bzw. Teilzeit-Kulturen" (Hitzler 2008, S. 136) stattfindet. Dieses Erleben wiederum ist in heutigen Lebenswelten entscheidend durch Medien geprägt. Daher ist davon auszugehen, dass „die verschiedenen kleinen Lebens-Welten in ihrer gesellschaftlichen Gesamtheit mit Bezug auf Medien artikuliert werden" (Hepp 2013, S. 71; Hervorhebung im Original). Das bedeutet, dass die alltäglichen Lebenswelten mit ihren Erwartungen und Gepflogenheiten, sozialen Konventionen und Deutungsschemata zunehmend in medial vermittelten, auf Medien bezogenen bzw. von Medien im weitesten Sinne fundierten Handlungsweisen Ausdruck finden (Hörning 2001, S. 32f.).

Angesichts dieser Dynamiken des medialen und gesellschaftlichen Wandels bietet sich Grounded Theory als methodologische Haltung wie auch als Form des Erhebens und Auswertens bei der Analyse medienbezogener Lebenswelten an. Die unterschiedlichen Schauplätze, parzellierten Praxisformen, heterogenen

Wissensordnungen und sich diskontinuierlich wandelnden sozialen Arrangements medienbezogener Lebenswelten können mit ihrer Hilfe unseres Erachtens besonders gut analytisch erfasst werden. Statt Medientechnologien oder Medieninhalte als zentrale Faktoren des ‚media life' (Deuze 2012) von vornherein vorauszusetzen, kann mittels Grounded Theory untersucht werden, *wie* in den jeweiligen lebensweltlichen Handlungen, Interaktionen und Relationen Medien eine Rolle spielen. Zudem lässt sich erkunden, ob und inwiefern alltägliche und professionelle Aktivitäten Medien einbeziehen und inwiefern Formen individueller Lebensführung und sozialer Prozesse insgesamt durch Medien bedingt und begründet werden (Couldry 2012, S. 35). Die Auseinandersetzung braucht deshalb nicht davon auszugehen, dass Medieninhalte bzw. Medientechnologien die zentralen Gestaltungs- und Veränderungsinstanzen von medienbezogenen Lebenswelten sind. Anstatt also Medien von vornherein als erklärende Faktoren anzunehmen und so dem „myth of the mediated centre" (Couldry 2012, S. 22) zu unterliegen, sind an der Grounded Theory geschulte Studien vielmehr in der Lage zu rekonstruieren, welche Ursachen, Bedingungen, Vorgänge und Konsequenzen dem Medienbezug in diesen Lebenswelten zugrunde liegen (Morley 2009). Medien werden so eben nicht als notwendige und unhintergehbare Elemente moderner Lebenswelten postuliert. Vielmehr wird durch ein offenes, flexibles und gegenstandsbezogenes Verfahren erklärt, ob und inwiefern konkrete Medienbezüge hergestellt werden (Gebhardt 2008; Höflich 1996). Die methodologischen Prinzipien Offenheit, Flexibilität und Gegenstandsbezug machen es somit möglich, „centering processes" (Couldry 2012, S. 23) zu rekonstruieren, in denen Medieninhalte oder Medientechnologien zu zentralen Handlungsressourcen werden.

Analysen der Genese und des Gebrauchs von (Medien-)Artefakten in der Wissenschafts- und Techniksoziologie, zum Beispiel in der Akteur-Netzwerk-Theorie oder dem *Social Construction of Technology*-Ansatz, sowie die Beschäftigung mit artifiziell eingebettetem Handeln und technologisch bedingten Handlungsspielräumen haben zu einer erhöhten Sensibilität für explorative und iterative Forschungsdesigns geführt (Gad und Ribes 2014; Star und Griesemer 1989). Zu dieser produktiven Auseinandersetzung mit der Grounded Theory gehört auch ihre Verknüpfung mit anderen Forschungsprogrammen und Methodiken, wie beispielsweise der Ethnografie (Charmaz und Mitchell 2001; Tavory und Timmermans 2007; Unterkofler 2016), der Ethnomethodologie (Böhme 2016) oder der Diskursanalyse (Clarke 2012; Fraas et al. 2013; Keller 2005). Darunter fallen auch Überlegungen, welche Datentypen in eine Grounded Theory-Untersuchung einbezogen werden können, so etwa Interviews und Aufzeichnungen aus teilnehmender Beobachtung, aber auch Textdokumente (Hijmans und Peters 2000; Meier und Pentzold 2010) sowie Bilder und audiovisuelles Material (Moritz 2016). Hinzu treten Initiativen, aus der

Grounded Theory Gestaltungsprinzipien für Qualitative Datenanalysesoftware abzuleiten bzw. entsprechend angelegte empirische Vorhaben durch passende Programme zu unterstützen (Friese 2014; Friese, *in diesem Band*; Kuckartz 2010). Neben dieser Erforschung der Mechanismen ‚kleiner' medienbezogener Lebenswelten hat die Arbeit mit Grounded Theory auch ausdrücklich das Potential, Makrophänomene zu rekonstruieren. Die Idee des Medienbezugs selbst verweist auf übergeordnete Wechselbeziehungen von soziokulturellem Wandel und medientechnologischen Innovationen. Insbesondere für digital vernetzte Medien und deren Verarbeitungs- und Verbreitungsgeschwindigkeit sowie Skalierbarkeit ist anzunehmen, dass hier ein Zusammenhang zwischen individueller Lebensführung im sozialen Mikrobereich und Prozessen im gesellschaftlichen Meso- und Makrobereich besteht. Dieser Zusammenhang wird mit unterschiedlichen Schwerpunkten als ‚Mediatisierung', ‚Mediatization' oder ‚Mediation' bezeichnet (Couldry und Hepp 2016; Hjarvard 2008; Lundby 2014). Allgemein wird das Konzept der Mediatisierung bzw. damit verwandter Ideen dazu gebraucht, den historischen und grundlegenden Wandlungsprozess zu fassen, in dessen Folge „information and communication technologies now mediate every dimension of society" (Livingstone 2009, S. 1f.). Nach Krotz (2001, S. 22) umfasst Mediatisierung drei Entgrenzungen medienvermittelter Kommunikation: Einmal die zeitliche Entgrenzung, in deren Folge Medien zunehmend häufiger in verschiedenen Situationen zur Verfügung stehen und immer länger genutzt werden. Dann die räumliche Entgrenzung, sodass sich Medien an immer mehr Orten finden und zusehends mehr Orte verbinden. Schließlich die soziale Entgrenzung, wonach Medien in immer mehr Kontexten handlungsrelevant werden. Um die fundamentale und langfristige Bedeutung dieser historisch diskontinuierlich und kulturell disparat ablaufenden Vorgänge zu erfassen, schlägt Krotz (2007, S. 33) vor, Mediatisierung als „Metaprozess" zu verstehen, der – ähnlich wie Individualisierung, Kommerzialisierung oder Globalisierung – aus verschiedenen Einzelprozessen in unterschiedlichen gesellschaftlichen Teilbereichen rekonstruiert werden kann.

Mit dem Begriff der *medienbezogenen Lebenswelten* wollen wir uns also sowohl auf den wechselseitigen Wandel von Medientechnologien, kommunikativen Formen und Praktiken als auch von soziokulturellen Strukturen und Handlungsmustern konzentrieren. Dabei eröffnet der Verweis auf Mediatisierung bzw. damit verwandter Begriffe ein „Panorama" (Latour 2007, S. 327) auf die Konstitution und Transformation sehr verschiedener Lebenswelten in Beziehung zu medienkommunikativen Veränderungen (Hepp 2013, S. 102).

5   Die ‚black box' öffnen: Beiträge des Bandes

Leitende Idee des Bandes ist die Einnahme von ‚Hinterbühnen-Perspektiven', um einige *black boxes* bezüglich der Umsetzung und Handhabe von Grounded Theory zu öffnen. Entsprechend erläutern die Beiträge das im Rahmen ihrer Forschung zu den jeweiligen medienbezogenen Lebenswelten an der Grounded Theory orientierte Vorgehen sowie die unter Umständen vorgenommenen methodologischen bzw. methodischen Anpassungen.

Ein an der konkreten Forschungspraxis orientierter und interessierter Band kommt freilich nicht ohne eine entsprechende methodologische und forschungs-theoretische Grundlage aus. Drei einleitende Beiträge sollen diese bereitstellen und gleichzeitig die Vielfalt an Zugängen und Lesarten verdeutlichen. *Jörg Strübing* hat für die Erforschung der historischen Entwicklung und des theoretischen Fundaments der Grounded Theory wichtige Pionierarbeit geleistet. Er verankert die forschungspraktischen Prinzipien der Grounded Theory in ihren notwendigen und nicht abtrennbaren theoretischen Grundlagen, dem US-amerikanischen Pragmatismus als Erkenntnistheorie und der interaktionistischen Handlungstheorie. Zu diesen ‚Rahmenschaltelementen' der Grounded Theory gehören die Fallrekonstruktion, das vergleichende Vorgehen und die Notwendigkeit des Dokumentierens und Reflektierens.

Im Hinblick auf den Schwerpunkt des Bandes – die Bedeutung der Grounded Theory für die empirische Erforschung medienbezogener Lebenswelten – hat das 2005 erschienene Buch von *Friedrich Krotz* im deutschsprachigen Raum eine besondere Bedeutung. Dies zeigt sich nicht nur angesichts der oben angesprochenen, kaum vorhandenen (deutschsprachigen) Literatur zu Grounded Theory in der Medien- und Kommunikationsforschung, sondern auch im Stellenwert dieser Publikation für die Praxisbeiträge im zweiten Teil des vorliegenden Bandes. In dem Einführungswerk, das neben der Grounded Theory auch die Heuristische Sozialforschung nach Kleining (1995) und ethnografische Verfahren behandelt, macht Krotz deutlich, dass die Medien- und Kommunikationsforschung auch theoriegenerierende Verfahren braucht, um den Herausforderungen tiefgreifender Prozesse wie Globalisierung und Mediatisierung sowie dem Wandel medienbezogener Lebenswelten habhaft zu werden. Vor diesem Hintergrund entwickelt Krotz in seinem einleitenden Beitrag eine Perspektive auf Grounded Theory als Folge von Einzelfallanalysen in Abgrenzung zu standardisierten Verfahren.

Der dritte einleitende Beitrag von *Andreas Bischof* und *Monika Wohlrab-Sahr* fokussiert auf das theorieorientierte Kodieren als zentrales Verfahren der Grounded Theory. Sie plädieren dabei für die Bedeutung des (re-)konstruktiven Moments von Grounded Theory: Ohne die methodisch kontrollierte Bildung von Thesen entlang des Materials kann keine Grounded Theory entwickelt werden und die Anwendung läuft Gefahr, in einer deskriptiven Haltung zu verharren. Der Beitrag illustriert die drei Kodierschritte entlang eines Beispiels aus der medienbezogenen Lebenswelt jugendlicher Facebook-Nutzerinnen und -Nutzer.

Davon ausgehend bilden den Kern des Buches Berichte vom Anwenden der Grounded Theory im Erforschen unterschiedlichster medienbezogener Lebenswelten: Der Band versammelt Studien, die sich etwa mit dem kommunikativen Alltag von deutschen Paaren, der Arbeit eines Netzwerks von Frauen und Frauenorganisationen in Südafrika oder der jugendkulturellen ‚C Walk'-Szene befassen. Andere Beiträge behandeln die bildliche Darstellung von Spitzenpersonen aus Wirtschaft, Politik und Wissenschaft, die Herstellung von Geschlecht und Geschlechterdifferenz in der journalistischen Arbeit oder die Aneignung von Frauenzeitschriften. Des Weiteren stehen Studien zu (vorrangig) online geführten Diskursen im Fokus, beispielsweise zu Vergemeinschaftungsprozessen in Diskussionsforen der marokkanischen und türkischen Diaspora oder zum Diskurs um den als Kriegsverbrecher angeklagten John/Ivan Demjanjuk.

Im Hinblick auf die Anwendung von Grounded Theory behandeln die Praxisbeiträge so unterschiedliche Aspekte wie den Gebrauch forschungsleitender Konzepte, die selektive Nutzung von Analyseschritten, den Umgang mit methodischen Fragen der Erhebung und Auswertung von (online-)medialem Material, die Kombination von Sampling und Kodieren mit anderen Erhebungs- und Auswertungsmethoden, die Erfüllung von Güte- und Beurteilungskriterien oder den sinnvollen Einsatz von Software im Forschungsprozess.

In der Darstellung orientieren sich die Texte an einer einheitlichen Struktur, die den Fokus und Kontext der jeweiligen Studie sowie die Umsetzung bzw. Anwendung der methodischen Entscheidungen vorstellt. Die Autorinnen und Autoren schließen je mit einer Reflexion ihrer Forschungspraxis, etwa hinsichtlich der methodologischen Begründung, Notwendigkeiten bzw. Gebotenheiten der Methodenwahl sowie der Praktikabilität, kritischen Aspekten und Entwicklungsmöglichkeiten des Vorgehens. Leitende Fragen waren: Wie wurde die Studie in ihren Fragen, Bezugsrahmen und Zielen angelegt? Wie wurden Daten generiert, gesammelt, ausgewählt und verfügbar gemacht? Wie wurden Daten ausgewertet? Und wie wurden die Ergebnisse dargestellt?

Vivien Sommer stellt in ihrem Beitrag eine diskursanalytische Adaptierung des dreischrittigen Grounded Theory-Kodierprozesses für die Untersuchung von Online-Diskursen vor. Anhand ihrer Studie zu diskursiven Erinnerungspraktiken im Netz zeigt sie die Triangulation von Grounded Theory mit Elementen der wissenssoziologischen und der sozialsemiotischen Diskursanalyse. *Çiğdem Bozdağ* erläutert in ihrem Beitrag, wie die Prinzipien der Grounded Theory helfen können, die Dynamik von Online-Kommunikation in einer qualitativen Studie verlässlich und methodisch kontrolliert abzubilden. Am Beispiel ihrer Studie über Diskussionsforen, die vor allem von marokkanischen bzw. türkischen Migrantinnen und Migranten genutzt werden, diskutiert sie insbesondere die Anwendung des Theoretischen Samplings im Rahmen der Erhebung von Online-Inhalten.

Kathrin Friederike Müller beschreibt in ihrem Beitrag ein Beispiel für den Einsatz von Grounded Theory zur Erforschung von Prozessen der Medienaneignung. Anhand einer Studie zur Rezeption von Frauenzeitschriften zeigt sie, wie komplexes Interviewmaterial analytisch verdichtet werden kann, und wie sich – ergänzend zu ethnografischen Rezeptionsstudien – mithilfe von Grounded Theory-Prinzipien der Verlauf und die Hintergründe von Mediennutzung verstehend analysieren lassen.

Margreth Lünenborg und *Tanja Maier* beleuchten gewissermaßen das andere Ende öffentlicher Kommunikationsprozesse: Gegenstand ihres Beitrags sind Interviews mit Journalistinnen und Journalisten aus deutschen Printredaktionen, die über implizite Prozesse der Herstellung von Geschlecht und Geschlechterdifferenz bei der journalistischen Wissensproduktion Auskunft geben. Die Autorinnen zeigen anhand konkreter Arbeitsschritte, wie mithilfe der Grounded Theory eine Auswertung der Interviews erfolgen kann, die über eine rein paraphrasierende Wiedergabe hinausreicht. Dabei gehen sie auch auf das Verhältnis von induktiven und deduktiven Konzepten im Prozess der Auswertung und Theoretisierung ein.

Im Beitrag von *Elke Grittmann* wird eine Adaptierung der Grounded Theory für das Feld der visuellen Kommunikationsforschung vorgestellt. Die Autorin zeigt, wie die Prinzipien und Verfahren für das Sampling und Kodieren im Zuge einer qualitativen Bildanalyse eingesetzt werden können, um eine gegenstandsbezogene Theorie – hier: über vergeschlechtlichte Medienbilder – zu entwickeln.

Sigrid Kannengießer schildert anhand einer Studie über ein translokales Netzwerk von Frauen und Frauenorganisationen und seiner lokalen Arbeit in Südafrika, wie Grounded Theory dazu genutzt werden kann, Offenheit und eine explizit nicht-westliche Perspektive auf empirische Phänomene herzustellen. Die in ihrem Beitrag dargestellte Herausforderung bestand insbesondere im fortlaufenden Abgleich des eigenen Vorwissens, Interpretationen und Daten sowie den Sichtweisen der Beforschten als wichtige Bedingungen der Theoriegenerierung. Grounded Theory bietet, so Kannengießer, das Potential einer ‚Entwestlichung' der einzunehmenden wissenschaftlichen Orientierung. *Christine Linke* nutzt Grounded Theory ebenfalls als Mittel zur Reflexion, allerdings über eine konkrete methodische Innovation: In ihrer Studie erforschte sie mithilfe eines Methodendreiecks aus Einzelinterviews, Tagebüchern und Paarinterviews das alltägliche Medienhandeln von Paaren. Dieses multi-methodische Studiendesign entstand in der empirischen Auseinandersetzung mit dem Forschungsgegenstand und zielte auf eine umfassende Betrachtung von

Paarkommunikation und eine konsequente Kontextualisierung der miteinander verknüpften Daten. Grounded Theory hat in diesem Fall eine gegenstandsadäquate Bearbeitung eines komplexen Phänomens im begrenzten Zeitraum einer Qualifikationsarbeit ermöglicht.

Christoph Eisemann und *Angela Tillmann* nehmen in ihrem Beitrag die Gütekriterien und Qualitätssicherung des Forschens mit Grounded Theory in den Blick. In der vorgestellten Studie über die medienbezogene, jugendkulturelle Lebenswelt der ,C Walker' ist besonders die Rolle hybrider Bezüge zwischen online- und offline-Praktiken zentral. Diesen Tätigkeiten und ihrer Bedeutung für eine weltweite Jugendkultur kamen sie durch ein iterativ-zyklisches Vorgehen, dem Theoretischen Sampling sowie der Theoretischen Sättigung auf die Spur. Der Beitrag beschreibt eine diesen Verfahrensgrundsätzen entsprechende Grounded Theory, die bereits mit der Bestimmung des Forschungsgegenstands beginnt.

Abschließend stellt *Susanne Friese* die Frage, wie sich die Verfahren der klassischen Grounded Theory verändern bzw. weiterentwickeln, wenn sie computergestützt durchgeführt werden. Diese Aufarbeitung und Gestaltung von Datenanalysesoftware ist insofern relevant, als dass zahlreiche Anwendungen von Grounded Theory softwaregestützt, beispielsweise mit MAXQDA oder ATLAS.ti durchgeführt werden – eine explizite Reflexion dieses Medienbezugs für den Auswertungsprozess bleibt aber meist aus. Anhand eines Beispielprojekts zeigt Friese Schritt für Schritt, wie eine softwaregestützte Grounded Theory-Analyse durchgeführt werden kann. Dabei diskutiert sie kritisch, dass die Kodes in solchen Programmen zunächst einmal (nur) markierende ,tags' sind und der Prozess des softwaregestützten Kodierens nicht das Gleiche ist, wie das, was in der Grounded Theory unter Kodieren verstanden wird.

Neben diesen Einblicken in die Praxis des Forschens mit Grounded Theory wird im letzten Beitrag des Bandes noch einmal der Blick auf die Rolle des Verfahrensrahmens gerichtet: Im Gespräch mit *Andreas M. Scheu* fragen die Herausgeber *Christian Pentzold* und *Andreas Bischof* unter anderem, welche Rolle Grounded Theory für die Erforschung medienbezogener Lebenswelten spielen kann, was Hinderungsgründe für ihre Anwendung sind und für welche Art von Forschungsfragen sie geeignet ist. Das Format des *conversation piece* greift eine beliebte Form der Methodengespräche zu Grounded Theory auf. Während frühere Publikationen solcher Interviews häufig in der Konstellation Meister/Schülerinnen stattfanden (zum Beispiel Legewie und Schervier-Legewie 2004), ist der Beitrag eher ein Kollegengespräch im Sinne des Bandes: Scheu und die Herausgeber beleuchten Vorder- und Hinterbühne des empirischen Forschens im Bestreben, theoriegenerierendes Forschen in empirischer Auseinandersetzung mit medienbezogenen Lebenswelten zu reflektieren.

Als Herausgeber-Team möchten wir abschließend den Autorinnen und Autoren dieses Bandes für ihre Bereitschaft danken, sich auf das Experiment ,Praxis Grounded Theory' einzulassen und der Leserschaft mit ihren Beiträgen so detailreiche Einblicke in die Arbeit bzw. die ‚Hinterbühne' qualitativer Forschung zu gewähren. Zum anderen möchten wir die Leserinnen und Leser zum Mit- und Weiterdenken (im Sinne des Bandes und seiner Beiträge) anregen und vor allem dazu ermutigen, sich den Herausforderungen des Verfahrens zu stellen. Gerade weil die gegenwärtige Forschung in sich wandelnden Medien(um)welten die theoretischen Impulse und methodisch-methodologischen Innovationen und Weiterentwicklungen, die Grounded Theory aus unserer Sicht möglich macht, so dringlich braucht.

Und nicht zuletzt gilt unser Dank Charlotte Fischer für ihre tatkräftige Unterstützung bei den Korrekturarbeiten am Band, dem Verlag für die vertrauensvolle, stets verlässliche Zusammenarbeit und unseren (im Laufe der Bearbeitung dieses langjährigen Projekts gewachsenen) Familien für das liebevolle Verständnis und die unermessliche Geduld.

‚The proof of the pudding is in the eating.'

Lesehinweis

Die Literatur zur Grounded Theory erscheint zuweilen unübersichtlich. Schon wenn man sich allein auf den Bereich der expliziten Methodenlehren konzentriert und das weite Feld an Anwendungsstudien außen vor lässt, hat man die Wahl zwischen verschiedenen Auflagen der klassischen Basistexte, die wiederum den Blick auf unterschiedliche Schulen mit weiteren methodischen Einführungen, Handbüchern und Überblickswerken eröffnen. Die Beiträge des Bandes nutzen daher divergierende englisch- und deutschsprachige Auflagen und sie greifen auf bestimmte Texte zurück, während sie andere ignorieren.

An grundlegenden Werken wird häufig auf sozusagen das Gründungsbuch *The Discovery of Grounded Theory. Strategies for Qualitative Research* zurückgegriffen. Es wurde 1967 von Glaser und Strauss erstmals publiziert und in deutscher Sprache als *Grounded Theory. Strategien qualitativer Forschung* seit 1998 mehrfach neu aufgelegt. Anselm Strauss wird zudem mit zwei anderen Büchern oft zitiert: Das eine – *Qualitative Analysis for Social Scientists* – ist 1987 erstmals auf Englisch erschienen und kam 1991 als *Grundlagen qualitativer Sozialforschung: Datenanalyse und Theoriebildung in der empirischen soziologischen Forschung* auf Deutsch heraus. Das andere – *Basics of Qualitative Research: Grounded Theory Procedures and Techniques* – verfasste er 1990 zusammen mit Juliet Corbin; seit

1996 ist es unter dem Titel *Grounded Theory. Grundlagen qualitativer Sozialfor-schung* auch auf Deutsch verfügbar. Von Glaser wiederum werden besonders zwei englischsprachige Werke rezipiert: *Theoretical Sensitivity. Advances in the Methodology of Grounded Theory* (1978) und *Emergence vs. Forcing: Basics of Grounded Theory Analysis* (1992).

Neben diesen grundlegenden Schriften wurde im Laufe der Zeit eine ganze Reihe an Adaptionen, Interpretationen und Fortschreibungen vorgelegt. Eine der bekanntesten stammt von Adele E. Clarke, deren Buch *Situational Analysis: Grounded Theory After the Postmodern Turn* (2005) im Jahr 2012 auch auf Deutsch erschienen ist, unter dem Titel *Situationsanalyse. Grounded Theory nach dem Postmodern Turn*. Weiterhin zählt dazu Kathy Charmaz' Schrift *Constructing Grounded Theory. A Practical Guide Through Qualitative Analysis*, die 2006 erstmals veröffentlicht wurde. Zur weiteren Lektüre können zudem folgende Publikationen empfohlen werden:

• *Bryant, Antony, und Kathy Charmaz (Hrsg.). 2007. The Sage Handbook of Grounded Theory. London: Sage; Mey, Günter, und Katja Mruck (Hrsg.). 2011. Grounded Theory Reader. 2., aktual. und erw. Aufl. Wiesbaden: VS.*
Wer sich grundlegend und ausführlich über die Grounded Theory informieren will, sollte sich diese beiden Bücher hernehmen. Sie bieten einen umfangreichen Überblick auf ihre methodologischen Grundlagen, einzelnen Elemente und Anwendungsbereiche.
• *Morse, Janice M., Phyllis Noerager Stern, Juliet Corbin, Barbara Bowers, Kathy Charmaz, und Adele E. Clarke. 2009. Developing grounded theory. The second generation. Walnut Creek, CA: Left Coast Press.*
Die Grounded Theory hat eine komplexe Aneignungsgeschichte in verschiedenen Wissenschaftsfeldern. In diesem Buch versammeln die Schülerinnen von Strauss und/oder Glaser ihre Perspektiven auf Grounded Theory und die Möglichkeiten, sie in gewandelten Lebenswelten und Forschungszusammenhängen sinnvoll zu gebrauchen.

Die Praxis der Grounded Theory wird nicht nur durch die Lektüre von Methodenbüchern (auch dieses Praxisbuches) erlernt, sondern übt sich im besten Fall durch Vor- und Nachmachen, Diskussionen und gemeinsame Arbeit mit empirischem Material und entstehenden Konzepten. In diesem Sinne bieten die folgenden Online-Ressourcen weitere Zugänge zur Grounded Theory, die aber wiederum die aktive Auseinandersetzung nicht ersetzen, sondern lediglich ergänzen können:

- Online-Videoreihe mit Vorträgen von Barney G. Glaser („Dr. Barney Glaser – Grounded Theory": *https://www.youtube.com/playlist?list=PLNCas4ucml WPDDcKr6QJPOL_FI0jvzFmp*);
- Online-Video eines Interviews mit Kathy Charmaz („Discussion with Prof Kathy Charmaz on Grounded Theory": *https://www.youtube.com/watch?-v=D5AHmHQS6WQ*);
- englischsprachiges ‚ATLAS.ti Videoblog' von Susanne Friese *(https://www. youtube.com/channel/UCmHxeU4wVDyqJBZ4UosU13A)*;
- deutschsprachiger Audio-Podcast ‚Grounded Theory' von Petra Muckel, Annika Maschwitz und Sebastian Vogt *(https://groundedtheoryoldenburg. wordpress.com/)*;
- die Podcast-Episode *„Vom Forschen mit Grounded Theory"* (Tine Nowak im Gespräch mit Sandra Aßmann: *https://kulturkapital.org/kk021-grounded-theory/)*;
- das Online-Fallarchiv Schulpädagogik der Universität Kassel bietet unter anderem gesammelte Fallstudien aus der qualitativen Bildungsforschung *(http://www.fallarchiv.uni-kassel.de)*.

Literatur

Baack, Stefan. 2015. Datafication and empowerment. How the open data movement re-articulates notions of democracy, participation, and journalism. *Big Data & Society* 2 (2): 1–11. http://bds.sagepub.com/content/2/2/2053951715594634.

Becker, Howard P. 1998. *Tricks of the Trade: how to think about your research while you're doing it.* Chicago: University of Chicago Press.

Birks, Melanie, und Jane Mills. 2011. *Grounded Theory: A Practical Guide.* Los Angeles u. a.: Sage.

Böhme, Juliane. 2016. Kombination von Grounded Theory und Ethnomethodologie. In *Handbuch Grounded Theory. Von der Methodologie zur Forschungspraxis*, hrsg. Claudia Equit und Christoph Hohage, 342–360. Weinheim, Basel: Beltz Juventa.

Bourdieu, Pierre. 1996. Die Praxis der reflexiven Anthropologie. In *Reflexive Anthropologie*, hrsg. Pierre Bourdieu und Loïc J. D. Wacquant, 251–294. Frankfurt am Main: Suhrkamp.

Breuer, Franz (unter Mitarbeit von Barbara Dieris und Antje Lettau). 2009. *Reflexive Grounded Theory. Eine Einführung für die Forschungspraxis.* Wiesbaden: VS.

Charmaz, Kathy. 2014. *Constructing Grounded Theory: A Practical Guide Through Qualitative Analysis.* Los Angeles u. a.: Sage.

Charmaz, Kathy, und Richard G. Mitchell. 2001. Grounded Theory in Ethnography. In *Sage Handbook of Ethnography*, hrsg. Paul Atkinson, Amanda Coffey, Sara Delamont, John Lofland und Lyn Lofland, 160–174. London: Sage.

Clarke, Adele E. 2012. *Situationsanalyse: Grounded Theory nach dem Postmodern Turn.* Wiesbaden: Springer VS.

Clifford, James, und George E. Marcus. 2010. *Writing Culture. The Poetics and Politics of Ethnography.* Jubiläumsausg. Berkeley, CA: University of California Press.

Corbin, Juliet, und Anselm L. Strauss. 1990. Grounded Theory Research: Procedures, Canons and Evaluative Criteria. *Zeitschrift für Soziologie* 19 (6): 418–427.

Couldry, Nick. 2012. *Media, Society, World. Social theory and digital media practice.* Cambridge: Polity.

Couldry, Nick, und Andreas Hepp. 2016. *The Mediated Construction of Reality.* Cambridge: Polity.

Dausien, Bettina. 1996. *Biographie und Geschlecht. Zur biographischen Konstruktion sozialer Wirklichkeit in Frauenlebensgeschichten.* Bremen: Donat.

Deacon, David, Michael Pickering, Peter Golding, und Graham Murdock. 1999. *Researching Communications. A Practical Guide to Methods in Media and Cultural Analysis.* London: Hodder Arnold.

De Chesnay, Mary (Hrsg.). 2014. *Nursing Research Using Grounded Theory. Qualitative designs and methods in nursing.* New York: Springer.

Denzin, Norman K. 2007. Grounded Theory and the Politics of Interpretation. In *The Sage Handbook of Grounded Theory,* hrsg. Antony Bryant und Kathy Charmaz, 454–471. Los Angeles u. a.: Sage.

Deuze, Mark. 2012. *Media Life.* Cambridge: Polity.

Dewey, John. 1980. *Kunst als Erfahrung.* Frankfurt am Main: Suhrkamp.

Equit, Claudia, und Christoph Hohage (Hrsg.). 2016. *Handbuch Grounded Theory. Von der Methodologie zur Forschungspraxis.* Weinheim, Basel: Beltz Juventa.

Fraas, Claudia, Stefan Meier, Christian Pentzold, und Vivien Sommer. 2013. Diskursmuster – Diskurspraktiken. Ein Methodeninstrumentarium qualitativer Diskursforschung. In *Online-Diskurse. Theorien und Methoden transmedialer Online-Diskursforschung,* hrsg. Claudia Fraas, Stefan Meier und Christian Pentzold, 102–135. Köln: Herbert von Halem.

Friese, Susanne. 2014. *Qualitative Data Analysis with ATLAS.ti.* 2. Aufl. Los Angeles u. a.: Sage.

Gad, Christopher, und David Ribes. 2014. The Conceptual and the Empirical in Science and Technology Studies. *Science, Technology, & Human Values* 39 (2): 183–191.

Gebhardt, Julian. 2008. *Telekommunikatives Handeln im Alltag. Eine sozialphänomenologische Analyse interpersonaler Medienkommunikation.* Wiesbaden: VS.

Glaser, Barney G. 1978. *Theoretical Sensitivity: Advances in the Methodology of Grounded Theory.* Mill Valley, CA: Sociology Press.

Glaser, Barney G. (unter Mitarbeit von Judith Holton). 2004. Remodeling Grounded Theory. *Forum Qualitative Sozialforschung / Forum: Qualitative Social Research* 5 (2). http://www.qualitative-research.net/index.php/fqs/article/viewArticle/607/1315.

Glaser, Barney G., und Anselm L. Strauss. 1965. *Awareness of Dying.* Chicago: Aldine.

Glaser, Barney G., und Anselm L. Strauss. 1967. *The Discovery of Grounded Theory: Strategies for Qualitative Research.* New York: Aldine.

Glaser, Barney G., und Anselm L. Strauss. 2005. *Grounded Theory. Strategien qualitativer Forschung.* 2., korr. Aufl. Bern: Huber.

Gläser-Zikuda, Michaela. 2011. Qualitative Auswertungsverfahren. In *Empirische Bildungsforschung. Strukturen und Methoden,* hrsg. Heinz Reinders, Helmut Ditton, Cornelia Gräsel und Burkhard Gniewosz, 109–119. Wiesbaden: VS.

Goulding, Christina. 2002. *Grounded Theory: A practical guide for management, business and market researchers.* London: Sage.

Hammersley, Martyn, und Paul Atkinson. 2007. *Ethnography: Principles in Practice.* 3. Aufl. London u. a.: Routledge.

Hepp, Andreas. 2013. *Medienkultur: Die Kultur mediatisierter Welten.* 2., erw. Aufl. Wiesbaden: Springer VS.

Hitzler, Ronald. 2008. Von der Lebenswelt zu den Erlebniswelten. Ein phänomenologischer Weg in soziologische Gegenwartsfragen. In *Phänomenologie und Soziologie. Theoretische Positionen, aktuelle Problemfelder und empirische Umsetzungen,* hrsg. Jürgen Raab, Michaela Pfadenhauer, Peter Stegmaier, Jochen Dreher und Bernt Schnettler, 131–140. Wiesbaden: VS.

Hijmans, Ellen, und Vincent Peters. 2000. Grounded theory in media research and the use of the computer. *Communications* 25 (4): 407–432.

Hjarvard, Stig. 2008. The Mediatization of Society. A Theory of the Media as Agents of Social and Cultural Change. *Nordicom Review* 29 (2): 105–134.

Höflich, Joachim R. 1996. *Technisch vermittelte interpersonale Kommunikation. Grundlagen – organisatorische Medienverwendung – Konstitution „elektronischer Gemeinschaften".* Opladen: Westdeutscher Verlag.

Hörning, Karl H. 2001. *Experten des Alltags. Die Wiederentdeckung des praktischen Wissens.* Weilerswist: Velbrück Wissenschaft.

Honer, Anne. 1985. Beschreibung einer Lebens-Welt. Zur Empirie des Bodybuilding. *Zeitschrift für Soziologie* 14 (2): 131–139.

Hood, Jane C. 2007. Orthodoxy Versus Power: The Defining Traits of Grounded Theory. In *The Sage Handbook of Grounded Theory,* hrsg. Antony Bryant und Kathy Charmaz, 151–164. Los Angeles u. a.: Sage.

Kehrbaum, Tom. 2009. *Innovation als sozialer Prozess. Die Grounded Theory als Methodologie und Praxis der Innovationsforschung.* Wiesbaden: VS.

Kelle, Udo, und Susann Kluge. 2010. *Vom Einzelfall zum Typus Fallvergleich und Fallkontrastierung in der qualitativen Sozialforschung.* 2., überarb. Aufl. Wiesbaden: VS.

Keller, Reiner. 2005. *Wissenssoziologische Diskursanalyse.* Wiesbaden: VS.

Kleining, Gerhard. 1995. *Lehrbuch Entdeckende Sozialforschung. Bd. 1: Von der Hermeneutik zur qualitativen Heuristik.* Weinheim: Beltz.

Krotz, Friedrich. 2001. *Der Wandel von Alltag und sozialen Beziehungen, Kultur und Gesellschaft durch die Medien.* Wiesbaden: Westdeutscher Verlag.

Krotz, Friedrich. 2005. *Neue Theorien entwickeln: Eine Einführung in die Grounded Theory, die heuristische Sozialforschung und die Ethnographie anhand von Beispielen aus der Kommunikationsforschung.* Köln: Herbert von Halem.

Krotz, Friedrich. 2007. *Mediatisierung: Fallstudien zum Wandel von Kommunikation.* Wiesbaden: VS.

Kuckartz, Udo. 2010. *Einführung in die computergestützte Analyse qualitativer Daten.* 3., aktual. Aufl. Wiesbaden: VS.

Lampert, Claudia. 2005. Grounded Theory. In *Qualitative Medienforschung. Ein Handbuch,* hrsg. Lothar Mikos und Claudia Wegener, 516–526. Konstanz: UVK.

Latour, Bruno. 2007. *Eine neue Soziologie für eine neue Gesellschaft: Einführung in die Akteur-Netzwerk-Theorie.* Frankfurt am Main: Suhrkamp.

Legewie, Heiner, und Barbara Schervier-Legewie. 2004. „Forschung ist harte Arbeit, cs ist immer ein Stück Leiden damit verbunden. Deshalb muss es auf der anderen Seite Spaß machen". Anselm Strauss im Interview mit Heiner Legewie und Barbara Schervier-Legewie. *Forum Qualitative Sozialforschung / Forum: Qualitative Social Research* 5 (3). http://nbn-resolving.de/urn:nbn:de:0114-fqs0403222.

Livingstone, Sonia. 2009. On the Mediation of Everything: ICA presidential address 2008. *Journal of Communication* 59 (1): 1–18.

Locke, Karen. 2001. *Grounded Theory in Management Research*. London: Sage.

Locke, Karen. 2007. Rational Control and Irrational Free-Play: Dual-thinking Modes as Necessary Tensions in Grounded Theorizing. In *The Sage Handbook of Grounded Theory*, hrsg. Antony Bryant und Kathy Charmaz, 565–579. Los Angeles u.a.: Sage.

Lundby, Knut (Hrsg.). 2014. *Mediatization of Communication*. Berlin, New York: de Gruyter Mouton.

Mager, Astrid. 2012. Algorithmic Ideology: How capitalist society shapes search engines. *Information, Communication & Society* 15 (5): 769–787.

Meier, Stefan, und Christian Pentzold. 2010. Theoretical Sampling als Auswahlstrategie für Online-Inhaltsanalysen. In *Die Online-Inhaltsanalyse*, hrsg. Martin Welker und Carsten Wünsch, 124–143. Köln: Herbert von Halem.

Meyen, Michael. 2007. Medienwissen und Medienmenüs als kulturelles Kapital und als Distinktionsmerkmale. Eine Typologie der Mediennutzer in Deutschland. *Medien & Kommunikationswissenschaft* 55 (3): 333–354.

Moritz, Christine. 2016. „Grounded? – Grounded!" Audiovisuelle Daten in der Grounded Theory Methodology unter dem Fokus der Nachvollziehbarkeit. In *Handbuch Grounded Theory. Von der Methodologie zur Forschungspraxis*, hrsg. Claudia Equit und Christoph Hohage, 217–239. Weinheim, Basel: Beltz Juventa.

Morley, David. 2009. For a Materialist, Non-Media-centric Media Studies. *Television & New Media* 10 (1): 114–116.

Nittel, Dieter. 2012. Grounded Theory. In *Handbuch Qualitative Erwachsenen- und Weiterbildungsforschung*, hrsg. Burkhard Schäffer und Olaf Dörner, 183–195. Opladen u.a.: Barbara Budrich.

Przyborski, Aglaja, und Monika Wohlrab-Sahr. 2014. *Qualitative Sozialforschung. Ein Arbeitsbuch*. 4., erw. Aufl. München: Oldenbourg.

Scheufele, Bertram. 2011. Synopse und Kritik qualitativer (Text-)Analyseverfahren – Qualitative Inhaltsanalyse, Grounded Theory und Diskursmusteranalysen. In *Zählen oder Verstehen? Diskussion um die Verwendung quantitativer und qualitativer Methoden in der empirischen Kommunikationswissenschaft*, hrsg. Andreas Fahr, 123–143. Köln: Herbert von Halem.

Schreiber, Rita Sara, und Phyllis N. Stern. 2001. *Using Grounded Theory in Nursing*. New York: Springer.

Schulz, Iren. 2012. *Mediatisierte Sozialisation im Jugendalter. Kommunikative Praktiken und Beziehungsnetze im Wandel*. Berlin: Vistas.

Schütz, Alfred. 1970. *On Phenomenology and Social Relations. Selected Writings*. Chicago: University of Chicago Press.

Schütz, Alfred, und Thomas Luckmann. 1979. *Strukturen der Lebenswelt*. Frankfurt am Main: Suhrkamp.

Star, Susan Leigh, und John R. Griesemer. 1989. Institutional Ecology, 'Translations' and Boundary Objects: Amateurs and Professionals in Berkeley's Museum of Vertebrate Zoology, 1907-39. *Social Studies of Science* 19 (3): 387–420.

Strauss, Anselm L. 1978. A Social World Perspective. *Studies in Symbolic Interactionism* 1: 119–128.

Strauss, Anselm L. 1998. *Grundlagen qualitativer Sozialforschung*. 2. Aufl. München: Fink.

Strübing, Jörg. 2002. Just do it? Zum Konzept der Herstellung und Sicherung von Qualität in grounded theory-basierten Forschungsarbeiten. *Kölner Zeitschrift für Soziologie und Sozialpsychologie* 54 (2): 318–342.

Strübing, Jörg. 2014. *Grounded Theory. Zur sozialtheoretischen und epistemologischen Fundierung eines pragmatistischen Forschungsstils*. 3., überarb. und erw. Aufl. Wiesbaden: Springer VS.

Sūna, Laura. 2013. *Medienidentitäten und geteilte Kultur. Vermittlungspotenzial von Populärkultur für lettisch- und russischsprachige Jugendliche*. Wiesbaden: Springer VS.

Tavory, Iddo, und Stefan Timmermans. 2007. Two cases of ethnography: Grounded theory and the extended case method. *Ethnography* 10 (3): 243–263.

Tiefel, Sandra. 2005. Kodierung nach der Grounded Theory lern- und bildungstheoretisch modifiziert: Kodierleitlinien für die Analyse biographischen Lernens. *Zeitschrift für qualitative Bildungs-, Beratungs- und Sozialforschung* 6 (1): 65–84.

Truschkat, Inga, Manuel Kaiser, und Vera Reinartz. 2005. Forschen nach Rezept? Anregungen zum praktischen Umgang mit der Grounded Theory in Qualifikationsarbeiten. *Forum Qualitative Sozialforschung / Forum: Qualitative Social Research* 6 (2). http://www.qualitative-research.net/index.php/fqs/article/view/470/1006.

Unterkofler, Ursula. 2016. Wer soziales Handeln erforscht muss soziales Handeln beobachten. Zum Potenzial der Ethnografie für eine pragmatistisch-handlungsorientierte Grounded Theory Methodologie. In *Handbuch Grounded Theory. Von der Methodologie zur Forschungspraxis*, hrsg. Claudia Equit und Christoph Hohage, 290–306. Weinheim, Basel: Beltz Juventa.

Voß, G. Günther. 2000. Alltag. Annäherung an eine diffuse Kategorie. In *Neue Medien im Alltag*, hrsg. G. Günther Voß, Werner Holly und Klaus Boehnke, 31–78. Opladen: Leske + Budrich.

Zaynel, Nadja. 2017. *Internetnutzung von Jugendlichen und jungen Erwachsenen mit Down-Syndrom*. Wiesbaden: Springer VS.

Zur Autorin und den Autoren

Dr. Christian Pentzold ist seit 2016 Juniorprofessor für Kommunikations- und Medienwissenschaft mit dem Schwerpunkt Mediengesellschaft am Zentrum für Medien-, Kommunikations- und Informationsforschung der Universität Bremen. Zuvor war er seit 2011 wissenschaftlicher Mitarbeiter am Institut für Medienforschung der Technischen Universität Chemnitz. Als Post-Doc war er dort mit der DFG-Graduiertenschule ‚Crossworlds. Connecting Virtual and Real Social Worlds‘ assoziiert. Seine Forschungsschwerpunkte umfassen Internet-basierte Kommunikation und Kooperation, Digitale Medientechnologien, Qualitative Methoden der Medien- und Kommunikationsforschung, Theorien medialer Praxis und Alltagskultur.

Dr. Andreas Bischof ist wissenschaftlicher Mitarbeiter der Professur Medien-informatik an der Technischen Universität Chemnitz. Der studierte Kultursoziologe befasst sich mit technisch vermittelter Interaktion, Science and Technology Studies und partizipativen Methoden in der Technikentwicklung.

Nele Heise (M.A.) ist wissenschaftliche Mitarbeiterin des Fachgebietes Journalistik und Kommunikationswissenschaft an der Universität Hamburg und assoziierte Mitarbeiterin des Hans-Bredow-Instituts für Medienforschung. Sie ist Mitglied der Graduate School Media and Communication Hamburg sowie als freie Autorin und Referentin tätig. Zu ihren Forschungsschwerpunkten gehören u. a. Praktiken medialer Teilhabe im Internet, Normen in digitalen Medienumgebungen und ethische Fragen der Online-Forschung bzw. onlinebasierter Methoden.

Teil 1
Methodologische und methodische Grundlagen

Grounded Theory: Methodische und methodologische Grundlagen

Jörg Strübing

Abstract

Der Forschungsstil der Grounded Theory wird zunächst in seinem methodenhistorischen Kontext verortet, bevor Fragen der Anwendung und der Qualitätssicherung sowie aktuellere Weiterentwicklungen der Strauss'schen Grounded Theory kurz angerissen werden. Nach diesem eher groben Orientierungsrahmen geht es im dritten Abschnitt um die wissenschafts-, erkenntnis- und sozialtheoretischen Grundlagen des Ansatzes, wobei ich mich auf die pragmatistische Variante von Anselm Strauss beschränken werde. Der vierte Abschnitt geht dann genauer auf Grundprinzipien und einzelne Verfahrensschritte der Grounded Theory ein. Behandelt werden insbesondere das Theoretische Sampling und die zentralen Vergleichsheuristiken, das Prinzip des offenen Kodierens und der Entwicklung theoretischer Konzepte sowie die weiteren Kodiermodi, also das axiale und das selektive Kodieren. Das prozessuale Theorieverständnis der Grounded Theory bildet den Abschluss dieses Abschnitts, dem eine kurze Zusammenfassung folgt.

Keywords

Kodieren, Theoretisches Sampling, theoretische Sensibilität, Abduktion, Pragmatismus

1   Zur Entstehung der Grounded Theory

Der Forschungsstil der Grounded Theory wurde in den 1960er Jahren von Barney Glaser und Anselm Strauss entwickelt und 1967 in *The Discovery of Grounded Theory* erstmals publiziert (deutsche Übersetzung 1998). Veröffentlicht in einer Zeit des intellektuellen und politischen Aufbruchs und gezielt an die junge Generation der gegen den konservativen Konsens von Strukturfunktionalismus und quantifizierender Sozialforschung revoltierenden und nach neuen Wegen suchenden Sozialforscherinnen und -forscher adressiert, wurde das Buch zu einem Klassiker der empirischen Sozialforschung. Obwohl es bis heute gerne als Lehrbuch für die Methode der Grounded Theory verstanden und genutzt wird, handelt es sich tatsächlich aber eher um ein Skizzenbuch, in dem zentrale Verfahren der Grounded Theory grob umrissen und in ihrer Funktion bestimmt, nicht aber systematisch und in sich konsistent dargelegt werden.

Anlass zu Missverständnissen bot auch immer wieder die Bezeichnung des Forschungsstils als ‚Grounded Theory'. Der Grund dafür liegt in der substantivischen und damit objektivierenden Form des Labels ‚Grounded Theory', das seine Doppeldeutigkeit daraus bezieht, dass es die zentrale Qualität der mit dem Verfahren zu erarbeitenden Theorien zugleich zum Namen für das Verfahren selbst erhebt. Damit verweist die Bezeichnung ‚Grounded Theory' gleichermaßen auf *Prozess und Ergebnis*, auf *problemlösendes Forschungshandeln* und auf die dabei hervorgebrachten *gegenstandsbezogenen Theorien*, gerade weil das Ergebnis angemessen nur aus dem Arbeitsprozess heraus zu verstehen ist, in dem es produziert wurde. Dieses Verständnis von Theorie als Prozess deckt sich auch mit den großen argumentativen Linien im sozialtheoretischen Werk von Strauss (Strübing 2007a).

Wenn daher verschiedentlich in der Sekundärliteratur zur Grounded Theory vorgeschlagen wird, die scheinbare Missverständlichkeit des Labels durch den Suffix ‚-Methodologie' (so zum Beispiel Mey und Mruck 2009) oder ‚-Methodik' (Breuer 2009) zu heilen, dann ist dadurch nichts gewonnen. Im Gegenteil: Gerade mit dem Label Grounded Theory wird ausdrücklich darauf verwiesen, dass es sich hier eben nicht um eine Methode, aber auch nicht um eine Methodologie handelt, sondern um einen Forschungsstil.

Der Band *The Discovery of Grounded Theory* konnte auch deshalb eine übermäßige Bedeutung als Pseudo-Lehrbuch erlangen, weil sowohl Strauss als auch Glaser zum Forschungsstil der Grounded Theory eine Dekade lang nicht weiter publizierten. Erst 1978 veröffentlichte Glaser unter dem Titel *Theoretical Sensitivity* ein Buch, in dem er sein Verständnis von Grounded Theory systematisch und in nachvollziehbarer Form darlegt (Glaser 1978). Es sollten noch einmal fast zehn Jahre vergehen, bis Strauss 1987 ein eigenes Methodenlehrbuch veröffentlichte (deutsche Übersetzung

1991). Obwohl er in diesem Buch ganze Abschnitte aus Glasers Werk zitiert, werden doch zwischen beiden Verfahrensdarstellungen zunehmend Unterschiede sichtbar, die schließlich in einem offenen Dissens mündeten, als Strauss gemeinsam mit Juliet Corbin unter dem Titel *Basics of Qualitative Research* (Strauss und Corbin 1990) ein weiteres einführendes Lehrbuch zum Verfahren der Grounded Theory publizierte und Glaser eine polemische Replik darauf verfasste (Glaser 1992; dazu Strübing 2011).

Im vorliegenden Text beziehe ich mich ausdrücklich auf die Variante des 1996 verstorbenen Strauss, die heute von verschiedenen seiner ehemaligen Mitarbeiterinnen fortgeführt und weiterentwickelt wird. Die Gründe für diese Beschränkung liegen in den erkenntnistheoretisch nicht haltbaren Positionen Glasers, der einen in der Wissenschaftstheorie längst überwundenen, naiven Induktivismus vertritt, demzufolge die Theorie des Gegenstandes aus den Daten emergiere. Diese Festlegung geht einher mit der These, dass es erforderlich ist, sich zu entscheiden, welche Variante von Grounded Theory wir jeweils meinen, wenn wir uns für empirische Studien auf diesen Forschungsstil berufen.

2   Anwendbarkeit, Qualitätssicherung und Varianten

Die Grounded Theory hat ihren Ursprung in der Erforschung organisationaler Praktiken und von dort ausgehend in vielen Feldern der empirisch forschenden Sozial- und Kulturwissenschaften Anwendung gefunden. Die große Bandbreite der Anwendungsfelder hat zunächst damit zu tun, dass es sich um einen Forschungsstil handelt, der nicht an bestimmte eingeschränkte Formen der Materialgewinnung und entsprechende Datentypen gebunden ist, wie die Vielfalt der Ansätze in diesem Band zeigt. Reine Interviewstudien kommen ebenso zum Einsatz wie Dokumentenanalysen, Webnografien, Videoanalysen oder ethnografische Feldforschungen. Auch führt die Offenheit und Adaptierbarkeit der Verfahrensvorschläge dazu, dass Grounded Theory in unterschiedlichen Forschungszusammenhängen mit teilweise spezialisierten Erkenntnisinteressen fruchtbar kombiniert werden kann (zum Beispiel Biografieforschung, Diskursanalyse). Grenzen ergeben sich für die Grounded Theory vor allem aus der Abwägung von Aufwand und Ertrag: Wo bereits gründliche und empirisch basierte gegenstandsbezogenen Theorien vorliegen, ist der hohe Aufwand einer Grounded Theory-Studie ebenso wenig vertretbar, wie dort, wo es vor allem darum geht, Makrophänomene neu zu ‚vermessen‘ und entsprechende Theorien zu testen.

Methodologische Prinzipien und methodische Regeln können keine Garantie für ,gute' Forschung und sachangemessene Ergebnisse sein, die der Fragestellung dienen und durch das Material und seine Analyse gedeckt sind. Dabei liegt das Problem allerdings weniger in der Produktion von Qualität als vielmehr in der Möglichkeit einer verlässlichen externen Überprüfung dieser Qualität durch die wissenschaftliche Öffentlichkeit. Für die Grounded Theory lassen sich dabei zwei Ebenen unterscheiden: Zum einen integriert sie eine Vielzahl qualitätssichernder Maßnahmen, wie ein am Theoriebildungsprozess orientiertes Sampling, die iterative Zyklik vieler kleiner und wiederholter Hypothesentests oder die kontrastiven Vergleichsheuristiken zur Bestimmung der Reichweite theoretischer Konzepte. Sie befördern, sinnvoll praktiziert, eine hohe Qualität der Ergebnisse. Um eine externe Gütebeurteilung zu ermöglichen, sind daher neben der praktischen Verwendung der Forschungsergebnisse auch umfassende Informationen über die konkrete Umsetzung der qualitätssichernden Maßnahmen erforderlich. Hier liegt eine zentrale Aufgabe der Forschungspublikationen, die nicht nur Ergebnisse darlegen, sondern auch den Weg zu ihrer Erarbeitung dokumentieren sollen (s. die ausführliche Übersicht der zu dokumentierenden Aspekte in Strauss und Corbin 1996).

Unter den inzwischen entwickelten Verfahrensvarianten ist zunächst Kathy Charmaz zu nennen (2006), die Strauss und insbesondere Glaser vorwirft, eine objektivistische Methode zu propagieren und die soziale Konstruiertheit der Daten im Forschungsprozess methodologisch nicht angemessen zu reflektieren. Charmaz' Vorschlag einer konstruktivistischen Grounded Theory fügt indes den hier skizzierten Verfahren keine wesentlich neuen hinzu und schlägt auch keine prinzipiellen Veränderungen vor. Es handelt sich eher um einen Appell für einen Perspektivwechsel weg von der von Glaser bemühten Emergenz-Metapher hin zur Vorstellung einer im Forschungsprozess sozial konstruierten Theorie des Gegenstandes.

Einen anderen Ansatz verfolgt Adele E. Clarke (2005), die wie Charmaz von Strauss ausgebildet wurde. Rhetorisch an den Postmodernismus anknüpfend, entwickelt sie die Grounded Theory weiter in Richtung auf eine konsequente und umfassende Situationsanalyse, die expliziter auch die diskursiven und historischen Ebenen von Sozialität einbezieht und konsequent die Dichotomie von Situation und Kontext aufhebt. Ihr Mittel dazu ist eine Technik des ,Mapping', bei der im Sinne einer die Grounded Theory ergänzenden Heuristik auf unterschiedlichen Ebenen (Situationen, soziale Welten/Arenen, Diskurse) die zur Analyse der Situation relevanten Elemente zueinander in Beziehung gesetzt werden. Ansätze dazu gab es schon bei Strauss und Corbin mit ihrem Vorschlag der Erweiterung des Kodierparadigmas zu einer ,*Conditional Matrix*' (Strauss und Corbin 1996), doch Clarke differenziert diese Perspektive auch methodenpraktisch stärker aus und verbindet sie mit sozialtheoretischen Konzepten von Everett Hughes (*Ecology Approach*), Bruno Latour (Akteur-Netzwerk-Theorie), Michel Foucault (Diskurstheorie) sowie weiteren von Strauss formulierten Ansätzen (Theorie sozialer Welten, Arena-Konzept).

Insgesamt ist allen Versuchen einer Weiterentwicklung der Grounded Theory gemein, dass sie das Element des Reflexiven und Perspektivischen von Forschungsgegenstand und -prozess stärker akzentuieren und damit Momente stärken, die der pragmatistischen Ontologie bereits inhärent sind, in den methodologischen Arbeiten von Strauss jedoch wenig betont werden – und bei Glaser völlig fehlen. Zugleich haben viele methodische Elemente der Grounded Theory Eingang in die Methodenpraxis anderer Ansätze gefunden. Insbesondere das Theoretische Sampling und das Kriterium der Theoretischen Sättigung, aber auch die systematische Variation von Fallvergleichen mit der Heuristik des kontrastiven Vergleichs finden zunehmend Verbreitung in der qualitativen Sozialforschung.

3   Theoretische Grundlagen

Das in Lehrtexten verbreitete instrumentelle Verständnis von Forschungsmethoden übersieht, dass empirische Methoden aus bestimmten Denkschulen und Wissenschaftstraditionen heraus entstehen und daraus ihre Funktionsbestimmung und Legitimation beziehen. Dies wird an zwei Punkten im Forschungsverlauf bedeutsam: Zum einen bei der *Interpretation von Verfahrensregeln* in der empirischen Arbeit, zum anderen aber in der *Wissenschaftskommunikation*, wenn also die geleistete Forschungsarbeit präsentiert, legitimiert und für ihre Relevanz argumentiert wird. Theoretisch und erkenntnislogisch informierte Darstellungen entgehen leichter der Gefahr, von unangemessenen wissenschaftstheoretischen Positionen vereinnahmt, zu Unrecht mit deren Kriterien evaluiert und schließlich mit falschen Argumenten kritisiert zu werden. Darin liegt auch der Grund für die Ausführlichkeit dieses Abschnitts, der der Erläuterung der praktischen Verfahrensschritte (im vierten Abschnitt) vorausgeht.

Anselm Strauss entstammt der interaktionistischen Theorietradition. An der University of Chicago lernt er die klassische symbolisch-interaktionistische Theorieperspektive kennen, die George Herbert Mead entwickelt und Herbert Blumer weiter expliziert hat. Zudem wird Strauss von dem kanadischen Soziologen Everett Hughes beeinflusst, der stärker durch die ethnografische Forschungstradition des Robert Park geprägt ist. An dieser Schnittstelle zwischen Interaktionismus und human-ökologischer Feldforschungstradition, geschult an Blumers scharfsinniger methodologischer Argumentation, aber auch desillusioniert was dessen empi-

risch-methodische Kompetenz betrifft, beginnt Strauss ab Mitte der 1950er Jahre
eine qualitativ-empirische Praxis der Ethnografie in Organisationen zu entwickeln.
Für Strauss besteht das Problem vor allem darin, von einer rein deskriptiven Repräsentation empirischer Phänomene zu einer systematischen Theoriebildung zu
kommen. Damals gibt es noch kaum gründlich durchgearbeitete Vorschläge zu
einer empirisch begründeten Theoriegenese. Schon vor der gemeinsamen Arbeit
mit Glaser beginnt Strauss daher in der Studie *Boys in White* (Becker et al. 1961)
eine konsequent komparative Strategie der Datenanalyse zu praktizieren und damit
den Grundstein für die spätere Grounded Theory zu legen.

   Die interaktionistische Sozialtheorie basiert auf den wissenschafts- und erkenntnistheoretischen Postulaten des Pragmatismus, wie er in der zweiten Hälfte des 19.
Jahrhunderts in Nordamerika geprägt wurde (Shalin 1986; Joas 1992). Während
bei Blumer gerade die pragmatistischen Ursprünge interaktionistischen Denkens
zunehmend in den Hintergrund rücken, sucht Strauss schon früh nach einer interaktionistischen Integration von Struktur und Handeln. Das wichtigste verbindende
Element zwischen Grounded Theory und Pragmatismus ist die Auffassung von
Handeln und Forschen als Problemlösungsprozess (Dewey 2002). Die Grundidee
ist der Spannungswechsel zwischen Gewissheit und (praktischem) Zweifel: Im
vorreflexiven Strom routinierten Handelns besteht solange Gewissheit, bis das ge-
wohnheitsmäßige Handeln an Grenzen stößt, dadurch gehemmt wird (Mead 1959,
S. 172) und Zweifel aufkommt. Die dann einsetzende Serie von Aktivitäten lässt
sich am besten als eine iterativ-zyklische Sequenz von Problembestimmungs- und
-lösungsprozessen beschreiben (s. Abb. 1; Strübing 2013, S. 128). Entscheidend für
die Problemlösung ist, dass diese nicht deduktiv gewonnen wird, denn Probleme
zeichnen sich gerade dadurch aus, dass sie sich nicht allein durch Anwenden be-
kannter Regeln und Gesetze deduktiv bewältigen lassen. Umgekehrt hält auch das
empirische Phänomen nicht seine eigene Lösung oder Erklärung bereit (Induktion). Stattdessen tritt mit der Abduktion eine dritte, pragmatische Schlussvariante
hinzu, ein zuerst von Charles Sanders Peirce beschriebener unwillkürlicher Akt
der tentativen Zuordnung von unbekannten Wahrnehmungsinhalten zu kognitiven Strukturen, die diese rahmen, zuordnen und so begrifflich verfügbar machen
(ausführlicher in Reichertz 2003; Strübing 2005, S. 81ff.). So gewonnene mögliche
Lösungen werden sodann zunächst gedankenexperimentell auf ihre Plausibilität
geprüft und schließlich praktisch erprobt. Soweit das problematisch gewordene
Handeln sich auf dieser Basis erfolgreich weiterführen lässt, geht die so gefundene
Problemlösung in das nun erweiterte Handlungsrepertoire ein und aus Zweifel wird
erneut Gewissheit. Im anderen Fall wird ein erneuter, nun zusätzlich informierter
Problemlösungsprozess initiiert. Daraus ergibt sich ein iterativ-zyklischer Verlauf

des Problemlösens, in dem induktive, abduktive und deduktive Schlussformen ineinandergreifen (s. Abb. 1).

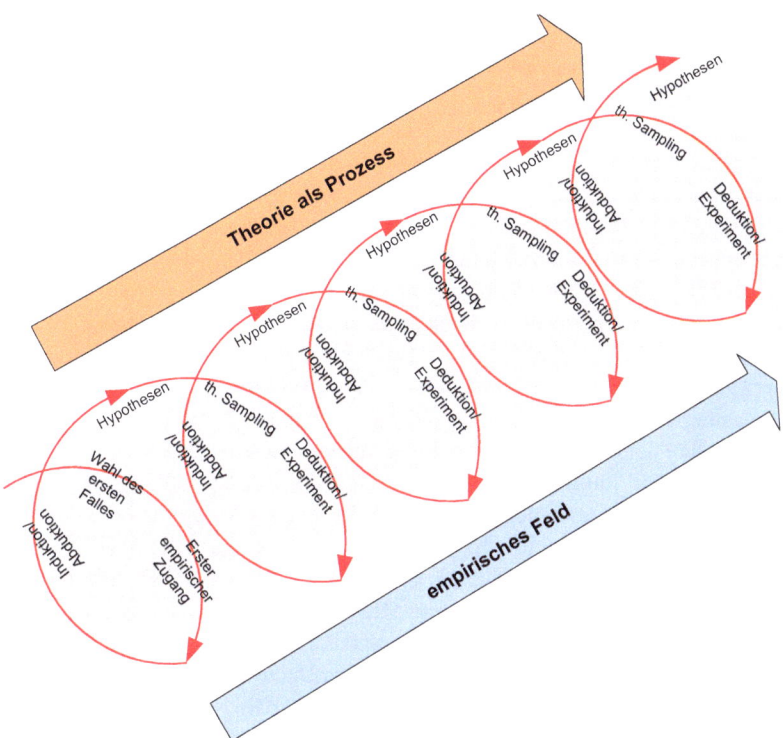

Abb. 1   Der Forschungsprozess in pragmatistischer Perspektive
(Quelle: Strübing 2013, S. 128)

Vom pragmatistischen Modell lässt sich für Fragen empirischer Sozialforschung zunächst lernen, dass auch die Wissenschaft nicht allein auf der Basis formallogischer Schlüsse zu neuen Erkenntnissen kommt. Der Wissensfortschritt liegt vielmehr gerade in jenem kreativen Moment der Abduktion, in dem spontan, wenngleich nicht zufällig, mögliche Lösungen zur Integration zuvor disparater Wahrnehmungen und Wissensbestände aufscheinen. Dies hat allerdings den Preis, dass die so gewonnene Erkenntnis eben nicht formallogisch abgesichert und legitimiert ist, sich also immer erst im praktischen Handeln bewähren muss, um als Gewissheit zu gelten.

Die Denkfigur einer Spannung von Gewissheit und Zweifel verweist zugleich auf die axiomatische Annahme, dass sich die Bedeutung aller Objekte der physischen wie der sozialen Umwelt allein handlungspraktisch bestimmen lässt, den Dingen mithin nicht ‚an sich' Bedeutung innewohnt, sondern sich diese Bedeutung erst im Handeln mit oder in Bezug auf diese Dinge entwickelt. Handeln ist diesem Grundmotiv pragmatistischen Denkens zufolge nicht einfach das ‚Fenster' durch das hindurch wir einen Blick auf die Realität erhaschen können, es ist selbst der Ort oder, besser noch, der Modus von Realität. Damit wird nun weder die Existenz einer stofflichen und sozialen Welt außerhalb des aktuellen Handelns bestritten, noch würden Pragmatisten sich auf der anderen Seite auf das idealistische Bild einer ausschließlich gedanklich existierenden Realität beziehen. Für sie ist die ‚Welt da draußen' eher eine undefinierte Offenheit, die erst im Handeln als je spezifische Art von Widerständigkeit erfahren wird, mit der umgegangen werden muss und die so, in praktischen Problemlösungsprozessen, Bedeutung erlangt. Die ‚Welt da draußen' ist Realität und mit Objekten bevölkert nur solange und insofern sie Teil jener Umwelten ist, die die Handelnden in ihren Aktivitäten erst konstituieren.

Der pragmatistische Realitätsbegriff hat gravierende Konsequenzen für zentrale Konzepte der empirischen Forschung, insbesondere für das Verständnis von Daten. Von Mead stammt die pragmatistisch inspirierte Vorstellung, dass Daten nicht in der Welt vorhandene Entitäten sind, die man als Forscherin oder Forscher gewissermaßen ‚aufsammeln' könnte, sondern aus der empirischen Welt erst aktiv gewonnen werden müssen (Mead 1938, S. 660). Im Unterschied zur Vorstellung einer sozialen Konstruktion von Daten betont Mead mit dem von ihm verwendeten Bild des ‚Herausmeißelns' der Daten aus der empirischen Welt sehr deutlich die Idee, dass sich auch die Aktivität der Herstellung von Daten an einer materiellen oder sozialen Widerständigkeit abarbeiten muss: Was ein sozialwissenschaftliches Datum ist, wird nicht in freier Vereinbarung im Kollektiv der Forschenden ausgehandelt, sondern fortwährend durch den substantiellen Gehalt der empirischen Welt gerahmt. In dieser Perspektive, die gegenüber dem Realismus und dem Idealismus einen dritten, vermittelnden Weg repräsentiert, bietet es sich also an, anstatt von ‚Datenerhebung' oder ‚Datensammlung' eher von *Datengenerierung*' zu sprechen. Daten sind demnach das prozesshafte Produkt der Interaktion von Forschenden und Feld, die durch die sich ebenfalls entwickelnde Forschungsfrage als ‚Problem' strukturiert wird. Mit unserem Alltagsverständnis scheint diese Vorstellung zunächst einmal zu kollidieren: Die Produkte unserer Forschungsaktivitäten erscheinen als fixe und dauerhafte Objektivationen vergangener Ereignisse. Die Forschungspraxis scheint uns geradezu in die Perspektive eines naiven Realismus zu drängen. Das von Mead übernommene Verständnis von Daten als prozesshaften Produkten dagegen lenkt in der Grounded Theory die Aufmerksamkeit stärker auf die materialen, sozialen und kognitiven Transformationen, die das Material auf dem Weg vom ‚Feld' bis auf den Schreibtisch der Forscherin oder des Forschers durchläuft. Damit wird auch die Idee einer Universalität von Realität konterkariert: Weil das Handeln als Modus der Realitätshervorbringung an die je unterschiedlichen Perspektiven der Akteure gebunden ist, muss grundsätzlich von Realität im Plural ausgegangen werden – auch wenn die Widerständigkeit der ‚Welt da draußen' im Verbund mit der sozialen Integration der Handelnden (Sozialisation, Enkulturation) in der Regel ein hohes Maß an Kongruenz erzeugt. Wenn aber schon Realität nicht universell gedacht wird, dann kann auch das Wissen über Realität nicht universell sein, womit das konventionelle, für die abendländische Wissenschaft so zentrale Verständnis objektiven Wissens in Frage gestellt wird (Strübing 2007b). Wenn es diese Form objektiven Wissens über die Wirklichkeit aber nicht geben kann, wie kann dann empirische Forschung funktionieren und legitimiert sein? In pragmatistischer Perspektive wird dieses Problem dahingehend aufgelöst, dass ‚wahres' im Sinne von richtigem Wissen solches ist, das eine „Steigerung der Handlungsmacht gegenüber einer Umwelt" (Joas 1992, S. 29) hervorbringt, Handelnde also in die Lage versetzt, sich kompetenter in ihrer Umwelt zu bewegen. In diesem Sinne zielt die Grounded Theory auf gegenstandsbezogene Theorien mit praktischem Erklärungspotential, die auch für die Akteure im untersuchten Handlungsfeld rezipierbar sind und zu einem verbesserten Verständnis ihrer Praxis beitragen.

Ein weiteres zentrales Element pragmatistischen Denkens, das seinen Niederschlag auch in der Grounded Theory gefunden hat, ist die Kritik gegenüber dichotomen Konstruktionen, wie sie in anderen abendländischen Philosophien vorherrschen. Leib/Seele, Akteur/Umwelt oder auch Mensch/Natur jeweils als grundsätzlich voneinander getrennt zu verstehen, verstellt mehr Erkenntnismöglichkeiten als sie eröffnet. Im Pragmatismus dominiert dagegen die Vorstellung der Ko-Konstitution. Die klassische Frage ‚Was kam zuerst, Henne oder Ei?' beantwortet der Pragmatismus mit einem entschiedenen Weder-Noch und betont, dass beide sich sukzessive aus Vorformen entwickelt haben, in denen die physiologischen Funktionen von Henne und Ei noch vereint waren, dass beide also lediglich Produkte einer über unzählige Stufen laufenden funktionalen Ausdifferenzierung sind, die ihren Antrieb letztlich in der Befriedigung basaler Bedürfnisse findet. So ersetzt der Pragmatismus die Vorstellung dichotom-existentieller Getrenntheit durch die einer relationalen Verbundenheit: Ohne physiologische Prozesse wäre etwa ein Phänomen wie Geist nicht existent, ohne unseren Geist könnten wir die Physis nicht denken. Ähnliches gilt für Akteure und ihre Umwelt: Für die Untersuchung sozialer Prozesse ist nicht die Getrenntheit, sondern die Verbundenheit von Handelnden mit ihrer Umwelt zentral. Die relational zu bestimmenden Prozesse zwischen den nur scheinbar getrennten Entitäten sind die entscheidenden

Objekte sozialwissenschaftlichen Erkenntnisgewinns: Eine Gruppe ist eine Gruppe dadurch, dass sie im Interaktionsprozess sich selbst so konstituiert, aber eben auch von anderen so behandelt wird.

Perspektivisch gebundene Wirklichkeitskonstitution und eine auf Genese und Prozesshaftigkeit orientierende Analyseeinstellung sind Kernelemente der pragmatistisch-interaktionistischen Sozialtheorie, die die Grundlage sowohl des soziologisch-theoretischen wie des empirisch-methodischen Denkens von Strauss bilden. Die Verbindung von Theorie und Methode ist damit ebenso ein Ergebnis dichotomiekritischen Denkens: So wenig Theorien von der empirischen Welt unabhängig sind, so wenig sind empirische Methoden theorie- und gegenstandsneutrale ,Instrumente' des Forschens. Jedes strukturierte Denken über methodische Wirklichkeitszugänge impliziert neben epistemologischen und wissenschaftstheoretischen immer auch sozialtheoretische Grundannahmen – die mehr oder weniger plausibel sein mögen, am Ende aber eben axiomatische Setzungen bleiben: riskant und ohne die Möglichkeit einer logisch zwingenden Letztbegründung, da sie empirisch allenfalls irritierbar, aber weder falsifizierbar noch verifizierbar sind.

Die Perspektive, die Strauss auf Gesellschaft entwickelt, ist die eines „Universums von enormer Fluidität" (Strauss 1978, S. 123), in dem gesellschaftliche Phänomene immer wieder entstehen, vergehen und neu und modifiziert hervorgebracht werden. All dies geschieht im Handeln, also nicht zum Beispiel durch soziale oder materielle Strukturen, die sozusagen durch die Akteure hindurch im Handeln wirksam werden. Ebenso wenig wie Daten die Theorie erzeugen, erzeugen Strukturen neue Strukturen. Es bedarf jeweils des interpretativ-kreativen, problemlösenden Handelns der unterschiedlichen Akteure, um situative Gegebenheiten wahrzunehmen, mit ihnen umzugehen und zu neuen Gegebenheiten zu gelangen. Auch in diesem Punkt erweisen sich Alltagshandeln und Forschung sowie Sozialtheorie und empirische Methoden als Kontinua.

4   Das praktische Vorgehen

4.1   Prinzipien

Gerade weil Grounded Theory nicht als Methode im Sinne eines präskriptiven Sets von Verfahrensregeln zu verstehen ist, sondern als ein an die konkrete Forschungspraxis flexibel anzupassendes Gerüst von Verfahrensvorschlägen (Strauss 1991, S. 33), kommt den Arbeitsprinzipien, die Strauss zu Beginn seines Einführungsbuches formuliert, besondere Bedeutung zu. Sie können die Forscherinnen und Forscher über den Sinn der im Einzelnen vorgeschlagenen Verfahrensschritte orientieren und deren situative Interpretation anleiten.

1. Strauss fasst *Forschen als Arbeiten* auf, also als eine Reihe von Tätigkeiten, die zu leisten sind, um die Aufgabe erfolgreich bewältigen zu können (Strauss 1991, S. 25). Damit rückt die praktische Forschungsorganisation ins Zentrum der methodenpraktischen Betrachtung. In dieser Perspektive werden zwei Vorschläge gemacht, die auf den ersten Blick und verglichen mit der Darstellung anderer Methoden überraschen: Die Parallelisierung der Arbeitsschritte und die Sequenzierung des Samplings. Anstatt Datengewinnung, Datenanalyse und Theoriebildung als nacheinander zu bewältigende Arbeitsschritte anzulegen, besteht die Forschungslogik der Grounded Theory gerade darin, dass alle drei Tätigkeiten parallel betriebene Modi des Forschens sind, die sich gegenseitig produktiv beeinflussen. Analytische Ideen bei der Auswertung der Daten sollen nicht nur die Entwicklung der gegenstandsbezogenen Theorie beeinflussen, sie wirken auch, ebenso wie die Theoriegenese selbst, auf den Prozess der Datengewinnung zurück, indem etwa andere Datentypen oder modifizierte Formen der Datengenese eingesetzt werden (zum Beispiel durch Variieren des verwendeten Interviewleitfadens), aber auch indem die Auswahl der Fälle selbst, also das Sampling, durch die entstehende Theorie gesteuert wird.

2. Parallelität der Arbeitsschritte bedeutet zugleich, dass die Analyse bereits mit dem ersten Fall beginnt – und dass schon mit der Analyse dieses Falles theoretische Aussagen gemacht werden können (zum Begriff des Falls s. unten; Krotz, *in diesem Band*). Es müssen also nicht erst ganze Sets von Fällen akkumuliert werden, bevor die Untersuchung Ergebnisse erbringt. Umgekehrt aber muss der Fall als ganzer analytisch erschlossen und verstanden werden. Die Grounded Theory ist somit, wie eine Reihe anderer qualitativ-interpretativer Verfahren auch, ein *einzelfallanalytisches Verfahren*. Mit ihrem komparativen Vorgehen bleibt die Grounded Theory jedoch nicht bei der Analyse eines einzelnen Falles, dieser stellt vielmehr einen für die Theoriegenese wichtigen, aber nicht allein entscheidenden Fall dar.

Es ist sinnvoll, den ersten zu analysierenden Fall mit Bedacht auszuwählen, da er zumindest zu Beginn großen Einfluss auf den Theoriebildungsprozess hat. Hier liegt allerdings ein Problem: Bei einer theoriegenerierenden Vorgehensweise ist gerade zu Beginn einer Studie schwer zu bestimmen, welcher Fall und welches Material als erstes bearbeitet werden sollten. Drei Überlegungen sind hier hilfreich: Erstens wird die Wahl des ersten Falles entdramatisiert, wenn man sich vergegenwärtigt, dass jeder Fall, wenn er dem fraglichen Untersuchungsfeld entstammt, etwas zur gegenstandsbezogenen Theorie beizusteuern hat. Zweitens ist evident, dass, wenn wir den Kern unserer zu entwickelnden Theorie noch nicht kennen, jede Auswahl provisorisch und tentativ sein muss. Drittens schließlich hindert uns nichts daran, bereits Material zu zwei oder drei Fällen erarbeitet zu haben, bevor wir dann einen ersten davon analytisch zu bearbeiten beginnen. Im Prozess der Datengewinnung, also beim Interviewen, Transkribieren, Beobachten und Protokollieren, erhalten wir bereits einen ersten Eindruck davon, ob das jeweilige Material für unsere Fragestellung geeignet ist. Und wenn wir mehr als einen Fall erheben, haben wir die Möglichkeit, denjenigen auszuwählen, der am ergiebigsten zu sein verspricht.

3. In Texten zur Grounded Theory wird die *Kreativität* betont, die für die analytische Arbeit erforderlich ist (zum Beispiel Strauss und Corbin 1996, S. 11f.). Gerade, weil Daten nicht sprechen und Theorie nicht aus Daten emergiert, ist eine kreative Eigenleistung der Forschenden erforderlich. Dabei ist Kreativität hier nicht als künstlerische Freiheit gemeint, sondern als unabdingbare subjektive Eigenleistung der Forschenden im zielorientierten, kontrollierten Prozess der empirischen Untersuchung (Strauss und Corbin 1996, S. 27ff.). Doch selbst wenn man die in der deduktiv-nomologischen Forschungslogik verbreitete Entwertung subjektiver Leistungen im Forschungsprozess nicht teilt: Die Idee kreativer Eigenleistungen birgt offensichtlich die Gefahr idiosynkratischer Abirrungen in sich.

4. Das produktive Moment von Kreativität kann also leicht durch subjektive ‚Überschüsse‘ konterkariert werden. Nicht zuletzt aus diesem Grund wird vorgeschlagen, *Forschung als kollektiven Prozess* zu organisieren (Strauss 1991, S. 68ff.). Damit ist nicht arbeitsteilige Projektbearbeitung gemeint, wie sie in größeren Projekten unvermeidlich ist, es geht vor allem um die gemeinsame analytische Arbeit am Material. Gerade das offene und das axiale Kodieren sind Arbeitsschritte, in denen mehrere Forscherinnen und Forscher einander ideal ergänzen, aber auch wechselseitig ‚in der Spur halten‘ können. Die häufig gerade bei Anfängern anzutreffende Situation des Einzelprojektes schließt solche kooperativen Formen nicht aus; hier bietet es sich an, Forschungswerkstätten zu organisieren, in denen reihum exemplarisch am Material und den Fragestellungen verschiedener Projekte gearbeitet wird (Reim und Riemann 1997).

4.2 Theoretisches Sampling und Heuristiken des Vergleichens

Für die praktische Analysearbeit der Grounded Theory sind zwei Verfahrensmodi von zentraler Bedeutung, die hier integriert dargestellt werden, weil sie im Forschungsverlauf eng miteinander verwoben sind: Die als ‚Theoretisches Sampling' bezeichnete Strategie einer sukzessiven Konstruktion der Auswahlgesamtheit und die fortgesetzte Iteration zweier einander abwechselnder Vergleichsmodi. Diese ‚Methode des ständigen Vergleichens' (Glaser 1965) setzt an einer basalen Alltagsheuristik an. Beobachtete Übereinstimmungen und Differenzen sind es, mit denen wir unseren Alltag ordnen und uns verfügbar machen: Unterschiedlich lange Kassenschlangen im Supermarkt, wahrgenommene Kleidungsstile als Indikatoren für Milieus oder Körperhaltungen als Kriterien dafür, ob wir uns jemanden anzusprechen getrauen. Wie im Alltag so gilt auch in wissenschaftlichen Vergleichsoperationen, dass das Unterscheidungsvermögen in der handelnden Person angelegt ist. Die zu vergleichenden Objekte sind nicht ‚an sich' unterschiedlich oder ähnlich (sie sind ‚an sich' nicht einmal Objekte), sondern es bedarf eines Akteurs, der diesen Vergleich auf Basis seiner Erfahrung und seines Wissens vornimmt und anhand seiner Relevanzstrukturen die Vergleichskriterien bestimmt: Wer oft einkauft, wird über feinere Kriterien zum Vergleich von Kassenschlangen verfügen. Und wer eher schüchtern ist, wird eher zögern, eine Körperhaltung seiner Gegenüber als Gesprächseinladung aufzufassen.

In der analytischen Arbeit im Rahmen der Grounded Theory geht es nicht um alltagspraktische, situativ gebundene Orientierung, sondern darum, aus der Fülle empirischen Materials relevante theoretische Konzepte und Aussagen zu generieren. Als unabdingbare Voraussetzung für diesen Prozess braucht die Forscherin oder der Forscher eine Forschungsfrage, im Lichte derer ein empirisches Phänomen überhaupt erst als solches wahrnehmbar und in seiner Bedeutung für das Forschungsproblem zu bestimmen ist. Es ist zunächst die durch Forschungsproblem, gegebenes Vorwissen, thematische Interessen und forschungspraktische Erfahrungen gerichtete Perspektive der oder des Forschenden, die darüber entscheidet, was wir als Phänomen wahrnehmen, wie Fälle konstituiert werden und was genau deren Relevanz ausmacht.

Dieser Hinweis ist insofern wichtig als in der Grounded Theory-Literatur mit Blick auf die Methoden des ständigen Vergleichens gelegentlich ein Konzept-Indikator-Modell zur Erläuterung der Entwicklung theoretischer Konzepte aus empirischen Indikatoren verwendet wird, bei dem eine Kette von Indikatoren in einem theoretischen Konzept zu resultieren scheint – das Konzept stammt ursprünglich von Glaser (1978, S. 62), wird aber auch von Strauss (1991, S. 54) verwendet. Richtig ist daran, dass die fortgesetzte, systematisch-vergleichende Einbeziehung immer weiterer Indikatoren die notwendige Grundlage jeder Konzeptentwicklung bildet: Ein einzelner empirischer Indikator mag den Anstoß für die Entwicklung erster Konturen eines theoretischen Konzeptes geben, und eine fortgesetzte Kette von Indikatoren ist zur Verfeinerung und Spezifizierung des Konzeptes unabdingbar.

Doch nur wenn forschendes Problemlösen sie als relevant für seinen Gegenstand erachtet, wird daraus die Grundlage der Theoriebildung. Relevanz ist nicht im Material, sondern sie wird entwickelt in der Beziehung zwischen Forscherin bzw. Forscher, Material und Forschungsfrage.

Heuristiken des Vergleichens kommen in der Grounded Theory auf unterschiedlichen Ebenen und in verschiedenen Kodierschritten zum Tragen: Ob im traditionellen Sinne Fälle miteinander verglichen werden oder Vorkommnisse von relevanten Phänomenen, immer werden zunächst Vergleichsmaterialien bzw. Fälle herangezogen, die dem ersten Materialstück in den jeweils als relevant bestimmten inhaltliche Dimensionen möglichst ähnlich und insofern also ‚homogen' sind. In dieser *minimalen Kontrastierung* soll der Kern eines Falltypus oder eines theoretischen Konzeptes erarbeitet werden. Die Grundfrage lautet hier: Was bleibt bei aller unvermeidlichen Variation in den Fällen dann doch konstant in Bezug auf das Phänomen, um dessen theoretische Konzeptionalisierung es jeweils geht? Wir finden also in einem kleineren Set gleichartiger Fälle bestimmte Eigenschaften, die über alle Fälle hinweg weitgehend stabile Ausprägungen aufweisen (Dimensionen) und die damit den Kern unseres theoretischen Konzeptes bilden. Zugleich aber fallen meist auch kleinere oder größere Variationen auf, bei denen sich bei genauerer Analyse erweist, dass sie mit bestimmten Kontexten ko-variieren. Wenn diese Variationen konzeptionell ausgearbeitet werden, ergeben sich *Subkonzepte*.

Zugleich wird der stabile Kern des zentralen Konzeptes zunehmend gefestigt und verdichtet, indem weitere homogene Fälle herangezogen und verglichen werden. Dabei stellt sich die Frage des Abbruchkriteriums: Wie lange soll dieser Vergleichsmodus beibehalten werden? Die Grounded Theory schlägt hier das Kriterium der *Theoretischen Sättigung* vor (Glaser und Strauss 1998, S. 68ff.; Strauss 1991, S. 49): Wenn das fortgesetzte Einbeziehen weiterer homogener Fälle keine zusätzlichen Eigenschaften mehr erbringt, gilt dieser Theoretisierungsschritt als gesättigt und ein gleichartiges Fortfahren würde keinen zusätzlichen Erkenntnisgewinn erbringen.

Basierend auf Kriterien, die sich im ersten Vergleichsschritt als zentral erwiesen haben, werden nun im nächsten Schritt gezielt abweichende Fälle aufgesucht: Was ändert sich und was bleibt stabil, wenn wir den Kontext der Fälle variieren lassen? Diesen Vergleichsschritt kann man als Test der vorläufigen Theoretisierungsleistung verstehen: Wie weit trägt das bisher ausgearbeitete Konzept, in welchen Konstellationen trägt es, und ab wann wird eine Modifikation welcher Art erforderlich? Hier wird also die „konzeptuelle Repräsentativität" (Strübing 2014, S. 31) getestet. Im Ergebnis erhalten wir nicht nur Auskunft über die Reichweite des jeweiligen Konzeptes, sondern auch Hinweise auf für einen angebbaren Geltungsbereich valide alternative Konzepte.

In diese multiplen Vergleichsaktivitäten passt sich auch die Sampling-Strategie der Grounded Theory ein, das *Theoretische Sampling* (Glaser und Strauss 1998, S. 53ff.; Morse 2007; Strauss 1991, S. 70f.; Strübing 2008, S. 29ff.). Wenn ein erster Fall mit weiteren homogenen Fällen verglichen werden soll, dann muss erstens sichergestellt sein, dass weitere homogene Fälle im Material vorhanden sind. Zweitens müssen die Kriterien für Homogenität und Heterogenität dem laufenden Theoriebildungsprozess entstammen, damit die Relevanz der Vergleiche und Kontrastierungen gewährleistet ist. Dies schließt eine Vorab-Festlegung des Samples aus, denn eine solche müsste sich auf Kriterien beziehen, deren Angemessenheit und Relevanz noch völlig offen ist. Daher wird in der Grounded Theory das Sampling sukzessive im Projektverlauf und orientiert an Auswahlkriterien aus der entstehenden Theorie durchgeführt.

Das Wechselspiel von minimaler und maximaler Kontrastierung findet im Projektverlauf fortgesetzt und auf verschiedenen analytischen Ebenen auch parallel statt, also etwa indem Befragte als Fälle miteinander verglichen werden, aber auch zum Beispiel bestimmte Situationsdefinitionen einer Person unter wechselnden Umständen oder die Bewältigung bestimmter Ereignisse über verschiedene Personen-Fälle hinweg. Dieser Punkt ist für die Kontrastierungsarbeit in der Grounded Theory von erheblicher Bedeutung und wird doch oft verkannt: Geschult an traditionellen Verfahren der empirischen Sozialforschung, in denen ein Fall eine ‚Erhebungseinheit' ist, wird auch das Theoretische Sampling oft so verstanden als ginge es ausschließlich um die Auswahl von ‚Erhebungseinheiten'. Doch die Unterscheidung von Fällen und Phänomenen erweist sich hier als im Grunde obsolet, denn es geht beim Begriff des Falls immer um eine *relationale* Bestimmung: Wofür ist etwas ein Fall? Welche im Material gefundenen oder neu erhobenen Daten sind als Fälle für welches Phänomen und welches theoretische Konzept des Phänomens zu betrachten? Was ein Fall ist, kann im Verlauf eines Forschungsprojektes immer wieder variieren. Das bedeutet für die analytische Arbeit, dass wir fortwährend und auf unterschiedlichen Ebenen im Material Auswahlen treffen, um Konzepte sowie deren Variationen und Reichweiten zu erarbeiten.

Forschungspraktisch ist diese Sampling-Strategie nicht immer strikt durchzuhalten. Häufig sind die am Fall erarbeiteten Auswahlkriterien so beschaffen, dass sie den Fällen von ‚außen' nicht anzusehen sind, vor der Datengewinnung also gar nicht mit Sicherheit festzustellen ist, ob ein Fall tatsächlich den Kriterien entsprechen wird. In anderen Projektkonstellationen wiederum ist der Feldzugang zeitlich so eng limitiert, dass eine gründliche Analyse der Fälle parallel zu ihrer Gewinnung nicht zu leisten ist. In diesen Fällen gilt es zu berücksichtigen, dass die methodischen Vorgaben der Grounded Theory eben Leitlinien und keine starren, zwingenden Handlungsanweisungen darstellen. So kann es im Sinne einer flexiblen Anpassung der Verfahrensregeln zum Beispiel erforderlich sein, zu Beginn eines

Projektes in einer komprimierten Feldphase einen größeren Materialumfang zu erarbeiten und die Regeln des Theoretischen Samplings dann erst im Verlauf der analytischen Bearbeitung des Materialkonvoluts anzuwenden – und die sich dabei notwendig ergebenden Einschränkungen und Risiken (etwa das Fehlen bestimmter wünschenswerter Kontrastierungsfälle) in Kauf zu nehmen.

4.3   Dateninterpretation und -analyse als Kodieren

Strauss unterscheidet drei Modi des Kodierens: das offene, das axiale und das selektive (Strauss 1991, S. 57ff.). Glaser hingegen beschränkt sich auf zwei Kodier-schritte, das offene und das theoretische Kodieren, wobei Leistungen des axialen und selektiven Kodierens bei Glaser im Arbeitsschritt des theoretischen Kodierens erbracht werden sollen (Glaser 1978). Im *offenen Kodieren* werden thematische Zu-gänge zum Material geschaffen sowie relevante Materialstücke ausgewählt und im Detail analysiert. Insbesondere für den Beginn der analytischen Arbeit und wenn es um das Erschließen neuer thematischer Dimensionen, weiterer Falldomänen oder besonders problematischer Materialabschnitte geht, kommt dabei eine Form ‚mikroskopischer Analyse' (Strauss 2004) zum Einsatz, die als ‚*Line-by-line*-Ana-lyse' bezeichnet wird: Ein Textstück wird kleinschrittig-sequentiell betrachtet, um hinter der leicht für selbstverständlich und vertraut genommenen Oberfläche des Textes weitere Sinndimensionen zu erschließen, den Text also „aufzubrechen" (Strauss und Corbin 1996, S. 45). Diese etwas martialisch anmutende Metapher verweist auf die Anstrengung, die gegenüber dem Text aufzubringen ist, um ihn der Analyse und Theorieentwicklung zugänglich zu machen. Sätze werden nicht als Ganze gelesen und verarbeitet, sondern zunächst einmal nur in einzelnen Worten und Satzabschnitten. Diese werden nun gezielt befragt: Was wird hier thematisiert? Was ist für die Forschungsfrage relevant? Welche Situationsdefinition, welches Handlungsproblem zeigt die Sprecherin oder der Sprecher durch die Art der Präsentation des Themas an? Was hätte hier auch stehen können? Die dabei erforderliche aktive Leistung der Forscherin bzw. des Forschers wird von Strauss ausdrücklich betont (Strauss 1991, S. 58): Daten sprechen nicht, sie müssen von uns zum Sprechen gebracht werden.

Die hier gemeinte Kompetenz der Forschenden bezeichnen Glaser und Strauss (1998, S. 54) als *theoretische Sensibilität*. Damit ist, wie Strauss und Corbin formu-lieren, „ein Bewußtsein für die Feinheiten in der Bedeutung von Daten [gemeint]", das abhängt „vom vorausgehenden Literaturstudium und von Erfahrungen, die man entweder im interessierenden Phänomenbereich selbst gemacht hat oder die für diesen Bereich relevant sind" (Strauss und Corbin 1996, S. 25). Theoretische

Sensibilität ist die Ausgangsbasis für Vergleichsheuristiken, wie sie bereits in der Line-by-line-Analyse zum Einsatz kommen. Dies geschieht etwa mit „weithergeholten Vergleichen" (Strauss und Corbin 1996, S. 69f.), bei denen die fraglichen Phänomene mit auf den ersten Blick weit entfernt liegenden Phänomenen konfrontiert und auf Ähnlichkeiten und Unterschiede befragt werden. Praktisch bedeutet das etwa, dass in der Analyse probeweise eine im Material auftauchende Formulierung oder Aussage durch ihr Gegenteil ersetzt wird, um herauszufinden, was sich dadurch am Sinn der Aussage verändert. Vergleiche mit Phänomenen außerhalb der konkreten Studie sind hilfreich und zielführend, weil sich an ihnen das Typische des eigentlich interessierenden Phänomens offenbart. Der weit hergeholte Vergleich erschließt damit sukzessive weitere Eigenschaften und Dimensionen von Konzepten.

Die Line-by-line-Analyse ist nicht die einzige Form offenen Kodierens und wird auch nicht auf das gesamte zu analysierende Material angewandt. Das wäre schon praktisch kaum zu leisten, denn ähnlich wie bei der sequenzanalytischen Erarbeitung von Lesarten in der objektiven Hermeneutik ist auch hier der Aufwand schon für kurze Textpassagen beträchtlich. Strauss notiert zu den alternierenden Modi des offenen Kodierens:

> „Wenn ein Kode eine relative Sättigung erreicht hat [...], dann wird der Forscher die Daten automatisch schneller durchgehen, in der Zeile-für-Zeile Analyse Wiederholungen finden und folglich die Daten überfliegen, bis etwas Neues seine Aufmerksamkeit erregt. Dann beginnt wieder die minutiöse Untersuchung." (Strauss 1991, S. 61)

Insbesondere die Integration weiterer aus dem theoretischen Sampling gewonnener Daten ist häufig ein Anlass zu erneuter Line-by-line-Analyse.

4.4   Exkurs: Was ist ein Konzept?

Die Frage, was im Sinne der Grounded Theory ein theoretisches Konzept ist, berührt gerade den prekären Übergang von der Empirie zur Theorie – an ihm entscheidet sich, ob die Auswertung der Daten in einer Paraphrase des Materials endet oder in eine theorieförmige Gestalt mündet. Die Entwicklung theoretischer Konzepte ist jener Modus im Forschungsprozess der Grounded Theory, bei dem die Heuristik ständigen Vergleichens vorrangig Verwendung findet. Beginnend mit einer ersten empirischen Instanz, also der Identifizierung eines empirischen Phänomens in einem ersten Fall (sagen wir: die religiöse Praxis eines salafistischen Moslems), wird sukzessive nach weiteren Instanzen des gleichen Phänomens gesucht. Die nacheinander in Betracht gezogenen Instanzen werden im Blick auf die interessierende Untersuchungsfrage miteinander verglichen und Ähnlichkeiten und Unterschiede herausgearbeitet (Körperhaltungen, Gebetsformen, Nutzung eine Gebetesteppichs? Immer? Unter Ausschluss von Frauen? Ausrichtung nach Osten? Tragen eines Bartes?). Ziel ist dabei, jene Eigenschaften herauszuarbeiten, die für das sich abzeichnende Konzept ‚wesentlich' sind, die also für Existenz und Funktionieren der damit in der jeweils rekonstruierten Perspektive bezeichneten Phänomene konstitutiv sind – und das Konzept damit von anderen zu unterscheiden erlauben. Diese Eigenschaften sind zu trennen von je konkreten, mehr oder weniger zufälligen oder für die Forschungsfrage nebensächlichen Begleiterscheinungen: Männliche Salafisten tragen Bärte, Hipster und orthodoxe Juden allerdings auch. Gibt es an den Bärten oder besser an den Praktiken des Bart-Tragens von Salafisten etwas das wesentlich für Männer dieser Glaubensrichtung ist? Was wesentlich (in diesem Fall: für männliche Salafisten) und was eher zufällig und beliebig ist, das gilt es also in der vergleichenden Analyse erst herauszufinden.

Um sicherzustellen, dass wir die relevanten Eigenschaften und Dimensionen eines Konzeptes sorgfältig und angemessen herausgearbeitet haben, kommt das theoretische Sampling zum Einsatz: Weitere Vorkommnisse eines am ersten Fall erarbeiteten Konzeptes im Material werden sukzessive in die Analyse einbezogen. Durch solch fortgesetzte Vergleiche mit weiteren, ähnlichen Phänomenen im gleichen oder in anderen Fällen sind wir dann nicht nur in der Lage das Konzept genauer zu bestimmen, wir werden auch zu Differenzierungen gelangen und Subkonzepte entwickeln. Diese Differenzierungen sind besonders wichtig, weil es im Fortgang der Analyse und Theorieentwicklung von Interesse sein wird zu bestimmen, welche Variante des Konzeptes in welchem Typ von Situation anzutreffen ist (und letztlich natürlich auch: warum). In anschließenden kontrastiven Vergleichen werden zusätzlich Vorkommnisse des Ausgangskonzeptes untersucht, die sich gerade durch eine Variation der den Ausgangsfall prägenden Konzeptdimensionen auszeichnen.

Der Umstand, dass Konzept und Kategorie in der Grounded Theory-Literatur oft synonym gebraucht werden, gibt immer wieder Anlass zu Missverständnissen und Nachfragen. Tatsächlich haben Corbin und Strauss eine dezidierte Differenz im Sinn: „Konzepte, die sich als dem gleichen Phänomen zugehörig erweisen, werden so gruppiert, dass sie Kategorien bilden. Nicht alle Konzepte werden Kategorien. Letztere sind hochrangigere, abstraktere Konzepte als die, die sie repräsentieren" (Corbin und Strauss 1990, S. 420). Kategorien sind also nicht etwas ‚kategorial' anderes als Konzepte, sondern lediglich deren Transformation auf die nächsthöhere Ebene der Allgemeinheit mit Bezug auf ein gemeinsames Kriterium (auch ‚tertium comparationis' genannt). Mehrere Konzepte, die sich in gleicher Perspektive auf gleichartige Phänomene beziehen, in ihrer Unterschiedlichkeit aber gerade die Variabilität diese Phänomens abbilden, können also mit Blick auf den identischen Kern dessen, was sie bezeichnen, als Kategorie aufgefasst und so in einen größeren

Ordnungszusammenhang gestellt werden (zum Beispiel die Konzepte „drohen", „überreden", „überzeugen" kategorisiert als „Modi des Aushandelns" und das Konzept „Aushandeln" als eine von verschiedenen Formen von „Interaktion"). Das Konzept/Kategorie-Verhältnis findet sich – wie im Beispiel ersichtlich – auf verschiedenen Theoretisierungsstufen, das heißt die Bezeichnung ‚Kategorie' ist nicht gleichbedeutend mit einem bestimmten Niveau der Abstraktion: Auch eine Konzept-/Subkonzept-Relation lässt sich als Verhältnis von Kategorie und Konzept ausdrücken, ohne damit zusätzliche Informationen zu gewinnen.

4.5   Axiales Kodieren

Hier liegt auch ein Übergang zum axialen Modus des Kodierens. Denn indem wir weitere Vorkommnisse unterschiedlicher Varianten des Ausgangskonzeptes aufsuchen, interessiert zunehmend die Frage nach Ursachen, Umständen und Konsequenzen dieser unterschiedlichen Varianten. Darauf orientiert das axiale Kodieren: Es geht um das Kodieren ‚um die Achse' einer zentralen Kategorie herum. Erst so kann aus der Entwicklung theoretischer Konzepte schließlich eine Theorie erwachsen, denn eine reine Taxonomie von Sub-Konzepten, Konzepten und Kategorien ist noch nicht erklärend. Axiales Kodieren zielt also auf erklärende Bedeutungsnetzwerke, die die jeweils fokussierte Kategorie möglichst umfassend erklären. Dabei werden nicht alle im Material identifizierten Phänomene systematisch vergleichend untersucht, sondern nur diejenigen, von denen – nach dem vorläufigen Stand der Analyse – angenommen werden kann, dass sie für die Klärung der Forschungsfrage relevant sind. Damit wird implizit bereits eine Reihe zunächst vager Hypothesen entwickelt, die im weiteren Gang der Analyse überprüft werden.

Diese mutmaßlich relevanten Konzepte werden im axialen Kodieren nacheinander eingehend befragt. Strauss hat dazu eine Reihe von Aspekten benannt, deren Klärung für die theoretische Einbettung eines Konzeptes zentral ist. Er schlägt vor, „daß Daten nach der Relevanz für die Phänomene, auf die durch eine gegebene Kategorie verwiesen wird, kodiert werden, und zwar nach:

- den Bedingungen
- den Interaktionen zwischen den Akteuren
- den Strategien und Taktiken
- den Konsequenzen" (Strauss 1991, S. 57).

Später erweitert er dieses Fragenschema, das er als ‚Kodierparadigma' bezeichnet, gemeinsam mit Corbin noch um die Aspekte „Kontext" und „intervenierende

Bedingungen" (Strauss und Corbin 1996, S. 78ff.). Insgesamt sind die im Kodierparadigma benannten Fragen nur Systematisierungen all jener Wer-Wie-Wo-
Was-Warum-Fragen, mit denen wir auch im Alltag den Sinn von Ereignissen
zu erschließen versuchen, indem wir nach Zusammenhängen forschen, die als
Erklärungen fungieren können.

Im Unterschied zum selektiven Kodieren wendet sich das axiale Kodieren explizit einzelnen empirischen Vorkommnissen sowie deren Abstraktionen zu. Es
geht nicht um die Beantwortung der umfassenden Forschungsfrage, sondern um
die Erklärung des Zustandekommens und der Konsequenzen eines bestimmten
Ereignisses bzw. eines bestimmten Ereignistyps. Es entstehen also im axialen Kodieren nach und nach Theorie-Miniaturen, von denen jede in sich den Kern einer
Erklärung aufweist – indem sie das jeweils fokussierte Phänomen erklären und in
seinen Konsequenzen bestimmen kann –, die aber noch nicht so weit integriert
sind, dass eine befriedigende Antwort auf die Forschungsfrage zu erkennen wäre.
Auch für das Kodierparadigma gilt, dass es variabel und anpassungsbedürftig ist,
also keine präskriptive Funktion hat. Mindestens für die Soziologie und verwandte
Wissenschaften ist der Wert dieser Heuristik allerdings nicht zu unterschätzen –
nicht weil hier auf Ursachen und Wirkungen abgezielt wird, sondern weil über
die Dimensionen *Kontext* und *intervenierende Bedingungen* ein Angebot zur
Verknüpfung situativ-interaktiver Momente mit Prozessen auf entfernteren und
abstrakteren Ebenen von Gesellschaftlichkeit gemacht wird.

4.6   Selektives Kodieren

Mit dem axialen Kodieren steht eine Antwort auf die zentrale Forschungsfrage
immer noch aus. Es fehlt so etwas wie der rote Faden, der die vielen kleinen Zusammenhänge, die bislang ausgearbeitet wurden, zu einem kohärenten Theorieentwurf
zusammenfasst, der sich als Antwort auf die Forschungsfrage bewährt. Zu einem
solchen gelangen wir weder durch fortgesetztes Befolgen von Kodierregeln, noch
durch den Rückzug auf logische Schlussverfahren. Es bedarf vielmehr a) einer guten
Idee, das heißt der Zusammenhang muss von uns aktiv entdeckt werden, und b)
einer Entscheidung: Wir müssen unter verschiedenen, sich anbietenden zentralen
Konzepten dasjenige auswählen, mit dem wir unser Forschungsproblem am besten
gelöst sehen. Mit dieser Entscheidung beginnt das sogenannte selektive Kodieren,
das man auch als ein Re-Kodieren verstehen kann. Nun wird die gesamte bisher
erarbeitete Landschaft von Konzepten und Beziehungen zwischen Konzepten noch
einmal mit Blick auf die nun fokussierte *Schlüssel-* oder *Kernkategorie* überdacht,
teilweise – durch die nun verändert Perspektive – umkodiert und so die gesamte

analytische Struktur in einen konsistenten Theorieentwurf integriert: „Die Schlüsselkategorie wird jetzt zur Richtschnur für Theoretisches Sampling und Datenerhebung. Der Forscher sucht nach Bedingungen, Konsequenzen usw., die in Bezug zur Schlüsselkategorie stehen, indem er nach dieser kodiert" (Strauss 1991, S. 63). Die damit implizierte Überarbeitung der bisherigen Kodierungen stellt allerdings nicht eine Korrektur im Sinne der Verbesserung fehlerhafter Kodierungen dar, sondern eine Neujustierung der analytischen Perspektive: Was bislang in Bezug auf eine Reihe unterschiedlicher, im Projektverlauf immer wieder modifizierter, tentativer Sichtweisen kodiert wurde, soll im selektiven Kodieren nun insgesamt auf eine einheitliche Analyseperspektive hin überarbeitet werden. Das Ergebnis ist weder in einem höheren Maße richtig, noch kommt ihm eine erhöhte Gültigkeit zu. Am Ende des selektiven Kodierens sollte aber die Analyse im Hinblick auf die Forschungsfrage ein höheres Maß an Konsistenz aufweisen.

4.7   Von den Daten zur Theorie – und zurück!

Die Grounded Theory zielt explizit auf die Generierung von Theorie und setzt sich damit von rein deskriptiv bzw. explorativ orientierten Ansätzen qualitativer Sozialforschung ab. Allerdings ist der jeweilige Theoriebegriff klärungsbedürftig und muss an axiomatische Setzungen im Bereich der Epistemologie und Wissenschaftstheorie anschlussfähig sein. Für die Grounded Theory sind es vor allem zwei Merkmale, mit denen ihr Theorieverständnis an den pragmatistischen Ursprung anknüpft:

1. Strauss wie auch Glaser verstehen die zu generierenden Theorien primär als *Wissen zur Bewältigung praktischer Probleme im Handlungsfeld*. So zielt die von ihnen durchgeführte ethnografische Studie zu Tod und Sterben in Krankenhäusern darauf ab, Pflegekräften, Medizinerinnen und Medizinern Wissen für einen reflektierteren Umgang mit dem Problem des Sterbens an die Hand zu geben (Glaser und Strauss 1965). Mit der handlungspraktischen Relevanz und ‚Passung‘ der empirisch basierten Theorien ist in pragmatistischer Perspektive zugleich auch ihr zentrales Gütekriterium verbunden: Sie sind so gut, wie die Handlungs- und Problemlösungsfähigkeit im jeweiligen Feld durch sie gesteigert werden.
2. Neben der praktischen Relevanz ist das *prozessuale Verständnis von Theorie* prägend für die Grounded Theory. Für die praktische Forschungsarbeit bedeutet dies, Theorien als grundsätzlich unabgeschlossen zu betrachten (Glaser und Strauss 1998, S. 50) und den Prozess fortgesetzten Theoretisierens in das Zentrum der analytischen Aktivitäten zu rücken: Die Systematik von theoretischem

Sampling, aufeinander aufbauenden Vergleichsheuristiken, die Moduswechsel im Kodierprozess sowie das fortgesetzte explizite Formulieren generativer Fragen dienen dem Ziel, einen Theoriebildungsprozess auf empirischer Grundlage zu gestalten, der zugleich kreativ und begründbar ist. Entscheidend ist dabei die Integration der Theoriebildung in den Prozess der Datengewinnung und -analyse. Statt eine Theorie am Ende der Untersuchung ‚zu schreiben', wird sie in der Grounded Theory in einzelnen begründbaren und verifizierbaren Schritten entwickelt.

Das Theorie-Empirie-Verhältnis, ein beständiger Quell wissenschaftstheoretischer Debatten, ist auch in Bezug auf die Grounded Theory immer wieder kritisch reflektiert worden, nicht zuletzt in der Glaser-Strauss-Kontroverse (Strübing 2011). Erwecken einige Formulierungen in *The Discovery of Grounded Theory* den Eindruck, es würde dort ein Tabula rasa-Modell vertreten (obwohl genau dies in einer Fußnote zu Beginn des Buches ausdrücklich explizit ausgeschlossen wird), so betont Strauss in späteren Arbeiten sehr deutlich den heuristischen Wert von praktisch-gegenstandsbezogenem wie von theoretischem Vorwissen (etwa in Strauss und Corbin 1994, S. 277). Der Unterschied liegt im Modus des Bezugs auf dieses Wissen, ob es sich entweder – mit Blumer (1954) – um „definitives" oder um „sensibilisierendes" Vorwissen handelt, ob also Wissen *ex ante* zu einem die Studie präformierenden theoretischen Rahmen verdichtet oder aber als Ausgangsmaterial für generative Fragen genutzt wird.

Über den nüchternen erkenntnistheoretischen Befund hinaus, dass jedes Tabula rasa-Modell schon an der Theoriegeladenheit der Sprache scheitern muss, gibt es auch ganz pragmatische Gründe, sich Vorwissen über den Gegenstand zunutze zu machen: Forscherinnen und Forscher verfügen per se über einschlägiges Wissen in ihrem Forschungsgebiet. Überdies bietet dieses Wissen ein großes Anregungspotential für die Forschung – vorausgesetzt, wie auch Strauss und Corbin (1994, S. 277) betonen, die Forscherinnen und Forscher beziehen sich darauf nicht in der Suche nach Antworten, sondern nach Fragen.

Zusammenfassung

Grounded Theory ist weniger eine Methode als ein Forschungsstil, der auf die Entwicklung einer „abduktiven" Forschungshaltung abzielt (Strübing 2014, S. 48). Dies impliziert ein Engagement der Forscherin bzw. des Forschers als Person, aber zugleich auch die Notwendigkeit zur Einbettung der Forschungspraxis in eine angemessene epistemologische und sozialtheoretische Perspektive. Im Fall der Grounded Theory in der hier vorgestellten Variante von Strauss handelt sich dabei um eine pragmatistisch-interaktionische Theorierahmung, die auf eine Auflösung unfruchtbarer Dichotomien in Prozesse und Relationen setzt und Realität als allein in interaktiven Prozessen fortwährend re-konstruiert versteht. In diesem Sinne werden Daten ebenso wie Theorien prozessual aufgefasst. Die unterschiedlichen Sampling-Strategien, Kodierprozeduren sowie die Heuristiken, mit denen sie betrieben werden, dienen dabei als flexible und am jeweiligen Gegenstand auszurichtende Hilfsmittel und Sensibilisierungen und nicht als strikt geregelte Verfahren. Auch der Forschungsstil selbst versteht sich als Prozess, daher ist es wichtig die Ausdifferenzierung und Weiterentwicklungen (wie zum Beispiel die Situationsanalyse) bei der Erarbeitung des eigenen Forschungsdesigns mit in Betracht zu ziehen.

Perspektiven und Reflexionen

- Die Grounded Theory versteht sich als *Forschungsstil* und nicht als Methode in dem Sinne, dass hier ein Arbeitsprozessmodell vorgeschlagen und legitimiert wird, das unterschiedliche Arbeitsschritte zeitlich parallel integriert, zugleich aber auf strikte Regeln des Vorgehens verzichtet, um kreative Problemlösungen im Forschungsprozess anzuregen.
- Sowohl die Auswahl von Fällen als auch von Material zu diesen Fällen oder von Phänomenen im Material erfolgt im Wege des *theoretischen Samplings* prozessbegleitend und angeleitet von der sukzessive entwickelten gegenstandsbezogenen Theorie.
- Analytische Grundoperationen der Grounded Theory sind verschiedene Modi des *Kodierens* des Datenmaterials und die parallel geführte fortlaufende Verschriftlichung in *Memos*.
- Die Grounded Theory basiert auf eine *pragmatistischen Wissenschafts- und Erkenntnistheorie*, die bestrebt ist, Dualismen aufzulösen in Relationen und Prozesse. Die daraus resultierenden Begriffe von Realität als im sozialen Handeln fortwährend hervorgebracht und von Daten als soziale Herstellungsleistung zwischen Forschenden und Feld sind zentrale Orientierungspunkte für die Grounded Theory-basierte Forschungsarbeit.
- Grounded Theory existiert in unterschiedlichen *Varianten*, man muss sich also entscheiden, mit welcher Variante gearbeitet werden soll.

Lesehinweis

- *Strauss, Anselm L. 1991. Grundlagen qualitativer Sozialforschung. München: Fink.*
  Strauss stellt hier die Grounded Theory so vor, wie er sie verstanden wissen möchte: Als einen zukunftsoffenen Forschungsstil, der auf kreative Problemlösungen zielt. Gerade durch die geringe Didaktisierung der Darstellung wird bei Strauss deutlich, dass es nicht um das Befolgen von Regeln, sondern um eigene kreative Anstrengung angeleitet von grundlegenden methodologischen Orientierungen geht. Die vielen konkreten Beispiele von Datenanalyse-Prozessen geben überdies einen guten Einblick in die Möglichkeiten und Probleme praktischer Forschungsarbeit.
- *Bryant, Antony, und Kathy Charmaz (Hrsg.). 2007. The Sage Handbook of Grounded Theory. London: Sage.*
  Inzwischen ein Referenzwerk für methodologische wie methodenpraktische Fragen zur Grounded Theory, mit dem sich leicht Anschlüsse für spezifische Fragen rund um diesen Forschungsstil finden lassen. In einzelnen Artikeln werden Grundbegriffe geklärt, in Kontroversen eingeführt, Hintergründe erläutert und praktische Kompetenzen vermittelt.
- *Clarke, Adele E. 2012. Situationsanalyse: Grounded Theory nach dem Postmodern Turn. Wiesbaden: Springer VS.*
  Situationsanalyse stellt den bislang am weitesten gediehenen und am besten begründeten Vorschlag zur Weiterentwicklung der Grounded Theory im Hinblick auf aktuelle Anforderungen an einen qualitativ-interpretativen Forschungsstil in den Sozialwissenschaften dar. Die dort vorgestellten Mapping-Verfahren sind eine sehr hilfreiche Ergänzung der klassischen Kodierarbeit der Grounded Theory.

Literatur

Becker, Howard S., Blanche Geer, Everett C. Hughes, und Anselm L. Strauss. 1961. *Boys in White*. Chicago: University of Chicago Press.

Blumer, Herbert. 1954. What is wrong with social theory? *American Sociological Review* 19 (1): 3–10.

Breuer, Franz (unter Mitarbeit von Barbara Dieris und Antje Lettau). 2009. *Reflexive Grounded Theory: Eine Einführung für die Forschungspraxis*. Wiesbaden: VS.

Bryant, Antony, und Kathy Charmaz (Hrsg.). 2007. *The Sage Handbook of Grounded Theory.* London: Sage.

Charmaz, Kathy. 2006. *Constructing Grounded Theory: A Practical Guide through Qualitative Analysis.* London: Sage.

Clarke, Adele E. 2005. *Situational Analysis. Grounded Theory after the Postmodern Turn.* Thousand Oaks, CA u. a.: Sage.

Corbin, Juliet, und Anselm L. Strauss. 1990. Grounded Theory Research: Procedures, Canons and Evaluative Criteria. *Zeitschrift für Soziologie* 19 (6): 418–427.

Dewey, John. 2002. *Logik. Die Theorie der Forschung.* Frankfurt am Main: Suhrkamp (Originalausgabe: Dewey, John. 1938. *Logic. The Theory of Inquiry.* New York: Holt, Rinehart and Winston).

Glaser, Barney G. 1965. The Constant Comparative Method of Qualitative Analysis. *Social Problems* 12 (4): 436–445.

Glaser, Barney G. 1978. *Theoretical Sensitivity: Advances in the Methodology of Grounded Theory.* Mill Valley, CA: Sociology Press.

Glaser, Barney G. 1992. *Emergence vs Forcing: Basics of Grounded Theory.* Mill Valley, CA: Sociology Press.

Glaser, Barney G., und Anselm L. Strauss. 1965. *Awareness of Dying.* Chicago: Aldine.

Glaser, Barney G., und Anselm L. Strauss. 1998. *Grounded Theory. Strategien qualitativer Forschung.* Bern: Huber (Originalausgabe: Glaser, Barney G., und Anselm L. Strauss. 1967. *The Discovery of Grounded Theory: Strategies for qualitative research.* New York: Aldine).

Joas, Hans. 1992. *Pragmatismus und Gesellschaftstheorie.* Frankfurt am Main: Suhrkamp.

Mead, George H. 1938. *The Philosophy of the Act.* Chicago: University of Chicago Press.

Mead, George H. 1959. *The Philosophy of the Present.* La Salle: Open Court.

Mey, Günter, und Katja Mruck. 2009. Methodologie und Methodik der Grounded Theory. In *Forschungsmethoden der Psychologie.* Bd. *III,* hrsg. Wilhelm Kempf und Markus Kiefer, 100–152. Berlin: Regener.

Morse, Janice M. 2007. Sampling in Grounded Theory. In *The Sage Handbook of Grounded Theory,* hrsg. Antony Bryant und Kathy Charmaz, 229–244. London: Sage.

Reichertz, Jo. 2003. *Die Abduktion in der qualitativen Sozialforschung.* Opladen: Leske + Budrich.

Reim, Thomas, und Gerhard Riemann. 1997. Die Forschungswerkstatt. Erfahrungen aus der Arbeit mit Studentinnen und Studenten der Sozialarbeit/Sozialpädagogik und Supervision. In *Rekonstruktive Sozialpädagogik. Konzepte und Methoden sozialpädagogischen Verstehens in Forschung und Praxis,* hrsg. Gisela Jakob und Hans-Jürgen von Wensierski, 223–238. Weinheim, München: Juventa.

Shalin, Dmitri N. 1986. Pragmatism and Social Interactionism. *American Sociological Review* 51 (1): 9–29.

Strauss, Anselm L. 1978. A Social World Perspective. *Studies in Symbolic Interaction* 1: 119–128.

Strauss, Anselm L. 1991. *Grundlagen qualitativer Sozialforschung. Datenanalyse und Theoriebildung in der empirischen soziologischen Forschung.* München: Fink (Originalausgabe: Strauss, Anselm L. 1987. *Qualitative Analysis for Social Scientists.* Cambridge: Cambridge University Press).

Strauss, Anselm L. 2004. Analysis through microscopic examination. *Sozialer Sinn* 5 (2): 169–176.

Strauss, Anselm L., und Juliet Corbin. 1994. Grounded Theory Methodology: An Overview. In *Handbook of Qualitative Research*, hrsg. Norman K. Denzin und Yvonna S. Lincoln, 273–285. 3. Aufl. Thousand Oaks, CA u. a.: Sage.

Strauss, Anselm L., und Juliet Corbin. 1996. *Grounded Theory: Grundlagen qualitativer Sozialforschung*. Weinheim: Beltz (Originalausgabe: Strauss, Anselm L., und Juliet Corbin. 1990. *Basics of Qualitative Research: Grounded Theory procedures and techniques*. Newbury Park, CA: Sage).

Strübing, Jörg. 2005. *Pragmatistische Wissenschafts- und Technikforschung. Theorie und Methode*. Frankfurt am Main: Campus.

Strübing, Jörg. 2007a. *Anselm Strauss*. Konstanz: UVK.

Strübing, Jörg. 2007b. Pragmatistisch-interaktionistische Wissenssoziologie. In *Handbuch Wissenssoziologie und Wissensforschung*, hrsg. Rainer Schützeichel, 127–138. Konstanz: UVK.

Strübing, Jörg. 2011. Zwei Varianten von Grounded Theory? Zur methodologischen und methodischen Differenzen zwischen Barney Glaser und Anselm Strauss. In *Grounded Theory Reader*, hrsg. Katja Mruck und Günter Mey, 261–277. 2., aktual. und erw. Aufl. Wiesbaden: Springer VS.

Strübing, Jörg. 2013. *Qualitative Sozialforschung. Eine komprimierte Einführung für Studierende*. München: Oldenbourg.

Strübing, Jörg. 2014. *Grounded Theory. Zur sozialtheoretischen und epistemologischen Fundierung eines pragmatistischen Forschungsstils*. 3., überarb. und erw. Aufl. Wiesbaden: Springer VS.

Zum Autor

Jörg Strübing ist Professor für Soziologie und lehrt Methoden der qualitativen Sozialforschung an der Eberhard Karls-Universität Tübingen.

Grounded Theory als integrierte Folge von Einzelfallstudien

Besonderheiten eines Forschungsverfahrens

Friedrich Krotz

Abstract

Ergiebige und tragfähige qualitative Forschung entsteht nicht daraus, dass man sich vor allem an alle Vorschriften hält, die sich auf Datenerhebung, Auswahl von untersuchten Sachverhalten und Auswertungsformen beziehen. Stattdessen müssen die einzelnen Forschungsschritte in erster Linie im Hinblick auf die jeweilige Forschungsfrage zugeschnitten sein und natürlich auch problemadäquat verwendet werden.

Das Forschungsverfahren der Grounded Theory lässt der Forscherin und dem Forscher dabei besonders viele Freiheiten. Im Vergleich zu den gängigen Formen quantitativer oder standardisierter Empirie, die nach dem Prinzip des Messens vorgeht, verlangt die Grounded Theory allerdings ein grundlegendes Umdenken. Grounded Theory lässt sich am besten – und diese Perspektive entwickelt und betont der vorliegende Beitrag – als eine Folge von Einzelfallstudien verstehen, die in einem inneren Zusammenhang stehen und am Ende im Hinblick auf die Forschungsfrage einerseits eine Reihe von Typen generiert, die andererseits durch die gleichzeitig entwickelte Theorie verstanden bzw. erklärt werden. Dies wird hier im Hinblick auf die Basisprinzipien, die der Grounded Theory zugrunde liegen, erläutert. Ferner wird gezeigt, wie man damit einerseits zu neuen Theorien, und andererseits zu verallgemeinerbaren Schlussfolgerungen gelangen kann.

Keywords

Grounded Theory-Prinzipien, theoriegeleitetes Sampling, Fallstudien, Vergleichbarkeit, Verallgemeinerung, Methoden, Forschungsverfahren, Gütekriterien

1 Einleitung

Das Forschungsverfahren der Grounded Theory irritiert viele Denkgewohnheiten bei denen, die es neu kennenlernen. Warum soll man etwas auswerten, bevor man alle Daten erhoben hat – führt das nicht auf falsche Fährten oder zu Doppelarbeit? Wieso soll man Fälle, die man untersucht, nach theoretischen Gesichtspunkten auswählen – manipuliert man damit nicht die Ergebnisse? Und inwiefern kann ein Verfahren gültige neue Einsichten erbringen, wenn in die Datenauswertung doch ganz offensichtlich zunächst einmal subjektive, individuelle Überlegungen der Forschungspersonen eingehen? Diese und auch weitere Fragen hört man immer wieder, gerade auch von Studierenden, denen die am Messen orientierten Regeln der quantitativen Forschung plausibel vorkommen und denen deshalb auffällt, dass im Rahmen der Grounded Theory ganz anders vorgegangen wird.

Aber ob ein Forschungsverfahren sinnvoll ist, ergibt sich nicht in erster Linie aus der bloßen Durchführung vorgegebener einzelner Forschungsschritte und deren Reihenfolge, oder daraus, dass Forscherinnen und Forscher alle Regeln genauestens erfüllen. Empirische Forschung ist ein Handwerk, das Regeln folgt, wobei diese aber auch kreativ und gegenstandsadäquat angewandt werden müssen. Denn das ‚Werkstück‘, an dem gearbeitet wird, nämlich am Wissen über soziale und insbesondere kommunikative Hintergründe und Zusammenhänge, bezieht sich einerseits auf eine oft komplexe soziale Wirklichkeit und ist andererseits gleichzeitig ein Teil dieser sozialen Wirklichkeit, und insofern ist eine strikte Befolgung von Regeln unabhängig von den konkreten Forschungszielen nicht immer möglich.

Vielmehr müssen die einzelnen Teile eines qualitativen Forschungsverfahrens wie der Grounded Theory – die Auswahl der Fälle, für die Daten erhoben werden sollen, die Datenerhebung selbst, die Auswertung und die auf der Empirie basierende Theoriebildung – für jede konkrete Studie sinnvoll zusammenpassen und unter Begründungszwang kreativ und gegenstandsbezogen, also in Bezug auf die jeweilige Forschungsfrage, eingesetzt werden. Nur wenn das der Fall ist, kann eine solche ‚Forschungsmethode‘, wie ein solches immer auch konstruktives Verfahren häufig genannt wird, sinnvolle Ergebnisse erbringen. Die Grounded Theory geht dabei nicht nur vom Forschen als einem sinngeleiteten Handeln von Forscherinnen und Forschern aus, sondern auch davon, dass die Menschen in ihrem Alltag und ihren Lebensbereichen sinnvoll und auf der Basis von Bedeutungen handeln. Sie alle gemeinsam konstruieren die soziale Wirklichkeit und das alltägliche Wissen darüber, die empirisch untersucht werden. Das darauf bezogene wissenschaftliche Wissen entsteht im Rahmen der Grounded Theory dann dadurch, dass das Handeln der Menschen über die jeweiligen Handlungsperspektiven rekonstruiert wird und Forscherinnen und Forscher damit gewissermaßen die Entstehung dessen nachvollziehen, was die Menschen in ihrem Alltag im Hinblick auf den Forschungsgegenstand tun. So gesehen kann es eigentlich nicht überraschen, dass derartige Forschung anders vorgeht als die messende quantitative bzw. standardisierte Forschung.

Nehmen wir als Beispiel die Frage, wie ein Flashmob funktioniert und welche gesellschaftliche Bedeutung eine derartige neue Vergemeinschaftungsform hat. Dann würde eine Untersuchung nach Art der Grounded Theory beispielsweise die verschiedenen dafür relevanten Handlungsperspektiven der (wie auch immer) Beteiligten – damit sind auch die Betroffenen gemeint – rekonstruieren: die Perspektive derer, die den Flashmob angeschoben haben; die derer, die davon erfahren und daran teilgenommen oder nicht teilgenommen haben; die Perspektive derjenigen, die spontan mitgemacht haben und die derer, die in irgendeiner Weise davon betroffen waren. Gegebenenfalls sind weitere Perspektiven zu berücksichtigen, etwa die der Polizei. Aus den Berichten und Antworten gut ausgewählter Vertreterinnen und Vertreter dieser einzelnen Handlungsperspektiven darüber, warum sie was wie getan und was sie dabei erlebt haben, lässt sich dann mit Hilfe der Grounded Theory das rekonstruieren, was geschehen ist, und damit die jeweilige Forschungsfrage beantworten. Grounded Theory lässt sich dementsprechend als ein Verfahren verstehen, das insbesondere auch eine sinnvoll angelegte Reihe von aufeinander bezogenen Fallstudien durchführt und diese angemessen auswertet.

Forschung nach Art der Grounded Theory ist damit vor allem in sich schnell verändernden Gesellschaften hilfreich, wo es auf die Entwicklung eines empirisch gestützten theoretischen Verständnisses ankommt. Deshalb ist auch die Konzeption des vorliegenden Bandes hilfreich, nach der Beispiele insbesondere aus dem Bereich des Medienwandels gewählt werden sollen (s. auch die Einleitung zu diesem Band).

Der folgende Text – der selbstverständlich nur eine von vielen möglichen Sichtweisen darstellt, was Grounded Theory ist – will dies genauer erklären. Dazu werden im nächsten Abschnitt zunächst die wichtigsten Grundprinzipien der Grounded Theory erläutert. Im dritten Abschnitt wird dann gezeigt, wie Grounded Theory konkret vorgeht und dabei eine zusammenhängende Reihe von einfachen, fallbezogenen Teiltheorien entsteht, aus denen dann eine übergreifende Theorie wird oder werden kann. Wo dann das ganz eigene und besondere der Grounded Theorie (im Gegensatz zu quantitativen Studien) liegt, wird im vierten Abschnitt erläutert. Der abschließende Abschnitt beschäftigt sich knapp mit der Frage, wie die Güte von Ergebnissen, die mit Hilfe der Grounded Theory gewonnen werden, beurteilt werden kann, wie man also feststellen kann, ob die Ergebnisse tragfähig und brauchbar sind.

2   Prinzipien der Grounded Theory

Mit ihrem Band zur Grounded Theory von 1967 haben Barney G. Glaser und
Anselm L. Strauss eine Reihe von Prinzipien in die sozialwissenschaftliche Forschung eingeführt, die seither nicht mehr wegzudenken sind. Ihre ‚Entdeckung'
– vielleicht besser noch: ihre Konstruktion – eines Forschungsverfahrens namens
Grounded Theory hat die gesamte qualitative Forschung auf Dauer verändert, weil
diese Prinzipien von all denen immer wieder zu Rate gezogen werden, die sich
umfassend mit qualitativer, also nicht-standardisierter Forschung beschäftigen,
oft sogar dann, wenn die konkrete Forschung dann keineswegs immer entlang
dieser Prinzipien stattfindet.

1. Forschung nach der Grounded Theory zielt nicht nur auf die Beschreibung sozialer Sachverhalte, sondern vor allem *auf die Entwicklung neuer, datengestützter
   Theorien*, also auf eine spezifische Form wissenschaftlichen Wissens. Dieses
   vermutlich wichtigste Prinzip, worauf Grounded Theory abzielt, zeigt sich, wie
   wir sehen werden, in allen wesentlichen Teilschritten, die Forscherinnen und
   Forscher im Forschungsprozess gehen müssen, und auch in deren Zusammenhang. Forscherinnen und Forscher müssen dementsprechend schrittweise auf
   Grundlage der Daten ein übergreifendes und zusammenhängendes Wissen
   konstruieren und es in das vorhandene theoretische Wissen einordnen, sodass
   es dann im Rahmen der weiteren Entwicklung von Wissenschaft überprüft,
   vielleicht vertieft und verallgemeinert und jedenfalls verwendet werden kann.
2. Forschung nach Art der Grounded Theory ist deshalb in erster Linie ein *ziel-
   gerichteter und dokumentierter Lern- und Erkenntnisprozess* der beteiligten
   Forscherinnen und Forscher. In letztlich immer neuen empirischen Anläufen
   entwickeln sie die Theorie, die Antwort auf die gestellte Forschungsfrage gibt.
   Dazu untersuchen sie verschiedene Fälle, die sich in ihren handlungsleitenden
   Perspektiven und dafür relevanten Lebensbereichen und ihrem Erleben möglichst vielfältig voneinander unterscheiden sollen. Wenn die Forscherinnen
   und Forscher all diese wesentlich verschiedenen Fälle untersucht, beschrieben,
   theoretisch gefasst, miteinander verglichen und zueinander in Beziehung
   gesetzt haben, ist eine Typologie der Beteiligten und zugleich eine neue Theorie entstanden, die alle betrachteten Einzelfälle berücksichtigt und für alle
   gemeinsam gültig ist.
   Das geht manchmal zwar langsamer als erhofft, weil man sich dabei auf unterschiedliche Beteiligte und deren Handlungs- und Deutungsmuster einlassen
   muss. Aber das oben angeführte Beispiel der Untersuchung eines Flashmobs
   zeigt, dass man für ein Verständnis für die Vergemeinschaftungsform ‚Flashmob'

nicht unendlich viele Handlungsperspektiven untersuchen muss, sondern sich auf die wichtigsten Handlungsperspektiven der Beteiligten konzentrieren kann. Untersucht werden also unterschiedliche Einzelfälle, die je einen bestimmten Typus repräsentieren, sodass man, so das Ziel, letztlich alle Beteiligten einem solchen Typus zuordnen kann. Insofern kommt es darauf an, die für die Forschungsfrage relevanten Handlungsperspektiven zu finden und zu analysieren. Für jeden Typus reicht dann letztlich ein Beispieltyp, den man genauer untersucht; wenn vermeidbar, sollte man also nicht mehrere Beteiligte genauer untersuchen, die zum gleichen Typus gehören, weil man daraus keine weiteren Einsichten gewinnen kann. Wie man dabei konkret vorgeht, wird mit Hilfe des nächsten Prinzips verdeutlicht.

3. Wie man die relevanten Fälle findet und auswählt, darüber gibt der bekannte Begriff des *Theoretical Samplings* bzw. *Theoretischen Samplings* Auskunft. Damit ist zunächst einmal nur gesagt, dass sich Forscherinnen und Forscher bei jedem Schritt im Forschungsprozess auf der Grundlage des bis dahin erarbeiteten Wissens überlegen sollen, was man denn nun schon weiß und was noch nicht, und dass dann daraus abgeleitet wird, was man als nächstes untersuchen sollte, beispielsweise wen man als Nächsten befragen soll, um bei der Auswertung und Theoriebildung möglichst gut voranzukommen.

Abgegrenzte soziale Wirklichkeiten, wie sie die Grounded Theory untersuchen kann und will – zum Beispiel das Funktionieren und die gesellschaftliche Bedeutung eines Flashmobs, das Entstehen eines Wikipedia-Artikels (Pentzold 2007) oder auch die Besonderheiten von Public Viewing (Krotz 2007, S. 237ff.) – werden von den auf welche Weise auch immer beteiligten Menschen mit ganz unterschiedlichen Handlungsperspektiven und Hintergründen gemeinsam hergestellt, das heißt gemeinsam konstruiert. Warum, wie und mit welchen Folgen das geschieht, wird im Rahmen der Grounded Theory rekonstruiert. Wer also nach Art der Grounded Theory forscht, muss – und dies ist eine zentrale Bedingung – möglichst alle relevanten Handlungsperspektiven bezüglich des jeweiligen Forschungsgegenstandes berücksichtigen, damit das Endergebnis nicht einseitig und willkürlich wird.

Dementsprechend gibt es einerseits unterschiedliche gegenstandsbezogene Handlungsperspektiven: Diejenigen, die einen Flashmob in Gang bringen, diejenigen, die über Medien davon erfahren und mitmachen, diejenigen, die davon betroffen sind – diese Gruppen unterscheiden sich vermutlich in ihren handlungsrelevanten Vorstellungen, Absichten und in ihren Deutungsmustern. Andererseits lassen sich soziodemographische Unterschiede in den Handlungsperspektiven vermuten: Frauen und Männer, Mitglieder verschiedener Ethnien und Kulturen, Angehörige verschiedener Altersgruppen usw. gehen mit solchen

Vergemeinschaftungsformen möglicherweise ganz verschiedenartig um und tragen so in unterschiedlicher Weise zu der Realität ‚Flashmob' bei, ebenso etwa die Polizei aus ihrer gesellschaftlichen Funktion heraus. All diese und je nach Fragestellung weitere Unterschiede leiten die Auswahl von Fällen an, die untersucht werden sollten, weil ihre unterschiedlichen Handlungs- und Deutungsmuster in die Konstruktion von Wirklichkeit eingehen können. Derartige Überlegungen muss man vor einer Studie und dann vor allem im Prozess der Forschung auf der Basis der vorhergehenden Forschungsschritte anstellen; dafür müssen die Forscherinnen und Forscher ihr theoretisches Wissen, aber auch ihre Sensibilität für die soziale Wirklichkeit zurate ziehen. Und erst, wenn alle wesentlichen Handlungsperspektiven angemessen berücksichtigt und untersucht worden sind, ist eine Grounded Theory-Untersuchung abgeschlossen.

Mit dieser *Idee, Sachverhalte systematisch von allen Seiten her zu rekonstruieren*, haben Glaser und Strauss (1967) der nicht-standardisierten Forschung ein Verfahren angeboten, wonach zu untersuchende Fälle optimalerweise im Hinblick auf die zu beantwortende Forschungsfrage ausgesucht werden sollten: Nicht – wie zum Beispiel bei der Idee der Repräsentativität in quantitativen Umfragen – an vermuteten prägenden gesellschaftlichen Strukturen einer Grundgesamtheit, sondern unter Verwendung des bereits vorliegenden empirisch gewonnenen oder theoretischen Wissens. Wenn man also weiß, dass verschiedene Altersgruppen und Bildungsschichten im Internet unterschiedlich agieren, und man sich überlegen kann, dass es ganz unterschiedliche Motivlagen geben wird, warum jemand bei der Erstellung eines Wikipedia-Artikels mitarbeitet, dann hat man schon Hinweise für eine erste Auswahl zu befragender Personen.

4. Das nächste relevante Prinzip ist dann das *Prinzip des Vergleichs* – es gibt eine erste Antwort darauf, wie die verschiedenen untersuchten Fälle ausgewertet und die unterschiedlichen Daten in Zusammenhang gebracht werden. Im Rahmen der Grounded Theory wird nicht vorrangig gemessen oder gezählt, was die Menschen sagen oder tun, erst recht auch nicht, ob etwas einmal oder öfter geschieht, und auch nicht sinnverstehend interpretiert, was sie wohl gemeint haben könnten. *Vielmehr werden die untersuchten Fälle miteinander verglichen.* Wenn etwa qualitative Interviews erhoben wurden und daraus für den oder die jeweils Befragte(n) für ihn oder sie passende allgemeine Aussagen entwickelt worden sind, geht die Grounded Theory zunächst einmal davon aus, dass unterschiedliche Handlungsweisen, Interessen und Motivationen auf unterschiedliche Zusammenhänge in den Lebenswelten und Lebensweisen der Befragten verweisen. Diese durch Vergleich erkennbaren Unterschiede müssen dann beschrieben sowie theoretisch rekonstruiert und eingeordnet werden, sofern sie sich in unterschiedlichen Handlungsperspektiven manifestieren.

Wenn es beispielsweise um die Untersuchung eines Flashmobs geht, der wie vor einiger Zeit in Hamburg zustande kam, weil ein Händler keine behinderten Menschen in seinem Laden bedienen wollte, kann man die dafür relevanten Handlungs- und Deutungsmuster der Beteiligten auf ihre jeweiligen Lebenswelten und Interessen zurückführen, wobei der Flashmob insgesamt von allen Beteiligten gemeinsam erzeugt wird. Die auf einer ersten Ebene erkennbaren Handlungs- und Deutungsmuster werden so durch die jeweiligen Lebenswelten und Interessen kontextualisiert und ermöglichen für jeden Akteurstypus allgemeinere Aussagen – was warum die beteiligten Behinderten und eventuelle Aktivisten, was die Polizei, was die Verkäufer, was die verschiedenen Zuschauergruppen etc. tun: Für jede beteiligte Akteurin bzw. jeden Akteur – darunter werden hier auch die von einer Aktion Betroffenen gefasst – wird somit deutlich, wie und im Zusammenhang mit welchen lebensweltlichen Umständen sie oder er in diesem Zusammenhang handelt. Daraus lässt sich einerseits rekonstruieren, wie ein Flashmob funktioniert, und andererseits, welche gesellschaftliche Bedeutung dieser Aktionsform zukommen kann. Etwas verkürzt ausgedrückt, wird also zu jedem Akteurstyp eine Theorie konstruiert, die dessen Handlungs- und Deutungsmuster im Hinblick auf die jeweilige Forschungsfrage beschreibt und den je subjektiven Zusammenhang mit seinen lebensweltlichen Kontexten verstehbar macht. Über den Vergleich dieser jeweils einseitigen Theorien lässt sich dann schrittweise eine gemeinsame übergreifende Theorie bilden.

Bei Forschung nach Art der Grounded Theory müssen also die *einzelnen Fallstudien zueinander in Beziehung gesetzt werden, indem man sie miteinander vergleicht und sie vorsichtig präzisiert, abstrahiert und kontextualisiert und so Einsicht auf dahinter stehende Unterschiede gewinnt, die die Konstruktion des Sachverhalts und seine Bedeutung erkennen lassen und so eine Antwort auf die Forschungsfrage ermöglichen.*

5. Um verschiedene Fälle sinnvoll miteinander vergleichen zu können, macht es Sinn, zunächst *die Vielfalt der in den Daten aufscheinenden Realität zu reduzieren und Interviews oder etwa Beobachtungsprotokolle zu kodieren.* Damit ist am Beispiel der Erhebungsmethode ‚Interview' gemeint, dass Forscherinnen und Forscher verallgemeinernde bzw. zusammenfassende Ausdrücke wählen, mit denen sie festhalten, worüber die oder der Interviewte gesprochen hat, in welchem Zusammenhang dies geschieht und was sonst noch in Abhängigkeit von der Forschungsfrage wichtig ist. Dies geschieht im ersten Schritt mit dem *offenen Kodieren,* das für jedes Interview getrennt stattfindet, also ohne Berücksichtigung der eventuell bereits vorliegenden anderen Interviews. Der Kodierprozess wird dann in den darauffolgenden Stufen immer abstrakter und geordneter: Im *axialen Kodieren* werden die offen konstruierten Kodes

geordnet und zueinander in Beziehung gesetzt, im Prozess des *selektiven Kodierens* wird dies weiter geführt, indem die Kodes auch hierarchisiert und zusammengefasst werden. Axiales und selektives Kodieren beziehen sich dann sinnvollerweise nicht mehr nur auf einen konkreten Fall (zum Beispiel ein einzelnes Interview), sondern auf alle bisher untersuchten Fälle und die Forschungsfrage, sodass man dazu die Kodiersysteme zusammenfasst und damit Typen von Befragten voneinander unterscheiden und gleichzeitig theoretisch wichtige Differenzen und Zusammenhänge herausarbeiten kann. Natürlich beschränkt sich Grounded Theory in der Datenerhebung keineswegs nur auf Interviews, die wohl gebräuchlichste Methode, sondern funktioniert auch mit Beobachtungen, Dokumentanalysen etc.

6. Abschließend – und dies sei in Anlehnung an die europäische Wissenschaftsgeschichte (Krotz 2005; Opp 1976) gesagt – ist Grounded Theory *nicht primär deduktiv, aber auch nicht primär induktiv*: Schlussfolgerungen heißen bekanntlich deduktiv, wenn man vom Allgemeinen auf das Besondere schließt, und im umgekehrten Fall induktiv. Die Grounded Theory benutzt explizit beide Schlussfolgerungen (Krotz 2005, S. 105ff.) und löst damit den logischen Gegensatz durch konkrete Praxis, genauer gesagt, im konkreten Forschungsprozess auf. Denn deduktiven Schritten folgen induktive und umgekehrt, und alle diese Schritte sind notwendig, wenn man kodieren und vergleichen will.

Die genannten Prinzipien finden sich – oft allerdings praktisch eingeführt und nicht so deutlich herausgearbeitet – in vielen Büchern über die Grounded Theory, beispielsweise Glaser und Strauss (1967, 1998), Corbin und Strauss (1990), Strauss (1998) oder Krotz (2005), aber auch bei Weiterentwicklungen des Verfahrens wie von Clarke (2012) oder der sogenannten heuristischen Analyse (Kleining 1995). Zudem benutzen auch viele andere qualitative Verfahren einzelne Konzepte aus dem Bereich der Grounded Theory, wie etwa das Konzept des Theoretischen Samplings oder die Auswertung mittels Kodieren. Trotzdem ist jedes qualitative Verfahren letztlich im Grunde anders aufgebaut und rechtfertigt sich auch anders als die anderen, und viele davon sind an spezifische theoretische Paradigmen gebunden: Die Hermeneutik will Sinn verstehen, die Diskursanalyse zielt auf die Abbildung und Analyse gesellschaftlicher Diskurse, ethnografische Verfahren operieren mit der Gegenüberstellung von fremden Handlungszusammenhängen mit den vertrauten eigenen, ethnomethodologische Studien fragen nach einer Art grammatikalischer Struktur der Realität bzw. der Wirklichkeitskonstruktion usw. Quantitative Verfahren beruhen dagegen letztlich alle auf der gleichen wissenschaftstheoretischen Begründung und verlangen im Prinzip ein ähnliches Vorgehen, ganz gleich, ob man Inhaltsanalyse, Umfrageforschung oder Laborexperiment betreibt – hier kann man mit Thomas Kuhn (1978) vom Paradigma des Messens oder dem mathematischen Paradigma sprechen. Aber ein Paradigma, dem sich alle nicht-standardisierten Verfahren – von der Bildanalyse bis zur Einzelfallstudie – zuordnen lassen, gibt es nicht.

3 Vorgehen: Forschung als Ausdifferenzierung von Theorie

Anhand der oben aufgeführten Prinzipien lässt sich nun das *Vorgehen von Grounded Theory Forschung* und damit eine weitere zentrale Besonderheit darstellen. Um dies in aller Deutlichkeit zu erläutern, stellen wir dieses Vorgehen in Abgrenzung zum Vorgehen der quantitativen Datenforschung dar und beschränken uns dabei einerseits auf die quantitative Umfrageforschung, andererseits auf die Grounded Theory, die sich des Erhebungsinstruments des qualitativen Interviews bedient.

Beide Arten der Forschung untersuchen einzelne Fälle, dies aber auf verschiedene Weise. *Im quantitativen Fall* definieren Forscherinnen und Forscher auf Basis der Forschungsfrage eine Grundgesamtheit und Variablen, die man operationalisiert, und konstruieren damit dann das Erhebungsinstrument, zum Beispiel einen Fragebogen. Anschließend wählt man eine Stichprobe, die im optimalen Fall repräsentativ für die jeweilige Grundgesamtheit ist, befragt deren Mitglieder, wertet diese dann mit Hilfe eines Statistikprogramms aus und gelangt mithilfe von verbalen Interpretationen der Rechenergebnisse zu Einsichten, die die Forschungsfrage beantworten (hierzu: Friedrichs 1973; Opp 1976). Der Begriff des Falls benennt hier die einzelnen Befragten, diese werden dann aber nur mithilfe des Fragebogens befragt; je Fall ergeben sich für jede vorher festgelegte Variable bestimmte Variablenwerte. Die Auswertung besteht dann darin, dass für jede Variable etwa Mittelwerte und Streuungen oder Prozentwerte berechnet werden bzw. auf komplexeren Verfahren, die sich aber ebenfalls auf einzelne Variable beziehen. Die Resultate dieser Operationen beschreiben dann nicht den Einzelfall (also etwa die befragte Person), sondern fassen die Variablenwerte der gesamten Stichprobe zusammen.

Wenn man dagegen nach den Regeln der Grounded Theory forscht, bezeichnet der Begriff ‚Fall‘ natürlich ebenfalls die einzelnen Befragten. Diese werden meist mittels leitfadengestützen Interviews befragt. Die Befragung beschränkt sich zudem nicht auf das konkrete Handeln im Hinblick auf die Forschungsfrage, sondern erhebt weiteres Hintergrundwissen und lässt auch zu, dass die Befragten von sich aus in das Interview hineinbringen, was ihnen in diesem Zusammenhang wichtig ist (s. auch Linke bzw. Müller, *in diesem Band*). Dies geschieht deswegen, weil sich die Forschungspersonen im Rahmen qualitativer Forschung dafür interessieren, vor dem Hintergrund welcher Erlebnisse, Sinnkonstruktionen und lebensweltlicher Einflüsse das je spezifische Handeln zustande kommen, denn nur so lässt sich subjektiver Sinn ermitteln. Im Rahmen der Grounded Theory wird, so lässt sich dies ausdrücken, also immer von jedem Fall eine mehr oder weniger ausführliche Einzelfallstudie durchgeführt, die dann in die weitere Analyse eingeht.

Wir wollen hier kurz den nicht immer einheitlich verwendeten Begriff der Fallstudie vertiefen. Creswell (2007) etwa definiert den Begriff folgendermaßen:

> „Case study research is a qualitative approach in which the investigator explores a bounded system (a *case*) or multiple bounded systems (cases) over time, through detailed, in-depth data collection involving *multiple sources of information* [...], and reports a case *description* and case-based themes" (Creswell 2007, S. 73; Hervorhebung im Original).

Fallstudien beschränken sich dementsprechend nicht nur darauf, die einzelnen Fälle im Hinblick auf die Forschungsfrage zu erfassen, zum Beispiel durch Interviews, sondern versuchen auch die Hintergründe für die Handlungsperspektiven des Befragten zu berücksichtigen. Der Begriff ‚Fallstudie' macht also nur dann Sinn, wenn der ‚Fall' nicht nur als Gelegenheit für die Datenerhebung verwendet wird, wie es im Falle der Umfrageforschung geschieht, sondern wenn die Alltags- und Lebensbedingungen für die gegebenen Antworten oder die beobachteten Handlungen *umfassend* einbezogen und diese Daten dann auch erst einmal fallbezogen ausgewertet werden. Und zwar so, dass für diesen Einzelfall auf Basis der Daten und der Auswertung eine Antwort auf die jeweilige Forschungsfrage gegeben werden kann. Eine Fallstudie liegt also beispielsweise vor, wenn man nicht nur beschreibt, wie ein befragter Mensch das Fernsehen nutzt, sondern auch darauf abzielt, dies vor dem Hintergrund seiner Lebenswelt und seiner Sinnkonstruktionen verstehend zu rekonstruieren und einzuordnen, indem man seine oder ihre Freizeitgewohnheiten, das politische Interesse, Mediensozialisation, politisches Denken, Handeln und Beurteilen, soziale und ökonomische Bedingungen und Kontexte berücksichtigt – also alles, was für den jeweiligen Sachverhalt, um den es geht, wichtig erscheint, und insbesondere auch das, was der oder die Befragte einbringt, weil es ihm bzw. ihr wichtig ist. Mit diesem Material kann man dann auch allgemeine Aussagen über diese Person und so gewissermaßen eine Theorie dieses Einzelfalls konstruieren. Sie beschreibt dann nicht nur das, was dieser Mensch tut und denkt, sondern auch, wie dies in seinem Leben und seiner Biographie verankert ist, und rekonstruiert so auch die Bedingungen seines Handelns.

Dies ist mehr oder weniger das, was im Rahmen der Grounded Theory für jeden Fall passiert, und der gesamte Forschungsprozess lässt sich demgemäß als eine nach theoretischen Überlegungen ausgewählte Folge von verschiedenen Fällen vorstellen, zu denen dann Einzelfallstudien durchgeführt werden: Forscherinnen und Forscher beginnen mit einem Fall 1, erheben Daten beispielsweise mittels eines qualitativen Leitfadeninterviews und kodieren das so erhaltene Material. Dabei sind Kodes im Falle der Grounded Theory, wie oben erläutert, keine zahlenmäßigen Markierungen von Begriffen, sondern verallgemeinernde Begriffe. Mit den verschiedenen Formen des Kodierens – und weil man weiß, warum Fall 1 was in welcher Handlungsperspektive getan und erlebt hat und wie dies in seinem sonstigen Alltag und seiner Lebenswelt verankert ist – kann man dann Aussagen über diesen Einzelfall und damit *eine Theorie dieses spezifischen Einzelfalls erarbeiten*. In einem weiteren Schritt wählen die Forschungspersonen dann einen zweiten Fall aus, von dem sie auf der Basis ihrer theoretischen Überlegungen erwarten, dass er andere Ergebnisse erbringt, erheben wieder entsprechende Daten, werten diese wieder mit Hilfe des Kodierens aus und schaffen so die Grundlagen einer Theorie des zweiten Einzelfalls. Im Anschluss daran werden Fall 1 und Fall 2 auf der Basis ihrer jeweiligen Kodes verglichen und die beiden unabhängig voneinander entstandenen Kodemengen zu einem gemeinsamen Kodesystem zusammengefasst. Dadurch entsteht ein neues, umfassenderes Kodesystem, mit dessen Hilfe beide Fälle konzeptuell erfasst werden können und das die Basis für einen theoretischen Erklärungsansatz ist, der für Fall 1 und Fall 2 gültig ist.

Daraufhin kann ein dritter Fall ausgewählt und ebenso vorgegangen werden. Und so weiter – bis zur sogenannten *Theoretischen Sättigung*, die dann eintritt, wenn es nicht mehr möglich erscheint, weitere Fälle zu finden und zu analysieren, die nicht schon erfasst sind. Wenn es also insbesondere auch keine Fälle mehr zu geben scheint, die die bisher erarbeitete Theorie widerlegen, einschränken oder erweitern können.

Grounded Theory ist insofern eine Folge von nach den Grundprinzipien geeignet ausgewählten Einzelfallanalysen, die schrittweise auf der Basis der umfangreichen, sinnbezogenen Datenerhebung und der Kodierungen miteinander verglichen werden. Dies ermöglicht es zu erkennen, worin sich die Einzelfälle in den jeweils erhobenen Daten unterscheiden, warum ihre Handlungsperspektiven gegebenenfalls unterschiedlich sind und inwiefern und warum nicht. Befragte bilden dann, etwas vereinfacht ausgedrückt, einen bezüglich der Forschungsfrage gemeinsamen Typus, wenn sie die gleichen Handlungsperspektiven aufgrund gleichartiger lebensweltlicher Einflüsse aufweisen, andernfalls sind sie verschiedenen Typen zuzuordnen. Daraus ergeben sich dann im Hinblick auf die Forschungsfrage unterschiedliche Typenbeschreibungen, die sich zur Konstruktion theoretischer Aussagen zusammenfassen lassen, wobei axiales und selektives Kodieren zum Ordnen und Hierarchisieren des gemeinsamen Kodesystems dienen.

Erinnern wir zur Illustration an das Beispiel einer empirischen Studie über das Verfassen eines Wikipedia-Artikels. Hier lassen sich schon auf einer ersten Ebene ganz unterschiedliche Ausgangslagen finden: Autorinnen oder Autoren, die das schon oft gemacht haben und für bestimmte Teile von Wikipedia verantwortlich sind; Autorinnen oder Autoren, die ein spezifisches Wissen sinnvoll teilen wollen; Autorinnen oder Autoren, denen die Idee einer umfassenden Enzyklopädie im 21. Jahrhundert als wichtiger Beitrag zu Bildungsgerechtigkeit erscheint, an der sie aktiv mitwirken wollen; Autorinnen oder Autoren, die als Trolle darin herumpfuschen oder die aus unterschiedlichen Gründen am Thema interessiert sind und in der Folge manches zensieren und zurecht rücken wollen usw. Derart unterschiedliche Motive lassen bereits ganz unterschiedliche Wahrnehmungshorizonte, Handlungserfahrungen, Lebenswirklichkeiten und Ziele vermuten. Dennoch entsteht aus deren aufeinander bezogener Arbeit schließlich der Wikipedia-Text, dessen Zustandekommen erst über diese Einzelfallstudien und deren Vergleich dann auch umfassend rekonstruiert werden kann.

Ein weiteres Beispiel ist für die Untersuchung von Computerspielerinnen und -spielern denkbar. Dazu könnte man eine Studie etwa mit einem Computerspieler beginnen, der im Büro zwischen verschiedenen Arbeitsgängen zur Entspannung Geschicklichkeitsspiele spielt, beispielsweise Enten abschießt. Als zweites interviewt man ein Mädchen, das in seiner Freizeit mit dem beziehungsorientierten Spiel Sims zugange ist, dabei einzelne Menschen quasi großzieht und mit ihnen identifikatorisch stark verbunden ist. Als drittes findet man eine Vielspielerin, die im Rahmen eines Trainings für E-Sport in einem Team Aliens killt. Und schließlich findet man einen Computerspieler, der in World of Warcraft eine Gilde leitet, mit der er gemeinsam in den Krieg zieht. So wird deutlich, wie bezüglich der Forschungsfrage verschiedene Typen existieren können, was aber letztlich nur die empirische Untersuchung klären kann. Wenn man nun zunächst auf der Basis des ersten Typus die Theorie aufstellen kann, dass Computerspielen vorrangig der Entspannung dient, so macht der zweite Fall klar, dass das keineswegs für alle Spielerinnen und Spieler gilt. Die erste Theorie muss folglich auf bestimmte Fälle eingeschränkt werden, sie wird zur Teiltheorie, und es kommt eine zweite Teiltheorie dazu, die das Spielen des zweiten Typus rekonstruiert und analysiert. Auf der Basis eines gemeinsamen Kodiersystems, das unter anderem durch axiales und selektives Kodieren strukturiert werden kann, lässt sich daraus weiter eine übergreifende Theorie entwickeln, die für beide Fälle gilt und die vielleicht die abstrakten persönlichen Bedingungen in den Mittelpunkt rückt, aus denen heraus gespielt wird, oder was mittels Spielen erreicht werden kann. Der dritte und der vierte Fall werden dann ebenso behandelt, wobei die sich allmählich entfaltende

Theorie immer differenzierter und für immer mehr Typen und damit Fallstudien, die zu diesen Typen gehören, gültig wird.

Forschung nach Art der Grounded Theory besteht insofern aus einer Folge von umfassend ausgewerteten Einzelfallstudien, auf deren Grundlage eine immer differenziertere Theorie entsteht. Dabei kommt es natürlich darauf an, immer wieder andere Typen mit anderen Handlungsperspektiven zu finden. Wie man solche Folgen von Einzelfallstudien herstellen kann, zeigt auch die Literatur über Fallstudien, beispielsweise Gillham (2000) oder Kelle und Kluge (2010).

Damit wird noch einmal deutlich, dass messende, also quantitative Verfahren ganz anders vorgehen als qualitative, wie etwa die Grounded Theory. Jedes Verfahren beruht auf anderen wissenschaftstheoretischen Überlegungen, jedes ist nur für bestimmte Fragestellungen geeignet, und auch, wenn man verschiedene Verfahren in sogenannten *Mixed Method*-Studien zusammenbringt, muss man die unterschiedlichen Grundlagen und die unterschiedlichen Arten von Ergebnissen berücksichtigen und deren Wert getrennt beurteilen. Einige Konsequenzen aus diesen Überlegungen werden nun im nächsten Abschnitt besprochen.

4 Arten von Theorie als Ergebnis empirischer Forschung

Was heißt das nun für die unterschiedlichen Arten von Theorie, die aus den unterschiedenen Arten von Empirie entstehen können? Dies soll zunächst in den beiden folgenden Tabellen grafisch veranschaulicht werden.

Quantitative Forschung untersucht n einzelne Fälle auf gleiche Art und Weise, indem je Fall Werte für die Variablen X_1 bis X_k erhoben werden (s. Tab. 1).

Tab. 1 Daten einer quantitativen Erhebung (Kennwerte wie Durchschnitte oder Prozentwerte entstehen je Variable, also horizontal)

Fall Variable	1	2	…	n
1	X_{11}	X_{21}	…	X_{n1}
…	…	…	…	…
k	X_{1k}	X_{2k}	…	X_{nk}

Statistische Kennwerte, die hier berechnet werden können, beziehen sich dann immer auf eine oder mehrere Variable und deren Werte über die gesamte Stichprobe, und nie auf die Einzelfälle (also zum Beispiel die Angaben einer befragten Person). Die Auswertungen finden folglich in Tabelle 1 so statt, dass die Ergebnisse je Variable am Ende einer Zeile eingetragen werden können. Dies sieht man am deutlichsten, wenn man sich klarmacht, dass etwa die einfachsten statistischen Kennwerte Mittelwert und Streuung nichts mehr über die einzelnen Fälle, sondern etwas über die Werte einer Variablen im Hinblick auf das Sample bzw. die Grundgesamtheit aussagen. Dies gilt dann auch für die meisten weiteren Kennwerte, auch wenn diese – wie bei Faktoranalysen – darauf abzielen, Unterschiede zu ermitteln. Es gilt allerdings nicht für Clusteranalysen, die Zusammenballungen herauszurechnen versuchen. Aber auch diese Auswertungsarten quantitativer Daten beziehen sich erstens nicht auf den einzelnen Fall, sondern nur auf einzelne berücksichtigte Variablenwerte, etwa auf Unterschiede oder Distanzen, die sich in Variablenwerten ausdrücken. Und zweitens gelten derartige Verfahren unter quantitativen Forschern als nicht exakt und eher explorativ, weil in solche Berechnungen dann immer zusätzliche Voraussetzungen eingehen, die sich nicht aus den Daten selbst ergeben, sondern von den jeweiligen Forscherinnen und Forschern aus externen Gründen gesetzt werden müssen – bei Clusteranalysen etwa Distanzmaße oder Reihenfolgen, in denen verglichen wird.

Ganz anders liegen die Dinge bei Grounded Theory-gemäßen Verfahren. Hier wird, wenn man die Fälle horizontal aneinander reiht, Fall für Fall ausgewertet (s. Tab. 2), wobei jeder hinzukommende Fall mit allen vorhergehenden Fällen zusammengedacht wird. Bei Forschung nach Art der Grounded Theory haben wir also für jeden Fall eine vollständige Fallstudie, deren Kodierung und eine Theorie für den jeweiligen Fall. Aus diesen Einzelfalltheorien kann dann schrittweise per Vergleich eine Theorie für alle bisher vorliegenden Fälle entwickelt werden.

Tab. 2   Ergebnisse einer Erhebung nach Art der Grounded Theory: Die Ergebnisse (hier: auf Basis verbaler Daten) entstehen aus dem Vergleich von Einzelfallanalysen als immer umfassendere gültige Theorien

Fall 1	Fall 2	…	Fall n
Verbale Daten 1	Verbale Daten 2	…	Verbale Daten n
Kodesystem 1	Kodesystem 2	…	Kodesystem n
Theorie Fall 1	Theorie Fall 2	…	Theorie Fall n
	Kodesystem 1-2		Kodesystem 1-n
	Theorie Fälle 1-2		Theorie Fälle 1-n

Damit wird deutlich, dass beispielsweise quantitative Umfrageforschung und qualitative Befragungen nach Art der Grounded Theory sich nicht nur durch die

Datenerhebung und Datenbehandlung unterscheiden, sondern darüber hinaus auch ganz unterschiedliche Vorgehens- und Denkweisen verlangen und in der Folge zu ganz unterschiedlichen Theorien führen.

Eine interessante Folgerung dieser Tatsache wollen wir hier abschließend herausarbeiten. Nämlich die, dass die weit verbreitete Behauptung, nur quantitative Forschung ließe sich auf eine Grundgesamtheit verallgemeinern, wenn sie repräsentativ angelegt und ordentlich durchgeführt wird, nicht zutreffend ist. Natürlich lassen sich Aussagen zwischen den Variablen, die quantitative Forschung für die untersuchten Fälle ermitteln kann, auf die jeweilige Grundgesamtheit verallgemeinern, wenn die Studie repräsentativ angelegt war. Aber ,verallgemeinern' heißt in diesem Fall nur, dass entsprechende Aussagen mit einer bestimmten Wahrscheinlichkeit für die entsprechenden Variablenwerte aller Fälle einer Grundgesamtheit gültig sind – dies ist also eine sehr spezifische Art der Verallgemeinerung.

Im Rahmen einer qualitativen Studie gemäß der Grounded Theory kann man das Ergebnis im Falle einer Theoretischen Sättigung ebenfalls verallgemeinern, aber auf andere Art. Wenn man im obigen Beispiel des Computerspielens und seiner Bedeutung für die Spielerinnen und Spieler keine weiteren relevanten Fälle, also keine weiteren Typen mehr findet, dann hat man offensichtlich die Grundgesamtheit vollständig in einzelne Typen aufgeteilt – denn sonst müsste es ja noch andere, bis dahin unbekannte Typen von Computerspielerinnen und -spielern geben. Folglich gelten die nach Art der Grounded Theory in einer Folge von Einzelfallstudien gewonnenen Forschungsergebnisse für alle Fälle der Grundgesamtheit. Im Falle einer solchen bis zum Punkt der Theoretischen Sättigung durchgeführten Grounded Theory-Studie kann man also die Typenbildungen sowie die darauf beruhenden Ergebnisse verallgemeinern und so fruchtbare theoretische Ergebnisse gewinnen, mit denen dann die entsprechende Sozialwissenschaft weiterarbeiten kann. Zusammenfassend kann man also sagen, dass beide Arten von Forschung, wie hier diskutiert, zu allgemeinen Aussagen und Theorien führen können, die aber von unterschiedlichem Typus sind.

5   Abschließend: Kriterien zur Beurteilung von Forschung nach Art der Grounded Theory

Grounded Theory und quantitative Verfahren unterscheiden sich also wesentlich in ihrem Vorgehen sowie in den jeweiligen Annahmen über die Wirklichkeit, an denen sie anknüpfen. Denn – und hierauf sind wir bislang nicht näher eingegangen – es gilt: Qualitative Forschung setzt immer an der Sinnkonstruktion der Befragten bzw.

Beobachteten an, was quantitative Forschung nicht tut, weil hier quasi von außen von Forscherinnen oder Forschern definiert wird, welche Variable wie operationalisiert wird und was ein bestimmtes Handeln oder Sprechen oder ein bestimmtes Kreuz auf einem Fragebogen dazu dann zu bedeuten hat (hierzu: Wilson 1973).

Insofern liegt es auf der Hand, dass sich auch die Kriterien zur Beurteilung guter Grounded Theory von den üblichen Gütekriterien quantitativer Forschung unterscheiden, also von *Objektivität* (verstanden als Intersubjektivität), *Reliabilität* und *Validität* in ihren verschiedenen Formen. Diese Kriterien beziehen sich erkennbar weniger auf das Resultat empirischer Forschung, als darauf, dass die beteiligten Forscherinnen und Forscher ihr Vorgehen brauchbar planen, nachvollziehbar dokumentieren und im Detail begründen, und dass es als personenunabhängig und nachvollziehbar und im Übrigen in der jeweiligen Wissenschaft als glaubwürdig gilt.

Gute Dokumentation und hinreichende Begründungen für die einzelnen Schritte des Vorgehens sind natürlich auch für qualitative Forschung notwendig. Jedoch sollte man nicht erwarten, dass die drei oben genannten Kriterien bei qualitativen Studien nach Art der Grounded Theory erfüllt werden können. So ist beispielsweise nicht anzunehmen, dass verschiedene Forscherinnen oder Forscher, die die gleiche Fragestellung auf qualitative Weise zu untersuchen beginnen, auch in jedem Detail zu den gleichen Schlussfolgerungen kommen werden. Vielmehr können beispielsweise die Folgen von Einzelstudien, als die Grounded Theory stattfindet, in konkreten Forschungsprojekten selbst bei gleichartiger Forschungsfrage ganz unterschiedlich aussehen. Erfahrungsgemäß kommen Forscherinnen und Forscher in solchen Fällen trotzdem zu miteinander vergleichbaren Ergebnissen, weil die Methodik und das Vorgehen prinzipiell ähnlich sind und die Grounded Theory so angelegt ist, dass relevante Einflüsse auf das Ergebnis auf verschiedenen Wegen entdeckt werden können.

Eine knappe Darstellung zum Stand der Diskussion über solche Gütekriterien findet sich bei Steinke (2000). Sie unterscheidet verschiedene Positionen dazu, insbesondere Ansätze, die die genannten quantitativen Kriterien auch für qualitative Forschung für gültig halten, und andere, die nach Kriterien suchen, die speziell für die Beurteilung qualitativer Forschung verwendet werden können. Sie benennt aber auch weitere Positionen, wie etwa die prinzipielle Ablehnung von übergreifenden Kriterien. Steinke vertritt dabei die pragmatische Position, dass es vermutlich verfahrensbezogene Kriterien geben muss, wenn es sich um wissenschaftliche Methoden handeln soll – sie nennt hier beispielsweise intersubjektive Nachvollziehbarkeit, Indikationen für die Methodenwahl oder immer vorhandene Limitationen. Dieser Position kann man sich gut anschließen, allerdings bleibt hier die Frage offen, inwiefern es übergreifende, für alle qualitative Verfahren geltende

Kriterien gibt, und ob nicht eher nach verfahrensbezogenen oder gegenstandsbezogenen Kriterien Ausschau zu halten wäre.

Zu all diesen Fragen muss aber erst einmal eine breitere Diskussion in Gang gebracht werden. Wir erinnern dementsprechend an die schon oft erhobene Forderung, dass die Autorinnen und Autoren qualitativer Forschung nach Art der Grounded Theory am Ende ihrer Darstellung ihr eigenes Vorgehen reflektieren und zur Diskussion stellen sollten, welche besonderen Stärken ihre Studie hat und wo vielleicht Probleme zu vermerken sind, die sich auf die Ergebnisse auswirken. Ein solches Vorgehen könnte angesichts des derzeit noch bescheidenen Diskussionsstandes zu mehr Problembewusstsein beitragen und dann langfristig zu einem Kriterienkatalog führen. Über gängige Kriterien wie Methodentriangulation, Dokumentation oder vielleicht auch die Frage der Nachvollziehbarkeit hinaus, wäre dann auch zu berücksichtigen, ob etwa die notwendige Offenheit vorhanden war und ist, die man braucht, um die empirische Realität zu Wort kommen zu lassen (Hoffmann-Riem 1980), und ob sonstige Maßnahmen der Qualitätssicherung ergriffen worden waren oder hilfreich gewesen wären.

Zusammenfassung

Dieser Beitrag entwickelt eine spezifische Sichtweise auf die Grounded Theory. Er behandelt sie als eine nach theoretischen Gesichtspunkten fortlaufende Folge von Einzelfallanalysen, die zu einem gemeinsamen Kodiersystem, zu einer gemeinsamen Typenbildung und Schritt für Schritt auch zu einer datennahen übergreifenden Theorie führt. Dazu werden – insbesondere in Abgrenzung zu quantitativen bzw. standardisierten Forschungsverfahren – die Grundprinzipien von Grounded Theory als Forschungsmethode herausgearbeitet und das konkrete Vorgehen dargestellt. Auf Basis der damit verbundenen Überlegungen wird dann deutlich gemacht, dass Grounded Theory durchaus auch zu verallgemeinerbaren Ergebnissen führen kann, wobei Verallgemeinerbarkeit natürlich anders definiert ist als die statistische Verallgemeinerbarkeit von variablenbezogenen Werten. In einem abschließenden Punkt wird kurz auf die unbefriedigende Lage von Kriterien zur Beurteilung der Güte qualitativer Verfahren eingegangen.

Perspektiven und Reflexionen

- Im Wesentlichen handelt es sich bei der Grounded Theory um eine Folge von geeignet ausgewählten Einzelfallstudien, die schrittweise auf der Basis einer umfangreichen, sinnbezogen angelegten Datenerhebung ausgeführt wird: Jeder Fall wird in Bezug auf die Forschungsfrage im Prinzip direkt nach der Datenerhebung für sich ausgewertet und dann mit den bereits vorher untersuchten Fällen verglichen und in Beziehung gesetzt; das Verfahren ist dementsprechend prozessual angelegt.
- Der erste untersuchte Fall ist beliebig; die Auswahl weiterer Fälle orientiert sich an theoretischen Überlegungen und zielt darauf ab, Typen von Handlungsperspektiven zu finden, die voneinander unabhängig sind, und darüber die jeweiligen Beteiligten (Akteure und Betroffene) in Klassen einzuteilen. Dies geschieht praktisch durch die Entwicklung fallübergreifender Kodiersysteme.
- Theorie entsteht dabei einerseits dadurch, dass die jeweiligen Handlungsperspektiven in den Lebenswelten der untersuchten Personen verankert werden, andererseits aber auch als reflektierter und protokollierter Lern- und Erkenntnisprozess der beteiligten Forschungspersonen.
- Eine Studie nach Art der Grounded Theory ist dann zumindest vorübergehend abgeschlossen, wenn die beteiligten Forschungspersonen keine weiteren Fälle mehr finden, die neue Typen von Perspektiven auf den zu untersuchenden Sachverhalt einnehmen. In diesem Sinn sind die Ergebnisse einer derartigen Studie auch verallgemeinerungsfähig, weil sie alle relevanten Typen berücksichtigen.
- Die wissenschaftliche Diskussion über Kriterien, nach denen eine Studie nach Art der Grounded Theory beurteilt werden kann, ist bisher noch nicht sehr weit gediehen; unklar ist auch, ob es solche Kriterien unabhängig von der jeweiligen Forschungsfrage überhaupt geben kann.

Lesehinweis

- *Kelle, Uwe, und Susann Kluge. 2010. Vom Einzelfall zum Typus. Fallvergleich und Fallkontrastierung in der qualitativen Sozialforschung. 2., überarb. Aufl. Wiesbaden: VS.*
  Der Text beinhaltet eine breit angelegte und gut verständliche Einführung in die Methodik qualitativer Fallstudien, an der die Grounded Theory in der Form, wie sie hier dargestellt wurde, gut anknüpfen kann.

- *Krotz, Friedrich. 2005. Neue Theorien entwickeln. Eine Einführung in die Grounded Theory, die heuristische Sozialforschung und die Ethnographie anhand von Beispielen aus der Kommunikationsforschung. Köln: Herbert von Halem.* Die Monographie setzt sich im ersten Teil wissenschaftstheoretisch mit der Besonderheit qualitativer Forschung auseinander, dass sie dazu verwendet werden kann, um neue Theorien zu sich verändernden oder zu neu entstandenen Sachverhalten zu erhalten. Im zweiten Teil werden dann Grounded Theory, heuristische Analyse und ethnografische Forschung umrissen, also drei Verfahren, die auf einer ähnlichen Grundlage und kompatibel zueinander verfahren.
- *Glaser, Barney G., und Anselm L. Strauss. 1967. The Discovery of Grounded Theory. Strategies for qualitative research. New York: Aldine.* Dies ist der nach wie vor wichtigste Text über Grounded Theory, der die gesamte damals existierende qualitative Forschung neu strukturiert und ihr gegenüber der quantitativen Sozialforschung zu einem zusammenhängenden Selbstverständnis verholfen hat.

Literatur

Clarke, Adele E. 2012. *Situationsanalyse. Grounded Theory nach dem Postmodern Turn.* Wiesbaden: VS.

Corbin, Juliet, und Anselm L. Strauss. 1990. Grounded Theory Research: Procedures, Canons, Evaluative Criteria. *Zeitschrift für Soziologie* 19 (6): 418–427.

Creswell, John W. 2007. *Qualitative inquiry and research design. Choosing among five approaches.* 2. Aufl. Thousand Oaks: Sage.

Friedrichs, Jürgen. 1973. *Methoden empirischer Sozialforschung.* Reinbek bei Hamburg: Rowohlt.

Gillham, Bill. 2000. *Case Study Research Methods.* London, New York: Continuum.

Glaser, Barney G., und Anselm L. Strauss. 1967. *The Discovery of Grounded Theory. Strategies for qualitative research.* New York: Aldine.

Glaser, Barney G., und Anselm L. Strauss. 1998. *Grounded Theory: Strategien qualitativer Forschung.* Bern et al.: Huber.

Hoffmann-Riem, Christa. 1980. Die Sozialforschung einer interpretativen Soziologie – Der Datengewinn. *Kölner Zeitschrift für Soziologie und Sozialpsychologie* 32: 339–372.

Kelle, Udo, und Susann Kluge. 2010. *Vom Einzelfall zum Typus. Fallvergleich und Fallkontrastierung in der qualitativen Sozialforschung.* 2., überarb. Aufl. Wiesbaden: VS.

Kleining, Gerhard. 1995. *Lehrbuch Entdeckende Sozialforschung. Bd. 1: Von der Hermeneutik zur qualitativen Heuristik.* Weinheim: Beltz.

Krotz, Friedrich. 2005. *Neue Theorien entwickeln. Eine Einführung in die Grounded Theory, die heuristische Sozialforschung und die Ethnographie anhand von Beispielen aus der Kommunikationsforschung.* Köln: Herbert von Halem.

Krotz, Friedrich. 2007. *Mediatisierung: Fallstudien zum Wandel von Kommunikation.* Wiesbaden: VS.

Kuhn, Thomas S. 1978. *Die Struktur wissenschaftlicher Revolutionen.* 3. Aufl. Frankfurt am Main: Suhrkamp.

Opp, Karl-Dieter. 1976. *Methodologie der Sozialwissenschaften. Einführung in Probleme ihrer Theoriebildung.* Rev. und erw. Neuausg. Reinbek bei Hamburg: Rowohlt.

Pentzold, Christian. 2007. *Wikipedia. Diskussionsraum und Informationsspeicher im neuen Netz.* München: Reinhard Fischer.

Steinke, Iris. 2000. Gütekriterien qualitativer Forschung. In *Qualitative Forschung. Ein Handbuch,* hrsg. Uwe Flick, Ernst von Kardorff und Iris Steinke, 319–330. Reinbek bei Hamburg: Rowohlt.

Strauss, Anselm L. 1998. *Grundlagen qualitativer Sozialforschung. Datenanalyse und Theoriebildung in der empirischen soziologischen Forschung.* 2. Aufl. München: Fink.

Wilson, Thomas P. 1973. Theorien der Interaktion und Modelle soziologischer Erklärung. In *Alltagswissen, Interaktion und soziale Wirklichkeit,* hrsg. und übers. von einer Arbeitsgruppe Bielefelder Soziologen, 54–79. Reinbek bei Hamburg: Rowohlt.

Zum Autor

Friedrich Krotz ist Diplom-Mathematiker und Diplomsoziologe, hat in Soziologie promoviert und in Kommunikationswissenschaft und Journalistik habilitiert. Er ist derzeit Forschungsprofessor am Zentrum für Medien-, Kommunikations- und Informationsforschung an der Universität Bremen und beschäftigt sich allgemein mit Theorien der Kommunikation, den Cultural Studies und der Mediensoziologie und konkret mit der Transformation von Alltag, Kultur und Gesellschaft im Wandel der Medien bzw. dem Mediatisierungsansatz.

Theorieorientiertes Kodieren, kein Containern von Inhalten!
Methodologische Überlegungen am Beispiel jugendlicher Facebook-Nutzung

Andreas Bischof und Monika Wohlrab-Sahr

Abstract

Der vorliegende Beitrag stellt das theorieorientierte Kodieren als zentrales Auswertungsverfahren der Grounded Theory vor. Am Beispiel einer Studie zur Facebook-Kommunikation in jugendlichen Lebenswelten wird dargestellt, wie mit diesem Analyseverfahren aus empirischen Daten schrittweise theoretische Aussagen entwickelt werden können. Zunächst sensibilisieren wir für die Notwendigkeit der methodologischen und theoretischen Positionierung beim Auswerten – ohne ‚Vorwissen' und Forschungsfrage kann nicht theorieorientiert kodiert werden. Anschließend werden die drei Kodierschritte, offenes, axiales und selektives Kodieren, ausführlich diskutiert. Unter Verwendung des Kodierparadigmas zeigen wir dabei, wie Kategorien ins Verhältnis gesetzt werden können, um theoretische Zusammenhänge zu erschließen.

Keywords

Kodieren, theorieorientiertes Kodieren, Grounded Theory, Facebook, Jugendliche

1   Einleitung

Die Grounded Theory ist sowohl als Forschungsstil als auch als Auswertungsmethode
in unterschiedlichen Anwendungsfeldern und Fachkulturen überaus populär geworden und ist heute – nicht zuletzt international – wohl die am meisten verbreitete
‚qualitative‘ Methode. Allerdings kommt es dabei nicht selten zu Verkürzungen
und ‚schwachen‘ Anwendungen, die die Stärke der Grounded Theory als interpretatives Verfahren unterlaufen. Zudem wird man insbesondere in der Lehre und
in der Forschungsberatung immer wieder damit konfrontiert, dass die Grounded
Theory gerade für ungeübte Forscherinnen und Forscher attraktiv erscheint, weil
sie sie für einfach erlernbar und handhabbar halten, ohne dabei den komplexen
Interpretationsvorgang, der der Methodologie zugrunde liegt, im Blick zu haben.
Das Ergebnis ist dann oft eher ein ‚Klassifizieren‘ und ‚Sortieren‘ verdichteter
Interviewpassagen in bereitstehende inhaltliche Container als eine auf Theorie-
generierung ausgerichtete Analyse. Das Problem der Integration von Theorie und
Empirie stellt sich nicht nur in den Kommunikations- und Medienwissenschaften,
es zieht sich durch viele sozialwissenschaftliche Disziplinen (Wohlrab-Sahr 2015,
S. 4ff.). In diesem Beitrag soll die zentrale Intention des Instrumentariums der
Grounded Theory, wie sie etwa von Anselm Strauss (1991) sehr gut herausgearbeitet wurde, in den Mittelpunkt gestellt und am Beispiel der Facebook-Nutzung in
jugendlichen Lebenswelten verdeutlicht werden: die Generierung von empirisch
gesättigter Theorie mithilfe von theorieorientiertem Kodieren. In diesem Beitrag
sind längere Passagen aus Przyborski und Wohlrab-Sahr (2014, S. 190-223) in leicht
überarbeiteter Form eingeflossen. Verwendetet wurden außerdem Ergebnisse aus
der Masterarbeit von Andreas Bischof (Bischof 2012), die für diesen Beitrag neu
aufbereitet wurden.

   Bevor wir das theorieorientierte Kodieren schrittweise an einem Beispiel zeigen,
wollen wir die Bedeutung der theoretischen und methodologischen Positionierung
vor der Auswertung erläutern. Dabei wird auch in den theoretischen Rahmen und
das Erkenntnisinteresse der Beispiel-Studie eingeführt. Kern des von Glaser und
Strauss entwickelten und insbesondere von Anselm Strauss (1991) elaborierten
Verfahrens ist es, empirische Beobachtungen in abstrakte Konzepte und diese wiederum sukzessive in höherwertige Kategorien zu überführen und so schrittweise
die Ecksteine einer sich herausbildenden Theorie zu identifizieren. Das theorieorientierte Kodieren ist das genuine Auswertungsverfahren der Grounded Theory,
über das sukzessive theoretische Zusammenhänge erschlossen werden. Zu diesem
Prozess gehören mehrere Stufen der Abstraktion vom empirischen Material hin
zur Theorie, und er folgt dem Prinzip des ständigen Vergleichs (Strübing, *in diesem
Band*). Das heißt die gewonnene Theorie ist immer wieder mit der Struktur des

vorliegenden Falls, den anderen bereits erhobenen Fällen und anderen möglichen Fällen abzugleichen.

In diesem Beitrag wollen wir das theoretische Kodieren vorstellen und anhand eines Beispiels aus der medienbezogenen Lebenswelt Jugendlicher und post-adoleszenter Facebook-Nutzerinnen und -Nutzer illustrieren (Bischof 2012). Wir folgen dabei den drei von Glaser und Strauss vorgeschlagenen Kodierschritten – offenes, axiales und selektives Kodieren. Die Integration von Konzepten und Kategorien ist dabei die zentrale methodische Herausforderung. Sie erfordert mehr als das einfache Vergeben von ‚Labels‘ für Inhalte (Friese, *in diesem Band*). Dementsprechend steht sie im Zentrum dieses Beitrags und wird in der abschließenden Diskussion noch einmal gesondert herausgestellt.

2 Notwendigkeit methodologischer und theoretischer Positionierung

Es ist falsch und ärgerlich, wenn von Seiten mancher Kritiker des Verfahrens nach wie vor behauptet wird, eine Forschung nach der Grounded Theory würde ohne Vorwissen stattfinden oder dieses sogar explizit ausschließen. Theorieorientiertes Kodieren erfordert genau das Gegenteil: Es bedarf mindestens einer empirisch und theoretisch gestützten Vermutung – eine ‚educated guess‘ (Peirce 1997, S. 241-256) –, die durch das Kodieren ausgeformt und überprüft werden soll. Bevor wir zeigen, wie theorieorientiertes Kodieren in drei Schritten zu diesem Ziel gelangen kann, wollen wir deshalb auf die Bedeutung und strukturierende Funktion dieses ‚Vorwissens‘ für eine Auswertung nach den Regeln der Grounded Theory eingehen.

Ohne hier im Detail auf die Herausforderungen des Findens einer geeigneten Forschungsfrage und des Samplings im Rahmen von Grounded Theory eingehen zu können (Przyborski und Wohlrab-Sahr 2014, S. 1-7 und 177-186), sei grundlegend festgehalten, dass sich Forschende schon vor der ersten Erhebung darüber Gedanken machen müssen, wonach sie eigentlich suchen und wie sie Material erheben, das dieser Frage dienlich ist. Wonach und wie kodiert wird, leitet sich also auch aus der Forschungsperspektive ab. Die Richtung der Theoretisierung, die wir einschlagen, ist von unseren Forschungsfragen abhängig! Die Begründer der Grounded Theory haben sich dabei besonders auf Handlungsprobleme bzw. die Vermittlung von Handlung durch Organisationen konzentriert (Strübing, *in diesem Band*). Andere soziologische Konzepte, die sich als Analyserichtungen auch für Kommunikation und Medien in medienbezogenen Lebenswelten bewährt haben, sind Praxis (Reckwitz 2003), (Lebensstil-)Milieus als Ausdruck und Quelle makrosoziologischer Strukturen (Bourdieu 1982; Schulze 2005), die interaktive Herstellung von Ordnung in Alltagssituationen (Goffman 1983) oder Szenen als ,kleine' Lebenswelten (Hitzler 2008). Jede dieser Theorieperspektiven legt eigene Blickwinkel für das theorieorientierte Kodieren nahe – wobei sie sich auch überschneiden können. Eine praxistheoretische Perspektive auf das kommunikative Handeln Jugendlicher schließt den Blick auf kulturelle Milieus oder Szenen nicht aus. Damit klingt auch an, dass das Vorgehen nach der Grounded Theory eine bestimmte methodologische Positionierung mit sich führt, die den Rahmen damit sinnvoll bearbeitbarer Forschungsfragen eingrenzt. Es ist zum Beispiel methodisch unpassend, nach der Grounded Theory auszuwerten, wenn das Forschungsinteresse letztlich darauf ausgelegt ist, Verteilungen oder dominante Tendenzen festzustellen. Die Forschungslogik qualitativer bzw. rekonstruktiver Verfahren zielt in eine gänzlich andere Richtung (Krotz, *in diesem Band*; Przyborski und Wohlrab-Sahr 2014, S. 11-36). Beim theorieorientierten Kodieren geht es darum, theoretische Zusammenhänge eng entlang der Auswertung und (weiteren) Erhebung von empirischem Material zu entwickeln, anstatt die statistische Verteilung von Phänomenen zu kartographieren. Allerdings wird man am Ende der Forschung etwas über das Spektrum von Ausprägungen in einem Forschungsfeld, über deren Funktionsweise und wechselseitige Beziehungen sagen können.

Um die Bedeutung der methodologischen Positionierung und der Forschungsfrage für das theorieorientierte Kodieren zu veranschaulichen, wenden wir uns dem in den folgenden Abschnitten vorgestellten Beispiel zu. Es stammt aus einer Qualifikationsarbeit (Bischof 2012), die ihren Ausgangspunkt in einer Irritation nahm: Während es bereits 2011 für hunderte von Millionen Nutzerinnen und Nutzern offenbar vollkommen normal war, via Facebook zu kommunizieren, wurde der Gebrauch sozialer Netzwerkseiten sowohl im massenmedialen Diskurs als auch in den Kommunikations- und Medienwissenschaften sowie in der Soziologie oft nach wie vor eher als exotisches Phänomen oder gar als gefährlich bewertet. Heute ist es auch in diesen Fächern selbstverständlich etabliert, Facebook-Kommunikation als Teil der alltäglichen Lebenswelt von Jugendlichen zu verstehen (Lenhart 2015). Die Frage, was eigentlich auf Facebook vorgeht und wie sich diese Form der Kommunikation theoretisch fassen lässt, wurde bis dato selten ausgiebig – und noch seltener empirisch-rekonstruktiv – beantwortet. Als Ausnahmen seien die ethnografischen Zugänge von boyd (2008) und Miller (2011) erwähnt. Die hier als Beispiel verwendete Arbeit versuchte deswegen empirisch zu klären, wie Facebook-Kommunikation von den Nutzerinnen und Nutzern *als Kommunikation* erlebt und gestaltet wird, um zum theoretischen Verständnis des Gebrauchs sozialer Netzwerkseiten beizutragen. Hier zeigen sich bereits zwei Elemente, die für Forschungen zu medienbezogenen Lebenswelten typisch sind: Zum einen beginnt das Forschungsinteresse an einem empirischen Phänomen, das als neu oder kontrovers wahrgenommen wird. Zum anderen irritiert dieses Phänomen wissenschaftliche Wissensbestände und fordert diese heraus. Die Analyse nach der Grounded Theory begann also weder im Nichts noch ohne expliziten Bezug zu theoretischem Vorwissen.

Um die Art und Weise der Vermittlung von Kommunikation durch Facebook zu erklären, wurden die Arbeiten von Erving Goffman herangezogen (insbesondere Goffman 1983, 1994, 2007). Goffman gilt als der prototypische Bezugsautor für die Erklärung von face-to-face-Interaktionen. Ihn nun für die Analyse von Facebook, also einer medial vermittelten Kommunikation, heranzuziehen, beinhaltete bereits eine These: Wenn die Facebook-Nutzung für viele junge Leute so selbstverständlich ist, warum sollte sie dann nicht mit der 'theoretischen Brille' der Analyse von face-to-face-Interaktionen zu untersuchen sein? Hinzu kommt, dass Goffman alltägliche Kommunikation als eigengesetzliche Sphäre konzipierte: Diese konstruktivistische und prozessuale Lesart von Kommunikation schließt technische Vermittlungen durch Rundfunk (Goffman 2005), Telefon (Höflich 2000) oder eben auch digitale Medien nicht aus – was nicht bedeutet, dass Goffmans Forschungen zu face-to-face-Interaktionen eins zu eins zu übertragen sind. Weitere Studien haben mittlerweile gezeigt, wie produktiv die Analyse von Kommunikation auf sozialen Netzwerkseiten mit 'analogen' Interaktionstheorien sowohl für den Gegenstandsbereich als auch für die Theoriebildung sein kann (Duguay 2016; Vitak und Ellison 2013).

Im Heranziehen einer theoretischen Perspektive auf ein anderes, aber nicht unverwandtes Phänomen wird bereits ein vergleichendes Moment wirksam, das den eigenen Untersuchungsgegenstand erstmals theoretisierend einordnet. Facebook ist im Vergleich zur Kommunikation unter körperlich Anwesenden ein sehr spezielles Kommunikationsumfeld. Seine 'soziale Situation' übersteigt die Grenzen eines physischen Umfelds, weil im Gegensatz zu festen Wänden oder Türen fließende und asymmetrische Wahrnehmungsschranken die Regel sind. Außerdem begegnen sich die Nutzerinnen und Nutzer nicht 'unmittelbar', sondern in einer vermittelten Kopräsenz. Die Eindeutigkeit einzelner, abgrenzbarer Interaktionen – die unausgesprochene Grundlage vieler Kommunikationsstudien – ist damit grundsätzlich infrage gestellt. Ein weiterer Unterschied besteht in der nicht mehr unmittelbar gegebenen Korrigierbarkeit von Missverständnissen und in der Abschwächung des Grads an Informationskontrolle, wie er in der face-to-face-Interaktion vorausgesetzt werden kann.

Damit wird auch deutlich, dass eine empirische Untersuchung der Kommunikation via Facebook ihren Gegenstand zunächst mindestens im Sinne einer Arbeitsdefinition fassen muss – auch wenn diese Entscheidung später korrigiert und angepasst werden kann. Mit dem Bezug auf Goffman ist eine solche empirische Näherungsweise an das Phänomen impliziert. ‚Was geht hier eigentlich vor?‘ ist die Frage, die sich laut Goffman jeder Akteur in Alltagssituationen erschließen muss (Goffman 1996). Damit rücken die Handlungsprobleme und Situationsdefinitionen der Nutzerinnen und Nutzer in den Fokus der Untersuchung. Mit dem theoretischen Rahmen geht also bereits eine Orientierung auf die interessierenden Aspekte des Phänomens einher.

Wie bereits angedeutet, spielte die zum überwiegenden Teil skeptische und exotisierende Betrachtung von Kommunikation auf sozialen Netzwerkseiten in den wissenschaftlichen Fachgemeinschaften eine Rolle für das Forschungsinteresse. Dadurch rückte insbesondere die Frage, wie sich Facebook-Kommunikation zu bestehenden sozialen Alltagswelten verhält, ins Zentrum des Erkenntnisinteresses. Die Frage nach Irritationen bei der Nutzung zielte darauf, die interpretativen Rahmen, die die befragten Teenager und Post-Adoleszenten bei der Nutzung anlegten, offen zu legen. Die Beschreibungen der Praktiken interaktiver Darstellung von sozialen Beziehungen auf Facebook wurden schon in der ersten Gruppendiskussion von den Jugendlichen selbstläufig mit Regeln des alltäglichen Umgangs verglichen. Diese ersten Befunde für die Lebenswelten Jugendlicher auf Facebook widersprachen also Thesen einer Entkoppelung von Online-Kommunikation und face-to-face-Regeln – wie sie beispielsweise durch die ‚Erosionsthese‘ der Onlinekommunikation (Kraut et al. 1998; van Dijk 1999) behauptet wurde.

Die Beobachtung, dass Irritationen und explizite Aushandlungen von ‚Facebook-Regeln‘ vor allem im Vergleich zu bekannten ‚face-to-face-Regeln‘ stattfinden, war nicht nur Anlass, Thesen wie die Erosionsthese kritisch durch Empirie zu überprüfen, sondern auch wesentlicher Schritt auf dem Weg zur Forschungsfrage: Welche „kollektiven Orientierungsmuster" (Bohnsack 2003a, S. 495), welches Wissen und welche Interpretationen ermöglicht die Facebook-Nutzung Jugendlicher? Diese Forschungsfrage entstand also nicht ohne Vorwissen, sondern erst in Auseinandersetzung mit dem interessierenden Phänomen und der Fachliteratur. Neben dem Phänomen und einem empirischen Zugang (Orientierungsmuster) beinhaltet sie zudem eine These über das Verhältnis von face-to-face-Kommunikation auf der einen Seite und Facebook-Kommunikation auf der anderen.

3   Offenes Kodieren

3.1   Aufbrechen der Daten

Die Generierung einer gesättigten Theorie beginnt bereits bei den ersten erhobe-nen Daten. Beim Kodieren von Interviewtranskripten, Online-Diskursen oder Beobachtungsprotokollen geht es von Anfang an darum, Rohdaten in Konzepte zu überführen. Die Daten sprechen also nicht für sich, sondern müssen präpariert werden: Das, was in einem bestimmten Vorgang oder in einer bestimmten Äuße-rung zum Ausdruck gebracht wird, muss zu einem *Konzept* verdichtet werden. Corbin und Strauss (2008, S. 195) sprechen in diesem Zusammenhang auch von einem „Aufbrechen" der Daten. Gemeint ist damit, dass es nicht ausschließlich darum gehen kann, den Inhalt einer Aussage zu benennen oder dessen Geltungs-charakter zu überprüfen, sondern das Gesagte oder das Beobachtete auf seine inneren Zusammenhänge zu befragen: Was sind Ursachen, Zusammenhänge, Bedingungen und Folgen der zu analysierenden Datensequenz? Wie verhält sie sich zum Forschungsinteresse und den ursprünglichen Annahmen bei der Fallauswahl und Datenerhebung? Kurz: Was *bedeutet* die interessierende Stelle im Material für die Forschungsfrage?

Die Autorinnen und Autoren der Grounded Theory schlagen zur Klärung dieser Fragen eine „line-by-line"-Analyse vor (Charmaz 2006, S. 50; auch Glaser 1978). Dieses zeilenweise – sequenzielle – Interpretieren ist ein grundlegendes Verfahren, das sich in vielen qualitativen Methoden zu Beginn der Auswertung findet. Wir werden daher hier auch auf andere Verfahren Bezug nehmen, um diesen Auswertungsschritt zu erläutern. Das Grundverständnis der sequenziellen Analyse wurde unseres Wissens erstmals von Harold Garfinkel (1973) formuliert, der im Rahmen seiner ethnomethodologischen Studien auf die Bedeutung der sich sequenziell entwickelnden Kommunikation gestoßen ist, bei der die Kom-munikationspartner ständig Hintergrundwissen voraussetzen und zum Einsatz bringen. Dieser Sachverhalt wurde von Garfinkel in ein methodisches Argument überführt. Eine Kommunikation kann nämlich, so sein Argument, aufgrund der ihr eigenen zeitlichen Struktur und aufgrund ihrer inhaltlichen Vagheit gerade nicht inhaltsanalytisch erschlossen werden, sondern es muss der Ablauf der Konversa-tion sequenziell rekonstruiert werden. In zeitlicher Hinsicht ist Kommunikation dadurch charakterisiert, dass sich der Sinn von Aussagen erst allmählich erschließt. Inhaltlich vage bleibt sie dadurch, dass das Gesagte oft auf als bekannt Unterstelltes und daher Nichtgesagtes verweist. Damit ist die Kommunikation ständig auf die Ergänzungsleistungen des Gegenübers angewiesen. Daher muss in der Auswertung dieser Ablauf der Konversation sequenziell rekonstruiert werden:

„These properties of common understandings stand in contrast to the features they would have if we disregarded their temporally constituted character and treated them instead as precoded entries on a memory drum, to be consulted as a definite set of alternative meanings from among which one was to select, under predecided conditions that specified in which of some set of alternative ways one was to understand the situation upon the occasion that the necessity for a decision arose" (Garfinkel 2015, S. 41).

Im deutschsprachigen Raum wurde die Sequenzanalyse insbesondere im Rahmen der Objektiven Hermeneutik, aber auch im Rahmen der Dokumentarischen Methode zum Grundprinzip der Auswertung gemacht. Damit war allerdings eine Bedeutungsverschiebung verbunden, da sich die Auswertung nicht mehr primär auf die Konstitutionsprinzipien und formalen Strukturen der Kommunikation konzentrierte, wie in der Ethnomethodologie und der aus ihr hervorgegangenen Konversationsanalyse, sondern es ihr vorrangig um die Rekonstruktion des in Interaktionen und Kommunikationen zum Ausdruck kommenden – objektiven, latenten, dokumentierten oder sozialen – Sinns ging (Reichertz 2004), unter dem mehr verstanden wurde als der bloße Inhalt einer Aussage.

3.2   Line-by-line: Sequenzanalyse

Besonders detailliert ist die Sequenzanalyse im Rahmen der Objektiven Hermeneutik entfaltet worden (Oevermann et al. 1979; Wernet 2000). Wichtige Passagen des Materials werden dabei sequenziell, also Sinneinheit für Sinneinheit (Zeile für Zeile, Satz für Satz) interpretiert. Es bietet sich an, die jeweils zu interpretierende Zeile oder Sinneinheit aus dem Transkript bzw. Beobachtungsprotokoll zunächst in der Interpretationsgruppe laut vorzulesen. Anschließend geht es darum, verschiedene Lesarten zu diesem Ausschnitt des Protokolls zu entwickeln. Zum Beispiel ist zu fragen, wie eine bestimmte Äußerung an Vorangehendes anschließt bzw. woran sie gerade nicht anschließt. Darüber erschließt sich auch, welche Weichenstellung mit einer Äußerung oder Handlung vorgenommen wird, das heißt wie der Möglichkeitsraum für Nachfolgendes definiert wird. Wenn es sich um den Beginn eines Interviews oder die Eröffnung einer Interaktion handelt, wird man fragen, wie der kommunikative Raum damit für die anderen beteiligten Interaktionspartner bestimmt wird bzw. wie der oder die Sprechende sich selbst mit dieser Äußerung einführt.

Im Rahmen der Objektiven Hermeneutik, in der der Sequenzanalyse eine besonders prominente Stellung zukommt, spielt auch das Prinzip der Kontextvariation eine wichtige Rolle. Dazu gehört die Frage, in welchem Kontext eine bestimmte

Äußerung Sinn ergeben würde (zum Beispiel in einem intimen Kontext oder im Rahmen einer face-to-face-Kommunikation, aber nicht im Rahmen einer öffentlichen Stellungnahme) und was das für den Kontext bedeutet, in dem sie gefallen ist (zum Beispiel in einem öffentlichen Kontext). Darüber erschließt man sukzessive auch die Regeln, die in der Situation, in der die Äußerung gefallen ist, Geltung haben und man identifiziert Ähnlichkeiten und Unterschiede der Regelstruktur verschiedener Kontexte. Als Beispiel für solche Kontextvariationen könnte man den Vergleich von Priestern und Prostituierten anführen, den der Ethnograf Everett Hughes ins Spiel gebracht hat und der von Strauss wiederholt aufgegriffen wurde (Aßmann 2014, S. 213). Es handelt sich dabei um zwei Professionen, die im gesellschaftlichen Wertegefüge weit auseinander zu liegen scheinen. Sie explizit zu vergleichen, bereitet schon deshalb Unbehagen. Dennoch finden sich in ihrer Praxis Gemeinsamkeiten, die uns etwas über den Umgang mit Intimität in einer Gesellschaft erklären: Beide hören vertrauliche Bekenntnisse und Geständnisse, leisten ‚Emotions-Arbeit' und müssen kommunikative Strategien für den Umgang damit entwickeln (Star 1997). Der zunächst abwegig erscheinende Vergleich ermöglicht ein aktives Suchen nach Gemeinsamkeiten und Unterschieden, was dabei hilft, das zu interessierende Phänomen neu in den Blick zu bekommen.

Über dieses Prozedere nähert man sich der Frage, wie die zu analysierende Interaktionssequenz oder Äußerung motiviert sein *könnte*. Dabei wird man nicht nur Varianten ins Spiel bringen, die bereits auf den ersten Blick ‚passend' erscheinen, sondern auch solche, die Sprechende vermutlich so nicht ‚gemeint' haben, die aber mit dem Text in Übereinstimmung zu bringen sind, wie der Text also – ohne allzu voraussetzungsreiche Vorannahmen – interpretiert werden *könnte*. Es geht also nicht nur um den subjektiv gemeinten Sinn, nicht primär um die Absichten der Handelnden, sondern auch um diejenigen möglichen Lesarten des Handelns oder der Kommunikation, die zu diesen Intentionen unter Umständen in großer Spannung stehen, die aber vom Text gedeckt sind.

Dieses Verfahren irritiert insbesondere Anfängerinnen und Anfänger, da es wie ein ‚Hineininterpretieren' in die kommunikativen Handlungen der Protagonisten wirkt, obwohl man doch mit seinem ‚gesunden Menschenverstand' von Beginn an zu wissen glaubt, dass das Gesagte *so* sicher nicht gemeint war. Bei dieser extensiven Entwicklung von Lesarten geht es aber auch nicht darum, das vermeintlich ‚Gemeinte' in sein Gegenteil umzudeuten, sondern die Implikationen und Deutungsmöglichkeiten des Gesagten oder Geschriebenen bzw. Gesposteten zu erfassen, die über das Gemeinte oft weit hinausreichen. Die verwendeten Worte, Formulierungen, Sprachbilder, aber auch Betonungen, Abbrüche, grammatikalische Fehler oder Emojis verweisen auf Bedeutungsgehalte und kollektive Wissensbestände, die über die konkrete Situation hinausweisen und helfen, das zu untersuchende Phänomen zu verstehen.

Offenes Kodieren muss diese generative Qualität erreichen und darf nicht bei der Rekonstruktion des ‚gemeinten' Aussagegehalts stehen bleiben. Der Arbeitsauftrag beim offenen Kodieren kann auch so umschrieben werden, dass die Interpretinnen und Interpreten *nach der Frage suchen*, auf die eine beobachtete Kommunikations- oder Handlungspraxis die Antwort ist (Marquard 1981, S. 117-146). Deswegen erfolgt es auch sequenziell, Zeile für Zeile: Die Abfolge der Ereignisse und Sinneinheiten im Interview oder in der Beobachtung wird dabei nicht als zufällig, sondern als „Grund-Folge-Beziehung" verstanden (Przyborski und Wohlrab-Sahr 2014, S. 255). Das am Anfang Stehende schafft Voraussetzungen für das Folgende, und das Folgende reagiert auf und ‚kommentiert' damit das Vorangehende. Aber auch das zuerst Gesagte reagiert bereits auf ein Ausgangsproblem, etwa das der Kontaktaufnahme, des Sich-Bekanntmachens, des Ausdrucks von Anteilnahme unter Abwesenheit usw.

3.3   Auswahl von Textstellen

Was ist aber nun das Kriterium, um eine Textstelle als relevant zu markieren und auf ihr Problem hin zu befragen? Das entscheidet sich einerseits aufgrund des Forschungsinteresses (s. Abschn. 2) und andererseits aufgrund der Besonderheiten des Materials und durch den empirischen Vergleich. Im Rahmen der Objektiven Hermeneutik (Oevermann et al. 1979, 1980) zum Beispiel wird dafür plädiert, die Eingangssequenzen von Interviews, Interaktionen usw. besonders detailliert zu interpretieren. Dem liegt die Annahme zugrunde, dass sich in der Eröffnung einer Praxis bereits viel von den grundlegenden Charakteristika dieser Praxis offenbart. Hier werden auf der Basis der sequenziellen Interpretation von Eingangssequenzen Hypothesen entwickelt, die dann im weiteren Durchgang durch das Material präzisiert und geprüft werden. Über die Analysetechniken der Objektiven Hermeneutik hinaus gibt es in jedem Beobachtungsprotokoll oder Interview besonders dichte und selbstläufige Passagen, in denen sich etwa „Fokussierungsmetaphern" finden, auf die Ralf Bohnsack und andere im Zusammenhang mit Gruppendiskussionen hingewiesen haben (Bohnsack 2003b, S. 67). Auch bei solchen Passagen könnte das offene Kodieren beginnen, um sie anschließend in den Kontext des gesamten Falls zu stellen.

## 3.4	Was ist ‚der Fall'?

Als Analyseeinheit kann ‚der Fall' ganz unterschiedlichen Umfang haben. Je nach Forschungsinteresse und Gegenstandsbereich kann ein Fall sowohl die einzelne Erhebungssituation, wie eine Beobachtungsepisode, meinen, aber auch die gesamte Biografie von Interviewten oder das Zusammenspiel aus technischen Affordanzen und Nutzungskontexten im Fall von Online-Kommunikation. Methodisch gilt es beim offenen Kodieren jeweils, die entwickelten Lesarten an *Hintergrund und Struktur des Falls* zu messen. Das heißt, eine Interpretation muss testweise auch auf spätere oder frühere Passagen des Sprechers oder der Interaktionssituation angewendet werden, sie muss außerdem mit den grundlegenden Bedingungen des Falls übereinstimmen: Wenn man etwa problematische Episoden der Facebook-Nutzung als ‚Kontrollverlust' interpretiert, muss diese Lesart auch vor dem Hintergrund von Episoden betrachtet werden, in denen es um Gestaltungsspielräume und Handlungspotentiale der Nutzerinnen und Nutzer geht, um herauszufinden, worin der Kontrollverlust genau besteht und wie er sich zu den kollektiven Ko-Konstruktionen von Selbstbildern auf der Plattform verhält.

Dieses Vorgehen kann als fallimmanenter Vergleich beschrieben werden, erster Bezugsrahmen der Interpretationen des offenen Kodierens ist immer der vorliegende Fall. Besonders fruchtbar ist aber meist der Vergleich zwischen den Fällen (wie an Hughes' Beispiel oben gezeigt), der neue Analysedimensionen produziert. So können zum Beispiel zwei Interviewpartner ganz unterschiedliche, ja konträre Positionen zu einem Thema, wie etwa der Frage, was angemessenes Verhalten auf Facebook ist, einnehmen: Eine Interviewte teilt ihre momentane Befindlichkeit auch in negativen Situationen mit ihrem Netzwerk und zieht daraus Trost, eine andere lehnt solches Verhalten als selbstentblößend grundlegend ab. Die Tatsache, dass die Interviewten selbstläufig starke Positionen in dieser Frage einnehmen, zeigt den Interpretinnen und Interpreten aber, dass die dahinterliegende Frage – Wie intim ist Facebook bzw. kann die Kommunikation auf Facebook sein? – offenbar ein akutes Problem für die Befragten ist. Die Analyse weiterer Fälle muss dann ebenfalls Problematisierungen dieser Frage und mögliche Antworten in den Blick nehmen und diese ersten Kontrapunkte sukzessive differenzieren und bestätigen: Handelt es sich um zwei gegensätzliche Typen des Umgangs? Oder eher um eine graduelle Skala von Intimität und Angemessenheit, die jedem Facebook-Posting implizit zugrunde liegt?

3.5   Konzept-Indikator-Modell

Die Grounded Theory schlägt mit dem „Konzept-Indikator-Modell" (Strauss 1991, S. 54) ein analytisches Mittel vor, um von Indikatoren, wie etwa starken Positionierungen oder bestimmten Themensetzungen im Material, auf höherwertige Konzepte zu schließen. Indikatoren können wiederkehrende inhaltliche Konstellationen sein, wie die problematische Unterscheidung von öffentlich und privat auf sozialen Netzwerkseiten, oder auch bestimmte Formen von Aussagen, wie etwa Bekenntnisse oder emotionale Vergleiche. Indikatoren gruppieren sich um Themen oder Probleme, sie lassen sich bündeln, um in der Zusammenschau abstraktere theoretische Konzepte zu generieren. Der ‚Indikator' ist also nicht zwangsläufig identisch mit dem Interviewtext, es handelt sich vielmehr bereits um das Ergebnis einer Auswahl, einer Interpretation. Indikatoren bieten sich gewissermaßen im Text an – Augenfälliges ist oft Sinnfälliges. Die Indikatoren und die theoretischen Konzepte, auf die sie verweisen, lassen sich aber meist erst im Vergleich mehrerer Interviews erhärten und müssen insbesondere bei den ersten offenen Kodiersitzungen eines Forschungsprojekts als vorläufige und experimentelle Analysekategorien verstanden werden. Das offene Kodieren ist eben dieses Entwickeln erster, noch vorläufiger Konzepte.

Folgendes Beispiel aus der exemplarisch herangezogenen Studie (Bischof 2012) soll illustrieren, wie durch offenes Kodieren theoretische Konzepte entwickelt werden können. Es handelt sich um einen Ausschnitt aus einer Gruppendiskussion mit Erstsemester-Studierenden eines geisteswissenschaftlichen Studiengangs, die über ihre Erfahrungen bei der Nutzung von Facebook sprechen. Alle Namen und Orte im Transkript sind anonymisiert. Der Stimulus der Gruppendiskussion fokussierte insbesondere auf Irritationen bei der Nutzung, und darauf, wie die Nutzerinnen mit diesen umgehen. Eine selbstläufige und intensive Passage handelte von Geburtstagsgratulationen auf Facebook und erwies sich für das Entwickeln erster theoretischer Konzepte als besonders ergiebig (s. Tab. 1 und Abb. 1).

Tab. 1 Beispielsequenz Konzept-Indikator-Modell

Transkript	Indikator	Konzept
Kerstin: [...] dass es schon witzig ist, dass echt so eine Hierarchie gibt, also das Wenigste was du machen kannst, ist einfach nur „Alles Gute" auf irgendne Pinnwand schreiben, dann ne Facebook-Nachricht ist schon privater, ne E-Mail is dann noch privater, ne SMS is schon ziemlich privat, und dann Anruf ist ja das Höchste aller Gefühle!	Hierarchie der Gratulations- Formen; Kriterium ‚privat'	Intimität vs. Öffentlichkeit der Kommunikation
Eva: ich hab auch so (xxxxxxxx) bei Facebook, die Leute, die ich nich so gut kenne, die kriegen (.) ‚n „Alles Gute". die ich ‘n @ bisschen mehr kenne@ die kriegen dann irgendwie (.) @‘nen Lied@ oder irgendwas @ (.)@	Explikation: Hierarchie der Gratulationsformen; Kriterium ‚Sympathie' Stufenfolge von Anonymität und Vertrautheit	technisch vermittelte Abstufung von Intimität
[...] und die Leute/ die Leute, die ich richtig dolle mag (1) die kriegen extra kein Facebook-Pinnwandeintrag, die ruf ich an @(.)@	Entsprechung zwischen technischem Ausdruck und Beziehungsqualität	
Katja: ich denk mir immer, wen ich sooo nicht mag oder so wenig kenne, dass ich ihm auf die Pinnwand schreiben würde, dem gratulier ich nicht zum Geburtstag. [...] so, das is irgendwie aus Prinzip, denk ich immer.	Ritual muss Qualität und Grad der Intimität der Beziehung reproduzieren identische Ausführung auf Facebook	Kongruenz von face-to-face-Beziehungen und Beziehungen auf Facebook
[...] Richard: ich hab mein Datum nich angegeben und/ und ich schreib auch niemandem bei Facebook.	Sichtbarkeit persönlicher Informationen ausschalten Keine Kommunikation	Informationskontrolle Reziprozitätsverweigerung

Die Befragten diskutieren unterschiedliche Formen der Gratulation zum Geburtstag und nehmen dabei eine wichtige Differenzierung vor: Die Gratulationsform soll mit der Qualität der Beziehung korrespondieren. Dass sie das Thema selbstläufig aufbringen und gemeinsam diskutieren, verweist darauf, dass sich an diesem Beispiel ein übergeordnetes Problem ihrer Nutzung zeigt: Wie lassen sich unterschiedliche Qualitäten sozialer Beziehungen auf der Plattform angemessen repräsentieren und was sind Kriterien angemessenen Umgangs?

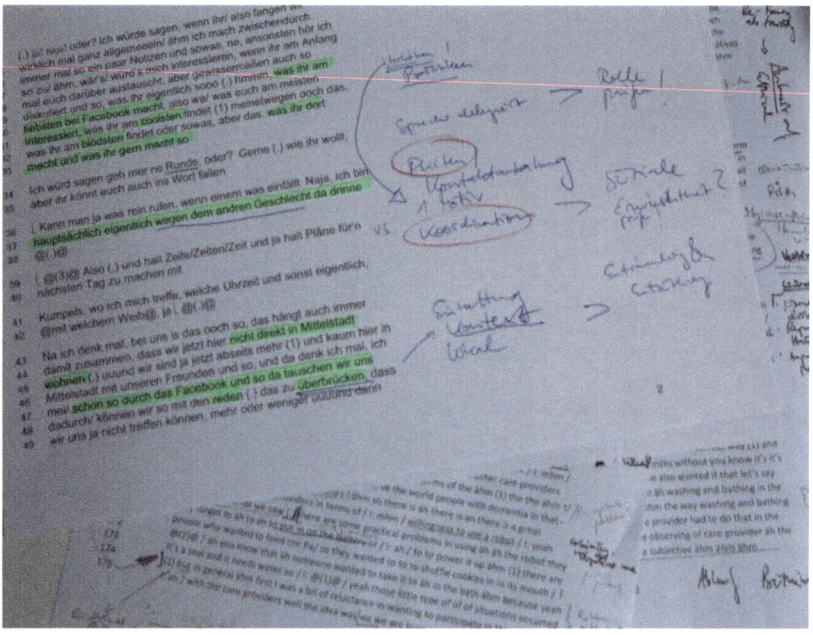

Abb. 1   Line by line-Analyse des Interviewmaterials
(Quelle: eigene Darstellung)

Wie die Nutzerinnen und Nutzer mit dem Handlungsproblem umgehen, soll in der Interpretation näher bestimmt werden. Dafür sind Indikatoren, die die erste Sprecherin in die Diskussion einbringt, interessant: Kerstin stellt eine Hierarchie von Gratulationswegen vor und ordnet diese entlang des Kriteriums ‚privat', womit sie eine Unterscheidung von öffentlicher und intimer Kommunikation vornimmt. Die zweite Sprecherin Eva bestätigt den Indikator der hierarchischen Abstufung und expliziert ein weiteres Kriterium für die Angemessenheit des Verhaltens: ‚Sympathie'. Zusammengenommen lässt sich daraus eine grundlegende theoretische Aussage für diesen Fall entwickeln: Den Orientierungen der Gruppe liegt die Ansicht zugrunde, dass Intimität oder Öffentlichkeit des Gratulierens der Qualität der Beziehung entsprechen muss – guten Freunden gratuliert man nicht auf der Pinnwand, sondern per Telefon. Dabei handelt es sich um eine grundlegende Regel für face-to-face- Beziehungen, wie sie schon von Goffman (1994) beschrieben wurde, die in diesem Fall auch auf Facebook-Kommunikation Anwendung findet. Katja, die dritte Sprecherin, erläutert anschließend ihr „Prinzip" mit dieser Herausforderung auf Facebook umzugehen: Sie gratuliert auf Facebook nur Personen, denen sie auch face-to-face gratulieren würde. Katjas „Prinzip" ist eine Extremposition in der Diskussion, weswegen sie sich besonders gut in Hypothesen-Form zuspitzen lässt: Die identische Ausführung auf Facebook, das heißt die *Kongruenz von face-to-face-Interaktion und Kommunikation auf Facebook* schützt das Ritual des Gratulierens und damit die soziale Beziehung an sich. Das Konzept kann also als Reaktion auf die Irritation der Trennung von öffentlicher und intimer Kommunikation und der mangelnden Abstufungen innerhalb von Facebook-Freundschaften gelesen werden (s. auch die Konzepte in Tab. 1).

Im zweiten Auswertungsschritt der Grounded Theory geht es darum, das Verhältnis solcher wiederkehrenden und teilweise aufeinander bezogenen Konzepte zu schärfen und auch kritisch zu überprüfen.

4   Axiales Kodieren

Analysiert man in solcher Genauigkeit mehrere Sequenzen aus unterschiedlichen Diskussionen, Interviews oder Beobachtungen, ergibt sich schnell eine Vielzahl von Konzepten. Die Herausforderung für theorieorientiertes Kodieren besteht darin, diese Konzepte im Verlauf der Forschung nicht nur zu summieren, sondern sie im Hinblick auf die Entwicklung einer Theorie auch zu *integrieren*. Ziel des zweiten Analyseschrittes, des axialen Kodierens, ist es, aus Konzepten, die sich auf dasselbe Phänomen beziehen, Kategorien zu entwickeln. Kategorien sind höherwertige, abstraktere Konzepte und bilden die Ecksteine der sich herausbildenden Theorie. Allerdings entstehen sie nicht aus der bloßen Umbenennung von Konzepten und auch nicht aus dem bloßen Zusammenfassen von Konzepten unter einer neuen Rubrik. Kategorien sind Resultat von Interpretation und weiterer Abstraktion! Sie erfassen bereits Zusammenhänge zwischen Konzepten und bewegen sich insofern noch weiter in Richtung Theoriebildung (s. Abb. 2).

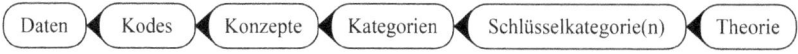

Abb. 2   Abstraktionsstufen einer empirisch gesättigten Theorie
(Quelle: eigene Darstellung)

Es geht bei der Bildung von Kategorien also nicht einfach darum, passende Begriffe zu finden, sondern diese Begriffe müssen für einen Sinnzusammenhang stehen, der mehr beinhaltet als die ihm zugrunde liegenden Konzepte. Corbin und Strauss erläutern den Übergang vom Konzept zur Kategorie folgendermaßen: „To achieve that status [...] the more abstract concept must be developed in terms of its properties and dimensions, the conditions which give rise to it, the action/interaction by which it is expressed, and the consequences that result" (Corbin und Strauss 1990, S. 420). Ein Konzept wird also nur dann zur Kategorie, wenn das Phänomen, auf das es verweist, in verschiedenen Dimensionen ‚entfaltet' wird. Das kann im Hinblick auf seine Bedingungen und Folgen, seinen (aktiven und interaktiven) Ausdruck sowie auf die ihm zugrunde liegenden Eigenschaften (sowie deren Dimensionen) geschehen. Es sollte allerdings auch berücksichtigt werden, dass es sich bei diesen Hinweisen zur Entfaltung von Kategorien um eine Art Checkliste handelt, die eine Hilfestellung für die Interpretation sein soll. Das heißt sie soll dabei helfen zu verstehen, was den Sinnzusammenhang, für den eine Kategorie steht, konstituiert. Es handelt sich nicht um ‚Schubladen', die zwangsläufig immer alle zu füllen sind. Vor allem Strauss argumentiert in diesem Sinne: „Faustregeln [...] sollten als Verfahrenshilfen, die sich in unseren Forschungen als nützlich erwiesen haben, betrachtet werden. Studieren Sie diese Faustregeln, wenden Sie sie an, aber modifizieren Sie sie entsprechend den Erfordernissen Ihrer Forschungsarbeit. Denn schließlich werden Methoden entwickelt und den sich verändernden Arbeitskontexten angepasst" (Strauss 1991, S. 33). Das namensgebende Prinzip der Grounded Theory, dass Konzepte und Kategorien entwickelt und zu einer Theorie integriert werden müssen, ist von dieser Einschränkung allerdings nicht tangiert!

Die Herausforderung für Forschende besteht nun darin, dass sich die Kategorien nicht fein säuberlich getrennt, nacheinander offenbaren und nicht von Beginn an scharf hervortreten. Sie müssen vielmehr aktiv durch erste Hypothesen und deren kritische Prüfung am Material entwickelt werden. Insbesondere für ungeübte Forscherinnen und Forscher ist dieser Auswertungsschritt oft problematisch. Er erfordert, dass sich die Interpretierenden von der Deskription des Materials lösen und (empirisch begründete) Vermutungen darüber anstellen, wie die festgestellten Konzepte im größeren, fallüberspannenden Rahmen zusammenhängen könnten. Dabei erfordert das axiale Kodieren aber auch eine Differenzierung der zu analysierenden Phänomene und Konzepte, oft sind die ersten Hypothesen viel zu umfassend. Sie vermischen entweder mehrere Dimensionen eines sozialen Phänomens oder stellen Zusammenhänge implizit her, anstatt sie begrifflich und mit einem theoretisch informierten Instrumentarium sauber zu trennen. Dass die Kategorien zu Beginn notwendigerweise unscharf sind, ist aber auch ein analytischer Schlüssel zu ihrer näheren Bestimmung. Sie lassen sich dadurch gleichsam experimentell hin und her schieben, inhaltlich variieren und immer wieder am (neu zu erhebenden) Material messen.

Das axiale Kodieren kann entweder softwaregestützt (Friese, *in diesem Band*) oder auf Papier und mittels Post-Its anschaulich und haptisch erfahrbar durchgeführt werden: Das prüfende Entwickeln von Hypothesen zur Kategorienbildung gelingt gut, wenn eine Kategorie in den Mittelpunkt der Analyse gestellt wird, um das Beziehungsnetz der damit korrespondierenden Konzepte auszuarbeiten. Die Bezeichnung ‚axiales Kodieren' verweist bereits auf eine räumliche bzw. relationale Beziehung: Für die Bildung einer Kategorie ist die Benennung einer *inhaltlichen Achse* und deren Beziehung zu den untergeordneten Konzepten von zentraler Bedeutung. Dabei sind vor allem folgende Beziehungen und Bedingungen der Konzepte von Interesse:

- zeitliche und räumliche Beziehungen
- Ursache-Wirkungs-Beziehungen
- Mittel-Zweck-Beziehungen
- Kontext
- intervenierende Bedingungen

Strauss bezeichnete diese Dimensionen als „gegebene Kategorie[n]": Bedingungen und Ursachen, Strategien und Taktiken der Akteure, Konsequenzen sowie „Kontext" und „intervenierende Bedingungen" sind Elemente des sogenannten Kodierparadigmas, das eine Orientierung zur Kategorienbildung gibt (Strauss 1991, S. 57; auch Strauss und Corbin 1996, S. 78ff.).

Am Beispiel der Studie über die medienbezogene Lebenswelt jugendlicher und post-adoleszenter Facebook-Nutzerinnen und -Nutzer lässt sich zeigen, wie das axiale Kodieren zu einer Schärfung der entstehenden Theorie über das Verhältnis von face-to-face-Kommunikation und Facebook-Kommunikation geführt hat. Während die erste befragte Gruppe die Irritation der Unterscheidung ‚intim vs. öffentlich' sehr reflektiert und ausführlich diskutierte, zeigte sich an zwei weiteren, kontrastiv ausgewählten Gruppendiskussionen mit Schülerinnen und Schülern aus Regelschulen (14 bis 17 Jahre), dass diese ihre Nutzung viel seltener problematisierten: Sie berichteten beispielsweise, dass sie sich auch mit Nutzern befreunden, die sie gar nicht kennen (wenn ihnen zum Beispiel das Profilbild gefällt), oder wie sie Partys und Alkoholkonsum durch Fotos, Profil-Verlinkungen und Kommentare gemeinsam auf Facebook dokumentieren. Insbesondere der Vergleich der Vorstellungen von ‚adäquater Nutzung' zeigte neben diesen Unterschieden aber auch entscheidende Gemeinsamkeiten, die für die Herausarbeitung der Beziehung zwischen den Kategorien zentral waren, wie die Anwendung des Kodierparadigmas nach Strauss zeigt (s. Abb. 3).

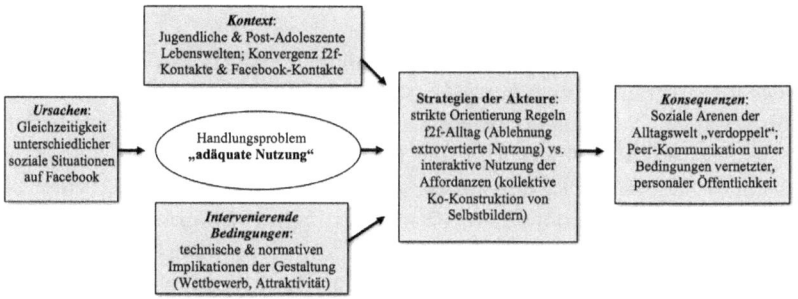

Abb. 3 Beispiel axiale Kategorienbildung mit dem Kodierparadigma
(Quelle: eigene Darstellung)

Ausgangspunkt der Analyse sind die Handlungsprobleme der Nutzerinnen und Nutzer und ihr Umgang damit. Sie bilden das Phänomen, das es durch das theoretische Kodieren zu rekonstruieren und erklären gilt. An der Frage, wie man wem auf Facebook angemessen zum Geburtstag gratuliert, zeigte sich bereits die typische Gestalt dieses Problems: Die Irritationen bestehender sozialer Regeln der face-to-face-Interaktion bzw. deren angemessener Ausführung auf Facebook (s. Abschn. 3.5). Das axiale Kodieren versucht nun entlang der Aushandlungen angemessener Nutzungsformen in den Gruppendiskussionen, die Ursachen und Bedingungen sowie die Strategien der Akteure ins Verhältnis zu setzen.

Die technische Gestaltung von Facebook ist die grundlegende *Ursache* und *intervenierende Bedingung* des im Mittelpunkt stehenden Phänomens. Dass Facebook versucht, möglichst viele Sozialkontakte und Aspekte der Alltagswelt seiner User zu integrieren, stellt die Eindeutigkeit von einzelnen, abgrenzbaren Interaktionen infrage. Das beschriebene Handlungsproblem besteht wesentlich in der Gleichzeitigkeit unterschiedlicher sozialer Situationen auf Facebook: Ein derber Scherz unter Freunden kann für die Mutter eines der Beteiligten sichtbar und durch sie kommentierbar sein. Facebook ermöglicht nicht nur eine vermittelte Form der Kopräsenz und damit Kommunikation, sondern beeinflusst durch seine Gestaltung auch, welche sozialen Situationen von den Handelnden interpretiert und gegenseitig angezeigt werden und wie dies geschieht. Die normativen Implikationen der Facebook-Gestaltung zeigen sich zum Beispiel in dem Wettbewerbscharakter, der auf die Anzahl von ‚Likes' und auf positiv verstärkende Abzeichen ausgerichtet ist. Die Darstellungsform der ‚Chronik' rahmt die Selbstdarstellung zudem in Form eines Normal-Lebenslaufs, in dem Erreichtes dargestellt werden soll (Bischof

2012, S. 52ff.). Die kommunikativen Handlungen der Nutzerinnen und Nutzer sind dadurch zwar nicht determiniert, sie finden aber unhintergehbar aufgrund der automatischen Selektionen der Plattform statt, die insbesondere Beliebtheit und Reichweite messen und belohnen.

Der spezifische *Kontext* der jugendlichen und post-adoleszenten Nutzerinnen und Nutzer ist für die axiale Kodierung ,adäquater Nutzung' ebenso in Betracht zu ziehen. Die befragten Gruppen wiesen eine hohe Übereinstimmung ihrer sozialen Netzwerke sowohl face-to-face als auch online auf. Facebook-Kommunikation bedeutet für die jugendlichen Nutzerinnen also nicht folgenlose, anonyme Kommunikation mit Fremden, sondern in der Regel Interaktion mit Bekannten oder Freundinnen und Freunden, die man auch face-to-face trifft. Die Nutzung von Facebook bedeutete für die Jugendlichen keinen hypothetischen Fluchtpunkt ,irgendwo' im Web, sondern es wird der Schulhof mit seinen Kommunikationen und Konflikten durch Facebook fortgeführt, und Facebook-Konflikte werden wiederum zurück auf den Schulhof übertragen (boyd 2008, S. 170-237). Aufgrund ihres Heranwachsens bzw. ihrer Post-Adoleszenz sind die Lebenswelten der Teilnehmerinnen und Teilnehmer durch eingeschränkte Autonomie gekennzeichnet. Elternhaus, Schule oder Universität sowie Erwerbsarbeit wurden als Instanzen genannt, die von der Facebook-Nutzung betroffen oder gar sanktionsfähig sind. Im Kontext jugendlicher Nutzung wird die Überschneidung und Vermischung unterschiedlicher sozialer Situationen und Kontexte auf Facebook dadurch oft als expliziter Kontrollverlust erlebt. Insbesondere die Frage legitimer und illegitimer Informationsflüsse zwischen den Mitgliedern ist im Rahmen jugendlicher Nutzung ein wiederkehrendes Thema.

Dieser Irritation begegneten die Akteurinnen und Akteure mit unterschiedlichen *Strategien*. Eine strikte Orientierung an den Regeln der face-to-face-Kommunikation im Alltag, wie am Beispiel der Gratulationen sichtbar, war nur ein Weg, die Unsicherheiten zu minimieren. Die andere Gruppe von Strategien bestand darin, die zahlreichen Vermittlungsweisen der Plattform – Verlinkungen auf Fotos, Erwähnungen in Postings, fremde Postings auf der eigenen Pinnwand, Erwähnungen in Kommentaren etc. – zur aktiven, wechselseitigen Ko-Konstruktion von Selbstbildern zu nutzen. Es zeigte sich, dass insbesondere die jüngeren Nutzerinnen und Nutzer die Vor- und Nachteile der Vermitteltheit des Interaktionsumfelds Facebook mit unterschiedlichen Taktiken und Techniken ausnutzen bzw. substituieren. Am Beispiel von Flirts und Kontaktanbahnung auf Facebook wurde sehr deutlich sichtbar, wie face-to-face-Strategien auf Facebook – zum Beispiel das Signalisieren von Interesse durch ,Anstupsen' – produktiv transformiert werden (Bischof 2012, S. 94-166). Die Körperlosigkeit der Kommunikation wurde hier sogar als Vorteil gegenüber der face-to-face-Begegnung wirksam – womit die Kontingenzen und Unsicherheiten eines Flirts allerdings nur verschoben wurden: Ziel der Kontaktanbahnung war in den meisten Fällen dann doch die Begegnung face-to-face.

Die *Konsequenz* des Handlungsproblems besteht zunächst in einer Verdopplung der sozialen Arenen des Alltags. Prinzipiell jede face-to-face-Begebenheit kann auf Facebook angesprochen, dokumentiert und abgebildet werden. Das geschieht allerdings unter den spezifischen Bedingungen der personalen Öffentlichkeit der Netzwerkseite. Teils führte diese Verdopplung auch zu einer Neubestimmung von Umgangsregeln, wie etwa in der Frage, wer für ‚angemessenes Verhalten' zuständig ist. Insbesondere die jüngeren Nutzerinnen und Nutzer plädierten für eine Verschiebung der Verantwortlichkeit für die Informationskontrolle weg vom ‚Sender' hin zu den ‚Empfängern': Sollen diese doch einfach nicht hinschauen, wenn sie ein Verhalten als nicht adäquat empfinden (s. Abschn. 5). Das ganz zu Beginn der Erhebungen beobachtete Prinzip der Kongruenz der Facebook-Kommunikation mit den Regeln der face-to-face-Kommunikation ist nicht mehr überraschend, wenn man Facebook als digitalisierte Erweiterung der Alltagskommunikation begreift. Alltagswelten wie die Schule, Universität oder auch der Arbeitskontext werden durch Facebook auf einer zusätzlichen Ebene kommunikativ ver- und behandelt.

Die so gebildete These von der Notwendigkeit der Aushandlung ‚adäquater Nutzungsweisen' vor dem Hintergrund einer neuen, vernetzten personalen Öffentlichkeit durch Facebook wird im dritten Analyseschritt des theorieorientierten Kodierens verfeinert und geprüft.

5   Selektives Kodieren

Beim selektiven Kodieren wird „systematisch und konzentriert nach der Schlüsselkategorie kodiert" (Strauss 1991, S. 58). Schlüsselkategorien sind für die Theoriebildung zentrale Kategorien, die – wie oben gezeigt – einen Großteil der gefundenen Konzepte integrieren. Sie sollten sich bereits während des axialen Kodierens abzeichnen. Sowohl der Kodierprozess selbst als auch das darauf abgestimmte Theoretische Sampling werden auf die Schlüsselkategorie hin ausgerichtet. Sie wird zum zentralen Fokus der Analyse. Dabei wird der Kodierprozess nun auf Phänomene und Konzepte begrenzt, die einen hinreichend signifikanten Bezug zur Schlüsselkategorie aufweisen, das heißt die im spezifischen Sinne für die Theoriegenerierung von Belang sind. Auch die Fragen nach den Bedingungen, Konsequenzen, der Aktion und Interaktion usw., die den Kodierprozess stets begleiten, erfolgen in Bezug auf die Schlüsselkategorie. Die Analysearbeit wird hier systematischer, stärker auf theoretische Integration ausgerichtet und damit sehr viel selektiver. Es kommt nun nicht mehr alles gleichermaßen in den Blick, sondern der Fokus liegt auf dem, was sich als Kern der Theorie herauszuschälen beginnt.

Selektives Kodieren erfordert es dabei, zu den Anfängen des Forschungsprojekts zurückzukehren, und diese vor dem Hintergrund der gewonnenen Theorieelemente noch einmal zu reflektieren. Das beginnt bei der Forschungsfrage bzw. den sensibilisierenden theoretischen Konzepten, die daraufhin überprüft werden müssen, wie sie sich zur sich abzeichnenden Theorie verhalten: Muss eine Anpassung des theoretischen Rahmens der Studie vorgenommen werden? Trägt die empirisch gewonnene Einsicht etwas zu den Grundannahmen der theoretischen Perspektiven bei? Auch die ausgewählten Fälle und festgelegten Einheiten der Analyse müssen ins Verhältnis gesetzt werden: Bedarf es kontrastiver weiterer Erhebungen, um die These zu härten? Werden zunächst aussortierte Materialstellen nun doch wieder relevant? Auch müssen einzelne Sequenzen und ihre offenen Kodierungen noch einmal durchgegangen werden: Wurden auch andere Dimensionen als die nun fokussierte in den Blick genommen? Erscheint eine Interpretation nun in einem neuen Licht? Je nach Beantwortung dieser Fragen müssen einzelne Arbeitsschritte gegebenenfalls wiederholt, unter Umständen muss auch weiteres, ergänzendes Material erhoben werden. Ziel dieses iterativen Prozesses ist die theoretische Sättigung der entwickelten Theorie. Diese ist erreicht, wenn das ursprünglich interessierende Phänomen in seinen wesentlichen Aspekten erfasst wurde. Im Bild des Herausbildens von Achsen gesprochen: Wenn die wesentlichen Stränge und Beziehungen der Kategorien, die das Phänomen aufschließen, erfasst sind.

Das selektive Kodieren nimmt seine abschließende Rolle in diesem Sättigungsprozess vor allem durch seine verifizierende Funktion ein. Da es bei der Grounded Theory darum geht, Theorie zu generieren, muss diese Theorie (und ihre Vorstufen in Form von Hypothesen) ihre Robustheit im Verlauf des Forschungsprozesses unter Beweis stellen. Im Grunde verweist bereits die an mehreren Stellen erwähnte Maxime des ständigen Vergleichens darauf, dass Konzepte immer wieder überprüft werden müssen. Die Überprüfung der zu bildenden Hypothesen geschieht zunächst auf der Ebene des einzelnen Falles (offenes Kodieren) und in einem zweiten Schritt im Vergleich verschiedener Fälle und Konzepte (axiales Kodieren). Auch das Theoretische Sampling in der Fallauswahl mit seinen minimalen und maximalen Kontrastierungsschritten dient der Prüfung der Robustheit (Strübing, *in diesem Band*).

Das selektive Kodieren sucht nach einer expliziten Evaluation des Zusammenspiels der gebildeten Hypothesen. In diesem Schritt müssen die Implikationen der gebildeten Schlüsselkategorie, ihre Passung zu den zugeordneten Konzepten und ihre Anwendbarkeit auf das erhobene Material noch einmal kritisch überprüft werden. Das selektive Kodieren zielt damit sowohl auf die innere Stabilität der entwickelten Theorie als auch auf die Reichweite und Generealisierbarkeit der gewonnenen Einsichten. Strauss und Corbin (1990, S. 422) sprechen explizit auch von der Verifikation von Hypothesen im Verlauf der Bildung einer Grounded Theory. Die Formulierung mag manchen vielleicht an das theorieprüfende Vorgehen der standardisierten Verfahren erinnern. Dennoch handelt es sich dabei um etwas Anderes. Es werden nicht vorab entwickelte Hypothesen empirisch getestet, sondern die im Verlauf der Forschung generierten Hypothesen auf ihre Robustheit hin überprüft.

Über Corbin und Strauss hinausgehend (Przyborski und Wohlrab-Sahr 2014, S. 203), lassen sich drei verschiedene Ebenen der Verifikation von Theorie in der Grounded Theory unterschieden: a) die Verifikation einer Hypothese am Einzelfall bzw. an der empirischen Konstellation selbst, das heißt der Nachweis, dass ein Zusammenhang sich bei einem Fall nicht nur zufällig an einer Stelle oder nur einmal zeigt, sondern für den Fall als solchen typisch ist; b) die Verifikation einer Hypothese an anderen Fällen, also der Nachweis, dass ein Zusammenhang nicht nur für einen Einzelfall gilt, sondern bei einer Reihe von Fällen in strukturell gleicher Art wieder auftaucht; sowie c) die Verifikation einer Hypothese ex negativo, das heißt anhand von systematisch anders gelagerten Fällen oder Konstellationen, die aber in einem bestimmten, klar benennbaren Zusammenhang, zum Beispiel in einem antithetischen Verhältnis oder in einem Spiegelverhältnis zur Ausgangshypothese stehen. Insbesondere die letzten beiden Verifikationsverfahren verweisen noch einmal darauf, dass beim Auswerten nach den Regeln der Grounded Theory die Bedingungen, unter denen die Fälle agieren, unbedingt in die Interpretation mit einbezogen werden. Strauss spricht in diesem Zusammenhang von den „strukturellen und interaktiven Bedingungen" (Strauss 1991, S. 118), die es zu berücksichtigen gilt. Corbin und Strauss verwenden im Hinblick auf Ersteres den Begriff der „konditionellen Matrix" (Corbin und Strauss 1990, S. 422). Dabei geht es ausdrücklich darum, diese strukturellen Bedingungen nicht nur als Hintergrund zu erwähnen, sondern sie in den Prozess der Theoriegenerierung tatsächlich mit einzubeziehen: „It is the researcher's responsibility to show specific linkages between conditions, action, and consequences" (Corbin und Strauss 1990, S. 423).

Anhand der Studie zur Facebook-Nutzung Jugendlicher lässt sich diese kritische Überprüfung von Bedingungen, Handlungen und Konsequenzen der gebildeten Theorie verdeutlichen. Das axiale Kodieren zeigte, dass Facebook-Kommunikation nicht per se im Widerspruch zu Alltagsregeln steht, sondern dass durch Facebooks Anspruch, Alltagskommunikation abzubilden eine Verdopplung und Erweiterung alltäglicher Kommunikationssphären stattfindet.

Die Schlüsselkategorie der Aushandlung ‚adäquater Nutzungsformen' vor dem Hintergrund dieser personalisierten, vernetzten Öffentlichkeit soll im Folgenden geprüft werden. Dazu wird sie gezielt mit zwei Gegenthesen konfrontiert: Einerseits die bereits angesprochene ‚Erosionsthese' (Kraut et al. 1998; van Dijk 1999), die besagt, dass face-to-face-Kommunikation durch Online-Kommunikation gewissermaßen untergraben wird und ‚echte' soziale Netzwerke durch technisch vermittelte Kommunikation erodieren. Andererseits wurde geprüft, ob sich bei der Facebook-Nutzung nicht gänzlich neue Kommunikationsformen und Vorstellungen von Angemessenheit herausbilden, anstatt sich an bestehenden Regeln zu orientieren. Um die eigene These bzw. die Gegenthese zu prüfen, wurden Schilderungen von sanktionierbarem Verhalten, wie Postings von exzessivem Alkoholkonsum, herangezogen. Diese potentiell imagegefährdenden Postings ließen sich als Beleg der beiden Gegenthesen lesen: Sie können sowohl als Erosion von Peinlichkeitsschwellen verstanden werden als auch als Auflösung des von Goffman (2007) beschriebenen zweiteiligen Mechanismus der unsichtbaren Vorbereitung (Hinterbühne) und sichtbaren Darstellung von Rollenbildern (Vorderbühne) hin zu einer ‚post-privaten' Einstellung. Um die Schlüsselkategorie und die Gegenthesen auszuprobieren, wurden entsprechende Transkript-Stellen herausgesucht und erneut kodiert.

In den Beschreibungen der jugendlichen Nutzerinnen und Nutzer fanden sich mehrere Passagen, die von Dokumentationen exzessiven Alkoholkonsums auf Facebook berichteten. Ein 16-Jähriger schloss beispielsweise aus, die Freundschaftsanfrage seiner Mutter anzunehmen, weil diese sonst „den ganzen Müll mitlesen [kann], den ich am Wochenende gemacht habe: ‚Oh ja, ich saufe, ich saufe' und zu ihr ‚Ja ich trink nich' so viel'." Zusätzlich wurden Beobachtungen von solchen Postings auf Facebook vorgenommen, um die Interaktionen, die darum kreisen, zu analysieren. Dabei wurde deutlich, dass die Facebook-Funktion, Personen auf Fotos zu markieren, die am häufigsten erwähnte Form der jungen Nutzerinnen und Nutzer war, ihre Selbstdarstellungen kollektiv zu ‚ko-konstruieren' (boyd 2008, S. 136). Das Dokumentieren gemeinsamer Freizeit zielte auf die Abbildung gemeinschaftlicher Aktivitäten und die Generierung von Zuspruch in Form von Likes. Das Bildmotiv des exzessiven Partyabends funktionierte dabei gleich doppelt identitätsstiftend. Zum einen ist der gemeinsame Besuch von Partys und dessen Dokumentation ein zeichenhafter Konsum von Freizeit. Das gegenseitige Markieren fungiert darüber hinaus als die symbolische Erhebung eines Anspruchs: ‚Die auf meinem Foto mit mir markierten Personen und ich gehören zusammen'. Während die Trunkenheitsbilder in Kontexten wie Erwerbsarbeit sanktionsfähig wären, gelten sie im Kontext von Kollektiverlebnissen eindeutig als Kohäsion stiftendes Moment und dienen der Repräsentation. Durch die selektive Kodierung dieser Passagen wurde sichtbar, dass die Jugendlichen auch bei diesen ‚extremen' Postings stets wussten, an wen sie sich damit richteten. Das adressierte Publikum bestand in der personalisierten Öffentlichkeit, also der Summe der eingegangenen Verbindungen auf Facebook, weswegen diese Form der Postings das soziale Selbstbild nicht existentiell bedrohten, sondern sogar stärkten. Die Trunkenheitsbilder sind demnach keine Verwechslung von öffentlicher Vorder- und privater Hinterbühne oder Ausdruck einer „post-privaten" Mittelbühne (Meyrowitz 1990, S. 94). Die Jugendlichen nutzen die scheinbar selbstverletzenden Postings zur interaktiven Selbstdarstellung als gesellig, beliebt und erwachsen auf der Vorderbühne (Bischof 2016). Für die Jugendlichen war Facebook ganz explizit kein offizieller Ort, keine Verdopplung des Klassenzimmers oder eines Bewerbungsgesprächs, sondern vielmehr eine personale Öffentlichkeit unter den Bedingungen des Privatseins, eine Erweiterung der informellen Kommunikation auf dem Schulflur oder Pausenhof. Da als Adressaten der Postings *peers* gedacht wurden, kehrt sich die Rechtfertigung der Abwehr beschädigender Blicke im Vergleich zu face-to-face-Situationen um: Nicht die veröffentlichenden Jugendlichen, sondern unberechtigte Gäste dieser personalisierten Öffentlichkeit wie Eltern oder Lehrer müssen das Betrachten der potentiell beschädigenden Bilder rechtfertigen – oder schweigen.

Aus diesen Ergebnissen des selektiven Kodierens lässt sich eine Spezifizierung des axial kodierten theoretischen Zusammenhangs ableiten: die stärkere Betonung der Bedingungen der Facebook-Nutzung. Die Jugendlichen beschrieben sehr wohl auch abzulehnende Nutzungsweisen, bei denen die oder der Veröffentlichende ihres Erachtens falsch handelte, so dass die Betrachtenden sich „als Eindringlinge vorkommen, die sich eines Übergriffs schuldig machen" (Goffman 2000, S. 88f.). Ein besonders drastisches Beispiel war die Thematisierung ihrer Durchfallerkrankung durch eine Nutzerin. An diesem Beispiel – und den starken Reaktionen darauf – wurde der Konsens deutlich, dass Bekenntnisse, die im Alltag nur engsten Freunden und vertrautesten Familienmitgliedern offenbart würden, auch auf Facebook deplatziert sind. Das Territorium des Selbst galt den Nutzern also auch auf Facebook als zu schützendes Informationsreservat (Goffman 2000, S. 68). Allerdings führt der Angebotscharakter Facebooks, der darauf zielt, möglichst viele Informationen und soziale Beziehungen auf der Plattform abzubilden, wiederholt zu solchen Territoriumskonflikten. Das Gut der persönlichen Information wird dabei sowohl von den Nutzerinnen und Nutzern als auch von Facebook, vermittelt durch die technischen Agenten der Verlinkung, Aggregation und Narration, beansprucht. Da gleichzeitig durch die Körperlosigkeit der Interaktion wichtige Validierungskriterien für Selbstbilder wegfallen, entsteht so eine doppelte Vagheit bezüglich der *Kontrolle* der Techniken der Imagepflege: Ihre Erzeugung und ihre Darstellung lassen sich auf Facebook schlechter kontrollieren. Die durch automatische Aggregation oder von anderen Nutzern erzeugten Informationen über eine Person gleichen den *expressions given-off* bei Goffman (Goffman 2007; Knoblauch 1994, S. 29) – unfreiwillig geäußerten Reaktionen, die die Darstellung des Selbstbildes negativ beeinflussen können. Auch wenn die Schlüsselkategorie ‚Facebook als Erweiterung sozialer Arenen' eine große Kontinuität zu den Kriterien und

Zielen von face-to-face-Selbstdarstellungen aufweist – ein gutes Beispiel sind die in der Chronik auszuweisenden biografischen ‚Höhepunkte': Bildungsabschluss, Geburt eines Kindes, Kauf eines Autos oder Urlaub –, so findet insbesondere Selbstdarstellung dort unter den technischen und gestalterischen Bedingungen der Körperlosigkeit und automatischen Aggregation statt.

Die Theorie der Erweiterung sozialer Arenen durch Facebook konnte durch das selektive Kodieren erhärtet werden. Konkurrierende Deutungsangebote, wie die Erosion sozialer Regeln oder die Herausbildung gänzlich neuer Interaktionsstrukturen, konnten unter Hinzuziehung des empirischen Materials widerlegt und die Theorie selbst dadurch geschärft werden. Es konnte nicht nur gezeigt werden, dass Facebook-Kommunikation nichts gänzlich anderes als face-to-face-Interaktion ist. Mit dem theoretischen Angebot der Erweiterung sozialer Arenen wurde das Verhältnis beider Sphären näher bestimmbar und vor allem das Phänomen der Irritationen der Nutzung analytisch fruchtbar.

Zusammenfassung

Der methodische Kern der Grounded Theory ist von der Erhebung von Daten klar in Richtung einer durch Daten gesättigten Theorie*entwicklung* verschoben worden. Der Schwerpunkt des Verfahrens liegt nicht auf der Form der Erhebung, sondern auf dem Prozess des Sampling und der Theoriebildung, die parallel organisiert sind (Strübing bzw. Krotz, *in diesem Band*). Glaser polemisiert vor diesem Hintergrund erbittert gegen Formen der ‚Qualitative Data Analysis', die das Label der Grounded Theory benutzen, aber de facto nicht auf eine integrierte Theorie, sondern auf Deskription ausgerichtet seien (Glaser 2007, S. 49).

Empirische Forschung im Sinne der Grounded Theory zielt darauf, Theorie zu *generieren*, also sie nicht ‚von oben her' zu entfalten. Sie zielt aber auch darauf, *Theorie* zu generieren, und das ist mehr als die Paraphrasierung und Verdichtung von Inhalten und deren Abfüllen in bereitstehende inhaltliche Container. Theoriegenerierung bedeutet die Rekonstruktion des Sinns, der sich in Kommunikation und Interaktion dokumentiert. Sie setzt den ständigen Vergleich voraus. Das Kodierparadigma der Grounded Theory versucht diesen Vergleich in operationalisierbare Schritte zu überführen und so die Theoriebildung anzuleiten. Diesem Versuch sollte sich jede und jeder aussetzen – auch, wenn es ‚nur' um eine studentische Abschlussarbeit geht.

Perspektiven und Reflexionen

- Wieso ist es wichtig, dass eine Auswertung mit Grounded Theory nicht ohne Vorwissen erfolgt?
- Warum reicht es für den ersten Kodierschritt nicht aus, den Inhalt einer Textpassage zusammenzufassen?
- Wie können entwickelte Konzepte und Kategorien im axialen Kodieren zueinander ins Verhältnis gesetzt werden?
- Wie kann eine entwickelte theoretische Aussage im abschließenden Kodierschritt geprüft werden?

Lesehinweis

- *Przyborski, Aglaja, und Monika Wohlrab-Sahr. 2014. Qualitative Sozialforschung. Ein Arbeitsbuch. 4., erw. Aufl. München: Oldenbourg.*
  Das Buch ist als ausführliche Einführung für Forschende gedacht, die vor der Aufgabe stehen, ein qualitatives Forschungsprojekt zu strukturieren und durchzuführen. In methodologisch kommentierten Kapiteln mit vielen Beispielen werden alle relevanten Fragen – von der Entwicklung der Forschungsfrage bis hin zur Darstellung der Ergebnisse – diskutiert.
- *Knoblauch, Hubert. 1994. Erving Goffmans Reich der Interaktion. Einführung von Hubert A. Knoblauch. In Interaktion und Geschlecht, von Erving Goffman, 7–49. Frankfurt am Main: Campus.*
  Es ist schwer, eine Einführung in Goffmans vielschichtiges Wirken zu finden, die knapper und dabei genauer ist als Hubert Knoblauchs Einleitung für die deutsche Ausgabe von *Geschlecht und Gesellschaft*. Knoblauch entfaltet Goffmans Methoden und Ergebnisse vor dem Hintergrund der ‚Interaktionsordnung', seinem wesentlichen theoretischen Vermächtnis.

Literatur

Aßmann, Sandra. 2014. *Medienhandeln zwischen formalen und informellen Kontexten: Doing Connectivity.* Wiesbaden: Springer VS.
Bischof, Andreas. 2012. *Was geht auf Facebook eigentlich vor? Eine qualitative Analyse der Facebook-Nutzung als technisch vermittelte Interaktion.* Masterarbeit am Institut

für Kulturwissenschaften, Universität Leipzig. http://nbn-resolving.de/urn:nbn:de:bsz:15-qucosa-91672.

Bischof, Andreas. 2016. Eine Vorderbühne für Hinterbühnenverhalten? Jugendliche Nutzerperspektiven auf Facebook. In *Social Media in der Lebenswelt und bei der Berufswahl Jugendlicher – who cares?*, hrsg. Jörg Jacobs, Natascha Zowislo-Grünewald und Franz Breitzinger, 45–58. Baden-Baden: Nomos.

Bohnsack, Ralf. 2003a. *Rekonstruktive Sozialforschung: Einführung in qualitative Methoden.* 5. Aufl. Opladen: Leske + Budrich.

Bohnsack, Ralf. 2003b. Fokussierungsmetapher. In *Hauptbegriffe Qualitativer Sozialforschung. Ein Wörterbuch*, hrsg. Ralf Bohnsack, Winfried Marotzki und Michael Meuser, 67. Opladen: Leske + Budrich.

Bourdieu, Pierre. 1982. *Die feinen Unterschiede. Kritik der gesellschaftlichen Urteilskraft.* Frankfurt am Main: Suhrkamp.

boyd, danah. 2008. *Taken Out of Context. American Teen Sociality in Networked Publics.* Dissertation an der University of California, Berkeley. http://www.danah.org/papers/TakenOutOfContext.pdf.

Charmaz, Kathy. 2006. *Constructing Grounded Theory. A Practical Guide Through Qualitative Analysis.* London: Sage.

Corbin, Juliet, und Anselm L. Strauss. 1990. Grounded Theory Research: Procedures, Canons and Evaluative Criteria. *Zeitschrift für Soziologie* 19 (6): 418–427.

Corbin, Juliet, und Anselm L. Strauss. 2008. *Basics of Qualitative Research: Techniques and Procedures for Developing Grounded Theory.* 3. Aufl. Los Angeles u. a.: Sage.

Duguay, Stefanie. 2016. "He has a way gayer Facebook than I do": Investigating sexual identity disclosure and context collapse on a social networking site. *New Media & Society* 18 (6): 891–907.

Garfinkel, Harold. 1973. Studien über die Routinegrundlagen von Alltagshandeln. In *Symbolische Interaktion. Arbeiten zu einer reflexiven Soziologie*, hrsg. Heinz Steinert, 280–293. Stuttgart: Klett.

Garfinkel, Harold. 2015. Studies in Ethnomethodology. In *Social Theory Re-Wired. New Connections to Classical and Contemporary Perspectives*, hrsg. Wesley Longhofer und Daniel Winchester, 85–95. New York: Routledge.

Glaser, Barney G. 1978. *Theoretical Sensitivity: Advances in the Methodology of Grounded Theory.* Mill Valley, CA: Sociology Press.

Glaser, Barney G. (unter Mitarbeit von Judith A. Holton). 2007. Remodeling Grounded Theory. In *Grounded Theory Reader*, hrsg. Günter Mey und Katja Mruck, 47–68. Köln: Zentrum für Historische Sozialforschung.

Goffman, Erving. 1983. The Interaction Order: American Sociological Association, 1982 Presidential Address. *American Sociological Review* 48 (1): 1–17.

Goffman, Erving. 1994. *Interaktionsrituale. Über Verhalten in direkter Kommunikation.* 3. Aufl. Frankfurt am Main: Suhrkamp.

Goffman, Erving. 1996. *Rahmen-Analyse. Ein Versuch über die Organisation von Alltagserfahrungen.* 4. Aufl. Frankfurt am Main: Suhrkamp.

Goffman, Erving. 2000. *Das Individuum im öffentlichen Austausch. Mikrostudien zur öffentlichen Ordnung.* Nachdr. der 1. Aufl. Frankfurt am Main: Suhrkamp.

Goffman, Erving. 2005. *Rede-Weisen. Formen der Kommunikation in sozialen Situationen.* Konstanz: UVK.

Goffman, Erving. 2007. *Wir alle spielen Theater. Die Selbstdarstellung im Alltag.* 5. Aufl. München: Piper.

Hitzler, Ronald. 2008. Von der Lebenswelt zu den Erlebniswelten. Ein phänomenologischer Weg in soziologische Gegenwartsfragen. In *Phänomenologie und Soziologie. Theoretische Positionen, aktuelle Problemfelder und empirische Umsetzungen,* hrsg. Jürgen Raab, Michaela Pfadenhauer, Peter Stegmaier, Jochen Dreher und Bernt Schnettler, 131–140. Wiesbaden: VS.

Höflich, Joachim R. 2000. Die Telefonsituation als Kommunikationsrahmen. Anmerkungen zur Telefonsituation. In *Der sprechende Knochen. Perspektiven von Telefonkulturen,* hrsg. Jürgen Bräunlein und Bernd Flessner, 85–97. Würzburg: Königshausen & Neumann.

Knoblauch, Hubert A. 1994. Erving Goffmans Reich der Interaktion. Einführung von Hubert A. Knoblauch. In *Interaktion und Geschlecht,* von Erving Goffman, 7–49. Frankfurt am Main: Campus.

Kraut, Robert, Michael Patterson, Vicki Lundmark, Sara Kiesler, Tridas Mukophadhyay, und William Scherlis. 1998. Internet paradox: A social technology that reduces social involvement and psychological well-being? *American Psychologist* 53 (9): 1017–1031.

Lenhart, Amanda. 2015. *Teens, social media and technology overview 2015.* Pew Research Center. http://www.pewinternet.org/2015/04/09/teens-social-media-technology-2015/.

Marquard, Odo. 1981. *Abschied vom Prinzipiellen. Philosophische Studien.* Stuttgart: Reclam.

Miller, Daniel. 2011. *Tales from Facebook.* Cambridge: Polity.

Oevermann, Ulrich, Tilman Allert, Elisabeth Konau, und Jürgen Krambeck. 1979. Die Methodologie einer „objektiven Hermeneutik" und ihre allgemeine forschungslogische Bedeutung in den Sozialwissenschaften. In *Interpretative Verfahren in den Sozial- und Textwissenschaften,* hrsg. Hans-Georg Soeffner, 352–433. Stuttgart: J.B. Metzler.

Oevermann, Ulrich, Tilmann Allert, und Elisabeth Konau. 1980. Zur Logik der Interpretation von Interviewtexten. Fallanalyse anhand eines Interviews mit einer Fernstudentin. In *Interpretationen einer Bildungsgeschichte: Überlegungen zur sozialwissenschaftlichen Hermeneutik,* hrsg. Thomas Heinze, Hans-W. Klusemann und Hans-Georg Soeffner, 15–69. Bensheim: päd.-extra-Buchverlag.

Peirce, Charles S. 1997. *Pragmatism as a Principle and Method of Right Thinking. The 1903 Harvard Lectures on Pragmatism.* Albany, NY: State University of New York Press.

Przyborski, Aglaja, und Monika Wohlrab-Sahr. 2014. *Qualitative Sozialforschung. Ein Arbeitsbuch.* 4. erw. Aufl. München: Oldenbourg.

Reckwitz, Andreas. 2003. Grundelemente einer Theorie sozialer Praktiken: Eine sozialtheoretische Perspektive. *Zeitschrift für Soziologie* 32 (4): 282–301.

Reichertz, Jo. 2004. Das Handlungsrepertoire von Gesellschaften erweitern. Hans-Georg Soeffner im Gespräch mit Jo Reichertz. *Forum qualitative Sozialforschung / Forum qualitative Research* 5 (3). http://www.qualitative-research.net/index.php/fqs/article/view/561/1215.

Schulze, Gerhard. 2005. *Die Erlebnisgesellschaft: Kultursoziologie der Gegenwart.* Gekürz. und mit einem neuen Vorw. vers. 2. Aufl. Frankfurt am Main, New York: Campus.

Star, Susan Leigh. 1997. Anselm Strauss: An Appreciation. *Sociological Research Online* 2 (1). http://www.socresonline.org.uk/2/1/1.html.

Strauss, Anselm L. 1991. *Grundlagen qualitativer Sozialforschung. Datenanalyse und Theoriebildung in der empirischen soziologischen Forschung.* München: Fink.

Strauss, Anselm L., und Juliet Corbin. 1996. *Grounded Theory: Grundlagen qualitativer Sozialforschung.* Weinheim: Beltz.

Van Dijk, Jan. 1999. *The Network Society. Social aspects of new media.* London u. a.: Sage.
Vitak, Jessica, und Nicole B. Ellison. 2013. 'There's a network out there you might as well tap':
    Exploring the benefits of and barriers to exchanging informational and support-based
    resources on Facebook. *New Media & Society* 15 (2): 243–259.
Wernet, Andreas. 2000. *Einführung in die Interpretationstechnik der objektiven Hermeneutik.*
    Opladen: Leske + Budrich.
Wohlrab-Sahr, Monika. 2015. Theorie für's Große, Methoden für's Kleine? Überlegungen
    zum methodisch gestützten Stabhochsprung in der Kultursoziologie. *Sociologia Inter-
    nationalis* 53 (1): 1–19. http://ejournals.duncker-humblot.de/doi/pdf/10.3790/sint.53.1.1.

Zur Autorin und zum Autor

Dr. Andreas Bischof ist wissenschaftlicher Mitarbeiter der Professur Medien-
informatik an der Technischen Universität Chemnitz. Der studierte Kultursoziologe
befasst sich mit technisch vermittelter Interaktion, Science and Technology Studies
und partizipativen Methoden in der Technikentwicklung.

Monika Wohlrab-Sahr (Dr. phil.) ist Professorin für Kultursoziologie an der Universität Leipzig. Ihre Arbeitsschwerpunkte liegen im Bereich der Biographieforschung,
der Religionssoziologie, der Kultursoziologie und der Qualitativen Methoden. Sie
hat langjährige Erfahrung in der Arbeit mit Forschungswerkstätten und in der
Ausbildung im Bereich qualitativer Methoden. Derzeit leitet sie die DFG-Kolleg-
forschergruppe ,Multiple Secularities: Beyond the West, Beyond Modernities' an
der Universität Leipzig.

Teil 2
Forschungspraktische Anwendungen und Reflexionen

Methodentriangulation von Grounded Theory und Diskursanalyse
Eine Rekonstruktion des Online-Diskurses zum Fall Demjanjuk

Vivien Sommer

Abstract

Der Beitrag stellt ein Analysewerkzeug vor, das von mir entwickelt und eingesetzt wurde, um einen Online-Diskurs zu untersuchen und die darin realisierten diskursiven Erinnerungspraktiken sowie dazugehörigen Deutungsmuster zu rekonstruieren. Der Schwerpunkt liegt hierbei auf der diskursanalytischen Adaptierung des dreischrittigen Kodierungsprozesses der Grounded Theory. Anhand konkreter Analyseausschnitte zeige ich die Triangulation der Grounded Theory mit der wissenssoziologischen Diskursanalyse und der sozialsemiotischen Diskursanalyse. Die Analyse wird am Diskurs um den NS-Kriegsverbrecherprozess gegen John Demjanjuk veranschaulicht: Der gebürtige Ukrainer wurde im November 2009 für seine Verbrechen im Vernichtungslager Sobibor angeklagt und im Mai 2011 verurteilt. Rund um diesen Prozess entspann sich ein Diskurs über Fragen der Schuld von nichtdeutschen KZ-Aufsehern, der angemessenen Erinnerung an die Verbrechen des Nationalsozialismus und die juristische Verfolgung von NS-Kriegsverbrechern.

Keywords

Online-Diskurse, Multimodalität, wissenssoziologische Diskursanalyse, sozialsemiotische Diskursanalyse, Methodentriangulation

1   Einleitung

Dieser Beitrag basiert auf einer Studie, die ich als Dissertationsprojekt zwischen den Jahren 2010 und 2016 angefertigt habe (Sommer 2017, in Vorbereitung). Ziel dieses Forschungsprojektes war zu untersuchen, inwieweit sich mediatisierte Erinnerungen im Rahmen von Online-Kommunikation konstituieren, welche Veränderungen damit einhergehen und welche Konstanten sich im Vergleich zu anderen Gedächtnismedien konstatieren lassen. Mit dem Analyseziel, Erinnerungs-praktiken und Deutungsmuster in Online-Diskursen zu rekonstruieren, werden – ausgehend von einem sozialkonstruktivistischen Verständnis von Erinnerungen – Bezüge zur Vergangenheit hier als selektive, soziokulturell geprägte Deutungen vergangener Ereignisse verstanden (einleitend dazu: Erll 2003). Diese Orientierung wiederum wurde um eine diskurstheoretische Perspektive erweitert, da ich davon ausgegangen bin, dass das, was wir über die Vergangenheit wissen und wie wir uns an diese erinnern, sich in diskursiven Aushandlungspraktiken konstituiert. Durch diese Praktiken wird soziales Wissen über die Vergangenheit sowohl generiert als auch reaktiviert und reformuliert (Berek 2009).

Dieser Einbezug von Diskursen berücksichtigt auch deren mediale Dimension, da ich in meiner Studie davon ausgegangen bin, dass Erinnerungen nicht ausschließlich auf Primärerfahrung beruhen (Hockerts 2001, S. 15), sondern sich als mediatisiert beschreiben lassen. Programme wie etwa der 1985 erstmals ausgestrahlte Film *Shoah* von Claude Lanzmann, in dem er Zeitzeugenberichte mit gegenwärtigen Aufnahmen der Orte der Verbrechen kombinierte, aber auch Unterhaltungsformen wie die TV-Serie *Holocaust* (1978) oder der semi-fiktionale Kino-Film *Schindlers Liste* von 1994 illustrieren, wie Medien schon vor der Verbreitung des Internets eine wichtig strukturierende Funktion für die Konstituierung von Erinnerungen hatten (Assmann 1992, S. 264ff.; Erll 2005, S. 127). Mit der Digitalisierung entstan-den neue Potentiale für die Mediatisierung von Erinnerungspraktiken. So kommen durch den Einsatz von Online-Medien Veränderungen im Hinblick auf digitale Speicher- und Archivierungsmöglichkeiten (Mayer-Schönberger 2010), ein Wandel des Verhältnisses von privater und öffentlicher Erinnerung wird prognostiziert (van Dijck 2007) und es werden neue mediatisierte Formen des Erinnerns und Gedenkens möglich (Dornik 2010).

Es kann folglich angenommen werden, dass Diskurse, die wesentlich durch online stattfindende Kommunikation konstituiert sind, neue Formen erinne-rungskultureller Aushandlungsprozesse eröffnen (Fraas et al. 2010; Fraas et al. 2013). Diskurse über die Vergangenheit, in denen sich sozial relevantes Wissen (re-)formuliert, zeichnen sich dabei erwartungsgemäß durch verschiedene, oft im

Konflikt stehende Deutungen aus, so auch der von mir analysierte Diskurs über den ehemaligen KZ-Wächter John Demjanjuk (s. Pentzold et al. 2016; Sommer 2012). Während des Zweiten Weltkriegs soll er als nicht-deutscher SS-Hilfswilliger – als sogenannter ‚Trawniki' – im Vernichtungslager Sobibor eingesetzt worden sein und an der Ermordung jüdischer Gefangener beteiligt gewesen sein. Dafür wurde er im November 2009 in Deutschland angeklagt und im März 2011 zu fünf Jahren Haft verurteilt. Rund um diesen Prozess gab es eine sehr breite internationale Debatte mit zum Teil widerstreitenden Positionen: Während einige Akteure die Position vertraten, der Angeklagte könne kein NS-Täter sein, da er kein Deutscher und kein Mitglied der SS war, waren andere aufgrund seiner Stellung als SS-Hilfswilliger davon überzeugt, dass sich der gebürtige Ukrainer an den Ermordungen im Vernichtungslager Sobibor beteiligt hatte.

Ausgehend von den theoretischen Basisannahmen habe ich für meine Analyse den methodischen Zugang zu meinem Untersuchungsgegenstand aus einer diskursanalytischen Perspektive entworfen und die Grounded Theory für eine Online-Diskursanalyse adaptiert. Der Fokus dieses Beitrags liegt auf dem Kodierprozess, insbesondere reflektiere ich methodisch und forschungspraktisch den Gebrauch von diskursanalytischen Analysekategorien im Auswertungsprozess.

2   Studie: Erinnern und Erinnerungen in webbasierten Diskursen

Die Studie beruhte auf der grundsätzlichen Annahme, dass in gesellschaftlichen Diskursen abzulesen ist, welches Wissen sich über die Vergangenheit in einer Gemeinschaft manifestiert. Das heißt, dass Bezüge zur Vergangenheit durch diskursive Erinnerungspraktiken von Akteuren aktiv hergestellt werden. Diskurse betrachte ich dabei in einem an Foucault (1981, S. 156) anknüpfenden Verständnis als regelmäßige Aussagepraktiken, die nach historisch situierten Mustern gebildet werden. Eine zweite Annahme beruhte auf der Verflochtenheit von Mediendiskursen und sozialen Erinnerungsprozessen. Ein großer Teil unserer Erinnerung basiert nicht auf eigenen, selbst gemachten Erfahrungen, sondern auf Wissen, das uns kommunikativ vermittelt wurde. Kommunikation, auch interpersonale Verständigung, wiederum ist in unserer gegenwärtigen Gesellschaft im hohem Maße medial vermittelt (Krotz 2007, S. 37). Erinnerungskulturelle Diskurse formieren sich folglich in und durch Medien – als kollektive Wissensphänomene wären sie nicht denkbar ohne die Verbreitung und Vermittlung von kommemorativen Bedeutungsinhalten sowie ohne medienbasierten kommunikativen Austausch. Das jeweilig gebrauchte

Medium lässt dabei bestimmte diskursive Praktiken wahrscheinlicher werden als andere, das heißt Medien konstituieren durch ihre technologische Anlage und institutionellen Rahmen einen diskursiven Möglichkeitsraum, in dem Deutungen auf eine bestimmte Art und Weise verbreitet, verhandelt und ausgetauscht werden. Nicht selten widersprechen sich verschiedene Deutungen eines vergangenen Ereignisses, etwa wenn geschichtsrevisionistische Gruppen ihre Meinungen über Online-Kanäle verbreiten und in Foren oder Kommentarbereichen beispielsweise die Existenz von Gaskammern im Vernichtungslager Sobibor hinterfragen. Diese Aussagen lösen zum Teil heftige Gegenreaktionen aus, in denen auf Quellen zu nationalsozialistischen Konzentrations- und Vernichtungslagern hingewiesen wird – was wiederum Verweise auf vermeintliche Gegenbelege provoziert. Diese Art der ‚Beweisschlacht' ist typisch für Deutungskonflikte in dem von mir untersuchten Diskurs. Allgemeiner ausgedrückt verhandeln die Akteure in Arenen des Online-Diskurses Deutungskonflikte. Damit bietet das World Wide Web ein Forschungsfeld, in dem sich erinnerungskulturelle Wissensproduktion ‚in progress' beobachten und analysieren lässt. Zugleich sind mit einem solchen Datenmaterial spezifische methodologische und methodische Herausforderungen verbunden, die im Folgenden diskutiert werden sollen.

2.1   Methodologische und methodische Herausforderungen

Bezogen auf die Kodierung der multimodalen Online-Diskursfragmente möchte ich zwei methodologische Herausforderungen in den Fokus stellen: Erstens die *Produktionsbedingungen* und zweitens die *Multimodalität* webbasierter Kommunikation.

Die Heterogenität der zu untersuchenden Daten entstand unter anderem durch die spezifischen Produktionsmöglichkeiten im Internet und die Vielzahl unterschiedlicher Vergangenheitsbezüge, die in der Debatte zirkulierten. Die verstärkte Reaktivität in Online-Diskursen wird vor allem ermöglicht durch niedrigschwellige Zugänge zur Produktion webbasierter Inhalte. Das Produzieren und Distribuieren von Online-Inhalten ist technologisch vereinfacht, sodass es für viele Menschen möglich wird, ohne umfassendes technisches Know-how Inhalte medial aufzubereiten und publik zu machen. Begriffe wie *prosumption* (Ritzer und Jurgenson 2010) oder *produsage* (Bruns 2008) beschreiben die demgemäße Entwicklung, dass Menschen Web-Inhalte sowohl produzieren als auch rezipieren können. Speziell für Erinnerungspraktiken in Online-Diskursen bedeutet dies, dass Akteure in der Konstituierung von Erinnerungskultur auftreten können, die in klassischen massenmedial geprägten Diskursen keine Sprecherposition einnehmen. Im untersuchten Online-Diskurs formierten sich Spielarten der Beteiligungen durch individuelle Sprecher vor allem in kommentierenden Erinnerungspraktiken. An viele Online-Diskursfragmente schlossen Kommentare an, in denen Akteure, die zumeist keine massenmediale Sprecherposition besetzten, auf einen Haupttext Bezug nahmen. Als Erinnerungspraxis waren sie dann zu fassen, wenn sie sich inhaltlich auf Vergangenes bezogen. Die ausgedrückte Intention der kommentierenden Sprecher war zumeist, ihre ‚richtige' Version der Geschichte zu erzählen. Ihre Deutung der Vergangenheit veröffentlichen sie auf Online-Plattformen, in YouTube-Videos, in Blogs, in Wikis, in Tweets, Leserkommentaren zu Online-Artikeln usw. Diese äußerst heterogenen Bezüge zur Vergangenheit stellten mich in der konkreten Analyse vor die Schwierigkeit, typisierbare Interpretationen und Muster herauszuarbeiten. Für die Interpretation bestand die Herausforderung darin, verschiedene Deutungskontexte zu generieren, anhand derer diese Bezüge auf verschiedene Wissensbestände rekonstruiert werden konnten. Gleichzeitig verfolgte ich den Anspruch, die Vielfalt der verschiedenen Deutungen der Vergangenheit, bedingt durch die Heterogenität der Akteure, in der Interpretation nicht über Gebühr zu reduzieren. Der Anspruch an die empirische Untersuchung bestand also darin, sowohl das kommunikative Handeln von Individuen und Gruppen, die im Online-Diskurs in ihrer Vielfalt und Widersprüchlichkeit auftreten, zu erfassen, als auch typisierbare, musterhafte Erinnerungspraktiken aus den heterogenen Aussagen zu rekonstruieren.

Eine weitere methodologische Herausforderung lag in der webspezifischen *Multimodalität* des zu untersuchenden Materials. Online-Kommunikation lässt sich generell als im hohen Maße multimodal charakterisieren, das heißt sie wird mittels der Kombination verschiedenster semiotischer Modalitäten konstituiert: bei einem YouTube-Video etwa aus der Verknüpfung von Bewegt-Bildern mit einer Audiospur und einer schriftsprachlichen Betitelung und Kommentierung. Der Anspruch für die Analyse war es, herauszufinden, wie sich durch spezifische multimodale Kommunikation Darstellungsformen verändern. Das empirische Vorgehen konnte sich daher weder auf eine reine Sprachanalyse noch auf eine alleinige Analyse von (Bewegt-)Bildern beschränken, sondern musste das Zusammenspiel der verschiedenen Zeichensysteme in den Blick nehmen.

2.2   Triangulation der Grounded Theory mit diskursanalytischen Verfahren

Neben den bereits genannten Aspekten bestand eine grundlegende methodische Herausforderung der Studie darin, die Komplexität des Untersuchungsgegenstandes nicht zu verkürzen, sondern analytisch zugänglich und fassbar zu machen.

Konkret wurden für die Studie zwei Methodologien miteinander verknüpft: das Forschungsprogramm der Grounded Theory und zwei diskursanalytische Ansätze. Die Grounded Theory (Glaser und Strauss 2008; Strauss und Corbin 1996) bot sich aufgrund ihres zirkulären Verfahrens an, das auf fruchtbare Weise die Regelgeleitetheit und gleichzeitig die Offenheit eines qualitativen Forschungsprozesses miteinander verknüpft. Für Glaser und Strauss (2008, S. 17 und 65f.) gibt es für die Beschaffenheit des Datenmaterials selbst keine Begrenzung. So können ihres Erachtens nach sowohl Interviewtranskripte, Beobachtungsprotokolle, schriftliche Dokumente als auch statistische Erhebungen als Daten herangezogen und in einer Fallanalyse miteinander kombiniert werden. Für meine Analyse des Online-Diskurses zum Fall Demjanjuk war dies von Vorteil, da dieser – wie webbasierte Diskurse generell – in den unterschiedlichsten Kommunikationsformen mittels verschiedenster multimodaler Inszenierungspraktiken und von diversen Akteuren realisiert wurde. Der Forschungslogik der Grounded Theory folgend konnte ich so Artikel massenmedialer Online-Zeitungen sowie Beiträge aus Blogs, Foren oder sozialen Netzwerkplattformen erheben und dabei sowohl die sprachliche als auch die visuelle Zeichenebene in die Untersuchung einbeziehen.

Glaser und Strauss haben das Verfahren in unterschiedliche Richtungen weiterentwickelt (s. die Einleitung zu diesem Band): Während sich Glaser (1978, 1992) mehr und mehr von deduktiven Bestandteilen der Grounded Theory abwendete, entwickelte Strauss das Verfahren gemeinsam mit Juliet Corbin zu einer handlungs- und interaktionsorientierten Methode weiter (Strauss 2003; Strauss und Corbin 1996). In ihrem Ansatz geben sie konkrete Konzepte und Prozessmodelle vor, mit denen das Kodieren erleichtert und systematisiert werden soll. Da ich in der Analyse webbasierter Kommunikation mit einem sehr unübersichtlichen Diskursfeld konfrontiert war, habe ich die Strauss'sche Prägung der Grounded Theory gewählt. Diese bot neben dem forschungspraktischen Set an Werkzeugen auch eine forschungslogische Begründung im Hinblick auf die Frage des Vorwissens und der Überprüfung theoretischer Konzepte (Strübing 2008, S. 74).

Der Fokus bei Strauss und Corbin lag in der Analyse auf Handlungen und Interaktionen. Methodologisch ist ihr Ansatz im pragmatistisch orientierten Interaktionismus verankert (Strübing 2008, S. 38; Strübing, *in diesem Band*). In meiner Arbeit war der theoretische und somit der methodologische Standpunkt jedoch anders gelagert: Realität und damit auch Wahrheit wurden primär als diskursiv konstituiert verstanden. Diesen Unterschied in der Idee, wie Realität entsteht, beschreibt Clarke (2005, S. 55) für die Diskursanalyse im Vergleich zur Grounded Theory folgendermaßen: „For Foucault both individuals and collectives are constituted through discourse and disciplining. For Strauss they both are produced through their participation in social worlds and arenas, including their discourses". Für den konkreten Gegenstand meiner Studie bedeutete dies, dass Realitätsproduktion und -konstruktion letztendlich zwei sich gegenseitig bedingende Prozesse sind – Erinnerungspraktiken und die dazugehörigen Deutungsmuster werden durch Diskurse konstituiert und reproduzieren wiederum den sie bestimmenden Diskurs. Methodologisch und methodisch war es daher für mein Forschungsvorhaben sinnvoll, die Grounded Theory zu triangulieren: zum einen mit der wissenssoziologischen Diskursanalyse (Keller 2008), zum anderen mit der sozialsemiotischen Diskursanalyse (Kress und van Leeuwen 2010).

Den Forschungsstil der Grounded Theory habe ich also in abgewandelter Form eingesetzt: Insbesondere den Prozess des Interpretierens mittels eines Kodierschemas habe ich an eine diskursanalytische Perspektive gekoppelt und dementsprechend ergänzt und verändert (s. auch Fraas et al. 2013; Sommer et al. 2013). Der so angelegte Kodierprozess sollte die Durchführung einer umfangreichen Analyse ermöglichen, um zu typisierbaren Aussagen über ein komplexes Phänomen zu gelangen, die über eine rein deskriptive Ebene hinausgehen. Das Ziel meiner Untersuchung war eine sinnverstehende Rekonstruktion von Erinnerungspraktiken im Internet. Ausgehend davon, dass ich das Erinnern selbst als einen interpretativen Akt verstanden habe, durch den vergangene Ereignisse gedeutet werden, umfasste die Analyse dann das Deuten dieser Deutungen. Meine Analyse lässt sich daher als eine Rekonstruktion zweiten Grades beschreiben, da die zu untersuchenden Erinnerungspraktiken und Deutungsmuster selbst Rekonstruktionen ersten Grades einer erinnerungskulturellen Wirklichkeit waren (Schütz 1971, S. 7). Im folgenden Abschnitt gehe ich detaillierter auf das von mir entwickelte Instrumentarium für die Analyse von Online-Diskursen ein.

2.3 Methodeninstrumentarium für die Analyse von Online-Diskursen

a) Grounded Theory und wissenssoziologische Diskursanalyse

Ausgehend davon, dass Bedeutungen in Diskursen als strukturierte Formen, also typisierte und typisierbare Schemata vorliegen, untersucht die wissenssoziologische Diskursanalyse (WDA) anhand von Äußerungsformen und Handlungsweisen im Diskurs die soziale Konstruktion von Deutungs- und Handlungsmustern (Keller 2008, S. 233; Keller 2011, S. 125). Grundsätzlich unterscheidet Keller (2008, S. 240) zwei Analyseebenen der WDA: zum einen die inhaltliche Strukturierung eines Diskurses in Form eines diskurstypischen *Interpretationsrepertoires*, zum anderen die Ebene der *Materialität* eines Diskurses in Form von sozialen Akteuren und deren Handlungsvollzügen in konkreten Praktiken. Das Interpretationsrepertoire bildet die Grundstruktur im Sinne eines typisierbaren Kernbestands an Grundaussagen und Grundannahmen eines Diskurses (Keller 2009, S. 46). Es besteht aus den Analyseeinheiten der *Deutungsmuster* und der *narrativen Struktur.* Deutungsmuster begreift Keller als grundlegende, Bedeutung generierende Schemata, die als typisierbare soziokulturelle Rahmen verstanden werden können. Diese werden durch den Diskurs verbreitet und rekurrieren dabei auf den gesellschaftlich verfügbaren Wissensvorrat, generieren aber auch neue Muster (Keller 2008, S. 192). Ihre Funktion besteht darin, die Welt wahrnehmbar zu machen und Resonanzgrundlagen zu schaffen (Keller 2009, S. 48). Eine narrative Struktur versteht Keller im Sinne einer *Storyline*, die die verschiedenen Diskurselemente miteinander zu einem roten Faden bzw. einer Grunderzählung verknüpft. Die zweite Analyseebene umfasst die diskursive Materialität in Form von sozialen Akteuren und den Diskurskoalitionen, die diese eingehen, sowie den diskursiven Praktiken, die Akteure vollziehen. Dabei grenzt Keller (2008, S. 253) Sprecherpositionen von Subjektpositionen ab: Erstere umfassen Handlungsträger als Sprecher, die auf spezifische Art und Weise in diskursiven Praktiken die Storyline und die dazugehörigen Deutungsmuster einsetzen und (re-)formulieren. Letztere treten in Erscheinung, wenn ihnen im Diskurs eine spezifische Position zugeschrieben wird, ohne dass sie sich tatsächlich durch einen konkreten Diskursbeitrag zu Wort melden müssen.

Im Anschluss an die methodologische Konzeptualisierung der WDA bestanden meine Analysekategorien aus dem Interpretationsrepertoire des Online-Diskurses um John Demjanjuk und dessen konkreter Materialität. In der vorgestellten Studie sollten also zum einen die Muster des erinnerungskulturellen Online-Diskurses um John Demjanjuk rekonstruiert werden und zum anderen wollte ich erfassen, wie diese im konkreten Diskursprozess eingesetzt wurden. Es ging mir also um die Ebene der Akteure und deren diskursive Praktiken.

Der Forschungsprozess der WDA ist, ähnlich wie Grounded Theory-Verfahren, als zirkulärer Prozess angelegt, in dem sich verschiedene Ebenen der Analysetiefe abwechseln: „Phasen der Feinanalyse einzelner Daten wechseln ab mit Phasen der Hypothesenbildung, der theoretischen Verdichtung und Präsentation von Zwischenergebnissen bis schließlich die Untersuchung als ‚beendet' gilt" (Keller 2011, S. 83). Auch die Korpusbildung und die Feinanalyse im Rahmen einer WDA orientieren sich an der Grounded Theory sowie an den Verfahrensprinzipien des Theoretischen Sampling und des Kodierens. Auf diese Weise kann sowohl die Ebene des Interpretationsrepertoires als auch die der Materialität eines Diskurses mittels der konkreten Kodierschritte der Grounded Theory rekonstruiert werden. Die WDA integriert aber nicht nur Elemente der Grounded Theory in ein Verfahren der Diskursanalyse, sondern erweitert diese Elemente auch durch ihre diskusanalytische Perspektive. Damit stellt die WDA für die Phase des axialen und des selektiven Kodierens eine wichtige Ergänzung des Kodierparadigmas dar. Um die soziale Situiertheit der einzelnen Aussageereignisse zu erfassen, unterscheidet Keller (2011, S. 99ff.) drei Dimensionen von Kontexten und führt dazu jeweils Fragen ein:

- *Historisch-sozialer zeitdiagnostischer Kontext:* In welchem zeitgeschichtlichen Kontext wurden die Aussagen getroffen bzw. die Daten erzeugt? Was sind die wichtigsten Merkmale?

Diese Fragen können sich im Rahmen des axialen Kodierparadigmas der Grounded Theory auf die *intervenierenden Bedingungen* eines Phänomens beziehen, welche wiederum Einfluss haben auf Handlungen und Strategien, aber auch auf seinen *Kontext.*

- *Institutionell-organisatorischer Kontext:* In welchem institutionellen Feld und organisatorischen Setting sind die Daten entstanden? Was sind die besonderen Strukturmerkmale, Regeln und Textformate des Feldes? In welcher Auflage und für welches Publikum wurden die Texte verfasst? Wie werden sie verbreitet? Welche Sprachformen, Themen, Machtverhältnisse sind für dieses Feld charakteristisch?

Die Beantwortung dieser Fragen umfasst die *Handlungs- und interaktionale Strategien*, welche ein Phänomen bearbeiten bzw. überarbeiten.

- *Situativer Kontext:* Wer ist als konkreter Autor, Verfasser, Verantwortlicher für ein Dokument benannt? Von welcher institutionell-organisatorischen und situativen Position heraus wurde der Text verfasst? Wie sieht der konkrete Zusammenhang von Produktions- und Rezeptionskontext, die Rede-, Schreibe- und Aufnahmesituation aus?

Diese Analysefragen können sich im Rahmen des axialen Kodierparadigmas vor allem auf die *ursächlichen Bedingungen* eines Phänomens beziehen. Zusammenfassend lässt sich festhalten, dass die WDA für die Analyse diskursiver Praktiken erinnerungskultureller Wissensproduktion wichtige ‚Bausteine' liefert: zum einen durch die Analysekategorien auf der Ebene der Grundaussagen und der Materialität von Diskursen, zum anderen durch die Kombination der Diskursanalyse mit der Grounded Theory.

b) Grounded Theory und Sozialsemiotik

Die spezifische *Multimodalität* webbasierter Erinnerungspraktiken kann mit der Triangulation von WDA und Grounded Theory aber noch nicht umfassend analysiert werden. Daher wurde mit der sozialsemiotischen Diskursanalyse (SDA) ein weiteres diskursanalytisches Verfahren hinzugezogen, das für den Kodierprozess als wichtige Ergänzung fungierte. Die SDA bezieht nicht nur sprachliche Äußerungen, sondern jedwede Form der multimodalen Kommunikation ein. Sie bietet somit Konzepte und Kategorien, um die zu untersuchenden multimodalen Online-Diskurse analytisch zu fassen. Insbesondere Kress und van Leeuwen (2001, 2010) haben einen dahingehenden Ansatz ausgearbeitet, der anschlussfähig ist an den Kodierprozess der Grounded Theory. Er beruht auf Hallidays (1993) Funktionsgrammatik, die semiotische Zeichen als Realisierungen von Bedeutungsfunktionen versteht. Demzufolge erfüllt Sprache als Handlung drei basale Funktionen: Die *ideational function* (erfahrungsbasierte Funktion) bezieht sich darauf, dass Sprache immer etwas über kulturelle Erfahrungen aussagt, weil Sprecher als Mitglieder einer Kultur über Erfahrungen, Wahrnehmungen und Bewusstseinsinhalte sprechen. Die *interpersonal function* (interpersonelle Funktion) zielt darauf ab, dass Sprecher mittels Sprache eine Position zum Gegenüber einnehmen und so eine Beziehung aushandeln. Die *textual function* (textuelle Funktion) umfasst die Struktur und innere Ordnung von Sprache. Diese drei ‚Metafunktionen‘ seien „the modes of meaning that are present in every use of language in every social context. A text is a product of all three; […] [e]ach functional component contributes a band of structure to the whole" (Halliday 1993, S. 112). Kress und van Leeuwen (2010) haben darauf aufbauend die Funktionsgrammatik Hallidays auf andere semiotische Modalitäten übertragen (van Leeuwen 2005). Aus dieser Erweiterung der Metafunktionen für visuelle Darstellungsweisen ließen sich in meiner Arbeit konkrete Analysefragen für die Kodierung von visuellen Daten ableiten (Meier und Sommer 2013).

Ausgehend von der *ideational metafunction*, also der Darstellung von Inhalten und Konzepten, lassen sich folgende Fragen ableiten und entsprechend in Kodes übersetzen:

- AKTEUR: Wer ist dargestellt?
- SOZIALE ROLLE: Welche sozialen Rollen lassen sich für die Akteure anhand ihres Aussehens rekonstruieren?
- THEMA, EREIGNIS, GEGENSTAND, SITUATION: Was ist dargestellt?

Die *interpersonal metafunction* bezieht sich auf die Beziehung zwischen Rezipierenden und dem visuell dargestellten Inhalt. Diese Funktion umfasst vor allem Inszenierungspraktiken mittels Kameraeinstellung, Perspektive und Ausschnitt.

Folgende Analysefragen sowie daraus abgeleitete Kodes ergeben sich aus dieser Funktion:

- KAMERAEINSTELLUNG/PERSPEKTIVE: Welche Kameraeinstellung bzw. Perspektive ist gewählt und welche (Nähe-)Beziehung ergibt sich daraus zur dargestellten Szenerie (Totale, Halbtotale, Nah-, Groß- und Detailaufnahme sowie Normal-, Unter- und Aufsicht und der damit verbundenen Beobachterrolle als unbeteiligt Überblickender, stark angesprochener Augenzeuge, Beteiligter usw.)?
- BILDAUSSCHNITT: Welche Ansicht auf Bildobjekte und Kontexte ermöglicht der Bildausschnitt und welche Beziehung lässt sich so zu beidem aufbauen?

Bezogen auf die *textual metafunction* liegt der Fokus auf der Komposition der Bildelemente, etwa durch Vorder- und Hintergrund-Inszenierung oder Schärfeverteilung. Entsprechend können folgende Analysefragen abgeleitet und in Kodes übersetzt werden:

- BEWEGUNGEN: Welche Bewegungen bzw. Dynamiken lassen sich durch bestimmte und imaginäre Linienführungen (Vektoren) im Bild erkennen?
- BEZIEHUNG AKTEURE: Wie ist die vermeintliche Beziehung zwischen dargestellten Akteuren durch Körperhaltung, Größenverhältnisse und Positionierungen auf der Fläche begründbar?
- NÄHE/DISTANZ: Wie organisiert die realisierte Verteilung der Bildobjekte im Bildraum Nähe und Distanz, Zugehörigkeit und Abgrenzung der Elemente zueinander?
- DOMINANZEN: Welche Dominanzen, Betonungen und Aufmerksamkeitsorganisationen sind durch Kontrastverwendungen (hell-dunkel, groß-klein, verschwommen-scharf, grell-matt, monochrom-farbig, Vordergrund-Mittelgrund-Hintergrund) erreicht?
- ZUGEHÖRIGKEITEN/ABGRENZUNGEN: Wie ist das Verhältnis zwischen Bildobjekten und szenischem Kontext organisiert und welche Bedeutungen lassen sich daraus ableiten?

Für die Forschungsphasen des Samplings sowie des axialen und selektiven Kodierens spielten die multimodalen *Metafunktionen* eine wichtige Rolle, da sie den Analyseprozess auf fruchtbare Weise erweiterten und ergänzten. Zum einen ermöglichten sie es, auf einer höheren Abstraktionsebene *Deutungsmuster* in ihrer Multimodalität zu rekonstruieren, zum anderen konnten mit ihrer Hilfe soziale Akteure und ihre konkreten Praktiken als multimodales Zeichenhandeln konzeptualisiert und somit die materiale Ebene des Diskurses in den Fokus genommen werden.

3 Kodieren multimodaler Online-Diskursfragmente

Um die bisherigen, eher abstrakten Ausführungen zur Triangulation des Grounded Theory-Kodierprozesses mit den diskursanalytischen Verfahren der WDA und SDA greifbarer zu machen, stelle ich das Analyseverfahren im Folgenden anhand konkreter Kodierbeispiele vor. Dabei orientiere ich mich an dem von Strauss und Corbin (1996) dargelegten dreischrittigen Verfahren, in dem offenes, axiales und selektives Kodieren aufeinander aufbauen und im Idealfall zu einer theoretischen Sättigung führen.

3.1 Das offene multimodale Kodieren

In der ersten Phase des offenen Kodierens lag der Fokus zunächst darauf, einen generellen Überblick über den Verlauf des Diskurses zu gewinnen und einen Einstieg in die Debatte zu finden. Dies schuf die Grundlage, um das Interpretationsrepertoire des Online-Diskurses und die Akteure sowie deren diskursive Vollzugspraktiken rekonstruieren zu können. Im folgenden Analyseausschnitt führe ich beispielhaft einige Diskursfragmente an, die ich bestimmten Kodes zugeordnet habe. Wesentlich ist, dass die Kodes nicht nur sprachlich, sondern auch visuell kontextualisiert werden können, damit man in der Analyse sprachliche wie auch visuelle Sequenzen berücksichtigen kann.

Der Schweregrad von Demjanjuks Verbrechen wird in diesen Diskursfragmenten durch Gegenüberstellungen mit anderen Taten thematisiert. Im Vergleich mit anderen NS-Kriegsverbrechen und NS-Kriegsverbrechern wird Demjanjuks Tat verharmlost (Kode VERGLEICH_NS-KRIEGSVERBRECHER_HARMLOSER), unter anderem mit der Begründung, dass er als Trawniki in der Hierarchiestufe der SS sehr weit unten gestanden habe. Andererseits werden seine Taten im Verhältnis zu anderen Verbrechen, die nicht im Kontext des Holocaust stehen, als schwerwiegender eingeschätzt (Kode VERGLEICH_MASSENMÖRDER_SCHWERWIEGENDER). Der Kodierausschnitt in Tabelle 1 verdeutlicht, dass der Vergleich mit anderen Verbrechern nicht nur auf der sprachlichen Ebene, sondern auch auf der visuellen Ebene vollzogen wird.

Tab. 1   Beispiel für die Kodierung verschiedenartiger Diskursfragmente

Zitate aus den Diskursfragmenten	Kodes
„He is a mass murderer, who makes Charles Manson seem like a decent guy. Lots of people are in prison on circumstantial evidence." (Quelle: YouTube-Kommentar, anonymisiert)	VERGLEICH_ MASSENMÖRDER_ SCHWERWIEGENDER

VERGLEICH_NS-KRIEGSVERBRECHER

(Quelle: Polskaweb)

„Where are you hiding your ‚Bormanns' and Hesses and how many? While you are making fun of half dead slave from your perfectly aryan camps. Demyaniuk was just a pawn, used in your killing machine. The world wants to know where are the people who gave orders to Demyaniuk and killed the likes of Demyaniuk, when the orders were not carried out." (Quelle: Beitrag in einer Facebook-Gruppe, anonymisiert)	VERGLEICH_NS-KRIEGSVERBRE-CHER_ HARMLOSER

Die Kodierung der Gestaltungsebene der visuellen Elemente möchte ich an einem konkreten Analyseausschnitt demonstrieren: Wie das Kodierbeispiel (s. Tab. 1) zeigt, lässt sich zu dem Kode VERGLEICH_NS-KRIEGSVERBRECHER auch eine Bildcollage zuordnen, in der drei Männer gegenübergestellt werden – diese können ausgehend von der Frage, wer dargestellt ist, sozialsemiotisch als AKTEURE bestimmt werden. Der Zusammenschnitt von zwei Porträtfotografien (links im Bild) mit der Ganzkörperabbildung eines älteren Mannes (rechts im Bild) markiert im Hinblick auf den Bildausschnitt und die so vermittelte Beziehung zwischen den dargestellten Männern einerseits eine Beziehung. Durch die Zusammenstellung der drei Fotos zu einer Abbildung vermittelt sich andererseits aber auch ein Kontrast bzw. eine Gegenüberstellung. Die rechte Bildhälfte ist eine Farbfotografie, die linke Bildhälfte ist in Schwarz-Weiß gehalten, wodurch eine gewisse Nähe zwischen den beiden Porträtfotografien und eine Distanz zum Farbfoto entsteht. Beide Porträtfotografien scheinen Ausschnitte aus einem Dokument zu sein, worauf die Unterschrift unter dem oberen Bild ebenso wie die Stempelabdrücke auf dem unteren Foto hinweisen. Das rechte Foto hingegen erscheint wie ein Schnappschuss: Die Beinhaltung mit dem leicht angewinkelten linken Knie des abgebildeten Mannes deutet an, dass dieser sich gerade im Gehen befindet. Durch erste Analysen wusste ich, dass das untere Passfoto dieses Bildzusammenschnitts Demjanjuk darstellt. Es stammt aus seinem SS-Dienstausweis, der auch schon in anderen Diskursfragmenten sowohl auf der sprachlichen als auch auf der visuellen Ebene thematisiert wurde. Es lässt sich vermuten, dass das obere Foto ebenso einen NS-Kriegsverbrecher in seiner aktiven Zeit darstellt. Das Ganzkörperfoto rechts zeigt dann womöglich denselben, aber gealterten Mann in der Gegenwart.

Insgesamt bewegte sich das Kodieren auf verschiedenen Zeichenebenen. In der Phase des offenen Kodierens habe ich die jeweiligen Diskursfragmente in ihre monomodalen Elemente ,zerlegt'. Diese Zerlegung oder auch das Aufbrechen von Daten ist typisch für den Kodierprozess der Grounded Theory. Das Spezifische in dem von mir adaptierten Verfahren besteht darin, im offenen Kodieren die multimodalen Textsequenzen in ihre monomodalen Elemente aufzuteilen, um so die visuellen Ausschnitte auf der Gestaltungsebene sozialsemiotisch kodieren zu können. Anhand des Kodes VERGLEICH_NS-KRIEGSVERBRECHER wird dieser Kodierprozess gezeigt (s. Abb. 1).

Die Aufteilung vollzieht sich anhand von sprachlichen und visuellen Sequenzen, wobei die visuellen Abschnitte sozialsemiotisch kodiert werden, sodass die Bedeutungsstiftung der Bild-Kommunikation möglichst breit erfasst werden kann. Durch die analytische Trennung beim Kodieren der verschiedenen Zeichenebenen werden musterhafte Aussagen für die jeweiligen Zeichenressourcen bestimmt. Im nun folgenden Abschnitt erläutere ich, wie auf dieser Grundlage im nächsten Analyseschritt – dem axialen Kodieren – die verschiedenen Zeichenebenen in ihrem multimodalen Zusammenspiel rekonstruiert werden.

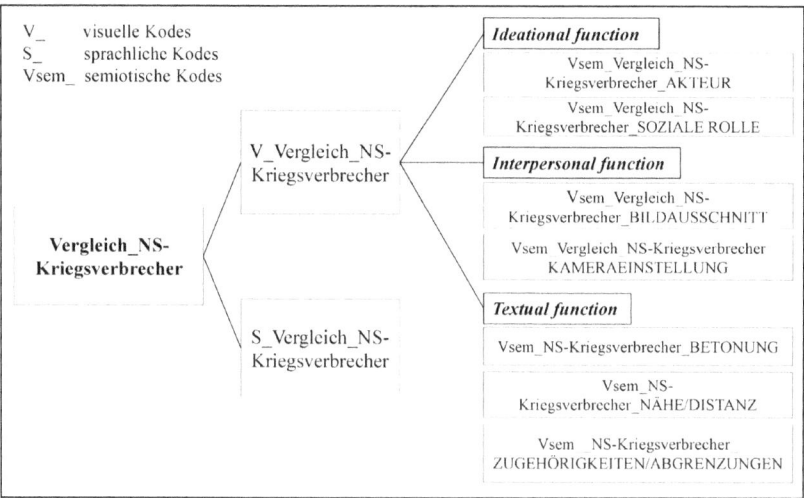

Abb. 1 Kode VERGLEICH_NS_KRIEGSVERBRECHER mit den verschiedenen Zeichenebenen (Quelle: eigene Darstellung)

3.2 Das axiale multimodale Kodieren

Im Prozess des axialen Kodierens werden die bisher monomodal behandelten Konzepte und Kategorien in ihren multimodalen Beziehungen erschlossen.

a) Das axiale multimodale Kodierparadigma

Für diesen Analyseschritt lässt sich das axiale Kodierparadigma von Strauss und Corbin (1996, S. 75ff.) einsetzen, das auf die Bestimmung der Beziehungen zwischen Kategorien, Schlüsselkategorien und Subkategorien abzielt. Die Elemente des Paradigmas (*Phänomen, Bedingungen, Kontext, Konsequenzen, Kontext, ursächliche Bedingungen, intervenierende Bedingungen* und *Handlungs- und interaktionale Strategien*) helfen, die auf der Inhaltsebene des Diskurses generierten Kategorien zu Deutungsmustern zu verdichten. Strauss und Corbin legen ihren Fokus vor allem auf Handlungen und Interaktionen in verschiedenen sozialen Situationen. Dementsprechend haben sie ihr axiales Kodierparadigma handlungstheoretisch fundiert (Strauss und Corbin 1996, S. 75ff.; Strauss 2003, S. 56ff.). Das *Phänomen* ist in ihrem Modell das Ereignis oder der Vorfall, auf den sich die Handlungen und Interaktionen beziehen. Für die Rekonstruktion der Deutungsmuster des Online-Diskurses stehen jedoch die diskursiven Deutungen der sozialen Akteure im Vordergrund. Daher ist das Phänomen in der Analyse der Kern der jeweiligen diskursiven Sinnstruktur. Die *ursächlichen Bedingungen* beziehen Strauss und Corbin auf Ereignisse bzw. Vorfälle, die das Auftreten eines Phänomens auslösen. Die Analyse in dieser Studie rekonstruiert entsprechend, was im Rahmen des jeweiligen Deutungsmusters als Ursache für ein Phänomen festgelegt wird. Ähnliches gilt für den *Kontext* und die *Konsequenzen*: Anders als in der Grounded Theory vorgesehen, gilt es nicht herauszuarbeiten, was als Kontext und was als Konsequenz eines Phänomens bestimmt werden kann, sondern welche Kontexte und Konsequenzen (und wie diese) von den Akteurinnen und Akteuren im Online-Diskurs als solche konstruiert werden.

In der ersten Analysephase – der offenen Phase – wurden die jeweiligen Aussagen noch monomodal kodiert. Um die multimodalen Korrespondenzen, etwa zwischen Text und Bild, aufzuschlüsseln und zu untersuchen, wird das axiale Kodieren durch die sozialsemiotischen Metafunktionen erweitert, die bereits im offenen Kodieren als ‚geborgte‘ Kodes für die visuellen diskursiven Aussagen dienten (s. Abb. 2). Im axialen Kodieren galt es nun, das audiovisuelle bzw. schriftvisuelle Zusammenspiel, welches für das Interpretationsrepertoire typisch ist, zu analysieren.

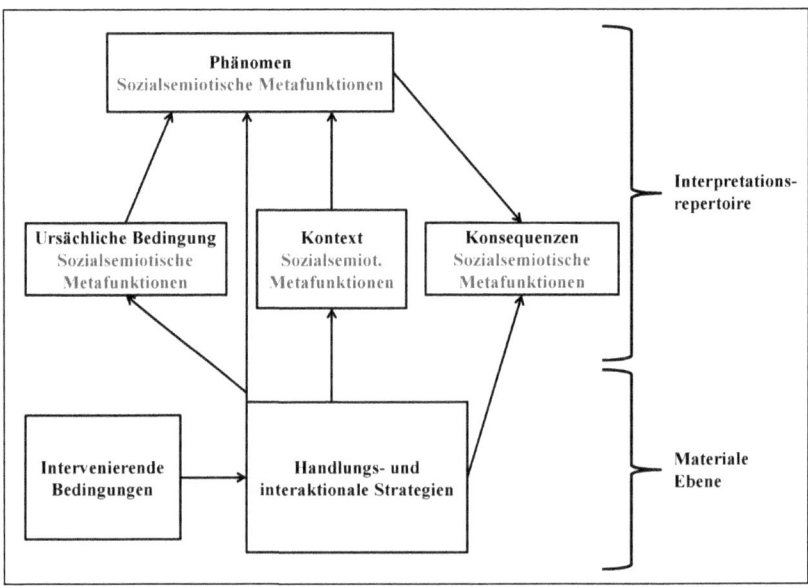

Abb. 2   Axiales multimodales Kodierparadigma
(Quelle: eigene Darstellung)

Für alle bisher genannten Bestandteile des Kodierparadigmas ist es entscheidend zu ermitteln, wie die unterschiedlichen Zeichenebenen miteinander bedeutungsstiftend korrespondieren. Aus den multimodalen Elementen und Korrespondenzen lassen sich dann Muster rekonstruieren. Forschungspraktisch wird somit interpretiert, wie die verschiedenen semiotischen Modalitäten im multimodalen Zusammenspiel die *ideational*, die *interpersonal* und die *textual metafunction* verwirklichen. Mithilfe der sozialsemiotischen Analysekonzepte konnte ich somit nicht nur ermitteln, welche Aussagen getroffen werden, sondern auch *wie* dies geschieht. Durch die Linse der SDA ließ sich neben dem diskursiven Interpretationsrepertoire zudem auch die materiale Ebene der Praktiken und Akteure rekonstruieren. So bezogen sich im Kodierparadigma (s. Abb. 2) die auffindbaren Handlungs- und interaktionalen Strategien darauf, wie die sozialen Akteure Inhalte konstituieren. Mit den intervenierenden Bedingungen kamen die Kontexte in den Blick, die die Strategien und Praktiken der diskursiven Akteure beeinflussen.

b) Beispiel: Das Deutungsmuster OPFER DER UMSTÄNDE

Die von mir adaptierte Form des axialen, multimodalen Kodierens lässt sich exemplarisch am multimodalen Deutungsmuster OPFER DER UMSTÄNDE veranschaulichen (s. Abb. 3).

Auf der Ebene des Interpretationsrepertoires ergab sich das Deutungsmuster OPFER DER UMSTÄNDE aus dem Zusammenspiel zwischen dem eigentlichen *Phänomen* und Aspekten, die inhaltlich als *ursächliche Bedingung* für den Opferstatus Demjanjuks angesehen wurden. Als Ursachen wurden die Umstände des Krieges, der juristischen Strafverfolgung der NS-Kriegsverbrecher sowie erinnerungspolitische Umstände genannt. Aus der Perspektive der sozialsemiotischen Metafunktionen realisieren diese Elemente des Deutungsmusters, über die die soziale Rolle Demjanjuks als Opfer abgeleitet wurde, vor allem die *ideational metafunction*. Demnach wurde er auf dreifache Weise zum Opfer: Er war ein Opfer des Krieges, weil er Kriegsgefangener der Deutschen war. Durch den Prozess in Israel war er Opfer einer Verwechslung mit einem anderen Trawniki und dadurch fälschlicherweise angeklagt. Ein drittes Mal wurde er durch die Erinnerungspolitik zum Opfer, da er einer der wenigen noch lebenden Täter war, die für die NS-Verbrechen angeklagt werden konnten. Als Konsequenz wurde John Demjanjuk im Rahmen dieser Deutung in mehrmaliger Weise ein Opfer der Umstände. Um diese Deutungen zu untermauern, wurden in den jeweiligen Fragmenten, in denen dieses Deutungsmuster auftauchte, verschiedene Kontexte des Falls hinzugezogen. Den erweiterten Kontext bildeten beispielsweise andere Verbrechen und Prozesse gegen NS-Kriegsverbrecher, vor allem gegen diejenigen, die in höheren Positionen als Demjanjuk agiert haben und freigesprochen wurden. Aus einer sozialsemiotischen Perspektive wurde dadurch

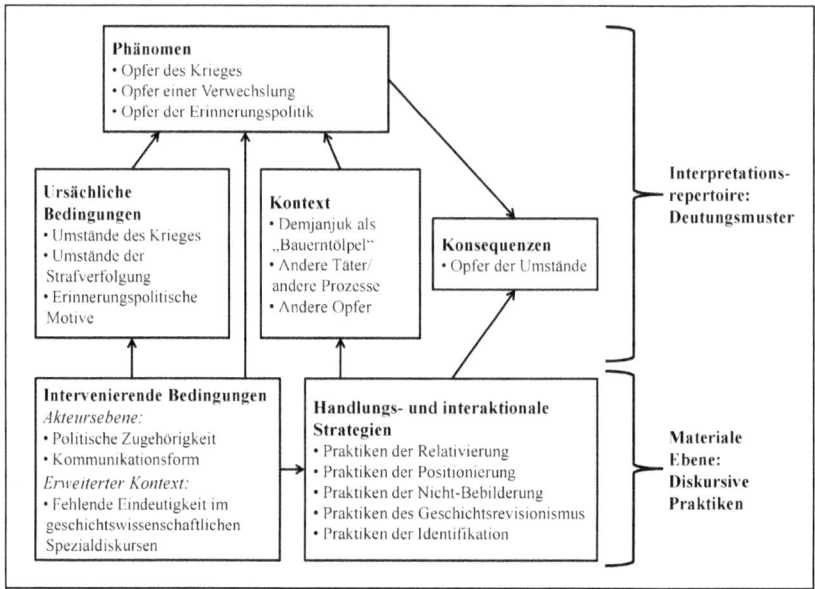

Abb. 3 Multimodales Deutungsmuster OPFER DER UMSTÄNDE
(Quelle: eigene Darstellung)

die *textual metafunction* erfüllt, indem zwei Akteure bzw. Akteursgruppen miteinander verglichen werden. Der Verweis auf andere NS-Verbrecher erfolgte etwa
über historische Fotos, auf denen diese in konkreten Einsätzen gezeigt werden,
wie etwa im Warschauer Ghetto oder bei Massenerschießungen. Vergleichbare
historische Aufnahmen von Demjanjuk – und damit gleichsam ,Beweisfotos' für
seine Taten – gab es nicht, was wiederum als Beleg dafür herangezogen wurde, dass
Demjanjuk kein Täter sein konnte. Mit der jeweiligen Darstellung, insbesondere
von Demjanjuk, wurde also eine spezifische Beziehung zwischen ihm in seiner Rolle
als Opfer und dem möglichen Rezipienten hergestellt, sodass in diesem Deutungsmuster die *interpersonal metafunction* auf spezifische Weise verwirklicht wurde.

c) Die Rekonstruktion diskursiver Praktiken

An dieser Stelle wird klar, dass die sozialsemiotische Analyseperspektive auch dazu überleitete, die konkreten diskursiven Praktiken in den Blick zu nehmen, und in der Analyse von der Ebene des Interpretationsrepertoires des Diskurses zur materialen Ebene der Produktions- und Einsatzpraktiken überzugehen. Für das gewählte Beispiel waren dies Praktiken der Nicht-Bebilderung, die sich im axialen Kodierparadigma den Handlungs- und interaktionalen Strategien zuordnen lassen (s. Abb. 3). So wurden bestimmte Orte und Situationen nicht visualisiert, wie etwa die Verbrechen im Vernichtungslager, der Ort Sobibor oder aber Überlebende nationalsozialistischer Konzentrations- und Vernichtungslager. Diese Nicht-Bebilderung wurde auch möglich durch die intervenierende Bedingung, dass das für den Fall Demjanjuk aus der Zeit des Nationalsozialismus zur Verfügung stehende Bildmaterial begrenzt war.

Beim axialen Kodieren bleibt zu beachten, dass es nicht darum geht, möglichst alle Kategorien in gewisse Schemata einzuordnen. Die Funktion des axialen multimodalen Kodierparadigmas liegt vielmehr darin, eine Interpretationshilfe zu sein, um multimodale Deutungsmuster zu rekonstruieren, von der man sich aber auch wieder lösen kann und sollte, wenn die diskursspezifischen Deutungsmuster und Praktiken analytisch greifbarer werden. Für das Deutungsmuster OPFER DER UMSTÄNDE etwa abstrahierte ich die Logik der Argumentation vom Kodierparadigma und konnte so eine Ursachenkette rekonstruieren, mit der im Diskurs dargelegt wird, wie Demjanjuk durch die Umstände des Krieges zum Trawniki wurde (s. Abb. 4).

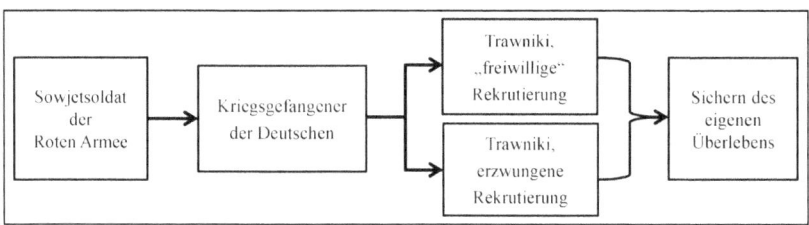

Abb. 4   Ursachenkette im Deutungsmuster OPFER DER UMSTÄNDE
(Quelle: eigene Darstellung)

Die Ursachenkette begann mit Demjanjuks Einsatz als Sowjetsoldat der Roten Armee im Zweiten Weltkrieg. Sie läuft weiter über zwei mögliche Situationen: Entweder konnte er als Kriegsgefangener nur durch eine freiwillige Rekrutierung zum Trawniki sein eigenes Überleben sichern oder er wurde dazu gezwungen, sich der SS als Hilfswilliger anzuschließen; als Kriegsgefangener blieb ihm keine andere Wahl. In beiden Fällen konnte er nur in der Rolle als Trawniki sein Überleben sichern, unabhängig von der Frage, ob dies freiwillig oder unfreiwillig geschah.

Bis hierhin sollte deutlich geworden sein, dass ich in der zweiten Analysephase des Kodierens die Ebene des Interpretationsrepertoires und die materiale Ebene des Diskurses viel verschränkter untersucht habe als in der ersten Phase. In der dritten Analysephase habe ich schließlich die Rekonstruktionen des axialen Kodierens noch einmal weiter miteinander in Beziehung gesetzt und abstrahiert.

3.3 Das selektive multimodale Kodieren

Die beschriebenen Analysewerkzeuge des axialen Kodierens wurden auch in dieser Phase eingesetzt, nun allerdings, um die Daten eine Abstraktionsstufe höher zu interpretieren. Ziel dieser Phase war es, die narrative Struktur des Diskurses zu rekonstruieren und die diskursiven Praktiken sowie die beteiligten Akteure umfassend herauszuarbeiten. Für die narrative Struktur habe ich die in der vorherigen Analysephase rekonstruierten Deutungsmuster miteinander in Beziehung gesetzt, um so die Grunderzählung, also die *Storyline* des untersuchten Online-Diskurses beschreiben zu können. Die relationalen Verbindungen zwischen den Deutungsmustern habe ich wiederum mittels eines selektiven Kodierparadigmas herausgearbeitet, das die Analyse im Hinblick auf die Beziehungen zwischen dem rekonstruierten Interpretationsrepertoire und der materialen Ebene noch einmal erweiterte. Dieses selektive multimodale Kodierparadigma wird in Abbildung 5 veranschaulicht.

Auf der Ebene des Interpretationsrepertoires bilden die multimodalen Deutungsmuster die kleinsten Elemente: So kann etwa ein Deutungsmuster den Kontext für ein anderes Deutungsmuster bilden oder in der Grunderzählung eine Konsequenz aus einer Phänomenstruktur sein. Um die Akteure und deren konkrete Vollzugspraktiken tiefergehend zu analysieren, kommt auch hier das axiale Kodierparadigma zum Einsatz. In dieser Analysephase habe ich zudem noch einmal verstärkt die materiale Ebene des Online-Diskurses in den Blick genommen. Dazu habe ich die Analysekategorien zum Kontext hinzugezogen, die im Rahmen der WDA zur Ergänzung der Grounded Theory vorgeschlagen wurden. Diese Erweiterung des Kodierparadigmas durch WDA-Analysekategorien bezog sich auf die Analyseelemente *intervenierende Bedingungen* und *Handlungs- und interaktionale Strategien*. Die *intervenierenden Bedingungen* wurden um die historisch-soziale und zeitdiagnostische Dimension ergänzt, um zu eruieren, in welchem *zeitgeschichtlichen Kontext* die Aussagen getroffen bzw. die Diskursfragmente produziert und/oder reformuliert wurden. Die *Handlungs- und interaktionalen Strategien* von Akteuren

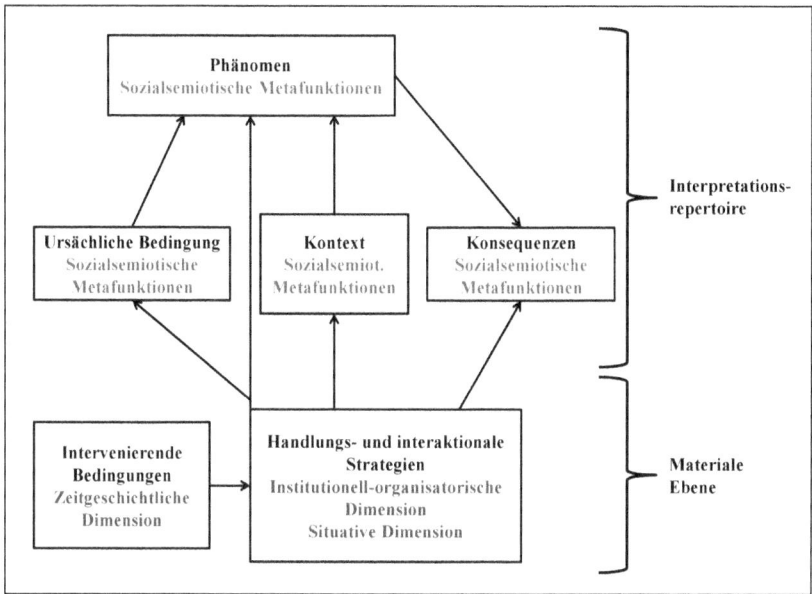

Abb. 5   Selektives multimodales Kodierparadigma
(Quelle: eigene Darstellung)

konnten im Hinblick auf ihre *institutionell-organisatorische Dimension* erweitert werden, sprich: das institutionelle und/oder organisatorische Setting, in dem die diskursiven Aussagen produziert wurden. Dabei lag mein Fokus auf den Strukturmerkmalen und Regeln dieses Settings. Des Weiteren konnte ich die Ebene der *Handlungs- und interaktionalen Strategien* um die *situative Dimension* erweitern. Hier lag der Schwerpunkt auf dem konkreten Zusammenhang von Produktions- und Rezeptionskontext und der Stellung der jeweilig produzierenden Akteure, insbesondere bezüglich der institutionell-organisatorischen und situativen Positionen, aus denen heraus das jeweilige Diskursfragment verfasst wurde.

Was für das axiale Kodieren gilt, trifft auch auf die dritte Analysephase zu: Das Kodierparadigma bietet zwar eine Hilfestellung für Interpretationen, aber es ging mir nicht darum, zwingend das vorgegebene Beziehungsschema zu erfüllen. Verdeutlichen möchte ich dies wieder an einem Beispiel: Das im vorherigen Abschnitt vorgestellte Deutungsmuster OPFER DER UMSTÄNDE ist Teil der Storyline UNRECHTMÄSSIGKEIT und steht in Beziehung mit den Deutungsmustern UNVERHÄLTNISMÄSSIGKEIT und UNZUREICHENDE BEWEISLAGE (s. Abb. 6).

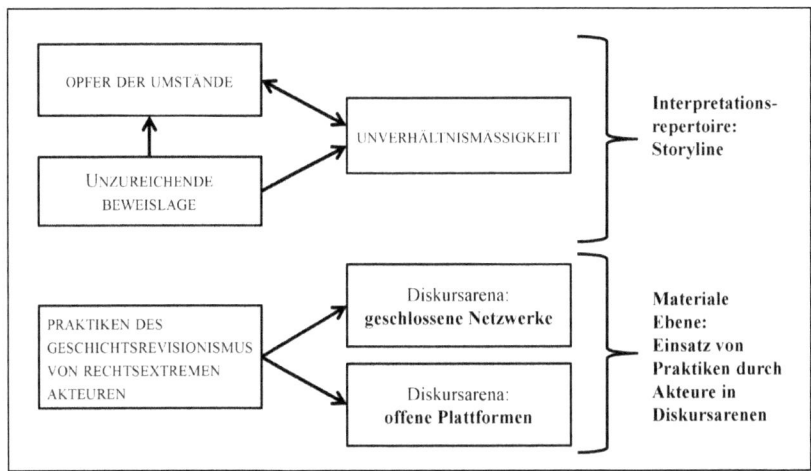

Abb. 6   Rekonstruktion der Storyline UNRECHTMÄSSIGKEIT
(Quelle: eigene Darstellung)

Beweise wie der SS-Dienstausweis Demjanjuks wurden in verschiedenen Diskursfragmenten als gefälscht oder zumindest als nicht aussagekräftig für mögliche Taten betrachtet. Das Deutungsmuster UNZUREICHENDE BEWEISLAGE wurde in der Storyline als eine der Ursachen dafür mobilisiert, dass Demjanjuk ein Opfer und der Prozess gegen ihn unverhältnismäßig gewesen sei. Die Unverhältnismäßigkeit des Prozesses und der Opferstatus Demjanjuks bedingten sich in der Storyline also gegenseitig. Da er ein Trawniki gewesen war, galt er in diesem Diskursstrang als ‚kleines Licht‘ und somit als Opfer der Umstände. Umso übertriebener erschien es, ihn anzuklagen und zu verurteilen, wodurch das ganze Verfahren an Maßlosigkeit gewonnen hätte, was Demjanjuk wiederum in seiner Opferrolle bestärkte. Die beschriebene Storyline ist nicht nur durch die genannten multimodalen Deutungsmuster bestimmt, sondern auch von den Akteuren und ihren Vollzugspraktiken, die die rekonstruierten Deutungsmuster auf diskursspezifische Art und Weise einsetzen. In meiner Analyse habe ich mich bei der Rekonstruktion der materialen Ebene unter anderem auf die verschiedenen Kontextebenen bezogen. Verdeutlichen möchte ich dies an der beschriebenen Storyline, für die ich unterschiedliche Akteure und Praktiken bestimmen konnte. So mobilisierte eine Gruppe von Akteuren Deutungsmuster mittels GESCHICHTSREVISIONISTISCHER PRAKTIKEN. Sie ließen sich als RECHTSEXTREME AKTEURE charakterisieren, denn ihre Aussagen konnten als nationalsozialistisch, antisemitisch und/oder rassistisch klassifiziert werden und sie traten als Sprecher in rechtsextremen Online-Angeboten auf. Diese Plattformen (zum Beispiel Blogs, Facebook-Gruppen oder Foren) wurden als Gegenangebot zu massenmedialen Informationsangeboten bzw. zum ‚Mainstream-Wissen' verstanden, da es dort möglich ist, Aussagen der Massenmedien zu hinterfragen und vermeintlich korrektere ‚Gegen-'Informationen online zu stellen.

Zusammenfassung

In diesem Beitrag habe ich dargelegt, wie ich den Ansatz von Strauss (2003) und später Strauss und Corbin (1996) für eine multimodale Diskursanalyse eingesetzt und mit anderen Verfahren aus dem methodischen Spektrum der Diskursanalyse kombiniert habe. Diese Triangulation hatte drei Funktionen: erstens die Grounded Theory für eine (Online-)Diskursanalyse zu adaptieren, zweitens die spezifischen Produktionsbedingungen von Online-Diskursen zu fassen und drittens die Multimodalität webbasierter Kommunikation im Rahmen der Grounded Theory kodieren zu können.

Das Analyseziel meiner Studie bestand nicht in der Erarbeitung einer Grounded Theory, sondern in der Rekonstruktion diskursiver Erinnerungspraktiken in einem konkreten Online-Diskurs. Entsprechend musste ich die Grounded Theory auf eine (Online-)Diskursanalyse übertragen. Durch die Triangulation von Grounded Theory und WDA konnten die heterogenen Deutungen und Praktiken in dem von mir untersuchten Diskurs in ihrer Vielfältigkeit und Musterhaftigkeit rekonstruiert werden. Ergänzend dazu wurde die SDA zur Interpretation der heterogenen Akteurspositionen und den damit verbundenen Praktiken hinzugezogen. Die SDA bildete auch im Hinblick auf die dritte Funktion eine wichtige Ergänzung, um zunächst die visuelle Kommunikation und im weiteren Verlauf der Analyse die Kombination audiovisueller und sprachvisueller Aussagen kodieren zu können.

Den beschriebenen multimodalen Kodierprozess habe ich zur Analyse eines konkreten Online-Diskurses – dem Fall John Demjanjuk – entwickelt und umgesetzt. Für andere empirische Arbeiten, die ebenfalls multimodale Daten aus einer diskursanalytischen Perspektive untersuchen möchten, bietet das Verfahren einen geeigneten Ansatzpunkt für das methodische Vorgehen. Allerdings ist es mir wichtig zu unterstreichen, dass auch dieses Verfahren – wie qualitative rekonstruktive Verfahren generell – immer auch für den jeweiligen Forschungsgegenstand und die Forschungsfrage adaptiert werden sollte.

Perspektiven und Reflexionen

- Warum bietet sich die Grounded Theory im besonderen Maße an, um Musterhaftigkeiten zu rekonstruieren, ohne diese im Rahmen der Interpretation und anschließenden Darstellung in ihrer Vielfalt zu reduzieren?
- Inwieweit sollte die Verortung der Grounded Theory im symbolischen Interaktionismus und im Pragmatismus bei der Konzipierung des eigenen Forschungsziels und Forschungsgegenstandes eine Rolle spielen?
- Strauss und Corbin stellen mit ihrem Ansatz der Grounded Theory ein systematisches und gut einsetzbares Kodierschema vor. Wie sollte man dieses Kodierschema in den verschiedenen Phasen der Analyse einsetzen? Wie kann man eine bloße Zuordnung zu Elementen des Kodierparadigmas vermeiden?
- Welche methodologischen und methodischen Schwierigkeiten können sich bei einer Triangulation der Grounded Theory mit anderen Verfahren der qualitativen Kommunikations- und Sozialforschung stellen?

Lesehinweis

- *Keller, Reiner. 2011. Diskursforschung: Eine Einführung für SozialwissenschaftlerInnen. 4. Aufl. Wiesbaden: VS.*
  In dieser Einführung gibt Keller einen gut verständlichen Einblick in die Forschungspraxis der wissenssoziologischen Diskursanalyse (WDA). Zudem orientiert er sich an Verfahren der Grounded Theory.
- *Van Leeuwen, Theo. 2005. Introducing Social Semiotics. London u. a.: Routledge.*
  Diese zum Teil sehr visuelle Einführung in die Sozialsemiotik bietet einen guten Einstieg für Sozialwissenschaftlerinnen und -wissenschaftler, da sie kein sprachwissenschaftliches Grundwissen voraussetzt.
- *Van Dijck, José. 2007. Mediated Memories in the Digital Age. Stanford: Stanford University Press.*
  Wenn man sich näher mit dem Thema Gedächtnis, Mediatisierung und Digitalisierung auseinandersetzen möchte, dann bietet dieses Buch interessante Konzepte und nachvollziehbare Beispiele aus dem Medienalltag. Gerade auch Leserinnen und Lesern ohne theoretische Vorkenntnisse in sozialkonstruktivistischen Erinnerungs- und Gedächtnistheorien liefert dieses Buch einen guten ersten Einblick in das Themenfeld und bietet wichtige Denkanstöße.

Literatur

Assmann, Jan. 1992. *Das kulturelle Gedächtnis. Schrift, Erinnerung und politische Identität in früheren Hochkulturen.* München: C.H. Beck.

Berek, Matthias. 2009. *Kollektives Gedächtnis und die gesellschaftliche Konstruktion der Wirklichkeit. Eine Theorie der Erinnerungskulturen.* Wiesbaden: Harrassowitz.

Bruns, Axel. 2008. *Blogs, Wikipedia, Second Life, and Beyond. From production to produsage.* New York: Peter Lang.

Clarke, Adele E. 2005. *Situational Analysis. Grounded Theory after the Postmodern Turn.* Thousand Oaks, CA: Sage.

Dornik, Wolfram. 2010. Internet. In *Gedächtnis und Erinnerung. Ein interdisziplinäres Handbuch*, hrsg. Christian Gudehus, Ariane Eichenberg und Harald Welzer, 235–240. Stuttgart: J.B. Metzler.

Erll, Astrid. 2003. Kollektives Gedächtnis und Erinnerungskulturen. In *Konzepte der Kulturwissenschaften. Theoretische Grundlagen – Ansätze – Perspektiven*, hrsg. Ansgar Nünning und Vera Nünning, 156–185. Stuttgart: J.B. Metzler.

Erll, Astrid. 2005. *Kollektives Gedächtnis und Erinnerungskulturen. Eine Einführung.* Stuttgart: J.B. Metzler.

Foucault, Michel. 1981. *Archäologie des Wissens.* Frankfurt am Main: Suhrkamp.

Fraas, Claudia, Stefan Meier, und Christian Pentzold. 2010. Konvergenz an den Schnittstellen unterschiedlicher Kommunikationsformen: Ein Frame-basierter analytischer Zugriff. In *Neue Medien – Neue Formate. Ausdifferenzierung und Konvergenz in der Medienkommunikation*, hrsg. Hans-Jürgen Bucher, Thomas Gloning und Kathrin Lehnen, 227–256. Frankfurt am Main, New York: Campus.

Fraas, Claudia, Stefan Meier, Christian Pentzold und Vivien Sommer. 2013. Diskursmuster-Diskurspraktiken. Ein Methodeninstrumentarium qualitativer Diskursforschung. In *Online-Diskurse. Theorien und Methoden transmedialer Online-Diskursforschung*, hrsg. Claudia Fraas, Stefan Meier und Christian Pentzold, 102–135. Köln: Herbert von Halem.

Glaser, Barney G. 1978. *Theoretical Sensitivity: Advances in the Methodology of Grounded Theory.* Mill Valley, CA: Sociology Press.

Glaser, Barney G. 1992. *Emergence vs Forcing: Basics of Grounded Theory.* Mill Valley, CA: Sociology Press.

Glaser, Barney G., und Anselm L. Strauss. 2008. *The Discovery of Grounded Theory. Strategies for qualitative research.* New Brunswick: Aldine.

Halliday, Michael. 1993. *Language as Social Semiotic. The social interpretation of language and meaning.* London: Arnold.

Hockerts, Hans Günter. 2001. Zugänge zur Zeitgeschichte: Primärerfahrung, Erinnerungskultur, Geschichtswissenschaft. *Aus Politik und Zeitgeschichte* 28: 15–30.

Keller, Reiner. 2008. *Wissenssoziologische Diskursanalyse. Grundlegung eines Forschungsprogramms.* 2. Aufl. Wiesbaden: VS.

Keller, Reiner. 2009. *Müll. Die gesellschaftliche Konstruktion des Wertvollen. Die öffentliche Diskussion über Abfall in Deutschland und Frankreich.* 2. Aufl. Wiesbaden: VS.

Keller, Reiner. 2011. Wissenssoziologische Diskursanalyse. In *Handbuch sozialwissenschaftliche Diskursanalyse. Bd. 1: Theorien und Methoden*, hrsg. Reiner Keller, Andreas Hirseland, Werner Schneider und Willy Viehover, 125–158. 3., erw. Aufl. Wiesbaden: VS.

Kress, Gunter, und Theo van Leeuwen. 2001. *Multimodal Discourse. The modes and media of contemporary communication*. London: Hodder Arnold Publications.
Kress, Gunter, und Theo van Leeuwen. 2010. *Reading Images. The grammar of visual design*. 2. Aufl. London u. a.: Routledge.
Krotz, Friedrich. 2007. *Mediatisierung: Fallstudien zum Wandel von Kommunikation*. Wiesbaden: VS.
Mayer-Schönberger, Viktor. 2010. *Delete. Die Tugend des Vergessens in digitalen Zeiten*. Berlin: Berlin University Press.
Pentzold, Christian, Vivien Sommer, Claudia Fraas, und Stefan Meier. 2016. Reconstructing Media Frames in Multimodal Discourse: The John/Ivan Demjanjuk Trial. *Discourse, Context & Media* 12: 32–39.
Ritzer, George, und Nathan Jurgenson. 2010. Production, Consumption, Prosumption. The nature of capitalism in the age of the digital 'prosumer'. *Journal of Consumer Culture* 10 (1): 13–36.
Schütz, Alfred. 1971. *Gesammelte Aufsätze. Bd. 1: Das Problem der sozialen Wirklichkeit*. Den Haag: Njhoff.
Sommer, Vivien. 2012. The Online Discourse on the Demjanjuk Trial. New Memory Practices on the World Wide Web? *ESSACHESS. Journal for Communication Studies* 5 (2): 133–151.
Sommer, Vivien. 2017 (in Vorbereitung). *Erinnerungspraktiken in Online-Diskursen. Der Fall Demjanjuk im World Wide Web*. Wiesbaden: Springer VS.
Sommer, Vivien, Claudia Fraas, Stefan Meier, und Christian Pentzold. 2013. Qualitative Online-Diskursanalyse. Werkstattbericht eines Mixed-Method-Ansatzes zur Analyse multimodaler Deutungsmuster. In *Online-Diskurse. Theorien und Methoden transmedialer Online-Diskursforschung*, hrsg. Claudia Fraas, Stefan Meier und Christian Pentzold, 258–284. Köln: Herbert von Halem.
Strauss, Anselm L. 2003. *Qualitative Analysis for Social Scientists*. Cambridge: Cambridge University Press.
Strauss, Anselm L., und Juliet Corbin. 1996. *Grounded Theory: Grundlagen qualitativer Sozialforschung*. Weinheim: Beltz.
Strübing, Jörg. 2008. *Grounded Theory. Zur sozialtheoretischen und epistemologischen Fundierung des Verfahrens der empirisch begründeten Theoriebildung*. Wiesbaden: VS.
Van Dijck, José. 2007. *Mediated Memories in the Digital Age*. Stanford: Stanford University Press.
Van Leeuwen, Theo. 2005. *Introducing Social Semiotics*. London u. a.: Routledge.

Zur Autorin

Dr. Vivien Sommer ist wissenschaftliche Mitarbeiterin am Institut für Medienforschung der Technischen Universität Chemnitz. Ihre Forschungsschwerpunkte sind Methoden der qualitativen Sozialforschung, Mediensoziologie (insbesondere Online-Medien) sowie soziale Gedächtnis- und Erinnerungsforschung.

Theoretisches Sampling von Online-Inhalten
Die Analyse von Diasporawebsites

Çiğdem Bozdağ

Abstract

Das Internet ist ein hochgradig dynamischer Kommunikationsraum: Sekündlich werden Terrabytes von Informationen ausgetauscht, beständig entstehen neue Webseiten oder Online-Services und damit neue Kommunikationskanäle. Für die empirische Forschung stellt diese Dynamik eine immense Herausforderung dar. Mit ihrem offenen Zugang und zirkulärem Datenerhebungsprozess bietet die Grounded Theory, so die Prämisse des Beitrags, einen geeigneten methodischen Ansatz, um dieses ‚unsichere Terrain' zu untersuchen. Der Beitrag diskutiert am Beispiel einer vergleichenden Analyse von Diskussionsforen der marokkanischen und türkischen Diaspora die Potenziale der Grounded Theory und insbesondere des Theoretischen Samplings für die Untersuchung von Online-Inhalten.

Keywords

Theoretisches Sampling, Online-Inhalte, Diskussionsforen, Medienethnografie, Diaspora

1 Einleitung

Die Materialerhebung bei der Untersuchung von Online-Inhalten stellt unter anderem wegen des vielschichtigen und flüchtigen Charakters des Internets und onlinebasierter Kommunikationsprozesse eine Herausforderung dar. Dieser Beitrag argumentiert, dass Grounded Theory mit ihren Prinzipien der Offenheit,

Prozesshaftigkeit und Flexibilität einen geeigneten methodischen Ansatz darstellt, um dieses ‚unsichere Terrain' zu erforschen (er ist eine überarbeitete Version des Methodenkapitels in Bozdağ 2013, S. 69-86). Die Anwendung der Grounded Theory wird im Folgenden am Beispiel der Datenerhebung und -auswertung im Rahmen einer vergleichenden, materialbasierten Untersuchung von Diasporawebsites, genauer marokkanischen und türkischen Diskussionsforen, diskutiert. Ziel der Untersuchung war es zu verstehen, welche Rolle die untersuchten Websites für die Lebenswelten von Diasporaangehörigen spielen.

Im Vordergrund dieses Beitrags steht die Materialerhebung, die in Grounded Theory-Verfahren in einem zirkulären Prozess erfolgen soll. Demgemäß wurden im hier vorgestellten Forschungsprojekt Online-Foreninhalte gesammelt, ausgewertet und, auf Basis dieser ersten Auswertung, ergänzendes Material erhoben. Dieser Prozess erfolgte gemäß dem Theoretischen Sampling, das heißt es wurden fortlaufend neue Materialien gesammelt, die den bisherigen Ergebnissen widersprechen bzw. sie bestätigen, erweitern oder differenzieren konnten. Der Beitrag wird sich insbesondere auf den zirkulären Materialerhebungsprozess konzentrieren und anhand einer Analyse von Online-Diskussionsforen exemplarisch darstellen.

Der folgende Abschnitt stellt zunächst die theoretisch-methodologische Anlage dieser Forschung vor. Im dritten Abschnitt wird dann die Erhebungsphase anhand von Praxisbeispielen detaillierter dargestellt.

2   Die Analyse von Online-Inhalten nach Grounded Theory

Das hier diskutierte Forschungsprojekt beschäftigte sich mit der Bedeutung und den Funktionen bestimmter Diasporawebsites aus der Sicht von Diasporaangehörigen. Konkret ging es um die Frage, wie diese Angebote in der marokkanischen und türkischen Diaspora von den Nutzenden angeeignet werden und wie dadurch die Diasporagemeinschaft als eine vorgestellte Gemeinschaft konstruiert wird. Das Ziel der Studie war es, die Aneignung von Diasporawebsites im Kontext der Konstitution von Diasporakulturen zu verstehen und die zugrunde liegenden (kommunikativen) Konstruktionsprozesse zu beschreiben.

Die Grounded Theory erlaubt es, verschiedene Formen von Daten zu analysieren und materialbasierte Theorien zu entwickeln (Glaser und Strauss 1967, S. 16ff.; Krotz 2005, S. 161ff.). Gerade angesichts der komplexen und dynamischen Strukturen der Online-Kommunikation erscheint das offene und zyklische Forschungsverfahren der Grounded Theory besonders angemessen, um die hierbei entstehenden

Vernetzungs- und Kommunikationsmuster zu analysieren. Neben den Grounded Theory-gemäßen Prinzipien der Offenheit, Prozesshaftigkeit und Flexibilität beruhte das Forschungsdesign der vorgestellten Studie auf einem *(medien-)ethnografischen Vorgehen* vor dem Hintergrund von Theorien der *Transkulturalität*.

Obwohl sie sich in der konkreten Durchführung voneinander unterscheiden mögen, können Grounded Theory und Ethnografie insbesondere im Bereich der Online-Kommunikation als kompatible, ergänzende Forschungsansätze gesehen werden (Charmaz und Mitchell 2001, S. 160). Beide Ansätze beschäftigen sich unter anderem mit kulturellen Praktiken auf der Mikroebene und setzen eine material-basierte Theorieentwicklung voraus. Ethnografie rekonstruiert die Bedeutungen von kulturellen Praktiken sowie ihre situative Einbettung in bestimmte soziale Kontexte durch eine Kombination verschiedener Methoden, wie längeren Feldaufenthalten, teilnehmender Beobachtung oder Interviews, und ist als Verknüpfung von methodischen Ansätzen zu verstehen (Moores 1993, S. 4).

Unterschiedliche Arbeiten zur Nutzung des Internets legen nahe, dass sich ethnografische Methoden für die Untersuchung von Online-Kommunikations-formen besonders gut eignen. Eine auf das Internet fokussierende Ethnografie wird als ‚virtuelle Ethnografie' (Hine 2000) oder „netnography" (Kozinets 2010) bezeichnet. Solche Netnographien eignen sich für die Untersuchung von Online-Inhalten, Online-Gemeinschaften usw., da sie durch die intensive und langfristige Beschäftigung mit dem Untersuchungsfeld die Analyse komplexer Phänomene, wie etwa spezifischer internetbasierter Kulturformen oder kommunikativer Praktiken von Internetnutzerinnen und -nutzern ermöglichen (Wilson und Peterson 2002, S. 450). Zudem kann der dynamische Charakter von Online-Kommunikation durch Beobachtungs- und Entdeckungsphasen – wie sie bei ethnografischen Verfahren vorgesehen sind – besser gefasst werden.

Die Aneignung von Online-Kommunikationsformen kann jedoch nicht allein durch die Analyse der Online-Ebene verstanden werden, vielmehr muss auch ihre Verankerung in den Lebenswelten der Nutzerinnen und Nutzer in den Blick genommen werden. Aus diesem Grund setzt Netnography Beobachtungen und Analysen sowohl auf der Online- als auch auf der Offline-Ebene voraus (Kozinets 2010, S. 58ff.). Wie bei anderen Formen der Medienethnografie handelt es sich auch hier um die Sammlung von ‚akkumulierten ethnographischen Miniaturen' (Bachmann und Wittel 2006, S. 189ff.) an verschiedenen Orten, die das Feld des jeweiligen Untersuchungsgegenstandes ausmachen. Wie in Abschnitt 3 konkreter dargestellt, war auch das Untersuchungsfeld der hier diskutierten Studie vom Ineinandergreifen verschiedener Online- und Offline-Kontexte geprägt.

Das Forschungsprojekt war zudem als *transkulturell vergleichende Analyse* angelegt, deren Prämisse es ist, dass Diasporakulturen deterritorial und nationenübergreifend konstituiert werden. Aus diesem Grund greifen die klassischen ‚Container'-Modelle, die nationalstaatliche Kulturen als vorgegeben verstehen, bei der vergleichenden Untersuchung von Online-Diasporaangeboten zu kurz (Hepp 2009, S. 1f.). Hepp schlägt daher als Alternative zu diesen national geprägten Perspektiven die vergleichende Analysemethodik der Transkulturalitätsperspektive vor, die territoriale bzw. nationale Kulturen nicht als Ausgangspunkt der Analyse nimmt (Hepp 2009, S. 8). Diese Forschungsperspektive, die Kultur nicht als etwas Vorgegebenes und Statisches, sondern als dynamisch betrachtet, scheint im Kontext der Diasporakulturen besonders angemessen. Demgemäß wurde in dieser Arbeit ein transkulturell entwickeltes Kodierschema zur Analyse der Diasporaforen eingesetzt, deren konkrete Schritte bei der Erhebung und Auswertung des Materials im folgenden Abschnitt anhand von Beispielen erklärt werden.

3 Online-Inhalte mittels Grounded Theory erheben und analysieren

Die empirischen Bausteine dieser Arbeit bestehen aus verschiedenen Materialien, die in zwei Phasen erhoben wurden (s. Tab. 1). In der ersten Phase der Untersuchung wurden im Rahmen des DFG-Projektes „Integrations- und Segregationspotenziale digitaler Medien am Beispiel der ethnischen Migrationsgemeinschaften" (2008-2011, Zentrum für Medien-, Kommunikations- und Informationsforschung, Universität Bremen; Leitung: Andreas Hepp) qualitative Leitfaden-Interviews mit marokkanischen und türkischen Migrantinnen und Migranten zu ihrer Medienaneignung durchgeführt und ausgewertet. Diese Nutzerinterviews haben eine erste Annäherung an den Forschungsgegenstand der Aneignung von Diasporawebsites ermöglicht.

Nach der ersten Erhebungsphase konnte auf Basis der Interviews festgestellt werden, dass MarocZone und DimaDima in der marokkanischen sowie Vaybee in der türkischen Diaspora insbesondere aus Sicht der jugendlichen Interviewten typische Beispiele für Diasporawebsites der marokkanischen und türkischen Diaspora waren. Mit dieser Feststellung begann die zweite Phase dieser Untersuchung auf der Online-Ebene mit der teilnehmenden Beobachtung dieser Websites. Zusätzlich ist Turkish-Talk als Vergleichswebsite ausgewählt worden (s. Ausschnitt aus den Memos in Abb. 1): Obwohl diese Website in den Interviews nicht genannt wurde, war sie zum Untersuchungszeitpunkt eine der meist genutzten Diasporawebsites. Die vier ausgewählten Webangebote waren in Bezug auf ihre Website- und Organisationsstruktur sowie die Zugehörigkeit ihrer Mitglieder relativ unterschiedlich (s. Tab. 2). So waren etwa im Gegensatz zu den anderen Webseiten auf MarocZone

Tab. 1   Empirische Bausteine und Datenmaterial der Studie

	1. Phase Materialerhebung	2. Phase Materialerhebung	
Kontext	**Diasporaangehörige**	**Foren-Inhalte**	**Foren-Event (offline)**
Analyse-material	• Semi-strukturierte qualitative Interviews • Mitglieder marokkanische Diaspora (n=32) • Mitglieder türkische Diaspora (n=38)	• Protokolle der teilnehmenden Beobachtung von Online-Foren • Diskussionsthreads: • Vaybee (n=106) • MarocZone (n=135) • Turkish-Talk (n=108) • DimaDima (n=98)	• Protokolle teilnehmende Beobachtung (Jubiläumsfeier der Website MarocZone) • Semi-strukturiertes Interview mit dem Webadministrator von MarocZone
Zeit-raum	September 2008 bis März 2009	März 2010 bis März 2011	November 2010

an der zunehmenden Werbung, zum Beispiel für kommerzielle Veranstaltungen, gewisse Kommerzialisierungstendenzen erkennbar, was zum Teil auch von den Nutzerinnen und Nutzern in den Foren oder auch im Rahmen eines persönlichen Gesprächs mit einem der Administratoren der Seite thematisiert wurde. Zugleich weisen die Webseiten und zugehörigen Foren auch Ähnlichkeiten im Hinblick auf ihre Angebotsform und Inhalte auf. Gerade die Unterschiede und Gemeinsamkeiten dieser vier Diskussionsforen versprachen mit Blick auf die forschungsleitende Fragestellung interessante Untersuchungsebenen für eine vergleichende Analyse. Dadurch war es einerseits möglich, kulturübergreifende und über einzelne Angebote hinausgehende Charakteristika heutiger Diasporawebsites herauszuarbeiten, und andererseits kultur- und kontextabhängige Aspekte zu untersuchen.

Tab. 2   Übersicht der analysierten Diskussionsforen

Diskussions-forum	Websitestruktur	Organisations-struktur	Zugehörigkeit der Forums-mitglieder (Angaben in Nutzerprofilen)
Dimadima	Teil eines Webportals	nicht-kommerziell	marokkanisch deutsch (Muslim) algerisch tunesisch türkisch
MarocZone	Teil eines Webportals	nicht-kommerziell	marokkanisch deutsch (Einzelne)
Turkish-Talk	vornehmlich Diskussionsforum	nicht-kommerziell	türkisch deutsch
Vaybee!	Teil eines Webportals	kommerziell	türkisch

Mit der Auswahl der zu untersuchenden Websites begann die zweite Phase der Materialerhebung mit der teilnehmenden Beobachtung auf der Online-Ebene, die vom Erstellen von Beobachtungsprotokollen begleitet wurde. Beobachtet wurden verschiedene Threads in den ausgewählten Foren – als ‚Thread' bezeichnet man Diskussionsstränge in Online-Foren, die von einer Nutzerin bzw. Nutzer eröffnet und von anderen Diskutanten weitergeführt werden, und typischerweise ein bestimmtes Thema oder Ereignis behandeln. Zudem wechselte die Forscherin in dieser Phase, wie bei Netnography-Studien vorgesehen, im Zuge der teilnehmenden Beobachtung einer Jubiläumsveranstaltung der Website MarocZone von der Online- in die Offline-Ebene (s. Abschn. 3.2).

Der Erhebungsprozess in der zweiten Phase der Untersuchung wird im Folgenden anhand von Praxisbeispielen detaillierter dargestellt. Da dieser Beitrag sich vorrangig mit der Anwendung von Grounded Theory bei der Analyse von Online-Inhalten beschäftigt, werden die geführten Interviews nicht eingehender diskutiert.

3.1 Teilnehmende Beobachtung und Erhebung von Online-Foreninhalten

Die Diskussionsforen wurden im Zeitraum von März 2010 bis März 2011 beobachtet, wobei sich die Forscherin nicht an den Diskussionen beteiligte, um den Kommunikationsverlauf nicht zu beeinflussen. Die teilnehmende Beobachtung diente zum einen der Annäherung an die Kommunikationskultur der jeweiligen Online-Community (Kozinets 2010, S. 63f.). Zum anderen konnten so die Kommunikationsprozesse in den Foren über einen längeren Zeitraum analysiert werden. Gerade für die Untersuchung von Kommunikationsumgebungen, deren Inhalte wie etwa bei Online-Diskussionsforen ‚flüchtig' sind, hat sich eine solche Methode bewährt (Seibold 2002, S. 46ff.). Auf diese Weise konnten Kommunikationssituationen zeitgleich beobachtet werden, die im Nachhinein mitunter nicht mehr hätten zurückverfolgt werden können, zum Beispiel weil die Beiträge gelöscht wurden oder die Nutzerinnen und Nutzer sich abgemeldet hatten.

Im Zuge der Erhebung wurden auch die Spezifika der Online-Diskussionsforen berücksichtigt. Beispielsweise erlauben Foren langjährige Threads zu einem Thema, wobei die Diskussionen für einen langen Zeitraum stoppen oder pausieren und später wieder neu aufgenommen werden können. Im Zuge dieser Untersuchung sind allerdings aktuellere Threads (nach 2009) als Analysematerial bevorzugt worden, da es so einfacher war, die inhaltlichen Bezüge nachzuvollziehen. Dennoch war es aufgrund des fehlenden Kontextes bzw. fehlender oder gelöschter Beiträge nicht immer möglich, die über einen längeren Zeitraum fortgeführten Threads vollständig zu rekonstruieren. Auch die Länge der Threads (zwischen zehn und 10.000 Seiten) stellte eine Herausforderung für die Erhebung dar. Um die zum Teil sehr langen Threads exemplarisch analysieren zu können, wurde deshalb je ein Ausschnitt ausgewählt, der den Kommunikationsverlauf in diesem Thread gut repräsentiert.

Insgesamt sind 447 Diskussionsthreads erhoben und analysiert worden (Vaybee: n=106; MarocZone: n=135; DimaDima: n=98; Turkish-Talk: n=108), wobei Länge und Entstehungszeitraum der ausgewählten Threads variierten. Die Archivierung des Analysematerials erfolgte mithilfe des Browser-Add-Ons Pearl Crescent Page Saver Basic (Firefox), das es ermöglicht, einzelne Websites im jpeg-Format zu speichern. Dies hat den Vorteil, dass die Kommunikationssituation in den jeweiligen Threads, die nicht nur aus Text-Inhalten, sondern auch visuellen Elementen besteht, in ihrer Gesamtheit abgebildet werden konnte. Auch die in den Threads eingebetteten Videolinks oder Videos wurden durch eine zusätzliche inhaltliche Beschreibung in die Analyse einbezogen.

Die Materialerhebung basierte auf einem zirkulären Prozess der Theorieentwicklung und Interpretation wie es beim Theoretischen Sampling vorgesehen wird (Eisenhardt und Graebner 2007, S. 27; Krotz 2005, S. 191). Das heißt bereits während dieser Beobachtungsphase wurden die Foreninhalte analysiert und entsprechend der Grounded Theory vorläufige Kodes und Kategorien gebildet, um die Inhalte besser zu verstehen und erste Teiltheorien zum Untersuchungsgegenstand zu entwickeln. Dabei wurden die getroffenen Beobachtungen und vorläufigen Interpretationen regelmäßig durch Memos dokumentiert, die im Zuge der Auswertung auch zur besseren Interpretation des Materials dienten. An dem Beispiel in Abbildung 1 ist erkennbar, dass Memos nicht nur konzeptualisierenden Charakter haben, sondern je nach persönlicher Handhabe unter anderem auch Überlegungen zur Materialerhebung, zusätzliche Literaturhinweise oder Anregungen von anderen Forscherinnen und Forschern beinhalten können.

Die Analyse und erste Interpretationen während der Beobachtungsphase zeigten, dass bestimmte Themen, die für die Lebenswelten der Diasporagemeinschaften relevant waren (zum Beispiel Herkunftspolitik, Integration in die Einwanderungsgesellschaft usw.) in allen vier Foren vorkamen. Daneben spielten auch Themen wie Fußball, Kochen oder Gesundheit, die im Alltag der Nutzerinnen und Nutzer relevant sind, in allen untersuchten Foren eine Rolle. Diese Diskussionsthemen sind bedeutsam sowohl im Hinblick auf die Aneignung der Diskussionsforen, weil die Foren von den Nutzerinnen und Nutzern durch diese Inhalte (mit-)gestaltet werden, als auch für die Vergemeinschaftung in der Diaspora, die im Fokus der Untersuchung stand. So wurde durch die Diskussionen über diese verschiedenen Themen in den Foren immer wieder neu ausgehandelt, was den Kern der Diasporagemeinschaft ausmacht.

28.06.2010

Sortierung des Materials: Herkunft, Alltag (z. B. ein langer Arbeitstag), Musik/ Literatur, Filme (was hört ihr gerade?), Aktuelles, lokal, Forum/Mitglieder, Anzeigen, Ratgeber, Religion, Geschichten, Spiele

Kodes: Bezug zu anderen Mitgliedern, Sprache, evtl. Identität (Selbst-/Fremd- bild, Abgrenzung) – *Nutzerprofile* ???

Kategorien: Vergemeinschaftung, Religion, Identität

Eigentlich wäre eine Vergleichswebseite in jeder Diasporagruppe interessant, z. B. um zu gucken, ob es MarocZone-ähnliche, kleine, friedlichere Webseiten in der türkischen Diaspora gibt. Oder umgekehrt, in der marokkanischen Diaspora, Vaybee-ähnliche?

01.07.2010

Interessante Webseite mit Bibliografie zur Ethnographie im Internet: http://www.webnographers.org/index.php?title=Main_Page

---

Abb. 1   Auszug eines Memos zur teilnehmenden Beobachtung der Diskussionsforen (Quelle: eigene Darstellung)

Nachdem durch die Beobachtung der Foren festgestellt wurde, dass die *Diskussi-onsthemen* jeweils eine zentrale Kategorie bildeten, wurde eine Liste der für diese Foren relevanten Themen erstellt. Sie diente einerseits zu einer vorläufigen Inter-pretation der Foreninhalte und andererseits im Sinne des Theoretischen Samplings zur Materialerhebung: Das zu erhebende Material, das heißt die ausgewählten Diskussionsthreads, sollte diese Vielfalt der Themen und charakteristische Beispiele für die Themenfelder abbilden.

Die Beobachtungsphase zeigte außerdem, dass neben den Diskussionsthemen eine zweite Ebene eine Rolle für die Aneignung der Foren und die Vergemeinschaf-tungspraktiken der Diasporaangehörigen spielte – und zwar die *Interaktionsformen*: Die verschiedenen in den Foren zu beobachtenden Interaktionsformen (wie etwa ‚Streiten', ‚Debattieren' oder ‚Solidarisieren') wurden durch die ersten Beispiele vorläufig kategorisiert. Auf diese Weise wurde gemäß des Theoretischen Samplings eine erste Teiltheorie über die Interaktionen in diasporischen Diskussionsforen gebildet, die dann durch die Erhebung von neuen Materialien infrage gestellt und erweitert wurde. Das heißt es wurden sowohl ergänzende Beiträge gesammelt, die die bisher herausgearbeiteten Interaktionsformen bzw. häufig auftretende Muster bestätigen konnten, als auch kontrastierende Beispiele, in denen neue Interakti-onsformen auftauchen konnten. Wie bei den Diskussionsthemen war das Ziel bei der Erhebung des Analysematerials, alle verschiedenen Interaktionsformen im Materialkorpus abzubilden. Die Materialerhebung wurde schließlich mit Erreichen der Theoretischen Sättigung beendet, das heißt die erhobenen Materialien erbrachten keine neuen Erkenntnisse (Krotz 2005, S. 193) – im Fall der untersuchten Online-Diskussionsforen wiesen die neu hinzugezogenen Threads also keine neuen Diskussionsthemen bzw. Interaktionsformen mehr auf.

An dieser Stelle soll auf das im Zusammenhang mit der geschilderten Untersuchung wichtige Thema der Forschungsethik hingewiesen werden, insbesondere hinsichtlich der Frage, welche Daten aus dem Internet unter welchen Bedingungen als Analysematerial verwendet werden können. Aus technischer Sicht ist es für Forscherinnen und Forscher heutzutage relativ einfach, Zugang zu Informationen im Internet zu erhalten. Vor dem Hintergrund forschungsethischer Überlegungen ist jedoch eine Differenzierung zwischen öffentlichen Umgebungen, die allen zugänglich sind, und semi-öffentlichen, semi-privaten oder privaten Umgebungen erforderlich (Sveningsson-Elm 2009, S. 75). Im Rahmen der hier vorgestellten Forschung waren die Inhalte der untersuchten Diskussionsforen zwar öffentlich zugänglich. Das bedeutet aber nicht, dass die Forennutzerinnen und -nutzer sich permanent darüber bewusst waren, sich in einem öffentlichen Kommunikationsraum zu bewegen. Aus diesem Grund wurde besonders darauf geachtet, dass die Nutzenden in den zitierten Beiträgen anonym bleiben, und dass zum Beispiel Beiträge zu sensiblen Themen, welche die Identität der Forennutzerinnen und -nutzer offenbaren könnten, nicht direkt zitiert werden.

3.2 Rückbindung an die Offline-Ebene: Teilnehmende Beobachtung

Wie bereits in Abschnitt 2 skizziert, verläuft die Erhebungsphase sowohl in Grounded Theory- als auch in Netnography-Verfahren in der Hinsicht flexibel, als dass neue Kontexte und neues Material in die Analyse einbezogen werden können. Gerade in Netnography-Studien ist es vorgesehen, dass die Forscherin oder der Forscher sich zwischen Online- und Offline-Ebenen bewegt, um – im Falle der hier vorgestellten Studie – die Einbettung von diasporischen Diskussionsforen im Alltagsleben der Nutzerinnen und Nutzer besser zu verstehen. Diese Rückbindung an die Offline-Ebene wurde durch eine teilnehmende Beobachtung der Feier zum zehnjährigen Jubiläum der Webseite MarocZone bewerkstelligt, die während der Erhebungsphase in der Nähe von Frankfurt am Main stattfand.

Die Jubiläumsfeier der Website MarocZone war insofern für die Analyse wichtig, als dass ein solches Offline-Treffen die Beziehungen der Forumsmitglieder miteinander und somit ihre Vergemeinschaftungspraktiken beeinflussen konnte. Die Betreiber der Website wurden im Vorfeld kontaktiert und über den Besuch der Forscherin informiert, wodurch es auch möglich war, ein Interview mit einem der Administratoren der Website zu führen. Neben diesem Interview wurden während der Veranstaltung Fotos und Videos gemacht, informelle Gespräche mit anderen Teilnehmerinnen und Teilnehmern geführt und nach der Veranstaltung Beobachtungsprotokolle angefertigt. Das erhobene Material wurde als zusätzliche Kontextinformation in die Analyse einbezogen. Auch die Inhaltsanalyse der Foren-diskussionen beinhaltete zwei Threads, die sich mit dieser Veranstaltung beschäftigen und einen tieferen Einblick in die Eindrücke der Nutzerinnen und Nutzer zu dieser Veranstaltung erlaubten. Da MarocZone die einzige der untersuchten Webseiten war, die während des Analysezeitraums solche Offline-Events veranstaltete, war eine ähnliche Offline-Untersuchung bei den anderen Foren nicht möglich.

3.3   Auswertung des Materials

Obwohl die Auswertung des empirischen Materials schon in der Erhebungsphase begann und bereits vorläufige Kodes und Kategorien gebildet worden sind, wurde das Gesamtmaterial nach Abschluss der Materialerhebung noch einmal systema-tisch kodiert. Hierfür wurde die Analysesoftware HyperResearch verwendet, die nicht nur das Kodieren von Texten, sondern auch von Bildern (zum Beispiel im jpeg-Format) erlaubt. Das Interviewmaterial und die Foreninhalte wurden mittels zwei verschiedener Kodierschemata ausgewertet – das Kodierverfahren soll hier am Beispiel der Foreninhalte näher beleuchtet werden.

Das oben beschriebene Forenmaterial wurde nach dem Verfahren des offenen, axialen und selektiven Kodierens kodiert. Dabei ging es nicht um eine erschöp-fende bzw. vollständige Kategorisierung des empirischen Materials, sondern um „eine Bearbeitung, die auf die Forschungsfrage und den Forschungsgegenstand" (Krotz 2005, S. 182f.) bezogen ist. So wurden zunächst aus dem Material heraus *offene Kodes* entwickelt, durch die das Material zusammengefasst und gruppiert werden konnte (s. Abb. 2).

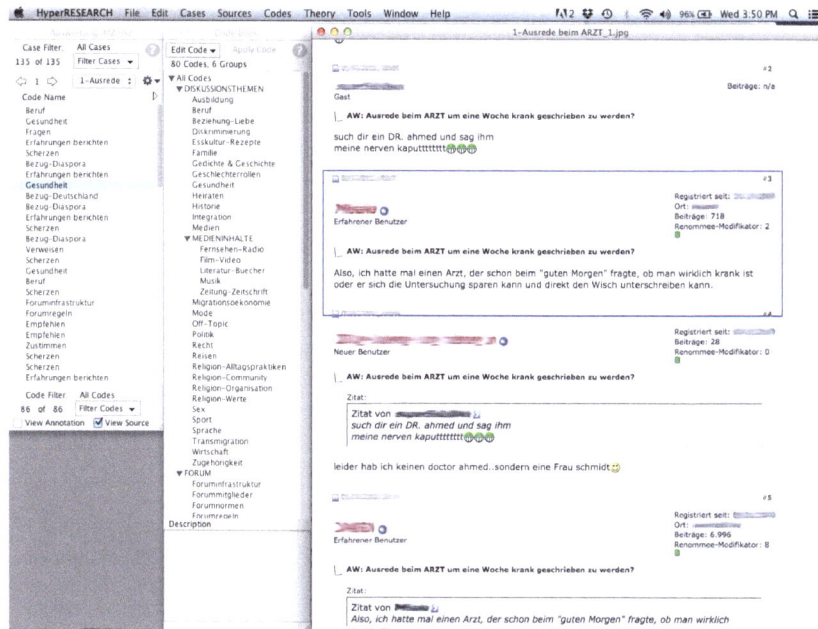

Abb. 2   Materialanalyse und Kodieren in HyperResearch
(Quelle: eigene Darstellung/Screenshot HyperResearch)

Nachdem das gesamte Material offen kodiert worden ist, wurden die entwickelten Kodes durch *axiales Kodieren* in allgemeinere Kategorien zugeordnet. Dabei bildeten sich Subkategorien wie ‚Diskussionsforum‘ oder ‚Herkunftsland‘ heraus, die unter die Kategorie ‚Diskussionsthemen‘ fallen, und Subkategorien wie ‚Debattieren‘ oder ‚Geschichten teilen‘, die der Kategorie ‚Interaktionsformen‘ zugeordnet wurden (s. Tab. 3). Im Zuge des Kodierverfahrens konnten die beiden Kategorien ‚Diskussionsthemen‘ und ‚Interaktionsformen‘ als jene identifiziert werden, die für die Beantwortung der Fragestellung am zentralsten sind – es handelt sich somit um Schlüsselkategorien. Im darauf folgenden Analyseschritt, dem *selektiven Kodieren*, wurden alle Kodes, die nicht diesen Schlüsselkategorien zugeordnet werden konnten und für die Fragestellung nicht relevant waren, nicht weiter berücksichtigt.

Tab. 3 Kodierschema zur Analyse der Diskussionsforen

Diskussionsthemen (Schlüsselkategorie)		Interaktionsformen (Schlüsselkategorie)	
Kategorien	Kodes	Kategorien	Kodes
Diskussions-forum	• Forenmitglieder • technischer Aufbau • formelle Kommunikationsregeln • informelle Kommunikationsregeln	Bekannt machen	• Werben • Präsentieren • Informieren
Herkunfts-land	• Zugehörigkeit • Herkunftspolitik • ethnische Konflikte • Esskultur • Medieninhalte aus dem Herkunftsland • Auswandern und Reisen • Engagement	Debattieren	• Argumentieren • Widersprechen • Verweisen • Zitieren • Ironisieren • (rhetorisch) fragen
Diasporische Geschichten	• Liebesgeschichten • Kurzgeschichten	Geschichten teilen	• Geschichten erzählen • Geschichten kommentieren • Lesezeichen einsetzen
Leben im Migrations-land	• Fremdbilder • Diskriminierung • Politik im Migrationsland • Beruf und Ausbildung • Lokales • Medieninhalte im Migrationsland • Sport • Celebrities in der Diaspora	Interpre-tieren	• Meinung äußern • Erfahrungen erzählen • Fragen • Erklären • Zustimmen • Loben
Religion	• religiöse Werte • religiöse Praxis • Religion im diasporischen Alltag • Geschlechterbilder	Kommu-nikation regulieren	• Kritisieren • Sanktionieren • Empfehlen • sich entziehen • sich entschuldigen
		Solidari-sieren	• Aufrufen • Hilfe anbieten • (verbal) unterstützen
		Streiten	• Bedrohen • Beschimpfen • Beleidigen • Provozieren • sich versöhnen

Entsprechend der transkulturellen Perspektive der Studie, wie sie im zweiten Abschnitt kurz umrissen wurde, wurden die oben abgebildeten Kodes und Kategorien über die Unterschiede einzelner ethnischer Gruppen hinweg entwickelt. So fanden sich beispielsweise die Kodes ‚Widersprechen' und ‚Herkunftspolitik' sowohl im Forenmaterial der marokkanischen als auch der türkischen Diaspora wieder.

Die Kategorisierung des Analysematerials diente zum Vergleich der verschiedenen Fälle in der Analyse, um Zusammenhänge zwischen verschiedenen Kategorien, sowie Gemeinsamkeiten und Unterschiede zwischen den verschiedenen Foren festzustellen. Die Analyse des Forenmaterials zeigte dabei erstens, dass die hier entwickelten Schlüsselkategorien ‚Diskussionsthemen' und ‚Interaktionsformen' in allen vier Foren zu finden und damit charakteristisch für die diasporischen Diskussionsforen waren. Sie hatten in den untersuchten Websites aber unterschiedliche Ausprägungen, was wiederum zeigt, dass die Angebote von ihren Nutzerinnen und Nutzern unterschiedlich angeeignet werden. Die Interaktionsform ‚Streiten' etwa kam im Vaybee-Forum besonders häufig vor, das Thema Religion wiederum hatte im Forum MarocZone mehr Gewicht als in den anderen Foren.

Zweitens konnte durch die Analyse festgestellt werden, dass die untersuchten Foren zu einer vielschichtigen Vergemeinschaftung in der Diaspora beitragen: In den Forendiskussionen wird ausgehandelt, was es heißt zu der jeweiligen ethnischen Diasporagemeinschaft, religiösen Gemeinschaft und auch jeweiligen Online-Gemeinschaft zu gehören – und es werden verschiedene Vorstellungen dieser Gemeinschaften artikuliert. Es konnte ebenfalls festgestellt werden, dass unterschiedliche Themen in unterschiedlichem Grad zur Vergemeinschaftung beitragen. Diese Unterschiede werden besonders deutlich, wenn man den Zusammenhang zwischen verschiedenen Diskussionsthemen und Interaktionsformen betrachtet, der durch die Analyse der Kodes in HyperResearch sichtbar wurde. Beispielsweise debattierten die Forumsmitglieder besonders häufig, wenn es um herkunftsbezogene Themen ging; religionsbezogene Themen dienten hingegen eher zur Interpretation religiöser Normen und Texte. So ließen sich im Zuge der Analyse für die fünf Hauptdiskussionsthemen typische Interaktionsformen identifizieren, die in den Foren bei diesen Themen häufig zutage traten (s. Tab. 4).

Tab. 4   Diskussionsthemen und Interaktionsform

Diskussionsthema	Typische Interaktionsform
Vorstellungen des Herkunftslandes	Widersprüchlich debattieren
Diasporisches Leben im Migrationsland	Solidarisieren
Diasporische Erzählungen	Geschichten teilen
Religion in der Diaspora	Gemeinsam interpretieren
Diskussionsforen	Kommunikation regulieren

An diesem Zusammenhang zwischen den Schlüsselkategorien ‚Interaktionsformen‘ und ‚Diskussionsthemen‘ sind auch die Dynamiken der diasporischen Vergemeinschaftung mittels Diasporawebsites erkennbar. Herkunftsland ist beispielsweise ein Thema, das oft zu widersprüchlichen Debatten und Spaltungen in der Diaspora führt. Themen, die sich auf das Alltagsleben im Migrationsland beziehen, stehen eher mit der Interaktionsform des Solidarisierens in Zusammenhang und führen zu einer Verstärkung des Zusammengehörigkeitsgefühls in der Diaspora. Anhand dieser verschiedenen Themen und Interaktionsformen konnte die Rolle von Diasporawebsites für die vielschichtigen Vergemeinschaftungsformen in der Diaspora am Beispiel der Analyse von Online-Diskussionsforen nachgezeichnet werden (für eine detaillierte Diskussion der Forschungsergebnisse s. Bozdağ 2013).

Zusammenfassung

Dieser Beitrag beschäftigte sich mit der Anwendung von Prinzipien der Grounded Theory bei der Untersuchung von Online-Inhalten. Vorgestellt wurde eine vergleichende Analyse von vier Diskussionsforen, die im Rahmen einer Studie zur Bedeutung von Diasporawebsites in den Lebenswelten von türkischen und marokkanischen Diasporaangehörigen im Hinblick auf ihre Rolle für Vergemeinschaftung durchgeführt wurde. Hierbei bietet das Vorgehen der Grounded Theory mit seinem offenen, flexiblen Ansatz und der prozesshaften Datengenerierung und -auswertung mindestens zwei wichtige Vorteile, die uns helfen können, spezifische Herausforderungen bei der Erforschung von Online-Inhalten zu bewältigen.

Eine erste Herausforderung ist, die Grenzen des Untersuchungsgegenstands und -materials zu bestimmen. Beispielsweise können Threads in Diskussionsforen hunderte Seiten von Diskussionen oder zahlreiche externe Links beinhalten. Zudem lässt sich oft nicht von Beginn an feststellen, wie viel Material man zur

Beantwortung der Forschungsfrage sammeln sollte. Das Theoretische Sampling nach Grounded Theory war hier eine Hilfe, da die Daten bereits während der Erhebung kodiert und interpretiert werden und darauf aufbauend nach neuen Daten gesucht wird, die die bisherigen Erkenntnisse erweitern oder widerlegen. Wichtig ist hier, offen zu bleiben und immer wieder nach kontrastierenden Beispielen und verschiedenen Materialien zu suchen, die uns helfen können, das Forschungsfeld besser zu verstehen. Die Materialerhebung kann erst dann abgeschlossen werden, wenn die neu erhobenen Daten unsere Interpretationen nicht mehr weiter bringen können, also eine Theoretische Sättigung erreicht ist (s. auch Strübing, *in diesem Band*).

Eine zweite Problematik bei der Analyse von Online-Inhalten ist der dynamische und interaktive Charakter der Kommunikation, wie etwa in den untersuchten Diskussionsforen. Diesbezüglich kann als ein weiterer Vorteil der Grounded Theory festgehalten werden, dass sie sich mit anderen Forschungsansätzen kombinieren lässt. Beispielsweise kann die Netnography – im Zusammenspiel mit der Grounded Theory-gemäßen prozesshaften Datengenerierung und -auswertung – eine adäquate Methodenperspektive darstellen, um komplexe Online-Interaktionen zu analysieren und zu kontextualisieren. In der vorgestellten Studie war die teilnehmende Beobachtung der Online-Diskussionen ein wichtiger Ansatz, um die Kommunikationsprozesse in den Foren nachzuvollziehen und dieses ‚unsichere Terrain' besser zu verstehen. Durch die in Netnography-Verfahren vorgesehene Rückbindung an die Offline-Ebene war es zudem möglich, den Kontext der Interaktionen besser zu fassen, die Intensivnutzerinnen und -nutzer der Foren näher kennenzulernen und das Verhalten der Website-Administratoren zu beobachten. So wurde in der Beobachtungsphase deutlich, dass in den Foren musterhafte Interaktionsformen und Diskussionsthemen zu finden waren, die wiederum in der vergleichenden Analyse der Webseiten abgebildet wurden. Bei der Auswertung des Materials schließlich waren die Kodierschritte der Grounded Theory entscheidend, um die Bedeutung der Diskussionsthemen und die Interaktionsformen herauszuarbeiten sowie die Zusammenhänge zwischen diesen zwei Schlüsselkategorien im Kontext von Vergemeinschaftungspraktiken zu verstehen. Neben den forschungsleitenden Prinzipien von Grounded Theory und Netnography war für das Verstehen der komplexen kulturellen und sozialen Muster der Diaspora auch die transkulturelle Forschungsperspektive von besonderer Relevanz, da sie es ermöglichte, Gemeinsamkeiten zwischen den marokkanischen und türkischen Diasporawebsites über kulturelle Unterschiede und nationalstaatliche Kategorien hinaus zu analysieren.

Die hier dargestellte Vorgehensweise ist ein Beispiel, jedoch sicherlich nicht der einzige Weg für die Anwendung von Grounded Theory zur Erforschung von

Online-Inhalten. Dies zu behaupten würde letztlich dem wichtigsten Grundsatz der Grounded Theory widersprechen, nämlich offen und flexibel zu sein und immer nach Möglichkeiten der Annäherung an das Forschungsfeld zu suchen.

Perspektiven und Reflexionen

- Mit dem offenen, flexiblen Ansatz und Prinzipien der prozesshaften Datengenerierung und -auswertung kann Grounded Theory eine sinnvolle Forschungsperspektive zur Untersuchung von Online-Inhalten darstellen.
- Ein Vorteil des Grounded Theory-gemäßen Vorgehens liegt in der Kombinierbarkeit mit Verfahren wie der Netnography, die durch den Wechsel zwischen Online- und Offline-Ebene eine Rückbindung der onlinebasierten Inhalte und Interaktionen an die Lebenswelten der Nutzerinnen und Nutzer erlauben.
- Bei der Datenerhebung sind die Verfahrensprinzipien des Theoretischen Samplings und der Theoretischen Sättigung hilfreich, um das zu erhebende Material ein- und abzugrenzen sowie bestimmte Merkmale von Online-Inhalten (zum Beispiel Dynamik, Umfang, Interaktivität) zu berücksichtigen.
- Bei der Auswertung des Materials sind die Grounded Theory-gemäßen Prinzipien des Kodierens und der Offenheit relevant, da sie die Theoriebildung und Entdeckung von Zusammenhängen über verschiedene Materialsorten (Texte, Bilder, Beobachtungs- und Interviewdaten) hinweg ermöglichen. Dies ist insbesondere bei der Analyse und Kontextualisierung von multimedialen Online-Inhalten und deren Rückbindung an die Offline-Ebene hilfreich.

Lesehinweis

- *Hine, Christine. 2000. Virtual Ethnography. London: Sage.*
  Der Band ist eines der ersten Bücher über Online-Ethnografie und bietet nicht nur einen Überblick über die verschiedenen Schritte einer ethnografischen Forschung in Online-Räumen, sondern stellt auch eine Untersuchung nach den Prinzipien der virtuellen Ethnografie detailliert dar.
- *Charmaz, Kathy, und Robert G. Mitchell. 2001. Grounded Theory in Ethnography. In Handbook of Ethnography, hrsg. Paul Atkinson, Amanda Coffey, Sara Delamont, John Lofland und Lyn Lofland, 161–174. London: Sage.*

Der Beitrag stellt die Kompatibilität der Grounded Theory und der Ethnografie infrage und diskutiert die Gemeinsamkeiten und Unterschiede beider Ansätze.

- *Meier, Stefan, und Christian Pentzold. 2010. Theoretical Sampling als Auswahlstrategie für Online-Inhaltsanalysen. In Die Online-Inhaltsanalyse. Forschungsobjekt Internet, hrsg. Martin Welker und Carsten Wünsch, 124–143. Köln: Herbert von Halem.*

In diesem Beitrag wird der Ansatz des Theoretischen Samplings erklärt und im Rahmen der Grounded Theory kontextualisiert. Der Text bietet gute konkrete Hinweise für die Anwendung von Theoretischem Sampling bei der Durchführung von Online-Inhaltsanalysen.

- *Heise, Nele, und Jan-Hinrik Schmidt. 2014. Ethik der Online-Forschung. In Handbuch Online-Forschung, hrsg. Martin Welker, Monika Taddicken, Jan-Hinrik Schmidt und Nikolaus Jackob, 519–539. Köln: Herbert von Halem.*

Der Text diskutiert ethische Besonderheiten der Online-Forschung, insbesondere Probleme der Öffentlichkeit/Privatheit von Online-Kommunikation, und wie Forscherinnen und Forscher bei der Analyse verschiedener Arten von Online-Inhalten vorgehen sollten. Der Text sucht auch Antworten auf die Frage, wie man beim Publizieren das Datenmaterial behandeln sollte.

Literatur

Antaki, Charles, Elisenda Ardévol, Francesc Nunez, und Agnès Vayreda. 2006. „For she who knows who she is": Managing accountability in online forum messages. *Journal of Computer-Mediated Communication* 11 (1): 114–32.

Bachmann, Götz, und Andreas Wittel. 2006. Medienethnographie. In *Qualitative Methoden der Medienforschung*, hrsg. Ruth Ayaß und Jörg Bergmann, 146–183. Reinbek bei Hamburg: Rowohlt.

Bozdağ, Çiğdem. 2013. *Aneignung von Diasporawebsites Eine medienethnografische Untersuchung in der marokkanischen und türkischen Diaspora.* Wiesbaden: Springer VS.

Charmaz, Kathy, und Robert G. Mitchell. 2001. Grounded Theory in Ethnography. In *Handbook of Ethnography*, hrsg. Paul Atkinson, Amanda Coffey, Sara Delamont, John Lofland und Lyn Lofland, 161–174. London: Sage.

Eisenhardt, Kathleen M., und Melissa E. Graebner. 2007. Theory building from cases: Opportunities and challenges. *The Academy of Management Journal* 50 (1): 25–32.

Glaser, Barney G., und Anselm L. Strauss. 1967. *The Discovery of Grounded Theory: Strategies for qualitative research.* New York: Aldine.

Hasebrink, Uwe, und Jutta Popp. 2006. Media repertoires as a result of selective media use. A conceptual approach to the analysis of patterns of exposure. *Communications* 31 (3): 369–387.

Hepp, Andreas. 2009. Transkulturalität als Perspektive: Überlegungen zu einer vergleichenden empirischen Erforschung von Medienkulturen. *Forum Qualitative Sozialforschung / Forum: Qualitative Social Research* 10 (1). http://nbn-resolving.de/urn:nbn:de:0114-fqs0901267.

Hine, Christine. 2000. *Virtual Ethnography*. London: Sage.

Ignacio, Emily N. 2005. *Building Diaspora: Filipino community formation on the internet.* New Brunswick, NJ u. a.: Rutgers University Press.

Kozinets, Robert V. 2010. *Netnography: Doing Ethnographic Research Online*. London: Sage.

Krotz, Friedrich. 2005. *Neue Theorien entwickeln: Eine Einführung in die Grounded Theory, die heuristische Sozialforschung und die Ethnographie anhand von Beispielen aus der Kommunikationsforschung*. Köln: Herbert von Halem.

Moores, Shaun. 1993. *Interpreting Audiences: The ethnography of media consumption.* London: Sage.

Seibold, Balthas. 2002. Die flüchtigen Web-Informationen einfangen. Lösungsansätze für die Online-Inhaltsanalyse bei dynamischen Inhalten im Internet. *Publizistik* 47 (1): 45–56.

Strauss, Anselm L., und Juliet Corbin. 1990. *Basics of Qualitative Research: Grounded Theory procedures and techniques*. Newbury Park, CA: Sage.

Sveningsson-Elm, Malin. 2009. How Do Various Notions of Privacy Influence Decisions in Qualitative Internet Research? In *Internet Inquiry: Conversations about method*, hrsg. Annett N. Markham und Nancy K. Baym, 69–87. Los Angeles u. a.: Sage.

Wilson, Samuel M., und Leighton C. Peterson. 2002. The anthropology of online communities. *Annual Review of Anthropology* 31: 449–467.

Zur Autorin

Çiğdem Bozdağ arbeitet als Juniorprofessorin am Department New Media an der Kadir Has Universität Istanbul. Zuvor hatte sie an der Sabanci Universität Istanbul als Mercator-IPC Fellow ein Forschungsprojekt zu interkulturellen Schulnetzwerken und Informations- und Kommunikationstechnologien (IKT) geleitet. Zwischen 2008 und 2013 war Bozdağ wissenschaftliche Mitarbeiterin an der Universität Bremen, wo sie auch promoviert hat. Ihre Forschungsinteressen sind Internetforschung, inter- und transkulturelle Kommunikation, Globalisierung, Migration und IKT in der Bildung.

Theoretisches Kodieren von Interviewmaterial
Medienaneignung mit der Grounded Theory induktiv analysieren

Kathrin Friederike Müller

Abstract

Der Beitrag beschäftigt sich theoretisch und anwendungsorientiert mit dem Einsatz von Kodierverfahren der Grounded Theory bei der Analyse von Interviews zur Nutzung und Aneignung von Medien. Anhand konkreter Beispiele aus einer Studie zur Rezeption von Frauenzeitschriften wird gezeigt, wie mithilfe des thematischen Kodierens komplexes Interviewmaterial analytisch verdichtet wird.

Keywords

Kodieren, Kontextorientierung, Induktion, theoretische Sensibilität, qualitatives Interview, Aneignung, Kommunikationswissenschaft

1   Einleitung

Dieser Beitrag beschäftigt sich theoretisch und anwendungsorientiert mit dem Einsatz von Kodierverfahren der Grounded Theory bei der Auswertung von Interviews zur Nutzung und Aneignung von Medien. Im Zentrum steht die Frage, wie die Analysewerkzeuge der Grounded Theory in der Auseinandersetzung mit diesen Daten und dem Gegenstandsbereich Mediennutzung und Medienaneignung forschungspraktisch eingesetzt werden können. Anhand konkreter Beispiele aus einer Studie zur Rezeption von Frauenzeitschriften (Müller 2010) wird gezeigt, wie mithilfe des thematischen Kodierens komplexes Interviewmaterial zu verallgemeinerungsfähigen Schlüsselkategorien verdichtet wird.

Der zweite Abschnitt fokussiert methodisch und praktisch auf die indukti-ve Auswertung von Interviewtranskripten. Um das Verfahren nachvollziehbar darstellen zu können, referiert er eingangs die Forschungsidee der erwähnten Beispielstudie und ihr methodisches Setting (Abschn. 2.1). Im Anschluss wird erläutert, wie qualitative Interviews innerhalb dieses Projekts mithilfe von Verfah-rensregeln der Grounded Theory ausgewertet wurden, und es wird dargestellt, wie sich diese Schritte in Bezug auf die Analyse von Datenmaterial anderer qualitativer Analysen zur Aneignung von Medien übertragen lassen (Abschn. 2.2). Der dritte Abschnitt reflektiert das Verfahren vor dem Hintergrund seiner Potenziale und Limitierungen. Abschließend erfolgt in Abschnitt 4 eine Zusammenfassung der Kerngedanken des Beitrags.

2 Theoretisches Kodieren: Das Auswerten von Interviews zur Frauenzeitschriftenrezeption

Dieser Abschnitt illustriert praktisch, wie das theoretische Kodieren bei der Analyse von Interviewtranskripten eingesetzt werden kann.

2.1 Kurzvorstellung: Die Studie ‚Frauenzeitschriften aus der Sicht ihrer Leserinnen'

Ausgangs- und Referenzpunkt dieses Beitrags ist eine Studie zur Lektüre von Frauenzeitschriften, die als Dissertation der Autorin an der Leuphana Universität Lüneburg entstanden ist (Müller 2010). Sie setzt sich mit dem Thema auf drei Feldern auseinander und fragt erstens, wie sich die Rezeption medienbiografisch entwickelt hat, wie sie zweitens im Alltag situiert ist, und welche Rolle sie drittens bei der Artikulation von Geschlecht spielt. Um die Auswertung im Rahmen dieses dritten Teilaspekts wird es im Folgenden vertiefend gehen.

Theoretisch knüpft die Untersuchung an die Cultural Studies und deren Rezep-tionsbegriff an: Rezeption wird also nicht primär als Nutzung (indem zum Beispiel die Größe und Merkmale von Publika betrachtet werden) oder Wirkung (also als die Konsequenzen der Mediennutzung) verstanden und untersucht, sondern als produktiver Prozess der Aneignung. Im Zentrum steht die Annahme, dass sich Rezipierende mit den Medientexten vor ihrem persönlichen Hintergrund ausein-andersetzen und dabei Sinnzuschreibungen hervorbringen. Medienaneignungs-studien erforschen also „die Bedeutung konkreter Medien und Medieninhalte aus der Perspektive der Nutzerinnen und Nutzer" (Röser 2016, S. 482). Gleichzeitig beziehen sie die gesellschaftliche Realität als Kontext in die Analyse der Medienrezeption mit ein (Winter 2001, S. 141). Die Cultural Studies fokussieren somit auf die Verbindung zwischen der Medienrezeption und dem „gesamten gesellschaftlichen Sein" (Röser 2000, S. 46) der Rezipierenden. Studien, die sich auf die Cultural Studies beziehen, nehmen stets sowohl den konkreten lebensweltlichen Kontext des Medienhandelns als auch die gesellschaftliche Bedeutung der Medienrezeption in den Blick, beispielsweise hinsichtlich von Machtfragen (Fiske 1989). Die Analyse der Artikulation von Geschlecht bei der Frauenzeitschriftenrezeption hat entsprechend das Ziel zu analysieren, wie die Befragten bei der Lektüre des Mediums Zweigeschlechtlichkeit herstellen oder dekonstruieren (Müller 2010, S. 111-123). Ausgehend von dem Gedanken, dass Geschlecht nicht natürlich gegeben ist, sondern von Menschen hervorgebracht und gewissermaßen ‚gemacht' wird (Butler 1991), fragt die Studie, ob und gegebenenfalls auf welche Weise sich die Leserinnen in diesen Prozessen des ‚Doing Gender' selbst als Frauen bezeichnen und wie sie Geschlecht bei der Lektüre zum Ausdruck bringen. Knapp zusammengefasst wird untersucht, inwiefern die Befragten bei der Lektüre von Frauenzeitschriften äußern, wie sie Weiblichkeit verstehen, welche Attribute sie auf einer allgemeinen Ebene Männern und Frauen zuschreiben, und ob sie sich selbst als Frau beschreiben und somit Weiblichkeit als Teil ihrer Identität zum Ausdruck bringen. Das Ziel der Analyse ist es, im Interviewmaterial Äußerungen herauszuarbeiten, in denen sichtbar wird, wie Geschlecht während der Mediennutzung ‚gemacht' wird und wie es über solche Prozesse gesellschaftliche Relevanz bekommt. Dieser Prozess wird Ang und Hermes (1994, S. 122) folgend als Ergebnis der Auseinandersetzung der Leserinnen mit Gender-Positionierungen im Text verstanden, die die Frauen in Gender-Identifikationen auf sich selbst beziehen. Da Frauenzeitschriften sich über das Geschlecht an ihre Zielgruppe richten und Weiblichkeit in ihren Inhalten intensiv thematisieren, sind sie prädestiniert für die Analyse der Hervorbringung von Geschlecht bei der Medienrezeption.

Um die Rezeption von Frauenzeitschriften im Kontext ihrer biografischen Entwicklung und alltagsweltlichen Bezügen analysieren zu können, wurden 19 qualitative, leitfadengestützte Tiefeninterviews mit Leserinnen der marktführenden klassischen Frauenzeitschrift Brigitte durchgeführt, die die Zeitschrift über einen Zeitraum von mehreren Jahren oder Jahrzehnten nutzten. Die Interviews fanden überwiegend bei den Befragten zuhause statt und dauerten zwischen eineinhalb und drei Stunden. Der Leitfaden enthielt Passagen zur medienbiografischen Entwicklung der Frauenzeitschriftenlektüre und zur aktuellen Lektürepraxis (Müller 2010, S. 129-151). Da die Studie nicht in allen Teilen, sondern ausschließlich hinsichtlich der Auswertung von Geschlechterartikulationen als Grounded Theory angelegt ist, wurde bei der Rekrutierung der Befragten kein Theoretisches Sampling im Sinne einer theoriegeleiteten, sukzessiven Erweiterung des Samples durchgeführt (Strauss 1998, S. 49), sondern das Sample im Vorfeld zusammengestellt. Es wurden Langzeitleserinnen von Brigitte interviewt, um neben der aktuellen Lektüre zusätzlich Einblicke in medienbiografische Entwicklungen nehmen zu können. Um zu vermeiden, ausschließlich Befunde zu einer spezifischen Gruppe zu generieren, wurde das Sample nach Lebensalter und Bildung systematisch quotiert (Müller 2010, S. 132ff.). So sind Frauen im Alter zwischen 23 und 69 Jahren in gleichen Teilen vertreten, ebenso wurde auf eine gleichmäßige Verteilung auf Leserinnen mit und ohne Hochschulstudium geachtet. Zudem wurden sowohl Frauen aus Städten zwischen 3,5 Millionen und 59.000 Einwohnern befragt als auch darauf geachtet, dass unterschiedliche Lebenszusammenhänge hinsichtlich der Gestaltung von Berufstätigkeit, Partnerschaft und Familie im Sample vertreten waren. Als Fall wurde die einzelne Befragte festgelegt (s. auch Krotz, *in diesem Band*) und bezüglich ihrer spezifischen Eigenschaften wie auch in Relation zu den anderen Befragten betrachtet. Ein Fall gestaltete sich etwa so:

• Judith ist eine Physiotherapeutin, die das Gymnasium in der 12. Klasse ohne Abitur verlassen hat. Sie ist bei der Befragung 55 Jahre alt. Sie ist geschieden und lebt alleine. Judith hat keine Kinder und wohnt in einer mittelgroßen Stadt in Niedersachsen. Sie kauft Brigitte regelmäßig und liest sie seit 1980. Judith schätzt es, sich auf Basis der Lektüre mit geschlechtsgebundenen Themen auseinanderzusetzen und selektiert bei der Rezeption die Artikel stark interessenbezogen.

Kontrastiv zu Judith sind die Lebenssituationen der Fälle Bettina und Anna angelegt. In Bezug auf die Aushandlung von Geschlecht ist die Differenz hinsichtlich ihrer Sozialisation bzw. ihrer sexuellen Orientierung instruktiv:

• Bettina ist Diplom-Ökonomin, aber zum Zeitpunkt des Interviews nicht mehr berufstätig. Sie ist 58 Jahre alt, verheiratet, hat zwei erwachsene Kinder und lebt in einer Großstadt im Osten Deutschlands. Die Zeitschrift Brigitte liest sie seit 1982. Zu diesem Zeitpunkt ist sie aus der Deutschen Demokratischen Republik (DDR) in die Bundesrepublik übergesiedelt. Die Auseinandersetzung mit dem Frauenbild in Brigitte hat sie vor dem Hintergrund ihrer Sozialisation in der DDR als wichtig erlebt. Die Zeitschrift diente ihr nach ihrem Umzug als Orientierung, um die westdeutsche Sicht auf Geschlecht und Geschlechterrollen besser zu verstehen. In ihrer aktuellen Lektüre sucht sie eine Auseinandersetzung mit den Geschlechterartikulationen junger Frauen.

- Anna ist Theaterpädagogin, hat studiert und wohnt in einer Universitätsstadt im Rheinland. Sie ist zum Zeitpunkt des Interviews 30 Jahre alt. Anna lebt in einer Partnerschaft mit einer Frau, hat jedoch eine eigene Wohnung und keine Kinder. Die Zeitschrift Brigitte liest sie seit 1983. Damals begann sie, die Kinderseite in Ausgaben zu nutzen, die ihre Mutter kaufte. Später nutzte sie das Abonnement ihrer Mutter mit. Inzwischen ist sie selbst Abonnentin. In Bezug auf den Aspekt ‚Geschlecht' besitzt dieser Fall auf zweifache Weise Erklärungskraft: Als lesbisch lebende Frau sind für Anna einerseits die Frauenpaare in Brigitte relevant. Sie schätzt es, dass die Zeitschrift lesbisches Leben als Normalität präsentiert. Außerdem vermisst sie in ihrem Berufsalltag die Präsenz geschlechtsgebundener, dezidiert als weiblich konnotierter Themen. In der Auseinandersetzung mit der Zeitschrift kompensiert sie diesen Bereich, weil sie seine geringe Präsenz als Mangel empfindet.

Die leitfadengestützte Befragung wurde durch ein medienbiografisches Interview und einen ‚Copytest' ergänzt (Müller 2010, S. 137), das heißt im Rahmen der Interviews wurde eine aktuelle Ausgabe von Brigitte, die die Befragten bereits gelesen hatten, gemeinsam gesichtet und währenddessen inhaltliche Fragen sowie die konkrete Nutzung der Ausgabe besprochen. Der Copytest diente einerseits dazu, Rezeptionsgewohnheiten zu erfragen, die aus dem Gedächtnis schwer zu rekonstruieren sind. Andererseits konnte so die Aneignung der Inhalte nachvollzogen werden, da die Leserinnen erläuterten, welche der Artikel sie rezipiert und welches Lektüreerlebnis sie bei der Aneignung hatten (Müller 2010, S. 143ff.). Dieses offene Vorgehen war besonders für die Erhebung von Doing Gender-Prozessen wichtig, um Gender-Artikulationen zu ermöglichen (Ang und Hermes 1994). Sie konnten nicht direkt erfragt werden, da Geschlecht von den Frauen selbst hervorgebracht und diese Prozesse nicht durch die Fragen im Interview initiiert werden sollten, um einen möglichst realistischen Einblick in die (De-)Konstruktion von Geschlecht zu bekommen und keine künstlichen Konstruktionen zu erzeugen (Müller 2010, S. 147). Die transkribierten Interviews wurden anschließend unter Verwendung der qualitativen Inhaltsanalyse nach Mayring (2003) und dem Kodierverfahren der Grounded Theory ausgewertet (Müller 2010, S. 151-166). Für die Untersuchung von Doing Gender-Prozessen bei der Zeitschriftenlektüre erschien die Auswertung ausschließlich mit der strukturierenden Inhaltsanalyse nach Mayring (2003) nicht gegenstandsangemessen, da einerseits über das Kategoriensystem bestimmte Vorannahmen in die Auswertung eingeflossen wären. Zum anderen werden Geschlechterrollenentwürfe in der Situation des Interviews artikuliert und sind deshalb flüchtig. Es war daher anzunehmen, dass bei einer Analyse mittels eines vorgefertigten Rasters viele Identitätskonstruktionen nicht erfasst worden wären, da sie im Kategoriensystem unter Umständen erst gar nicht angelegt waren.

2.2   Kodieren mit der Grounded Theory in Theorie und Praxis

An dieser Stelle soll anhand von konkreten Arbeitsschritten eines Ausschnitts verdeutlicht werden, wie die Interviewmaterialien mithilfe der Analyseinstrumente der Grounded Theory in der vorliegenden Studie ausgewertet wurden. Es geht in dieser Darstellung der forschungspraktischen Vorgänge jedoch nicht darum, „Rezeptbuchwissen" (Krotz 2005, S. 157) zu vermitteln, das schematisch auf jede beliebige Studie angewandt werden kann. Vielmehr soll an Beispielen greifbar gemacht werden, wie die Analyse der Frauenzeitschriftenrezeption im Rahmen der hier vorgestellten Studie abgelaufen ist.

Grundsätzlich sind Forschende mit Blick auf ihre Forschungsgegenstände aufgefordert, ihre eigene Kreativität ins Spiel zu bringen und beim Kodieren flexibel zu bleiben: „Grounded Theory coding is part work but it is also part play. We play with the ideas we gain from the data" (Charmaz 2014, S. 137). Wie bei der Anwendung jedes qualitativen Verfahrens sollten die Forschenden zudem ihren eigenen Standpunkt reflektieren, die einzelnen Arbeitsschritte kritisch prüfen und während des Forschungsprozesses immer wieder an frühere Stadien der Untersuchung anknüpfen und ihre Schlussfolgerungen abgleichen, um die notwendige Distanz zum Arbeitsprozess und der eigenen Auswertung zu wahren und die Fallrekonstruktion und Theoriegenerierung zu validieren.

Übergreifend lässt sich festhalten, dass in der Grounded Theory Material kodiert wird, um „die Vielfalt unterschiedlicher Aussagen in den Protokollen und Interviews auf ihren allgemeinen Kern zu reduzieren, zusammenzufassen und zu verdichten" (Krotz 2005, S. 179). Das Ziel dieser schrittweisen Analyse ist es, eine Theoretische Sättigung zu erreichen (Strauss 1998, S. 49). Sie tritt ein, wenn sich alle Daten widerspruchslos zu der gebildeten Theorie in Beziehung setzen lassen und keine neuen Einsichten mehr gewonnen werden. Die Analyseschritte, auf deren Basis eine Grounded Theory gebildet wird, folgen methodischen Verfahrensregeln, die hier anwendungsorientiert nachgezeichnet werden sollen. Damit die Analyse den Anforderungen entspricht, systematisch, nachvollziehbar, reproduzierbar, begrifflich präzise und verallgemeinerbar zu sein, ist es ratsam, die Kodieranweisungen einzuhalten und alle dazugehörigen Arbeitsschritte umzusetzen (Strauss und Corbin 1996, S. 18). Dabei kommt es jedoch nicht so sehr darauf an, die Abschnitte des Kodierens und Kategorisierens als exakte Reihenfolge zu durchlaufen, sondern auf das Herausarbeiten von Beziehungen innerhalb der Daten. Die Regeln des Kodierens und der Datensammlung garantieren zwar nicht, dass bei der Analyse desselben Datenmaterials durch unterschiedliche Personen automatisch derselbe Analyseweg beschritten würde – jedoch sichern sie ab, dass diese auch auf unterschiedlichen

Wegen in der Auswertung und Theoriebildung zu analogen Ergebnissen und Einsichten kommen sollten (Krotz 2005, S. 163, und Krotz, *in diesem Band*).

Im konkreten Projekt zur Analyse der Artikulation von Geschlecht bei der Frauenzeitschriftenrezeption dienten die Analyseinstrumente der Grounded Theory aufgrund ihres induktiven Charakters vor allem dazu, Doing Gender-Prozesse aus dem Material herauszuarbeiten. Offenheit dem Gegenstand gegenüber, wie sie eine Analyse mit den Verfahrensregeln der Grounded Theory bietet, war im Fall der Beispielstudie essenziell, um vertiefend und verstehend in das Material eintauchen zu können. Sie ermöglichte es, theoretisch sensibel aus dem Datenmaterial Aspekte von Geschlechterartikulationen herauszuarbeiten und diese im Kodierprozess zu aussagekräftigen Kategorien zu verdichten. Die Kodierung erfolgte dabei unter Verwendung der Auswertungssoftware ATLAS.ti (s. Abb. 1).

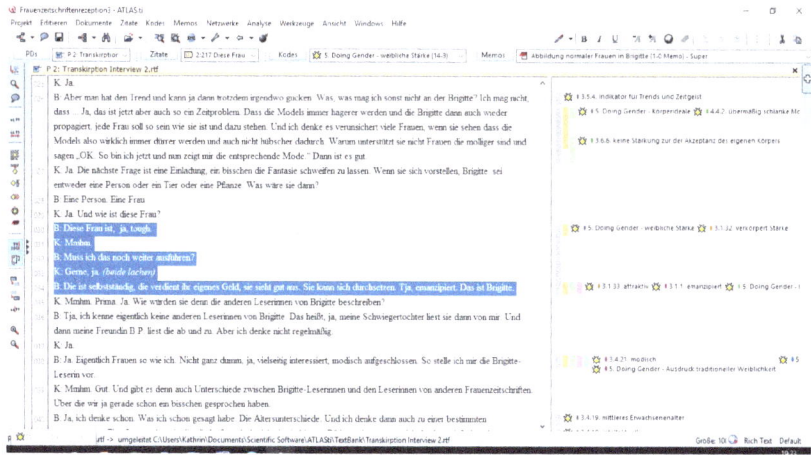

Abb. 1   Kodieren mit ATLAS.ti: Auszug aus einem Interview
(Quelle: eigene Darstellung/Screenshot ATLAS.ti)

Die Analyseschritte werden im Folgenden nacheinander dargestellt, auch wenn es im zirkulären Kodierprozess notwendig ist, sich wiederholt mit dem Material auseinanderzusetzen, um Beziehungen in den Daten aufzuspüren und Kontexte zu erhalten, die inhaltlich mit den zentralen Fundstellen in Zusammenhang stehen und helfen, ihren Gehalt zu erklären. Kodieren mit der Grounded Theory basiert auf drei Analyseschritten: dem *offenen Kodieren*, dem *axialen Kodieren* und dem *selektiven Kodieren* (s. auch Strübing bzw. Bischof und Wohlrab-Sahr, *in diesem Band*).

Das *offene Kodieren* ist der erste Schritt und die Basis der Analyse. Im Zuge dessen wird das Material ‚aufgebrochen' und die Daten werden systematisch untersucht und miteinander verglichen. Es dient dazu Aspekte aus dem Datenmaterial herauszuarbeiten, die bedeutsam für die Beantwortung der Forschungsfrage sind. In der Anwendung werden in diesem Schritt zunächst alle vorhandenen Daten – in unserem Beispiel die Interviewtranskripte – gesichtet. Dabei wird nach Passagen gesucht, in denen die Befragten Aussagen zum Thema der Untersuchung machen bzw. an denen sich beobachten lässt, wie sie in sozialen Situationen agieren, und deren Verständnis zur Klärung der Forschungsfrage beitragen könnte. Für die Frage nach Doing Gender-Prozessen bei der Frauenzeitschriftenlektüre sind im Material während der Auswertung entsprechend Äußerungen der Leserinnen herausgefiltert worden, in denen sie entweder

- geschlechtsgebundene Äußerungen, auch jenseits von Weiblichkeit oder Männlichkeit, artikulierten,
- allgemeine Aussagen über Weiblichkeit oder Frausein machten,
- sich als Frau bezeichneten,
- sich selbst mit traditionell als ‚weiblich' konnotierten Attributen belegten (zum Beispiel als mütterlich, häuslich oder körperlich attraktiv),
- Weiblichkeit in Abgrenzung zu Männlichkeit definierten
- oder sich zur Thematisierung von Geschlecht in Frauenzeitschriften äußerten.

Auf die folgende Fundstelle trifft dies beispielsweise zu: Eine Brigitte-Leserin sagte im Interview, die Lektüre der Zeitschrift lege nahe,

> „dass man halt sich auch engagieren muss. Und dass man eben kämpfen muss immer. Also ich meine, das habe ich sowieso mein Leben lang gemacht. Und da fühlt man sich dann bestärkt, dass die anderen Frauen das eben auch machen müssen. Man muss eben immer gegen die Schwierigkeiten angehen."

In dem Zitat finden sich der zweite und dritte Aspekt der Liste. So bezeichnet sich die Leserin als Frau. Außerdem definiert sie, wie sie die Lebensrealität von Frauen versteht: Sie sieht das weibliche Leben als von Kämpfen und der Notwendigkeit geprägt, sich durchzusetzen und zu behaupten. Hier wird also ein emanzipierter Entwurf von Weiblichkeit artikuliert. Die Leserin definiert, wie sie Weiblichkeit versteht und setzt die Darstellung von Geschlecht in Brigitte in ein Verhältnis zu ihrem eigenen Verständnis.

Nachdem eine solche Fundstelle in den Daten lokalisiert worden ist, gilt es im offenen Kodieren, die Aussage in Indikatoren zu zerlegen, um sie zu einem abstrahierenden Etikett, dem sogenannten ‚Konzept' zusammenzufassen. Zum

Begriff des ‚Konzepts' sei angemerkt, dass die Terminologie der Grounded Theory diesbezüglich nicht ganz trennscharf und autorenabhängig ist. In der vorgestellten Studie wurden unter ‚Konzepten' die ersten (Teil-)Ergebnisse des offenen Kodierens verstanden (s. Abb. 2). Ein Konzept sollte so formuliert sein, dass es eine Antwort auf die Forschungsfrage gibt – in unserem Beispiel also darauf, wie in der kodierten Passage Geschlecht thematisiert wird. Die Benennung eines Konzepts kann vom Forschenden neu gebildet oder *in vivo*, also wortwörtlich aus dem Datenmaterial entnommen werden. Konzepte schwanken hinsichtlich ihres Umfangs und können in der Länge zwischen einem Wort und einem Satz variieren. Sie sollten die Textstelle präzise beschreiben und zusammenfassen, gleichzeitig sollen die untersuchungsrelevanten Informationen enthalten sein. Folglich muss das Konzept möglichst konkret sein, damit die Spezifik der kodierten Aussage erhalten bleibt. Es ist zudem wichtig, dass das Abstraktionsniveau an dieser Stelle nicht zu hoch gewählt wird, denn das Konzept ist die kleinste Einheit, in die erkenntnisbringendes Material untergliedert wird. Das Ziel dieses Analyseschrittes in der ersten Phase des *offenen Kodierens* ist es also, inhaltliche Umschreibungen für Passagen zu finden, die ebenfalls auf potenzielle weitere Fundstellen passen (können). Zu der oben zitierten Passage wurde das Konzept ‚starke Frauen als Rollenvorbilder' gebildet.

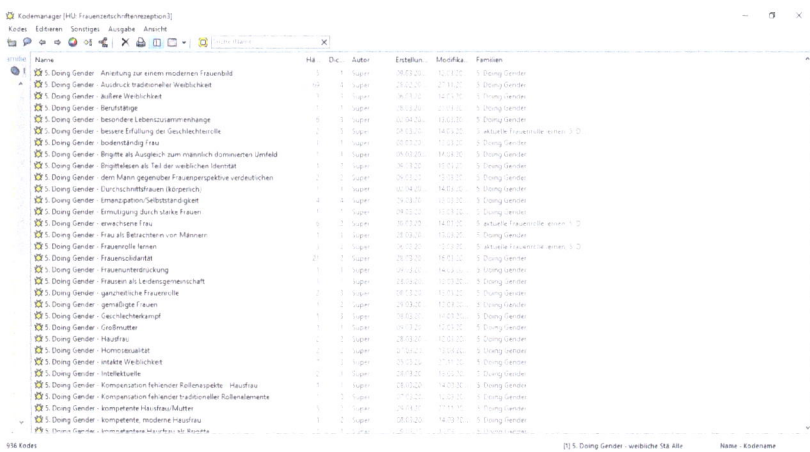

Abb. 2 Beim offenen Kodieren erstellte Liste von Konzepten
(Quelle: eigene Darstellung/Screenshot ATLAS.ti)

Ein höheres Level an Abstraktion der im Datenmaterial gefundenen Einsichten, die zuvor als Konzepte formuliert wurden, wird in der zweiten Phase des offenen Kodierens angestrebt, in der die Konzepte miteinander in Beziehung gesetzt werden (Strauss und Corbin 1996, S. 43). Im Beispiel wurden in diesem Schritt die zu Konzepten zusammengefassten Gender-Artikulationen noch einmal verdichtet, um übergreifende Kategorien zu bilden. Dazu wurden alle Konzepte, die zuvor ermittelt worden sind, in Bezug auf ihren inhaltlichen Gehalt miteinander verglichen sowie anschließend thematisch sortiert und miteinander ins Verhältnis gesetzt. In diesem Schritt wurden Beziehungen zwischen den Konzepten herausgearbeitet, indem zum Beispiel Konzepte bestimmt wurden, die übergreifende Aspekte benennen, und ihnen wurden thematisch zugehörige, aber weniger abstrakte Konzepte untergeordnet. In einer anderen Variante wurde bestimmt, wie sich die Beziehung zwischen den Konzepten darstellt, um zum Beispiel Konzepte als ähnlich oder unterschiedlich zu definieren. Durch die Gruppierung von inhaltlich zusammenhängenden Konzepten konnte nun weiter abstrahiert werden. Dieser Arbeitsschritt diente dazu, übergreifende Unterkategorien zu bilden. In dem gewählten Ausschnitt etwa wurde das Konzept ‚starke Frauen als Rollenvorbilder' als Name für eine Unterkategorie übernommen, nachdem es mit weiteren Konzepten aus dem Material in Verbindung gebracht wurde, darunter die Konzepte ‚Durchsetzungsfähigkeit', ‚Konsequenz', ‚Direktheit', ‚Unangepasstheit' oder ‚vorbildliches Agieren'. Sie stehen für einen emanzipativen Geschlechterrollenentwurf und wurden entsprechend unter die Unterkategorie ‚starke Frauen als Rollenvorbilder' subsumiert. Unterkategorien werden also gebildet, indem innerhalb der Konzepte eine zentrale Aussage bestimmt wird, unter der andere Konzepte als Eigenschaften oder Aspekte integriert werden können. Insgesamt dient diese Phase des offenen Kodierens der Abstraktion und der Ausformulierung erster Teilerkenntnisse.

Im zweiten Auswertungsschritt, dem *axialen Kodieren*, werden Zusammenhänge zwischen den Unterkategorien hergestellt und es wird rekonstruiert, wie sich diese verschiedenen Facetten zu einem *Phänomen* zusammenfügen. Das Phänomen ist eine zentrale Beobachtung im Material, die uns bei der Beantwortung der Forschungsfrage hilft. Um es zu bestimmen, werden Unterkategorien zusammengefasst, indem sie, wie zuvor die Konzepte, zueinander ins Verhältnis gesetzt werden. Auf dieser Basis werden wiederum übergreifende Themen im Material bestimmt und inhaltlich gefüllt, indem verschiedene Unterkategorien unter ein Phänomen integriert werden. Dieser Analyseabschnitt bezieht sich nun nicht mehr auf die Interviewtranskripte, sondern auf die bereits formulierten Unterkategorien. Trotzdem spielen die Transkripte weiter eine Rolle, denn an dieser Stelle des Forschungsprozesses ist ein fortwährender Wechsel zum offenen Kodieren in das Interviewmaterial ratsam, um das Material weiterhin induktiv zu ergänzen und sich Zusammenhänge im Datenmaterial erschließen zu können. Geht es bei der Analyse im axialen Kodieren um Handlungsverläufe, so empfiehlt sich die Anwendung des „paradigmatischen Modells" (Strauss und Corbin 1996, S. 78ff.): Innerhalb dieses Modells werden Kontextbedingungen um eine zentrale, für das Verständnis des Untersuchungsgegenstands relevante Handlung gruppiert.

Für die Analyse der Doing Gender-Prozesse wurden die Kategorien mithilfe von ATLAS.ti in Netzwerken einander zugeordnet und ihre Beziehungen über Pfeile dargestellt (zur Netzwerk-Funktion der Software s. Friese, *in diesem Band*). Eine Einordnung in das paradigmatische Modell erschien nicht sinnvoll, weil die Forschungsfrage nicht auf alltagsweltliches Handeln zielte. Stattdessen wurden inhaltliche Zusammenhänge herausgearbeitet.

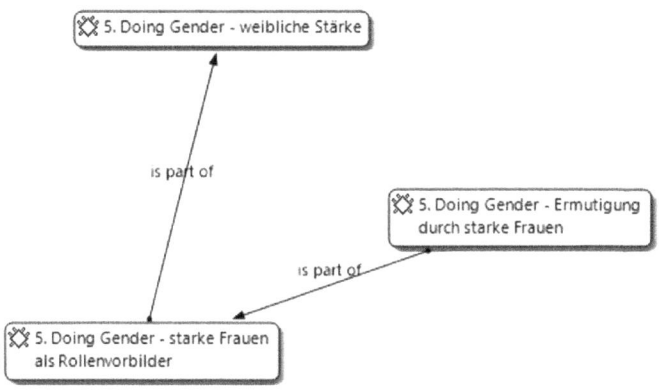

Abb. 3   Gruppierung von Kategorien im axialen Kodieren
(Quelle: eigene Darstellung/Screenshot ATLAS.ti)

Abbildung 3 zeigt beispielhaft, wie im axialen Kodieren die Beziehungen der Unterkategorien untereinander herausgearbeitet wurden. Die Unterkategorie ‚Ermutigung durch starke Frauen' wurde als Teil der Unterkategorie ‚starke Frauen als Rollenvorbilder' identifiziert, die wiederum zu der Unterkategorie ‚weibliche Stärke' gehört. Weil diese Unterkategorie zentral ist und sich die anderen Unterkategorien um sie herum gruppieren lassen, wurde sie zum Namensgeber für die neu gebildete Kategorie ‚weibliche Stärke'. Innerhalb der Gruppe der Kategorien wird also durch Vergleiche beim axialen Kodieren eine Hierarchie gebildet, um eine gegenstandsbezogene Kategorie zu erarbeiten, sprich „ein Kernkonzept, das im konkreten Handeln und Beurteilen eine besondere Rolle spielt" (Krotz 2005, S. 184). Es gibt damit Hinweise zur Beantwortung der Forschungsfragen und unterstützt die Theoriegenerierung. In der Beispielstudie wurden fünfzehn Kategorien gebildet, indem Unterkategorien zusammengefasst und miteinander in Beziehung gesetzt wurden.

Den letzten Schritt innerhalb des Kodierprozesses bildet das *selektive Kodieren* (Krotz 2005, S. 184f.). Dabei werden die Kategorien ähnlich wie zuvor im axialen Kodieren daraufhin überprüft, wie sie einander bedingen oder gegeneinander kontrastieren. Das Ziel ist es, eine oder mehrere Schlüsselkategorien zu ermitteln, um welche herum alle anderen Kategorien gruppiert werden können und zu denen sie sich widerspruchslos, also ohne dass es zu inhaltlichen Unstimmigkeiten kommt, in Beziehung setzen lassen. Da die Schlüsselkategorien ein hohes Abstraktionslevel und vollkommene Trennschärfe bezüglich ihrer analytischen Aussage zueinander aufweisen müssen, sollten jeweils nur sehr wenige von ihnen innerhalb der Auswertung entwickelt werden. Gibt es viele Schlüsselkategorien, so ist zu überprüfen, ob das Datenmaterial bereits hinreichend verdichtet worden ist. Aus dem verdichteten Material wird im Prozess der Kategorienbildung folglich ein roter Faden herausgearbeitet, der das untersuchte Phänomen im Kern beschreibt und – im Falle der vorliegenden Beispielstudie – erklärt, wie die Befragten Geschlecht artikulieren. Die Schlüsselkategorien werden somit erst am Ende der Datenanalyse gebildet, wenn das offene und axiale Kodieren durchlaufen wurden und aus dem Datenmaterial keine neuen Konzepte und Kategorien mehr generiert werden können.

In unserem Beispiel der Analyse von Doing Gender-Prozessen bei der Frauenzeitschriftenrezeption sind die Beziehungen zwischen den fünfzehn im axialen Kodieren ermittelten Kategorien herausgearbeitet worden. Nach einem übergreifenden Vergleich wurden im Zuge des selektiven Kodierens solche Kategorien zusammengefasst, die thematisch Ähnliches bezeichneten. Die Kategorie ‚weibliche Stärke', deren Entwicklung oben beschrieben wurde, wurde zum Beispiel mit den Kategorien ‚Intellektuelle', ‚progressive Weiblichkeit' und ‚unabhängige Frau' zusammengefasst und daraus die Schlüsselkategorie ‚starke, progressive Weiblichkeit erleben' gebildet. Diese Schlüsselkategorie integriert alle vier genannten Kategorien und abstrahiert ihren Aussagegehalt ein weiteres Mal (s. Tab. 1).

Tab. 1 Schlüsselkategorie ‚Starke, progressive Weiblichkeit erleben' und die ihr zugeordneten Kategorien und Konzepte

Konzepte	integrierte Kategorien	Schlüsselkategorie
• Intellektuelle		
• Spannungsfeld Intellektuelle versus Brigitte-Leserin	1. ‚Intellektuelle'	
• moderne Frauendarstellungen		
• Anleitung zu einem modernen Frauenbild	2. ‚Progressive Weiblich-	
• Betrachterin von Männern	keit'	‚Starke, progressive
• Mittelschichtfrau		Weiblichkeit erleben'
• Berufstätige		
• unabhängige Frau	3. ‚Unabhängige Frau'	
• Unabhängigkeit		
• Weibliche Stärke		
• Ermutigung durch starke Frauen	4. ‚Weibliche Stärke'	
• Starke Frauen als Rollenvorbilder		

Dasselbe Verfahren wurde mit den verbleibenden elf Kategorien durchgeführt, aus denen fünf weitere Schlüsselkategorien entstanden (Müller 2010, S. 338). Inhaltlich fassen die insgesamt sechs Schlüsselkategorien übergreifend und abstrahierend zusammen, in welchen Varianten Weiblichkeit bei der Lektüre der klassischen Frauenzeitschrift Brigitte durch die Befragten artikuliert wurde, indem sie den Gehalt vieler einzelner Aussagen in thematisch konsistenten Einheiten bündeln. Damit stellt das Auswerten von Interviews gemäß der Grounded Theory auch ein effektives Mittel zur (schrittweisen) Reduktion des umfangreichen Datenmaterials dar: Aus 289 Interviewpassagen auf 650 Transkriptseiten wurden im Zuge des Kodierens 56 Konzepte herausgearbeitet, aus denen wiederum fünfzehn Kategorien gebildet und schließlich sechs Schlüsselkategorien entwickelt wurden.

Aus diesen sechs Schlüsselkategorien entstand im Anschluss eine gegenstandsbezogene Theorie über das Doing Gender bei der Frauenzeitschriftenlektüre. Dazu wurden die Schlüsselkategorien ‚Performativitäten traditioneller Rollenentwürfe', ‚Konstruktion gesellschaftlich geprägter Weiblichkeitsentwürfe', ‚Naturalisierte Weiblichkeit', ‚Starke, progressive Weiblichkeit erleben', ‚Feminine Körperlichkeit nachempfinden' und ‚Geschlechterperformativität jenseits der Heteronormativität' übergreifend diskutiert. Sie machten deutlich, dass erstens bei der Lektüre von Brigitte Geschlecht eine Rolle spielt und die Frauen äußern, dass sie weiblich sind, weil sich alle Selbstzuschreibungen eindeutig auf das Frau-sein beziehen. Zweitens zeigen die Schlüsselkategorien, dass die Geschlechterrollenentwürfe vielfältig sind, denn sie variieren zwischen traditionellen und emanzipativen Artikulationen von Weiblichkeit. Und drittens wurde deutlich, dass Zweigeschlechtlichkeit, also die Unterscheidung zwischen Mann und Frau, hervorgebracht wird. Alternative Konzepte jenseits dieser binären Geschlechterordnung – also Geschlechterartikulationen jenseits von Männlichkeit und Weiblichkeit – wurden im Zuge der Auswertung des Interviewmaterials nicht identifiziert. Die Theoretische Sättigung wurde als erreicht angesehen, sobald im Kodierprozess keine neuen Geschlechterartikulationen mehr ermittelt bzw. den herausgearbeiteten Geschlechterartikulationen keine neuen Aspekte mehr zugefügt werden konnten. Die Ergebnisse des Kodierens sind Ausdruck einer intensiven Auseinandersetzung mit den Daten und der induktiven Analyse des Interviewmaterials, welches keine direkten Fragen zur geschlechtlichen Identität der Leserinnen beinhaltete, sondern sich zunächst nur auf die Lektüre von Frauenzeitschriften bezog (Müller 2010, S. 314-357). Ergänzend ist anzumerken, dass es sich um Doing Gender-Prozesse handelt, die speziell bei der Lektüre von Brigitte relevant sind. Sofern diese Artikulationen nicht direkt Bezug auf inhaltliche Spezifika von Brigitte nehmen – dazu zählt etwa der Anspruch der Zeitschrift, auch politische und soziale Themen aufzugreifen – sind die Befunde hinsichtlich der Artikulation von Geschlecht bei der Lektüre anderer klassischer Frauenzeitschriften verallgemeinerbar.

Als entscheidendes Hilfsmittel in allen Schritten des Kodierprozesses haben sich *Memos* und *Kommentare* erwiesen (s. Abb. 4). Das sind kurze Texte, die Ideen, theoretische Überlegungen oder Fragen sowohl zu konkreten Stellen im Interviewmaterial als auch zum Forschungsprozess selbst beinhalten und bereits entdeckte oder vermutete Zusammenhänge dokumentieren. Sie sollten mit eindeutigen, unterscheidbaren Namen versehen werden, damit sie im Verlauf des

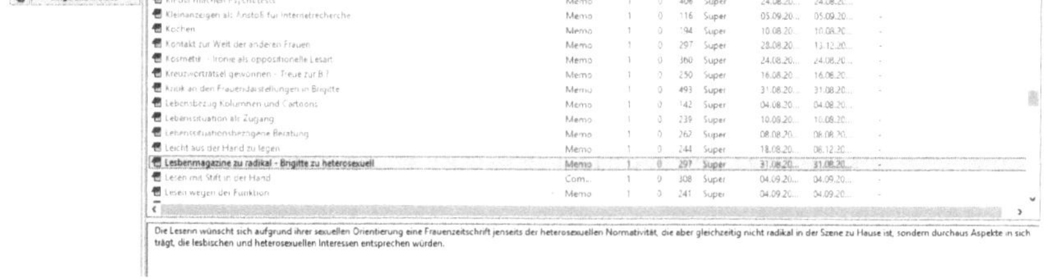

Abb. 4   Auszug aus der Liste der Memos
(Quelle: eigene Darstellung/Screenshot ATLAS.ti)

Forschungsprozesses problemlos zugeordnet und erneut gesichtet werden können. In der Auswertung werden diese Texte herangezogen, um die Interpretation zu ergänzen, zu bestätigen oder später gewonnene Aspekte damit zu vergleichen (s. auch Linke bzw. Friese, *in diesem Band*).

3   Potenziale und Limitierungen des theoretischen Kodierens von Interviewmaterial

Die Beispielstudie zeigt, dass die Verfahrensschritte der Grounded Theory für die Analyse von Interviewtranskripten eingesetzt werden können, auch wenn sie ursprünglich nicht als reines Auswertungsinstrument gedacht waren. Da sich Grounded Theory mehr als Stil denn als Methode versteht, ist es auch ohne die Umsetzung des gesamten Erhebungs- und Analyseprozesses möglich, ihrem Grundverständnis folgend zu forschen. Weil in der Grounded Theory die Induktion ein fester Bestandteil der Datenanalyse ist (Strauss 1994, S. 37ff.), eignet sie sich vor allem zur Analyse von Interviews, in denen entweder nach Aspekten der Mediennutzung gefragt wird, über die bislang kaum Informationen und Vorwissen vorliegen, oder die in erster Linie implizit im Material angelegt sind.

Der Beitrag macht deutlich, dass das Kodieren von Interviewmaterial losgelöst vom holistischen Konzept der Grounded Theory möglich ist, welches die Erhebung *und* Auswertung von Daten als Kreislauf versteht (Strauss 1998; Strübing bzw. Krotz, *in diesem Band*). Er zeigt außerdem, dass die Kodierverfahren, die im Kontext der Grounded Theory entwickelt wurden, eine induktive sowie theoretisch sensible Analyse von Interviewdaten erlauben (Müller 2010, S. 156). Auch wenn es sich um eine Abweichung von der Ursprungsidee handelt, steht das Verfahren, so wie es hier im Text erläutert wurde, mit der Zuspitzung als Analyseinstrument für die übliche Verwendung der Grounded Theory in der Kommunikationswissenschaft. So gibt es kaum kommunikationswissenschaftliche Studien, in denen das Verfahren als Forschungshaltung im gesamten empirischen Projekt vollständig realisiert wurde. Üblicher ist es, die Analysetechniken selektiv zur Untersuchung von Datenmaterial zu verwenden (Scheu 2016, S. 84; s. auch Scheu et al., *in diesem Band*), weil mit ihnen eine systematische Analyse realisiert werden kann, ohne dass ein von zu engen Vorannahmen geprägtes Kategoriensystem zum Einsatz kommt (Christmann 2006, S. 285). Diese Art der Anwendung widerspricht zwar dem Rat von Strauss und Corbin: „Befolgen Sie das Forschungsverfahren. […] Der Wechsel zwischen Erheben und Analysieren von Daten hat seinen guten Grund" (Strauss und Corbin 1996, S. 29). Dennoch ist sie legitim, denn schließlich ist auch

‚Kreativitat' ein Grundprinzip der Grounded Theory (Strauss und Corbin 1996, S. 27), das Forschende dazu auffordert, selbstständig mit der Methode umzugehen: „ohne Ihre Kreativität geht es nicht. Und Kreativität bedeutet in diesem Fall auch, dass Sie die im Prinzip verstandenen Grundregeln theoriegenerierenden Forschens auf den Spezialfall zuschneiden müssen, mit dem Sie zu tun haben" (Krotz 2005, S. 157). Eine Anpassung der Methode an das eigene Forschungsvorhaben ist also erwünscht und notwendig. Entsprechend können die Instrumente der Grounded Theory als „Kasten qualitativer Analysewerkzeuge" (Bregenstroth 2003, S. 74) angesehen und somit auch ausschließlich zur Auswertung angewandt werden. In diesem Sinne werden sie in diesem Beitrag verstanden und ihre spezifischen Stärken herausgearbeitet. Mit diesem Vorgehen soll die Sinnhaftigkeit der Umsetzung des Kreislaufmodells (Glaser und Strauss 2005) keinesfalls infrage gestellt werden. Es wird vielmehr ein spezifischer Teilbereich des Methodenspektrums der Grounded Theory herausgegriffen und hinsichtlich seines Nutzens für kommunikationswissenschaftliche Fragestellungen diskutiert. Die Anwendbarkeit des vollständigen Verfahrens für diesen Bereich hat Krotz (2005) umfassend und vertiefend dargelegt.

Der Vorteil einer Analyse mit der Grounded Theory ist, dass sie im Gegensatz zu herkömmlichen Verfahren wie der qualitativen Inhaltsanalyse nach Mayring (2003) das Interviewmaterial nicht „atomistisch-reduktiv" (Christmann 2006, S. 285) zerlegt und damit Zusammenhänge zerstört. Sie wird vielmehr „der strukturellen Komplexität von kommunikativen Vorgängen gerecht" (Christmann 2006, S. 285), indem sie Beziehungen herausarbeitet. Im Gegensatz zu hermeneutischen Verfahren stellt sie zudem nicht Sinnstrukturen (Flick 2002, S. 311), sondern „Phänomene" (Strauss und Corbin 1996, S. 78) und die um sie gruppierten Handlungen und Kontexte ins Zentrum des analytischen Interesses. Entsprechend ist die Methode besonders für die Beantwortung von kommunikationswissenschaftlichen Fragestellungen mit einem handlungstheoretischen Hintergrund aus der Rezeptions- und Aneignungsforschung geeignet. Sie ermöglicht es, während der Analyse des Datenmaterials Zusammenhänge zu verstehen und gleichzeitig vom spezifischen Fall auf geteilte Handlungs- und Deutungsmuster zu abstrahieren. Als Analysetechnik ist sie daher geeignet, kontextorientierte Perspektiven zu unterstützen und Fragen nach der Verbindung von Alltag, Medienhandeln und Bedeutungsproduktion zu beantworten (Müller 2010).

Durch das offene, aber regelgeleitete Vorgehen können unbekannte oder unvermutete Aspekte aus dem Datenmaterial hergeleitet werden, die bei einer qualitativen Inhaltsanalyse aufgrund der dabei nötigen Stringenz des Kategoriensystems verloren gehen würden. Bei der Analyse mit den methodischen Schritten der Grounded Theory hingegen ist es möglich und sogar intendiert, unvermutete Aspekte im Datenmaterial zu finden. Die Vorgehensweisen zeichnen sich zudem durch ihre

Gründlichkeit im Umgang mit den Daten aus, die vor allem durch das kleinschrittige Vorgehen und die kontinuierliche Rückbindung der Analyse an das Material zustande kommt. Darüber hinaus werden durch die konsequente Orientierung am Interviewmaterial Fehlschlüsse aufgrund von schichtspezifischem Denken, Vorwissen und Vermutungen des Forschenden methodisch reflektiert (s. auch Kannengießer, *in diesem Band*).

Da das Kodieren mit der Grounded Theory aufgrund seines Kreislaufcharakters ungleich aufwendiger ist als beispielsweise das Kodieren mit der qualitativen Inhaltsanalyse (Mayring 2003), sollte ihr Einsatz als Analyseinstrument in der Rezeptionsforschung abhängig von forschungspraktischen und -ökonomischen Erwägungen bewertet werden. Er lohnt sich vor allem dann, wenn es um ein tieferes Verständnis des Medienhandelns geht, also darum Zusammenhänge zwischen der Nutzung von Medien und anderen Kontextfaktoren zu erfassen. Beispielsweise zur Analyse von Interviews, die Fragen der (Medien-)Aneignung beinhalten oder komplexe Handlungen in den Blick nehmen, denen neben dem Alltagshandeln eine symbolische Bedeutung zukommt. Zudem erfordert das Analysieren mit den Methoden der Grounded Theory eine gewisse Übung: Sie ist kein Verfahren, das sich kurzfristig erlernen lässt. Um die einzelnen Schritte erfolgreich anzuwenden, bedarf es eines zeitlichen Vorlaufs, während dem sich die Kodierenden am Material ausprobieren, und genügend Zeit, um die Validität der Theorie am Material rückwirkend zu überprüfen.

Zusammenfassung

Die methodischen Techniken der Grounded Theory sind entwickelt worden, um menschliches Handeln in seinen Zusammenhängen und Bedeutungen zu verstehen. Entsprechend ermöglichen sie es, den Verlauf und die Hintergründe von Aneignungsprozessen oder komplexe Mediennutzungsphänomene verstehend zu analysieren. Diese Ausgangsbasis eint die Grounded Theory mit ethnografischen und handlungstheoretisch gerahmten Rezeptionsstudien (Hepp et al. 2014; Röser und Peil 2014). Deshalb eignen sich ihre Kodierverfahren für die Analyse von Interviewmaterial, welches im Rahmen solcher Vorhaben entstanden ist.

Perspektiven und Reflexionen

Folgende Aspekte kennzeichnen die Auswertung von Interviewmaterial auf Basis der Grounded Theory:

- Die Kodierschritte müssen systematisch umgesetzt und der Kreislaufcharakter der Analyse berücksichtigt werden.
- Eine Rückkehr ins Datenmaterial und die parallele Anwendung des offenen und axialen Kodierens sind wichtige Bestandteile des Kodierprozesses.
- Als zentrale Techniken des Auswertens wird das offene, axiale und selektive Kodieren durchlaufen, ergänzend werden Memos und Kommentare verfasst.
- Beim Kodieren werden Fundstellen im engen Kontakt mit dem Datenmaterial abstrahiert, um sie so auf ihre Kernaussagen zuzuspitzen.
- Kontextinformationen werden den zentralen Befunden zugeordnet.
- Es handelt sich um einen explizit rekonstruierenden und verstehenden Zugang, bei dem das Datenmaterial nicht zergliedert, sondern verdichtet wird.

Lesehinweis

- *Scheu, Andreas M. 2016. Grounded Theory in der Kommunikationswissenschaft. In Handbuch nicht standardisierte Methoden in der Kommunikationswissenschaft, hrsg. Stefanie Averbeck-Lietz und Michael Meyen, 81–94. Wiesbaden: Springer VS.*
  In diesem Handbuchbeitrag legt Andreas M. Scheu anschaulich dar, wie die Grounded Theory angelegt ist. Er diskutiert zudem ihre Anwendung innerhalb der Kommunikationswissenschaft.
- *Bregenstroth, Lars. 2003. Tipps für den modernen Mann. Männlichkeit und Geschlechterverhältnis in der Men's Health. Münster u. a.: Lit.*
  Lars Bregenstroth entwickelt für seine Untersuchung von Männerzeitschriften aus den Analyseinstrumenten der Grounded Theory einen Werkzeugkasten, der für kommunikationswissenschaftliche Inhaltsanalysen sehr hilfreich und gut nachvollziehbar dargestellt ist.
- *Düvel, Caroline. 2016. Transkulturelle Vernetzungen. Zur Nutzung digitaler Medien durch junge russische Migranten in Deutschland. Wiesbaden: Springer VS.*
  Die Studie von Caroline Düvel ist ein gelungenes Beispiel für die Umsetzung der Grounded Theory in der Forschungspraxis. Am Beispiel der Mobiltelefon- und Internetnutzung junger russischer Migrantinnen und Migranten wird deutlich, wie eine Grounded Theory zu vielschichtigen Medienaneignungs-

und Nutzungsprozessen entwickelt wird. Die Autorin erläutert praxisnah, wie sie das methodische Design ihrer Studie konzipierte und dabei Interviews, Netzwerkkarten und Medientagebücher triangulierte, wie Erhebung und Theoretisches Sampling abgelaufen sind und wie sie die Befunde ausgewertet hat.

Literatur

Ang, Ien, und Joke Hermes. 1994. Gender and/in Media Consumption. In *Gender und Medien: Theoretische Ansätze, empirische Befunde und Praxis der Massenkommunikation. Ein Textbuch zur Einführung,* hrsg. Marie-Luise Angerer und Johanna Dorer, 114–133. Wien: Braumüller.

Butler, Judith. 1991. *Das Unbehagen der Geschlechter.* Frankfurt am Main: Suhrkamp.

Bregenstroth, Lars. 2003. *Tipps für den modernen Mann. Männlichkeit und Geschlechterverhältnis in der Men's Health.* Münster: Lit.

Charmaz, Kathy. 2014. *Constructing Grounded Theory: A Practical Guide through Qualitative Analysis.* 2. Aufl. Los Angeles u. a.: Sage.

Christmann, Gabriele B. 2006. Inhaltsanalyse. In *Qualitative Methoden der Medienforschung,* hrsg. Ruth Ayaß und Jörg Bergmann, 274–292. Reinbek bei Hamburg: Rowohlt.

Fiske, John. 1989. *Understanding Popular Culture.* Boston u. a.: Unwin Hyman.

Flick, Uwe. 2002. *Qualitative Sozialforschung. Eine Einführung.* 6. Aufl. Reinbek bei Hamburg: Rowohlt.

Glaser, Barney G., und Anselm L. Strauss. 2005. *Grounded Theory. Strategien qualitativer Foschung.* 2., korr. Aufl. Bern: Huber.

Hepp, Andreas, Matthias Berg, und Cindy Roitsch. 2014. *Mediatisierte Welten der Vergemeinschaftung. Kommunikative Vernetzung und das Gemeinschaftsleben junger Menschen.* Wiesbaden: Springer VS.

Krotz, Friedrich. 2005. *Neue Theorien entwickeln. Eine Einführung in die Grounded Theory, die Heuristische Sozialforschung und die Ethnographie anhand von Beispielen aus der Kommunikationsforschung.* Köln: Herbert von Halem.

Mayring, Philipp. 2003. *Qualitative Inhaltsanalyse. Grundlagen und Techniken.* 8. Aufl. Weinheim, Basel: Beltz.

Müller, Kathrin F. 2010. *Frauenzeitschriften aus der Sicht ihrer Leserinnen. Die Rezeption von Brigitte im Kontext von Biografie, Alltag und Doing Gender.* Bielefeld: transcript.

Röser, Jutta. 2000. *Fernsehgewalt im gesellschaftlichen Kontext: Eine Cultural-Studies-Analyse über Medienaneignung in Dominanzverhältnissen.* Wiesbaden: Westdeutscher Verlag.

Röser, Jutta. 2016. Nicht standardisierte Methoden in der Medienrezeptionsforschung. In *Handbuch nicht standardisierte Methoden in der Kommunikationswissenschaft,* hrsg. Stefanie Averbeck-Lietz und Michael Meyen, 481–497. Wiesbaden: Springer VS.

Röser, Jutta, und Corinna Peil. 2014. *Internetnutzung im häuslichen Alltag. Räumliche Arrangements zwischen Fragmentierung und Gemeinschaft.* Wiesbaden: Springer VS.

Scheu, Andreas M. 2016. Grounded Theory in der Kommunikationswissenschaft. In *Handbuch nicht standardisierte Methoden in der Kommunikationswissenschaft*, hrsg. Stefanie Averbeck-Lietz und Michael Meyen, 81–94. Wiesbaden: Springer VS.

Strauss, Anselm L. 1998. *Grundlagen qualitativer Sozialforschung. Datenanalyse und Theoriebildung in der empirischen soziologischen Forschung*. 2. Aufl. München: Fink.

Strauss, Anselm L., und Juliet Corbin. 1996. *Grounded Theory. Grundlagen Qualitativer Sozialforschung*. Weinheim: Beltz.

Winter, Rainer. 2001. *Die Kunst des Eigensinns. Cultural Studies als Kritik der Macht*. Weilerswist: Velbrück.

Zur Autorin

Dr. Kathrin Friederike Müller ist wissenschaftliche Mitarbeiterin am Institut für Kommunikationswissenschaft der Westfälischen Wilhelms-Universität Münster und Mitglied im Forschungsnetzwerk ‚Werte und Normen als Gegenstände und Leitbilder der Kommunikationswissenschaft'. Zwischen 2012 und 2017 war sie Mitglied im Schwerpunktprogramm Mediatisierte Welten und wirkte in diesem Zusammenhang an einer umfangreichen Panelstudie zum ‚Mediatisierten Zuhause' mit. Zuvor arbeitete und promovierte sie am Institut für Kommunikationswissenschaft und Medienkultur an der Leuphana Universität Lüneburg. Ihre Forschungsschwerpunkte sind die qualitativen Methoden empirischer Sozialwissenschaft, Rezeptionsforschung, Cultural Studies, Mediatisierung, Digitalisierung und die kommunikationswissenschaflichen Gender Studies.

Interviews als Form der Produktionsanalyse
Ein Praxiseinblick in die Forschung im Kontext der Gender Media Studies

Margreth Lünenborg und Tanja Maier

Abstract

Der Beitrag zeigt anhand konkreter Arbeitsschritte, wie man den Forschungsstil der Grounded Theory praktisch in der eigenen Forschung zur Analyse von Geschlechterkonstruktionen und medialer Kommunikation umsetzen kann. Konkret beziehen wir uns dabei auf Interviewmaterial aus einem von uns bearbeiteten Forschungsprojekt (Lünenborg und Maier 2012). Gegenstand hier sind Experteninterviews mit Journalistinnen und Journalisten aus Printredaktionen in Deutschland, die über implizite Prozesse der Herstellung von Geschlecht und Geschlechterdifferenz bei der journalistischen Wissensproduktion Auskunft geben. So soll sichtbar werden, wie mithilfe der Grounded Theory eine Auswertung von Experteninterviews erfolgen kann, die über eine paraphrasierende Wiedergabe hinausreicht. Dabei gehen wir auch auf das Verhältnis von induktiven und deduktiven Konzepten im Prozess der Auswertung und Theoretisierung ein.

Keywords

Produktionsanalyse, Experteninterview, Journalismus, Gender Media Studies, Doing Gender, Geschlechterkonstruktion

1   Einleitung

Wie lassen sich die Bedingungen erforschen, unter denen aktuell Medienproduktion stattfindet? Welche Herausforderungen entstehen auf Seiten der Forschenden, wenn die Innovationszyklen medientechnologischen Wandels immer kürzer ausfallen? Welchen Gehalt haben Aussagen zum Arbeitsprozess im *newsroom*, wenn zum Zeitpunkt der Veröffentlichung die Arbeitsabläufe bereits wieder verändert sind? Mit diesen und ähnlichen Fragen im Hintergrund resümiert Gynnild (2016, S. 118) ihre Forschungspraxis in norwegischen Nachrichtenredaktionen orientiert am methodologischen Verständnis der Grounded Theory so: „[T]his method appears to be close to tailor-made for reliable media production research in the digital, globalized society". Ihr überzeugtes Plädoyer für die Grounded Theory in den *media production studies* begründet sie mit der Notwendigkeit des Wechsels vom Darstellen und Beschreiben zum Erklären und Theoretisieren – gerade unter Bedingungen schnellen technologischen Wandels: „getting from the descriptive to the abstract level, getting conceptual, is a very productive way of handling large amounts of data" (Gynnild 2016, S. 120).

Unser Fokus richtet sich weniger auf technologische als vielmehr kulturelle und soziale Kontexte des Handelns in Redaktionen. Doch gleichermaßen zielt unser Erkenntnisinteresse auf ein Verstehen und theoretisch fundiertes Konzeptualisieren des Handlungszusammenhangs von Journalistinnen und Journalisten. Die Bedingungen, unter denen journalistische Medienangebote entstehen, sind sozial strukturiert und damit geprägt von Geschlechterstrukturen und stellen diese Strukturen wiederum her. Damit sind Fragen nach der Bedeutung von Geschlecht im journalistischen Produktionsprozess aufgeworfen, welche die *Gender Media Studies* analysieren. In den Gender Media Studies, die sich mit Geschlechterfragen in allen Feldern öffentlicher Kommunikation beschäftigen (zum Beispiel Klaus 2005; Krijnen und van Bauwel 2015; van Zoonen 1994), werden verschiedene theoretische Ansätze unterschieden, etwa die Gleichheitsforschung, die Differenzforschung und der interaktionistische Konstruktivismus (hierzu und zum Folgenden auch Lünenborg und Maier 2013). Diese theoretischen Konzeptionierungen führen zu unterschiedlichen Forschungsfragen und Erkenntnisinteressen im Forschungsfeld der journalistischen Produktion (*media production studies*). So steht in der Tradition der *Gleichheitsforschung* die Analyse der Teilhabe von Männern und Frauen im Berufsfeld Journalismus im Mittelpunkt. Gefragt wird dann beispielsweise nach Unterschieden bei der Bezahlung, Berufszufriedenheit oder Aufstiegsmöglichkeiten. In der Tradition der *Differenzforschung* rückt die Suche nach spezifischen Kommunikationspraktiken von Journalistinnen und Journalisten in den Mittelpunkt. ‚Schreiben Journalistinnen anders?', lautet eine zentrale Frage, die hier formuliert wurde. Im Konzept des *interaktionistischen Konstruktivismus* rückt die Analyse des *doing gender* – der Vergeschlechtlichung im und durch den Journalismus – in den Mittelpunkt. Wie, so wird beispielsweise gefragt, wird Geschlecht im und durch Journalismus hergestellt?

Zum *doing gender while doing journalism* liegen bisher in den Gender Media Studies nur wenige Studien vor (für das Feld der Politikberichterstattung Ross et al. 2013; zur Diskussion allgemein Lavie und Lehman-Wilzig 2003; Lünenborg 2009; North 2009), sind doch verinnerlichte, teilweise nicht intentional strukturierte Entscheidungsprozesse nur eingeschränkt einer Beobachtung zugänglich. Interviews mit Journalistinnen und Journalisten können Aufschluss darüber geben, wie es dazu kommt, dass durch die journalistische Berichterstattung immer wieder Geschlechterdifferenzen hergestellt werden. Allerdings verfügen die Gender Media Studies über keine originären Methoden und Verfahren im Bereich der journalistischen Produktion von Medienangeboten und Formaten (zum Arbeitsfeld ‚Produktion' der Gender Media Studies auch Lünenborg und Maier 2013, S. 36ff. und 75-95). Zur empirischen Analyse des *doing gender while doing journalism* bieten sich qualitative und nicht-standardisierte Methoden und Verfahren der Sozialwissenschaften an. Außerdem kann man sich übergeordneter Verfahren wie der Grounded Theory bedienen, um sie auf die eigenen spezifischen Probleme und Fragen anzuwenden. Gerade die methodologische Konzeptionalisierung der Grounded Theory lässt sich dann sinnvoll einsetzen, wenn noch wenige Vorannahmen oder Vorwissen vorliegen und also explorierend vorgegangen werden muss (Krotz 2005).

Wir stellen im Folgenden vor, wie sich Werkzeuge der Grounded Theory nutzen lassen, um Experteninterviews als originäre Erhebungsmethode im Rahmen einer Analyse der Herstellung von Geschlechterdifferenzen im journalistischen Produktionsprozess anzuwenden. Dabei legen wir besonderen Wert auf die praxisnahe Darstellung der Erhebungs- und Auswertungstechniken. Wir greifen im Folgenden auf Interviewmaterial aus einem von uns durchgeführten Forschungsprojekt zurück (Lünenborg und Maier 2012) und stellen daran exemplarisch einige der zentralen Arbeits-, Analyse- und Reflexionsschritte der Grounded Theory dar, ohne den Forschungsprozess vollständig abzudecken.

2 Untersuchungsgegenstand und Datenerhebung

2.1 Gegenstand der Studie und Umgang mit Vorwissen

Am Anfang jeder Forschung stehen ein Erkenntnisinteresse und eine Fragestellung. Über den Umgang mit Vorwissen besteht in der Grounded Theory Uneinigkeit bis Dissens. Bei der verbreiteten Annahme, dass man möglichst theorielos und ganz ohne Vorwissen an einen Gegenstand herangehen soll, handelt es sich allerdings um ein Missverständnis (Strübing 2014, S. 51-64). Wenn auch mit unterschiedlichen Schwerpunktsetzungen (etwa hinsichtlich des Grades der Explikation des Vorwissens) wird durchaus die Notwendigkeit betont, das eigene Vorwissen aufzubereiten und zu reflektieren. Einigkeit besteht zugleich darin, dass eben nicht ausgehend von einem vorab definierten und klar umrissenen Modell oder Konzept ganz präzise operationalisierte Hypothesen aufgestellt oder ein Kodierschema am Material abgearbeitet wird (Strübing 2014, S. 51-64).

Für die Gender Media Studies erscheint es auf jeden Fall relevant, den zugrundeliegenden Geschlechterbegriff bereits ganz am Anfang der empirischen Forschung zu explizieren und kritisch zu reflektieren. Denn wenn man – wie im vorliegenden Fall – von der Konstruktion von Geschlecht ausgeht und das Alltagswissen von der Dualität (Frau versus Mann), Naturhaftigkeit (von der Natur vorgegeben) und Konstanz (festgelegt und unveränderlich) von Geschlecht kritisch infrage stellt, dann muss dies auch für die eigene wissenschaftliche Praxis gelten. Findet indes keine anfängliche Auseinandersetzung mit Geschlechtertheorien statt, dann wird in die eigene Forschung hineingetragen, was man eigentlich analytisch auflösen möchte. Im vorliegenden Fall wird an eine anti-essentialistische Theorieperspektive auf Geschlecht angeschlossen, die Geschlecht als eine Konstruktion, einen niemals abgeschlossenen Prozess steter Aushandlung und Veränderung konzipiert (dazu grundlegend: Hagemann-White 1984; Kessler und McKenna 1978, S. 113f.). Im Fokus der Studie stehen journalistische Praxen, die dazu führen, dass Männer und Frauen in der journalistischen Berichterstattung unterschiedlich dargestellt und bewertet werden. Das Erkenntnisinteresse richtet sich auf die Prozesse und Praktiken dieser Herstellung von Differenz sowie die Routinen, in denen sie ausgeübt werden.

Im Sinne der Grounded Theory ist es also nicht zwingend notwendig, den gesamten Forschungsstand im Voraus detailliert darzustellen und darauf aufbauend feststehende und unveränderliche Forschungsfragen oder gar konkrete Hypothesen zu formulieren (Strauss 1998, S. 36f.; Strübing 2014, S. 51-64). Am Anfang des Forschungsprozesses steht in der Regel eine offene und breit angelegte Fragestellung. Konkretisierungen der Forschungsfrage und weitere theoretische Anknüpfungspunkte können sich auch erst im Laufe des Forschungsprozesses ergeben. Aus unserer Sicht bietet es sich an, die forschungsleitende Frage auch in Auseinandersetzung mit dem Forschungsstand zu formulieren, stetig zu konkretisieren und zu plausibilisieren. Für den vorliegenden Erkenntniszusammenhang haben beispielsweise aktuelle Text- und Bildanalysen der Gender Media Studies gezeigt, dass sich auch heute noch systematisch und fortlaufend Geschlechterdifferenzen in der journalistischen Berichterstattung finden (für einen Überblick s. Lünenborg und Maier 2013, S. 97-121). So hat eine quantitative Inhaltsanalyse der deutschen Presse- und Fernsehberichterstattung gezeigt, dass das öffentliche Bild von Politik, Wirtschaft und Wissenschaft weiterhin von männlichen Spitzenkräften dominiert ist (Röser und Müller 2012). Diese quantitativ erfasste Unterrepräsentation von Frauen in der Medienberichterstattung lässt sich nicht (mehr) allein durch einen geringeren Frauenanteil in Politik, Wirtschaft und Wissenschaft erklären. Qualitative Text- und Bildanalysen haben daran anschließend gezeigt, wie mediale Bilder von politischem Spitzenpersonal geschlechtlich konstruiert werden (Grittmann 2012; Maier und Lünenborg 2012; Lünenborg und Maier 2015). So wird in der Textberichterstattung über Spitzenkräfte in Politik, Wirtschaft und Wissenschaft oftmals auf differierende Beschreibungen von Frauen und Männern in gesellschaftlich relevanten Bereichen zurückgegriffen (Maier und Lünenborg 2012, S. 98ff.; Grittmann, *in diesem Band*). Doch wie lassen sich solche Befunde erklären? Unterstellt man nicht pauschal diskriminierende Dispositionen in der Profession, so stellt sich die Frage nach den Routinen und Praktiken, durch die Geschlechterdifferenz hergestellt wird. Dies führt direkt zum Produktionskontext journalistischer Selektion und Präsentation und damit zu den Kommunikatorinnen und Kommunikatoren journalistischer Deutungsprozesse und Wissensproduktion.

Eine erste und offene Forschungsfrage lautet dann beispielsweise: Wie lassen sich die Unterrepräsentation von Frauen in der deutschsprachigen Politik-, Wirtschafts- und Wissenschaftsberichterstattung und die wiederkehrende Reproduktion von Geschlechterdifferenzen erklären? Forschungsleitend ist aus einer konstruktivistischen Sicht die Annahme, dass sich *nicht* Männer und Frauen im Journalismus in ihren Selektionskriterien und Darstellungsroutinen unterscheiden (Stichwort: Frauen schreiben anders), sondern generell professionelle Regeln und Routinen sowie kulturell verankerte Geschlechtervorstellungen zu einer geschlechterdifferenten Berichterstattung führen (können). Der Fokus der hier vorgestellten Studie richtet sich damit nicht auf einen Vergleich des Handelns von Journalistinnen und Journalisten, sondern auf die Suche nach Mustern und Mechanismen, mittels derer vergeschlechtlichte Repräsentationen in und durch journalistische Arbeitsprozesse hergestellt und fortgeschrieben werden.

2.2 Datenerhebung: Experteninterviews

Für das hier formulierte Erkenntnisinteresse bietet sich als Methode der Datenerhebung das Experteninterview an, das sich an den Methoden der qualitativen Sozialforschung orientiert (Bogner et al. 2005; Meuser und Nagel 1997; zum Experteninterview in der Kommunikationswissenschaft: Blöbaum et al. 2016; Hoffmann 2005). Mithilfe von Experteninterviews lassen sich die professionellen Bedingungen, Routinen und Entscheidungsprozesse rekonstruieren und anschließend exemplarisch Aspekte analysieren, die zu geschlechtsgebundenen medialen Darstellungen führen (können). Hier „bilden die ExpertInnen die Zielgruppe der Untersuchung, und die Interviews sind darauf angelegt, daß die ExpertInnen Auskunft über ihr eigenes Handlungsfeld geben" (Meuser und Nagel 1991, S. 445). Wichtig ist dabei, dass nicht die Person selbst oder deren Biographie von Interesse ist, sondern ihre Problemsicht, ihre spezifischen Erfahrungen und Wissensbestände innerhalb eines institutionellen Kontextes (Liebold und Trinczek 2002, S. 38 und 41; Meuser und Nagel 1991, S. 444). Wie Krotz (2005, S. 140) ganz zu Recht anmerkt, liegt ein häufiger Fehler bei Experteninterviews darin, dass man die Interviewten nach den Theorien selbst befragt und nicht nach ihren Alltagspraktiken. Für die vorliegende Studie bedeutete dies, dass man die Journalistinnen und Journalisten nicht danach fragt, was sie selbst denken, wie es zu den Geschlechterdifferenzen in der medialen Berichterstattung kommt. Hiermit würden zumeist Abwehr- oder Legitimationsdiskurse provoziert werden, die kaum Erkenntnisgewinn für die Fragestellung mit sich bringen. Vielmehr werden die Journalisten und Journalistinnen in ihrer eigenen professionellen und kulturellen Verfasstheit betrachtet – das Interesse richtet sich in einem weiteren Sinne auf eine lebensweltliche Perspektive, die sich auf die alltäglichen Arbeitsroutinen und die eigenen (impliziten) Geschlechtervorstellungen im professionellen Kontext konzentriert. Dies umfasst redaktionelle Praktiken wie das Selektieren, Bearbeiten und Präsentieren von Informationen ebenso wie Praktiken im Umgang mit dem sozialen Feld der Berichterstattung (hier: Politik, Wirtschaft oder Wissenschaft). Es handelt sich also um erfahrungsbasiertes Wissen einerseits, professionell erworbenes Deutungswissen zur Strukturierung des Feldes der Berichterstattung andererseits. Hinsichtlich der Analyse der Kategorie Geschlecht sollte untersucht werden, wie durch das soziale und mediale Handeln von Journalistinnen und Journalisten geschlechterdifferente Vorstellungen, Aussagen und Bilder in die Berichterstattung ‚eingeschrieben' werden. Dabei ist es ohne Belang, ob es sich um bewusste oder unbewusste Handlungsweisen bzw. um intentionales oder nicht-intendiertes Tun handelt. Auf dieser Grundlage kann dann interpretativ den möglichen Gründen für die Herstellung von geschlechtsgebundener Differenz und Hierarchie in der Berichterstattung nachgegangen werden.

Für ein Experteninterview kommt in Frage, „wer in irgendeiner Weise Verantwortung trägt für den Entwurf, die Implementierung oder die Kontrolle einer Problemlösung oder wer über einen privilegierten Zugang zu Informationen über Personengruppen oder Entscheidungsprozesse verfügt" (Meuser und Nagel 1991, S. 443). Gegenstand der vorliegenden Betrachtung ist die Arbeit von Journalistinnen und Journalisten in Printredaktionen in Deutschland. Die Kompetenz der Expertinnen und Experten wird dabei in einem ersten Schritt an der Berufszugehörigkeit – in unserem Fall zum Journalismus in einer deutschen Printredaktion – festgemacht. Bei der Auswahl ist dann beispielsweise auf folgende Aspekte zu achten:

- Da sich die aufgeworfenen Fragestellungen weniger auf individuelle journalistische Handlungsweisen als vielmehr auf redaktionelle Routinen und Normen richten, sollten entsprechend nur solche Personen ausgewählt werden, die innerhalb einer deutschen Presseredaktion journalistische Tätigkeiten übernehmen und *in einer verantwortlichen Position* der Redaktionen Politik, Wirtschaft und Wissenschaft tätig sind (festangestellte Redakteure, Ressortleiterinnen). Mit Blick auf die vorliegende Frage kommen keine Personen in Betracht, die nicht dauerhaft innerhalb einer Redaktion tätig sind (etwa freie Journalistinnen, Praktikanten, Volontärinnen oder auch externe Expertise).
- Das Geschlecht der zu Befragenden spielt explizit keine Rolle, da hier nicht interessiert, ob Frauen anderen Journalismus machen als Männer (Lünenborg und Maier 2013, S. 75-95).
- Die Eingrenzung auf die Ressorts Politik, Wirtschaft und Wissenschaft ergibt sich aus der zentralen Fragestellung.

Die Interviews lassen sich als halbstrukturierte Gespräche mithilfe eines Leitfadens durchführen, der einen Rahmen zur Gesprächsanregung darstellen soll. Durch die offene Form des Interviews können die Befragten frei antworten, sie sollen zum ausführlichen Erzählen angeregt werden, damit sie ihre eigene Sichtweise darlegen können. Von Interesse ist dabei nicht die Person oder deren Biographie (oder gar deren Geschlechterzugehörigkeit), sondern ihre Problemsicht und ihr Strukturwissen innerhalb eines institutionellen Kontextes (Liebold und Trinczek 2002, S. 38 und 41). Der Leitfaden soll dabei ausschließen, dass sich „das Gespräch [...] in Themen verliert, die nichts zur Sache tun, und [er] erlaubt zugleich dem Experten, seine Sache und Sicht der Dinge zu extemporieren" (Krotz 2005, S. 77). Der Leitfaden kann dann jeweils ressortspezifisch vertieft und nach der Durchführung eines ersten Interviews auch überarbeitet und angepasst werden (zum Leitfadeninterview in der Journalismusforschung: Riesmeyer 2011).

Wenn man die Journalistinnen und ihre Kollegen nicht explizit danach fragt, wie Geschlechterdifferenzen in der journalistischen Berichterstattung entstehen, welche Fragen kann man in den Experteninterviews dann überhaupt stellen? Hier bietet es sich an, auf der Basis des Forschungsstandes bzw. des Vorwissens über Geschlechterdifferenzen in der journalistischen Berichterstattung Fragen nach den Alltagspraxen zu stellen, die dazu führen können, dass sich Geschlechterdifferenzen in die Berichterstattung einschreiben. Um verschiedene Ebenen des journalistischen Produktionsprozesses anzusprechen, kann an die verschiedenen Ebenen des journalistischen Produktionsprozesses angeknüpft werden, der von der Auswahl spezifischer Themen, Ereignisse und Personen (Selektion), über die Recherche relevanter Fragestellungen und Gegenpositionen (Information) bis hin zur Entscheidung für spezifische Darstellungs- und Präsentationsweisen reicht (Präsentation) (Carter et al. 1998; de Bruin und Ross 2004). Die aus der vorliegenden Forschung heraus formulierten Fragen gilt es dann im Verlauf der Untersuchung stetig zu präzisieren, Thesen zu generieren und weitere Literatur hinzuzuziehen.

Entsprechend gliederte sich der Interviewleitfaden für das vorliegende Erkenntnisinteresse in vier Themenkomplexe, die an journalistische Praktiken der Themenfindung und -bearbeitung sowie der reflexiven Betrachtung der Praktiken mit Blick auf ihre Relevanz für die Herstellung geschlechtsgebundener Wirklichkeitsentwürfe anschließen. Damit lässt sich aufbauend auf dem Vorwissen aus der Journalismusforschung und den Gender Media Studies eine Vorstrukturierung des Gesprächs vornehmen. Ein Leitfaden kann beispielsweise so aussehen:

Datum des Interviews: **Ort und Bedingungen:**

Einstieg und Warm-up
- Kurze Vorstellung des Projekts
- Was meint „Spitzenpersonen"?
- Infos zur Transkription und ggf. zur Anonymisierung

Einstiegs- und Sondierungsfrage:
- Wer sind bei Ihnen Spitzenpersonen in der Berichterstattung?

Mögliche Fragen zur Selektion:
- Was war Anlass, über diese Person zu berichten?
- Wie entsteht bei Ihnen eine personenzentrierte Story?
- Was sind für Sie wichtige und unwichtige Themen?

- Was sind Tabuthemen und Grenzen der Berichterstattung?
- Was sind allgemeine Kriterien für die Auswahl der Akteure und Themen?
- Was sind unwichtige Kriterien?
- Wo findet die Selektion statt (Entscheidungsinstanzen, Entscheidungspersonen)?
- …

Mögliche Fragen zur Präsentation:

- Welche Bedeutung kommt Bildern für die Berichterstattung in Ihrem Ressort zu?
- Welche Relevanz haben persönliche und private Details für die Berichterstattung über weibliches und männliches Spitzenpersonal?
- Erachten Sie das äußere Erscheinungsbild als relevant für die Berichterstattung?
- …

Mögliche Fragen zu Informationswegen:

- Wie fallen in Ihrer Arbeit Entscheidungen zur Auswahl von Experten und Expertinnen?
- Wie werden mögliche Akteure und Akteurinnen recherchiert?
- Was sind Strategien der Suche?
- Welche Quellen werden genutzt (Datenbanken etc.)?
- Hat (zunehmender) Zeitdruck die Informationsbeschaffung in Ihrer Redaktion verändert?
- Findet eine Orientierung an Kolleginnen und anderen Medienangeboten statt (bezogen auf die berichteten Personen, Themen)?
- …

Abschluss und Reflexion

- Halten Sie persönlich eine gendersensible Berichterstattung für notwendig?
- Gibt es in Ihrer Redaktion ein Interesse an oder Strategien für eine geschlechtersensible Berichterstattung?
- Wie beurteilen Sie selbst die Berichterstattung Ihrer Zeitung im Hinblick auf die unterschiedliche oder gleiche Darstellung von Frauen und Männern?
- …

Die Fragen werden in dem Interview selbst nicht nacheinander abgearbeitet, sie dienen lediglich der Orientierung und Strukturierung. Da es sich um ein qualitatives Verfahren handelt, fragt man also nicht zwingend alle Personen genau das Gleiche (Krotz 2005, S. 170). Der Leitfaden soll lediglich dazu dienen, die entscheidenden Fragen anzusprechen und die Befragten zum Sprechen über ihre Problemsicht anzuregen (Liebold und Trinczek 2002, S. 45). Auf der Grundlage von Transkripten, die von den Interviews erstellt werden, lässt sich dann eine Kodierung des Materials vornehmen.

2.3 Kodieren

Die Auswertung der Interviews erfolgt in einem Wechsel von Kodieren und Interpretieren. Dafür werden alle relevanten Aussagen (Textstellen) eines Interviews in abstraktere Konzepte oder Kodes überführt. Zum Kodieren schreibt Krotz:

> „Beachten Sie: diese Codes und Konzepte bringen wir nicht in dem Sinn mit, wie es die sogenannte quantitative Inhaltsanalyse tut, die vorab Kategorien definiert, nach denen sie dann im Text sucht. *Stattdessen versucht man beim offenen Codieren im Rahmen der Grounded Theory, Konzepte aus dem Interviewtext heraus zu entwickeln, wobei man die Kontexte berücksichtigt, in die ein Befragter seine Äußerung stellt.*" (Krotz 2005, S. 172; Hervorhebung im Original).

Nicht also das Vorwissen der Forschenden soll hier die Aussagen der Interviewten strukturieren, sondern im ersten Schritt rekonstruiert die Analyse die Beschreibungen und darin enthaltenen Deutungsprozesse durch die Interviewten selbst. Dieses offene Kodieren wird im ersten Schritt innerhalb des Einzelinterviews vorgenommen. Im nächsten Schritt ist es dann hilfreich, das Interviewmaterial so zu organisieren, dass die Aussagen aller Befragten zu einem Gegenstandsbereich zueinander geführt werden. In der Zusammenschau der unterschiedlichen Aussagen – durch Identifikation von Ähnlichkeiten und Differenzen – werden dabei implizit zugrundeliegende Muster erkennbar.

Tab. 1 Interviewpassagen zur journalistischen Selektion von Spitzenpersonal: Auswahl und Anlass von Berichterstattung

Gegenstandsbereich: Selektion von Spitzenpersonal (in verschiedenen Ressorts)	
Ressort Politik	„Das politische Personal kann man sich nicht aussuchen. Das wird von den Parteien bestimmt." (Ulrike Herrmann, taz)
	„Im Grunde genommen wird eine Person erst ab einer bestimmten Position und Funktion für Medien interessant, oder in einer bestimmten Gemengelage, das heißt, die Auswahl ist institutionell gesetzt." (Evelyn Roll, Süddeutsche Zeitung)
	„Spitzenpolitiker sind, wie sie sagen, qua Amt oder qua Funktion in ihrer Partei gesetzt. Kanzler, Minister, Fraktionsspitzen, Parteichefs – dieses Personal steht fest und dafür interessieren wir uns." (Kerstin Kullmann, Der Spiegel)

Ressort Wissenschaft	„Das sind in erster Linie Lehrstuhlinhaber, Ordinarienlehrstuhlinhaber oder Arbeitsgruppenleiter. In der Regel orientieren wir uns gar nicht so sehr an der Stellung eines Wissenschaftlers innerhalb der Hierarchie der Hochschule oder der jeweiligen Institution, sondern eher an den Veröffentlichungen." (Joachim Müller-Jung, Frankfurter Allgemeine Zeitung)
	„In der Wissenschaft ist es natürlich: Was hat diese Person getan? Hat sie eine tolle Forschungsarbeit? Hat sie etwas herausgefunden, was bisher niemand erkannt hat? Hat sie ein Thema vorangebracht, irgendeinen Impuls gesetzt, zwei Dinge verknüpft, irgendwas erfunden?" (Christina Berndt, Süddeutsche Zeitung)
Ressort Wirtschaft	„Capital schreibt eigentlich nur über Firmen, die mehr als eine Milliarde Euro umsetzen. Es sei denn, es gibt beispielsweise irgendeine bahnbrechende Innovation, über die es lohnt zu schreiben. Das kann wohlweislich auch ein kleineres Unternehmen gut hinbekommen. Generell interessiert uns das Geschäft oder die Geschäftsidee. Und wir transportieren unsere Nachrichten – anders als ein wissenschaftlicher Aufsatz – über die handelnden Personen." (Rudolf Kahlen, Capital)
	„Es gibt ganz klare Anlässe, die in der Regel in der Entwicklung des Unternehmens liegen oder in der Tatsache, dass jemand z. B. einen Job neu antritt. Kürzlich haben wir ein großes Interview mit Löscher von Siemens gemacht, der etwa zwei Jahre dabei ist. Da müssen wir uns immer eine ganze Zeit lang bemühen, so ein Interview zu bekommen. Sie müssen erst selbst denken, dass sie genug Erfolge zu vermelden haben, dann kriegt man ein Interview." (Eva Buchhorn, Manager Magazin)

Diese Aussagen in Tabelle 1 machen sichtbar, welch unterschiedliche Handlungs- und Entscheidungsspielräume die Befragten sich selbst und ihren Redaktionen für die *Selektion von Spitzenpersonal* zuschreiben. Die befragten Expertinnen aus Politikredaktionen identifizieren die Zuschreibung von Relevanz vollständig im System Politik. Journalismus, so ihre Sichtweise, greift diese Setzung von Relevanz lediglich auf und hat hier keine eigenständige Selektionshoheit. Demgegenüber differenzieren Journalisten und Journalistinnen aus Wirtschafts- und Wissenschaftsredaktionen zwischen den Selektionslogiken des Wirtschafts- bzw. Wissenschaftssystems und den daran anschließenden Auswahllogiken des Journalismus. Hier wird insbesondere deutlich gemacht, dass im Wirtschafts- und Wissenschaftsjournalismus, je nach Zielgruppe des Mediums, unterschiedliche Auswahlentscheidungen getroffen werden.

Durch diesen ersten Schritt eines *offenen Kodierens* können aus den Interviews unterschiedliche Muster der *Selektion von Spitzenpersonal* identifiziert werden. Sie lassen im ersten Schritt noch keinen expliziten Bezug zur Herstellung von geschlechterdifferenzierenden Praxen erkennen. Bindet man die hier sichtbar gewordenen Muster an theoretisches Vorwissen aus der Analyse journalistischer Produktion zurück, so eröffnen die Statements interessante Hinweise auf *Konzepte journalistischer Objektivität*, die hier explizit gemacht werden (exemplarisch zum komplexen Diskurs um ‚Objektivität' im Journalismus: Neuberger 2005; Pörksen 2008; Tuchman 1972). Auffällig ist dabei, dass insbesondere von den Journalistinnen im Feld der Politikberichterstattung der eigene Selektions- und Bewertungsspielraum als gering eingeschätzt wird. Eine solche Beobachtung sollte in Form eines Memos (s. Abschn. 2.4) in der ersten Lektüre der Interviewtranskripte festgehalten werden, sodass das zugrundeliegende Verständnis journalistischer Wirklichkeitskonstruktion in weiteren Analyseschritten systematischer betrachtet werden kann.

Beispielhaft ist hier deutlich gemacht worden, dass *induktiv* aus dem Text heraus das Konzept journalistischer Objektivität als relevant im Zusammenhang mit Prozessen der Vergeschlechtlichung identifiziert wurde – in unserem Problemzusammenhang mit Blick auf die Selektion von Personen und Ereignissen der Berichterstattung. Als ‚Konzept' bezeichnen wir ‚journalistische Objektivität' in diesem Zusammenhang, da darin auf abstrakter Ebene ein Verständnis des Zusammenhangs zwischen sozialer Wirklichkeit (in ihrer vergeschlechtlichten Struktur) und journalistischen Selektions- und Konstruktionsleistungen gefasst wird (zur nicht durchgängig einheitlichen Modellierung von Kode, Konzept und Kategorie in der Grounded Theory: Muckel 2011). Eine solch induktive Vorgehensweise unterscheidet sich grundlegend von einem *deduktiven* Herangehen, bei dem journalistische Objektivität als theoretisches Konstrukt von den Forschenden an die zu Befragenden und das Interviewmaterial herangetragen wird. Nicht wir, die Forschenden, setzen also Objektivität als relevantes Konzept bei der Herstellung vergeschlechtlichter Wirklichkeitsentwürfe im Journalismus, sondern dieser Kontext wird von (einigen) Befragten selbst hergestellt.

Mit knappen Interviewauszügen wollen wir weitergehend deutlich machen, wie durch Kodieren eine sinnvolle Strukturierung der Interviewaussagen erfolgen kann (s. Tab. 2). Für das hier relevante Problem werden Kodes zu der Frage gebildet, wie es dazu kommt, dass sich Geschlechterdifferenzen und -hierarchien immer wieder in die journalistische Berichterstattung einschreiben.

Tab. 2 Beispiele für das offene Kodieren des Interviewmaterials

Originaltext aus dem Transkript	Kode
„Über das Privatleben von Angela Merkel wird zum Beispiel gar nicht geschrieben oder nur ganz wenig. Denn sie tritt mit ihrem Mann selten auf und macht ihn nie zum Thema. Eigentlich wissen alle nur, dass Joachim Sauer Chemieprofessor ist. Ähnlich war das auch mit Helmut Kohl. Obwohl alle Journalisten wussten, dass er eine Geliebte hat und er von seiner Frau mehr oder minder getrennt lebt, hat keiner je darüber geschrieben." (Ulrike Herrmann, taz)	Journalistische Verhandlung von Privatheit in der Politikbericht-erstattung
„Ein nicht geringer Anteil des ‚nicht in Baden-Württemberg Minis-terpräsidentin Werden' der Frau Schavan hatte mit Gerüchten über sehr Privates zu tun. – Was geht uns das an, wie die Ministerin privat lebt? – Nichts. – Wenn aber ein innerparteilicher Gegner das öffentlich zu einem Punkt macht, dann gehört es plötzlich zur Politikberichterstattung, das zu thematisieren." (Evelyn Roll, Süddeutsche Zeitung)	
„Ich glaube, dass das Äußere von Frauen sehr viel stärker kom-mentiert wird. Als Ursula von der Leyen mit einem Minirock ins Kabinett kam, hat darüber jeder geschrieben, und es wurde auch gern fotografiert."	Vergeschlecht-lichung durch Darstellung des äußeren Erschei-nungsbildes in der Politikbericht-erstattung
„Es gibt den Fall, dass Männer sich selber inszenieren und ihren Körper und ihr Aussehen zum Thema machen. Extrem war das natürlich bei Joschka Fischer, als er plötzlich anfing, abzunehmen und Jogging zu machen."	
„Anders ist es beim Aussehen: Dort werden die Frauen nur in Ruhe gelassen, wenn sie sich männlich anziehen und also auch ein Jackett tragen." (Ulrike Herrmann, taz)	
„Wir bemühen uns, Gesellschaft adäquat abzubilden, dazu gehören beide Geschlechter, Migranten und andere." (Matthias Krupa, Die Zeit)	Realitätsbezug von Journalismus in der Politikbericht-erstattung
„Gemessen an dem, was in Wirklichkeit in der Politik passiert, haben wir also unentwegt personalisierte Konfliktberichterstat-tung. Politik ist aber gar nicht so viel Konflikt, wie das jeden Tag in der Zeitung steht. Gesetzgebungsprozesse sind unendlich lang." (Evelyn Roll, Süddeutsche Zeitung)	Konflikt in der Politikbericht-erstattung als Nachrichtenfaktor und Darstellungs-konvention
„Jeder Text funktioniert letztlich wie ein Mini-Roman: Es muss sich immer um Konflikte drehen. Selbst über abstrakte Dinge, wie über die Finanzkrise, kann man nur schreiben, wenn es einen Kon-flikt gibt. [...] Es geht also immer um den Gegensatz. Das gilt für die Politik wie für die Personen selbst. Dabei ist ein Problem, dass Frauen sehr viel seltener in Konflikte involviert sind – und daher weniger in den Medien vorkommen." (Ulrike Herrmann, taz)	

Der in Tabelle 2 dargestellten Form des offenen Kodierens folgt im nächsten Schritt die Suche nach relevanten Relationen *zwischen den Kodes*, so entsteht die zweite Ebene des axialen Kodierens. Mit Blick auf unser Erkenntnisinteresse gilt es dabei, jeden einzelnen Kode daraufhin zu prüfen, ob und in welcher Weise in ihm Aussagen zu Geschlechterdifferenz enthalten sind. Wir schauen dabei nicht allein danach, wann von den Befragten *explizit* geschlechtsbezogene Aussagen gemacht werden, sondern interessieren uns für (mögliche) implizite Aussagen. Die Zitate in Tabelle 2 machen deutlich, dass zu den Kodes ‚Privatheit' und ‚äußeres Erscheinungsbild' durchgängig geschlechtsbezogene Aussagen gemacht werden. Demgegenüber werden zwar mehrfach Aussagen zur Relevanz von Konflikten in der Politikberichterstattung getroffen, dies wird jedoch nur in einem Fall (U. Herrmann) direkt in Zusammenhang mit Geschlechterverhältnissen gebracht.

2.4 Memos erstellen

Im Forschungsprozess werden parallel zum Kodieren sogenannte Memos (Krotz 2005, S. 173; Strauss 1998, S. 45 und 151-199) erstellt, um die Aussagen miteinander in Verbindung zu setzen und theoretische Gedanken festzuhalten. Exemplarisch zeigen wir hier Memos, die eng an ausgewählte Interviewpassagen gebunden sind. Dies muss jedoch nicht der Fall sein. Sie können vielmehr in der zusammenschauenden Lektüre des gesamten Interviewkorpus entstehen und stellen dabei so etwas wie vorläufige Gedanken zur theoretischen Strukturierung des Materials dar (s. Tab. 3).

Tab. 3   Beispiele für analysebegleitende Memos (verdichtete Darstellung)

Originaltext aus dem Transkript	Stichworte
„Bei der Bundeskanzlerin zum Beispiel ist das jetzt kein Thema mehr, wie sie aussieht, was sie anzieht und wer ihr wie die Haare macht. Es hat aufgehört, als sie Bundeskanzlerin war und klar wurde, wie sie es machen wird, wie sie diese Rolle als Kanzlerin ausfüllt. Weil sie die Erste war, die diese Rolle für sich finden musste, gab es auch so viel öffentliche Auseinandersetzung und triviale Begleitung von Frisur und Klamotte. Am interessantesten ist auch hier wieder der Moment, an dem das aufgehört hat. Ich finde, dass man in vielen dieser Medienfragen die besten Erkenntnisse hat, wenn man überlegt, warum hört etwas irgendwann wieder auf?" (Evelyn Roll, Süddeutsche Zeitung)	‚Bruch von tradierten Frames' ‚Verlust althergebrachter Ordnung'

„Ich glaube, dass sich Journalisten für viel weniger mächtig halten, als ‚(begrenzte)
sie von außen gesehen werden. Denn wir Journalisten kämpfen immer Deutungs-
gegen eine sinkende Auflage und um Leser. Daher haben wir das Ge- macht von
fühl, dass die Leser die Mächtigen sind, weil sie die Kaufentscheidung Journalismus'
treffen. Als zweites großes Machtzentrum empfinden wir die Politik,
denn sie gibt zu einem großen Teil die Themen vor – von den Entscheidungen bis zu den Kandidaten." (Ulrike Herrmann, taz)

Die hier im ersten Arbeitsschritt nur *stichwortartig* notierten Gedanken erlauben
für die spätere Zusammenschau und analytische Durchdringung des Materials
strukturierende Überlegungen festzuhalten. Das Memo zur ‚(begrenzten) Deutungsmacht von Journalismus' bietet einen Ausgangspunkt, um in der theoriegenerierenden Interpretation Aussagen dazu zu ermöglichen, wie Journalistinnen
und Journalisten ihre eigene Rolle im Verhältnis von sozialer Wirklichkeit und
Medienwirklichkeit positionieren und dabei geschlechterdifferenzierende Entwürfe
von Wirklichkeit (fort)schreiben. Das Memo verweist auf den widersprüchlichen
Prozess der Selbst- und Fremdzuschreibung von Gestaltungs- und Deutungsmacht
(zwischen Journalismus, Politik und Publikum), dem in der weiteren Analyse
nachzugehen sein wird.

Das in Tabelle 3 verdichtend dargestellte Memo zum ‚Bruch von tradierten Frames'
und dem ‚Verlust althergebrachter Ordnung' macht die Differenz zwischen Memo
und Kode erkennbar. Die Aussagen zur Thematisierung von Äußerlichkeiten bei der
Berichterstattung über die Bundeskanzlerin werden thematisch kodiert als Form
der Vergeschlechtlichung durch die Berichterstattung (s. Tab. 2). Das formulierte
Memo verweist über diese Gegenstandsebene hinaus auf den Anspruch von Journalismus, einen Bruch von Konventionen zu identifizieren sowie – weitergehend
– zu ihm selbst beizutragen. Durch das ‚Aufhören', so die Journalistin Evelyn Roll,
also das Schweigen über Phänomene, die zuvor als berichtenswert galten, wird mit
einer etablierten Konvention gebrochen. Für eine weitergehende Theoretisierung
der Deutungsmacht von Journalismus mit Blick auf gesellschaftliche Geschlechterverhältnisse erscheint dieser Zusammenhang relevant.

Die Arbeitsschritte Kodieren, Memos erstellen und Interpretation des Materials
verlaufen nicht linear, sondern im Sinne der prozessualen Forschungspraxis zirkulär
und können mehrfach aufeinander folgen.

2.5 Interpretieren und Theoriegenerierung

Für die Interpretation des gesamten Materials und das abschließende Ziel – weiterführende Theoriegenerierung – ist ein höherer Grad an Abstraktion erforderlich, als wir ihn bis hierhin beschrieben haben. Selektives Kodieren nennt Strauss (1998, S. 63f.) jenen Prozess, in dem eine theoriegeleitete Zusammenführung bisheriger Kodierungsprozesse erfolgt. Mit Blick auf unser Erkenntnisinteresse – die Identifikation von Mustern, die zur Reproduktion geschlechtsgebundener Wirklichkeitsentwürfe im Journalismus führen – gilt es, in einer gegenstandsbezogenen Theorieproduktion (beispielsweise Mey und Mruck 2011, S. 29) Aussagen darüber zu treffen, wie kulturelle Muster von Männlichkeit und Weiblichkeit in kulturelle Muster des Journalismus eingeschrieben werden bzw. von diesem re-vitalisiert werden.

Eine Erkenntnis des offenen Kodierens war es, dass Konflikte eine wichtige Rolle bei der Selektion und Darstellung spielen (s. entsprechende Kodes in Tab. 2). In der Kommunikationsforschung wird ‚Konflikt' als ein zentraler Nachrichtenfaktor verstanden, als ein Kriterium also, das die Auswahl von Nachrichten auf Seiten der Journalistinnen und Journalisten positiv beeinflusst. Zugleich erweist sich dieser Nachrichtenfaktor als eine Zuschreibung, die im redaktionellen Selektions- und Bearbeitungsprozess vorgenommen wird (zur kritischen Diskussion des epistemologischen Charakters der Nachrichtenwert- und Nachrichtenfaktor-Forschung Pörksen 2006, S. 177-189). Beide Dimensionen – die Identifikation von Konflikt in einem Ereignis sowie die dramaturgische Inszenierung von Konflikt als narrative Struktur journalistischer Präsentationsmodi – werden in den Interviews mehrfach als zentrales Moment journalistischer Berichterstattung beschrieben: „Unentwegt personalisierte Konfliktberichterstattung" nennt es Evelyn Roll. „Es muss sich immer um Konflikte drehen", rekonstruiert Ulrike Herrmann eigene Selektionslogiken. Die Darstellung von ‚Wettkampf' und ‚Konflikt' ist ein journalistisches Inszenierungsmuster, bei dem auf die Dichotomie von Sieg und Niederlage zurückgegriffen und diese zugleich hochgradig vergeschlechtlicht wird, wie in unserer Medienanalyse deutlich geworden ist (Maier und Lünenborg 2012, S. 76-94).

Im Verlauf des selektiven Kodierens kann nun rekonstruiert werden, wie diese journalistischen Selektions- und Darstellungslogiken mit Logiken der Herstellung dichotomer und hierarchischer Zweigeschlechtlichkeit verschränkt sind. Laut den befragten Journalistinnen und Journalisten wird Konfliktfähigkeit und -willigkeit zu einer vergeschlechtlichten Eigenschaft: Konflikt gilt als ein zentrales Selektionskriterium in der politischen Berichterstattung. Politikerinnen werden als weniger konfliktorientiert beschrieben, damit im Journalismus als weniger relevant wahrgenommen, und entsprechend werde auch weniger über sie geschrieben. Männer werden so im Politikjournalismus als berichtenswertere Persönlichkeiten eingestuft. Was hier erkennbar wird, ist ein klassischer Fall von *self-fulfilling prophecy*: Basierend auf einem dichotomen Geschlechterverständnis werden Männer als konfliktorientiert, männliche Politiker im Journalismus als in besonderem Maße konfliktfähig bewertet. Diese Vorannahme strukturiert die entsprechende Wahrnehmung und die journalistische Gestaltung. Das männlich konnotierte Muster der Konfliktfähigkeit wird zur Interpretationsfolie, vor der auch der Erfolg (oder Misserfolg) von Politikerinnen journalistisch gerahmt und bemessen wird.

Zusammenfassung

Um das 'doing gender while doing journalism' zu analysieren, über das wir in den Gender Media Studies bisher nur wenig wissen, bietet sich das offene und materialnahe Vorgehen der Grounded Theory an. Die Fragen an die Journalistinnen und Journalisten selbst richten sich in der vorgestellten Studie auf deren Struktur- und Deutungswissen sowie auf ihre alltäglichen journalistischen Handlungen, und nicht auf deren Annahmen zu den oben formulierten Fragen. Vielmehr gilt es, die Muster des 'doing gender' aus den Aussagen der Interviewten über ihr berufliches Handeln (wie sie selektieren etc.) und ihre kulturellen Vorstellungen (über Geschlecht; darüber, was Journalismus leisten soll) herauszuarbeiten. Diese Muster und das damit verbundene 'doing gender' sind nicht immer auf den ersten Blick offensichtlich, weil sie oft 'unter der Oberfläche' der Aussagen liegen. Geht man nicht von intendierter Ungleichbehandlung durch Journalistinnen und Journalisten aus, dann sucht man nach Mustern, die der alltäglichen Praxis professionellen Handelns eingeschrieben sind, ohne dabei (zumeist) die Ebene bewusster Handlung zu erreichen. So wie Journalistinnen und Journalisten an (vermeintlich) vertraute Muster des Wissens über Geschlechter und Geschlechterverhältnisse beim Publikum anknüpfen, so greifen auch sie selbst auf basale Muster zurück, die ihr Entscheidungshandeln im Selektions- und Präsentationsprozess strukturieren.

Beim leitfadengestützten Experteninterview dienen die formulierten Fragen lediglich als Orientierung und als Rahmen, das jeweilige Gespräch kann einen sehr individuellen Verlauf nehmen. Je mehr Vorwissen über ein Forschungsfeld bereits vorliegt, desto präziser decken Leitfragen Teilbereiche daraus ab. Doch beim Interviewen sollte man stets Widersprüchen, Brüchen oder Ambivalenzen Aufmerksamkeit widmen. Wichtig ist, dass die Befragten selbst jeweils ihre eigenen Deutungen des Handlungsfeldes frei entwickeln können. In der

Gesprächsführung ist darauf zu achten, dass unerwartete oder den eigenen Vorannahmen zuwiderlaufende Aussagen aufgegriffen und vertieft werden. Bei der Analyse werden die Kodes induktiv aus dem Interviewmaterial herausgebildet (etwa: ‚Objektivität im Journalismus'). Das Problem der Objektivität wird also nicht vorab als theoretisches Konstrukt an die zu Befragenden und das Interviewmaterial herangetragen, sondern aus den Aussagen der Befragten heraus als Legitimationsmuster der eigenen Entscheidungsprozesse herausgearbeitet. Das Kodieren findet gemäß des Vorgehens der Grounded Theory im stetigen Wechsel mit der Interpretation und der Theoriegenerierung statt. Auf diese Weise lassen sich aus den Selbstaussagen der Befragten zu ihrem professionellen Handeln Muster der Herstellung von Geschlecht und Geschlechterdifferenz im journalistischen Produktionsprozess identifizieren. Im dargestellten Kontext geht es *nicht* darum, zu verstehen, wie Männer und Frauen als Männer und Frauen im Journalismus handeln und damit ein dualistisches Verständnis von Geschlecht bereits in das Forschungsdesign einzuschreiben. Die induktive Interpretationsweise ermöglicht es vielmehr, in den Äußerungen der Befragten Konzepte von Geschlecht zu identifizieren und diese analytisch auf ihren Zusammenhang mit den Formen journalistischer Aussagenproduktion ins Verhältnis zu setzen.

Perspektiven und Reflexionen

- Das methodologische Verständnis der Grounded Theory ist für Arbeiten im Bereich der Produktionsanalyse der Gender Media Studies in besonderer Weise ertragreich, wenn es darum geht, Geschlecht nicht als manifeste dichotome Strukturkategorie vorauszusetzen, sondern *die Herstellung von Geschlecht* im Prozess kultureller Bedeutungsproduktion zu analysieren.
- Zur Analyse des *doing gender while doing journalism* muss nicht immer eine originäre Grounded Theory durchgeführt werden. Es kann auch lediglich auf einzelne Werkzeuge (Kodieren, Memo schreiben) zurückgegriffen und mit weiteren Methoden – wie dem Experteninterview – kombiniert werden.
- Es handelt sich um *kein* hypothesenprüfendes Verfahren. Unerwartetes bedeutet stets Bereicherung und keinen Rückschlag im Forschungsprozess. Somit wird es auch möglich, in einer kritischen Sicht den Veränderungen von traditionellen Geschlechterverhältnissen (im kulturellen und sozialen Kontext des Handelns in Redaktionen) nachzuspüren.

Lesehinweis

• *Gynnild, Astrid. 2016. Applying Grounded Theory in Media Production Studies.
  In Advancing Media Production Research: Shifting Sites, Methods, and Politics,
  hrsg. Chris Paterson, David Lee, Anamik Saha und Anna Zoellner, 115–130.
  Basingstoke: Palgrave Macmillan.*
  Der Aufsatz diskutiert die Anwendbarkeit der Grounded Theory Methodology
  in den *media production studies.*
• *Mey, Günter, und Katja Mruck (Hrsg.). 2011. Grounded Theory Reader. 2.,
  aktual. und erw. Aufl. Wiesbaden: VS.*
  Der Sammelband bietet einen breiten Überblick über die Geschichte und
  den aktuellen Stand der Grounded Theory. Die enthaltenen Aufsätze von
  Kathy Charmaz und Adele E. Clarke plädieren für eine konstruktivistische
  bzw. poststrukturalistische Weiterentwicklung der Grounded Theory. Diese
  Herangehensweisen sind in besonderer Weise für eine konstruktivistische
  oder dekonstruktive Vorgehensweise in den Gender Media Studies produktiv, auch wenn die Autorinnen keine kommunikationswissenschaftlichen
  Bezüge herstellen.

Literatur

Blöbaum, Bernd, Daniel Nölleke, und Andreas M. Scheu. 2016. Das Experteninterview in
  der Kommunikationswissenschaft. In *Handbuch nicht standardisierte Methoden in der
  Kommunikationswissenschaft*, hrsg. Stefanie Averbeck-Lietz und Michael Meyen, 175–190.
  Wiesbaden: Springer VS.
Bogner, Alexander, Beate Littig, und Wolfgang Menz. 2005. *Das Experteninterview: Theorie,
  Methode, Anwendung.* 2. Aufl. Wiesbaden: VS.
Carter, Cynthia, Gill Branston, und Stuart Allan (Hrsg.). 1998. *News, Gender and Power.*
  London, New York: Routledge.
De Bruin, Marjan, und Karen Ross (Hrsg.). 2004. *Gender and newsroom cultures. Identities
  at work.* Cresskill, NJ: Hampton Press.
Grittmann, Elke. 2012. Der Blick auf die Macht. Geschlechterkonstruktionen von Spitzen-
  personal in der Bildberichterstattung. In *Ungleich mächtig. Das Gendering von Führungs-
  personen aus Politik, Wirtschaft und Wissenschaft in der Medienkommunikation*, hrsg.
  Margreth Lünenborg und Jutta Röser, 127–172. Bielefeld: transcript.
Gynnild, Astrid. 2016. Applying Grounded Theory in Media Production Studies. In *Advancing
  Media Production Research: Shifting Sites, Methods, and Politics*, hrsg. Chris Paterson,
  David Lee, Anamik Saha und Anna Zoellner, 115–130. Basingstoke: Palgrave Macmillan.
Hagemann-White, Carol. 1984. *Sozialisation, weiblich – männlich?* Opladen: Leske + Budrich.

Hoffmann, Dagmar. 2005. Experteninterview. In *Qualitative Medienforschung. Ein Handbuch*, hrsg. Lothar Mikos und Claudia Wegener, 268–279. Konstanz: UVK.

Kessler, Suzanne J., und Wendy McKenna. 1978. *Gender: An Ethnomethodological Approach*. New York u. a.: Wiley.

Klaus, Elisabeth. 2005. *Kommunikationswissenschaftliche Geschlechterforschung. Zur Bedeutung der Frauen in den Massenmedien und im Journalismus*. Aktual. und korr. Neuaufl. Wien: Lit.

Krijnen, Tonny, und Sofie van Bauwel. 2015. *Gender and Media: Representing, producing, consuming*. London, New York: Routledge.

Krotz, Friedrich. 2005. *Neue Theorien entwickeln. Eine Einführung in die Grounded Theory, die Heuristische Sozialforschung und die Ethnographie anhand von Beispielen aus der Kommunikationsforschung*. Köln: Herbert von Halem.

Lavie, Aliza, und Sam Lehman-Wilzig. 2003. Whose News? Does Gender Determine the Editorial Product? *European Journal of Communication* 18 (1): 5–29.

Liebold, Renate, und Rainer Trinczek. 2002. Experteninterview. In *Methoden der Organisationsforschung. Ein Handbuch*, hrsg. Stefan Kuhl und Petra Strodtholz, 33–71. Reinbek bei Hamburg: Rowohlt.

Lünenborg, Margreth. 2009. Geschlechterordnungen und Strukturen des Journalismus im Wandel. In *Politik auf dem Boulevard? Die Neuordnung der Geschlechter in der Politik der Mediengesellschaft*, hrsg. Margreth Lünenborg, 22–43. Bielefeld: transcript.

Lünenborg, Margreth, und Tanja Maier. 2012. „Wir bemühen uns die Gesellschaft adäquat abzubilden." Geschlechterkonstruktionen durch den Journalismus. In *Ungleich mächtig. Das Gendering von Führungspersonen aus Politik, Wirtschaft und Wissenschaft in der Medienkommunikation*, hrsg. Margreth Lünenborg und Jutta Röser, 173–202. Bielefeld: transcript.

Lünenborg, Margreth, und Tanja Maier. 2013. *Gender Media Studies. Eine Einführung*. Konstanz, München: UVK.

Lünenborg, Margreth, und Tanja Maier. 2015. 'Power Politician' or 'Fighting Bureaucrat': Gender and Power in German Political Coverage. *Media, Culture & Society* 37 (2): 180–196.

Maier, Tanja, und Margreth Lünenborg. 2012. „Kann der das überhaupt?" Eine qualitative Textanalyse zum Wandel medialer Geschlechterrepräsentationen. In *Ungleich mächtig. Das Gendering von Führungspersonen aus Politik, Wirtschaft und Wissenschaft in der Medienkommunikation*, hrsg. Margreth Lünenborg und Jutta Röser, 65–126. Bielefeld: transcript.

Meuser, Michael, und Ulrike Nagel. 1991. ExpertInneninterviews – vielfach erprobt, wenig bedacht. Ein Beitrag zur qualitativen Methodendiskussion. In *Qualitativ-empirische, Sozialforschung. Konzepte, Methoden, Analysen*, hrsg. Detlef Garz und Klaus Kraimer, 441–471. Opladen: Westdeutscher Verlag.

Meuser, Michael, und Ulrike Nagel. 1997. Das ExpertInneninterview. Wissenssoziologische Voraussetzungen und methodische Durchführung. In *Handbuch Qualitative Forschungsmethoden in der Erziehungswissenschaft*, hrsg. Barbara Friebertshäuser und Annedore Prengel, 481–491. Weinheim, München: Juventa.

Mey, Günter, und Katja Mruck. 2011. Grounded-Theory-Methodologie: Entwicklung, Stand, Perspektiven. In *Grounded Theory Reader*, hrsg. Günter Mey und Katja Mruck, 11–48. 2., aktual. und erw. Aufl. Wiesbaden: VS.

Muckel, Petra. 2011. Die Entwicklung von Kategorien mit der Methode der Grounded Theory. In *Grounded Theory Reader*, hrsg. Günter Mey und Katja Mruck, 333–352. 2., aktual. und erw. Aufl. Wiesbaden: VS.

Neuberger, Christoph. 2005. Objektivität. In *Handbuch Journalismus und Medien*, hrsg. Siegfried Weischenberg, Hans J. Kleinsteuber und Bernhard Pörksen, 325–328. Konstanz: UVK.

North, Louise. 2009. *The gendered newsroom: how journalists experience the changing world of media*. Cresskill, NJ: Hampton Press.

Pörksen, Bernhard. 2006. *Die Beobachtung des Beobachters. Eine Erkenntnistheorie der Journalistik*. Konstanz: UVK.

Pörksen, Bernhard. 2008. The Ideal and the Myth of Objectivity. Provocations of Constructivist Journalism Research. *Journalism Studies* 9 (2): 295–304.

Riesmeyer, Claudia. 2011. Das Leitfadeninterview. Königsweg der qualitativen Journalismusforschung? In *Methoden der Journalismusforschung*, hrsg. Olaf Jandura, Thorsten Quandt und Jens Vogelgesang, 223–236. Wiesbaden: VS.

Röser, Jutta, und Kathrin Friederike Müller. 2012. Merkel als ‚einsame Spitze': eine quantitative Inhaltsanalyse zum Geschlechterverhältnis von Spitzenkräften in den Medien. In *Ungleich mächtig. Das Gendering von Führungspersonen aus Politik, Wirtschaft und Wissenschaft in der Medienkommunikation*, hrsg. Margreth Lünenborg und Jutta Röser, 37–64. Bielefeld: transcript.

Ross, Karen, Elizabeth Evans, Lisa Harrison, Mary Shears, und Khursheed Wadia. 2013. The Gender of News and the News of Gender. A Study of Sex, Politics, and Press Coverage of the 2010 British General Election. *The International Journal of Press/Politics* 18 (1): 3–20.

Strauss, Anselm L. 1998. *Grundlagen qualitativer Sozialforschung. Datenanalyse und Theoriebildung in der empirischen soziologischen Forschung*. 2. Aufl. München: Fink.

Strübing, Jörg. 2014. *Grounded Theory. Zur sozialtheoretischen und epistemologischen Fundierung eines pragmatischen Forschungsstils*. 3., überarb. und erw. Aufl. Wiesbaden: Springer VS.

Tuchman, Gaye. 1972. Objectivity as Strategic Ritual: An Examination of Newsmen's Notions of Objectivity. *American Journal of Sociology* 77 (4): 660–679.

Van Zoonen, Liesbet. 1994. *Feminist Media Studies*. London: Sage.

Zu den Autorinnen

Margreth Lünenborg (Dr. phil.) ist Professorin für Publizistik- und Kommunikationswissenschaft mit dem Schwerpunkt Journalistik an der Freien Universität Berlin und dort wissenschaftliche Leiterin des Margherita-von-Brentano-Zentrums für Geschlechterforschung. Sie leitet aktuell das Forschungsprojekt ‚Transkulturelle Emotionen im und durch Reality TV' im SFB ‚Affective Societies'. Schwerpunkte in Forschung und Lehre: Journalismusforschung, Gender Media Studies, Medien und Migration, populärkulturelle Medienformate.

Dr. Tanja Maier ist wissenschaftliche Mitarbeiterin im SFB 1171 ‚Affective Societies' an der Freien Universität Berlin. Ihre Schwerpunkte in Forschung und Lehre sind Visuelle Kommunikation, Gender Media Studies, Cultural Media Studies, Medien und Religion.

Grounded Theory und qualitative Bildanalyse
Die Analyse visueller Geschlechterkonstruktionen in den Medien

Elke Grittmann

Abstract

Für das junge Feld der Visuellen Kommunikationsforschung stellt die Grounded Theory geeignete Analyseverfahren bereit, um bislang unerforschte oder wenig explorierte visuelle Gegenstandsbereiche und Praktiken in unterschiedlichen Lebenswelten offen und, auch in Kombination mit anderen Methoden, an den Gegenstand anpassungsfähig zu analysieren und zu theoretisieren. Am Beispiel der Analyse von Geschlechterkonstruktionen im Rahmen eines Forschungsprojekts über die visuelle Darstellung von Spitzenpersonal in Politik, Wirtschaft und Wissenschaft in den Medien zeigt der Beitrag, wie die Prinzipien und Verfahren der Grounded Theory im Rahmen der qualitativen Bildanalyse, insbesondere im Sampling und in der Kodierung, eingesetzt werden können. Die Vorgehensweisen der Grounded Theory wurden in die ikonografische Bildtypenanalyse integriert. Der Beitrag will damit zur Weiterentwicklung einer Visual Grounded Theory beitragen. Abschließend soll das Potential der neueren Grounded Theory für die Visuelle Kommunikationsforschung diskutiert werden.

Keywords

Visual Grounded Theory, Visuelle Kommunikation, Medienbilder, qualitative Bildanalyse, ikonografische Bildtypenanalyse, Geschlechterkonstruktionen

1   Einleitung

Die Erforschung von Bildern in divergenten Lebenswelten und ihren Öffentlichkeiten wird seit gut zwei Jahrzehnten als ein wichtiges Feld in der Medien- und
Kommunikationswissenschaft vorangetrieben (Müller und Geise 2015). Zu den
zentralen Gegenstandsbereichen der Visuellen Kommunikationsforschung zählen
öffentliche Bilder journalistischer Medien, der Werbung, Public Relations und der
politischen Kommunikation als auch partizipativer Social Media (Lobinger 2012).
Im Zuge der Durchdringung des Alltags durch digitale Bildproduktions- sowie
Verbreitungsmedien, wie zum Beispiel digitale Mobilkameras oder spezielle Fo-
to-Apps wie Snapchat oder Instagram, hat sich gleichzeitig auch die Produktion
von privaten Bildern gesellschaftlich gewandelt und gleichermaßen vervielfacht.
Gerade die Darstellung von Personen in fotografischen oder filmischen Bildern in
der Medienberichterstattung wird aufgrund des ihnen zugeschriebenen Wirklichkeitsbezugs als Bestandteil alltäglicher Lebenswelten wahrgenommen. Die dadurch
erzeugten oder reproduzierten Wissensordnungen bleiben meist unhinterfragt.

Angesichts dieser komplexen Veränderungsprozesse einerseits und der Relevanz
von Bildern im Alltag andererseits stellt die Frage nach dem ‚Wie' von Bildpraktiken,
visuellen Repräsentationen, ihren Aneignungen und Bedeutungszuweisungen die
qualitativ ausgerichtete Visuelle Kommunikationsforschung vor die Herausforderung, bislang nicht oder erst wenig erschlossene visuelle Gegenstandsbereiche
empirisch zu analysieren. Das gilt sowohl für die sich verändernden Praktiken
digitaler Kommunikation im Alltag als auch für die in diesem Beitrag in den Blick
genommenen öffentlichen (Medien-)Bilder, da spezifische Motive, Repräsentationen, Konzepte und Darstellungsweisen erst in der Analyse herausgearbeitet und
theoretisiert werden können. Wenn sich die qualitative Visuelle Kommunikationsforschung nicht gerade auf Einzelfälle richtet, wie beispielsweise auf besonders
populäre Einzelbilder oder Bildikonen (zum Beispiel Przyborski und Haller 2014),
stellt sich ihr die grundlegende Frage, wie eine theoretische Offenheit in Bezug auf
umfangreichere Bildervolumina in unterschiedlichen sozialen Zusammenhängen
möglich ist. Die aus dem ikonografisch-ikonologischen Ansatz weiterentwickelte
Bildtypenanalyse, die die Relevanz und Bedeutung von Bildmotiven in unterschiedlichen sozio-kulturellen Kontexten untersucht, ermöglicht hierfür einen
methodischen Zugang (Grittmann und Ammann 2011).

Am Beispiel eines Forschungsprojektes zu Geschlechterkonstruktionen in der
medialen visuellen Darstellung von Spitzenpersonen der Politik, Wirtschaft und
Wissenschaft (Grittmann 2012) wird anhand des methodischen Vorgehens vorgestellt, wie die Prinzipien und Verfahren der Grounded Theory in der qualitativen
Bildanalyse, insbesondere zur Entwicklung von Bildtypen eingesetzt werden kann.

Ziel dieser Studie war es weniger, eine dicht konzeptualisierte neue Theorie zu entwickeln, sondern vielmehr neue theoretische Einsichten zu gewinnen. Dazu wurde insbesondere die von Strauss und Corbin (1996, S. 17ff.) ausgesprochene Empfehlung aufgegriffen, die Vorgehensweisen der Grounded Theory zu adaptieren und unter anderem für das „konzeptionelle Ordnen" (Strauss und Corbin 1996, S. 17) im Forschungsprozess zu verwenden. Diese Verfahrensweisen wurden im Rahmen der Analyse der Bilder in die ikonografische Bildtypenanalyse integriert. Die Adaption der Grounded Theory für die Bildanalyse soll abschließend reflektiert werden.

   Im ersten Abschnitt werden zunächst das Forschungsprojekt, die Zielsetzung und das Forschungsdesign vorgestellt. Auf die grundlegenden erkenntnistheoretischen Annahmen zur (De-)Konstruktion von Geschlecht wird ebenfalls eingegangen, da die theoretische Perspektive auch die Herangehensweise, die Analyse und insbesondere die Auswertung und Interpretation der Daten bestimmt hat. Daran anschließend wird das methodische Vorgehen bei der Bildtypenanalyse anhand von Beispielen aus dem Projekt entlang der Arbeitsschritte der Datengenerierung, -auswahl, -analyse und -auswertung nach Verfahrensweisen der Grounded Theory erläutert sowie das Potential der Grounded Theory für die qualitative Bildanalyse im Allgemeinen und die Bildtypenanalyse im Besonderen aufgezeigt. Insbesondere die Prinzipien der theoretischen Sensibilität und des Vergleichens, das wiederum zur Erhöhung der theoretischen Sensibilität dient (Strauss und Corbin 1996, S. 56), sowie das Verfahren des Theoretischen Sampling, bei dem die Auswahl des Materials iterativ theoriegeleitet im Prozess des Kodierens mit der Konzeptualisierung verschränkt wird, wurden in die Analyse integriert. Abschließend werden das Vorgehen und mögliche weiterführende Entwicklungen diskutiert.

2   Visuelle Geschlechterkonstruktionen von Führungskräften in den Medien: Zielsetzung, theoretischer Ansatz und Forschungsdesign des Projektes

Dass die Verfahren der Grounded Theory auch im Kontext der Analyse von Medienbildern sehr gewinnbringend eingesetzt werden können, wird der Beitrag beispielhaft anhand des methodischen Vorgehens im Rahmen der qualitativen Analyse von Medienbildern im Forschungsprojekt ‚Spitzenfrauen im Fokus der Medien' aufzeigen. Im Fokus hierbei stand die Geschlechterkonstruktion von Spitzenkräften der Politik, Wirtschaft und Wissenschaft in der Bildberichterstattung von deutschsprachigen Tages- und Wochenzeitungen sowie Zeitschriften (Grittmann

2012). Ausgehend von der Annahme, dass mediale Diskurse die Vorstellungen und Identitäten von Geschlecht – in Verwobenheit mit sozialer und beruflicher (Macht-)Positionierung, aber auch Herkunft und anderen sozial wirkungsmächtigen Faktoren – mit prägen, hat sich das Erkenntnisinteresse der Teilstudie auf die (Re-) Produktion von Geschlecht(erdifferenzierungen) in der visuellen Berichterstattung ausgerichtet. Die Untersuchung und Kodierung des Bildmaterials hat sich an der „Methode des Ständigen Vergleichens" (Strübing 2014, S. 15) orientiert, wobei die Verfahren der Grounded Theory insbesondere für die Entwicklung der Bildtypen und zur Dimensionalisierung eingesetzt wurden (dazu auch Kelle und Kluge 2010; Keller 2011). Die Integration und der Ertrag dieses Vorgehens werden im Folgenden am Beispiel der Analyse der Bilder von Politikerinnen und Politikern vorgestellt und kritisch reflektiert.

2.1 Übersicht über die Studie ‚Spitzenfrauen im Fokus der Medien'

Die hier vorgestellte Studie bildete ein Forschungsprojektmodul im Verbundprojekt ‚Spitzenfrauen im Fokus der Medien', das von Margreth Lünenborg und Jutta Röser geleitet wurde. Ziel des Projektes war es, die mediale Sichtbarkeit und Geschlechterkonstruktionen von Personen in Spitzenpositionen der Politik, Wirtschaft und Wissenschaft zu analysieren (Lünenborg und Röser 2012; s. auch Lünenborg und Maier, *in diesem Band*). Dazu wurde ein integratives Forschungsdesign entwickelt, das quantitative und qualitative Analysen von Text und Bild mit Kontextanalysen zu den Entstehungsbedingungen im Produktionsprozess sowie der Rezeption und Aneignung verband (zum Forschungsdesign: Lünenborg und Röser 2012). Der Untersuchungszeitraum der quantitativen Bildanalyse im Rahmen der hier vorgestellten Teilstudie umfasste acht Wochen, vom 20. Mai bis 11. Juli 2008. Untersucht wurden 13 deutschsprachige Medien, fünf Tageszeitungen sowie acht Publikumszeitungen, die sowohl Nachrichten- und Wirtschaftsmagazine, Illustrierte als auch Frauenzeitschriften und People-Magazine umfassten (zum Sample im Einzelnen: Grittmann 2012).

Die quantitative Analyse erbrachte ein Datenmaterial von 2.334 Repräsentationen von Spitzenkräften aus Politik, Wirtschaft und Wissenschaft. Die folgende Vorstellung des Verfahrens konzentriert sich auf die Spitzenpolitikerinnen und -politiker, die mit 1.208 Repräsentationen die stärkste Gruppe bildeten. Für jede einzelne Darstellung – Analyseeinheit war die jeweilige dargestellte Führungskraft – wurden in SPSS die formalen Angaben zur Quelle und Größe und weiteren Kategorien (unter anderem Ressort, Platzierung, Spitzenposition) kodiert sowie in einer offenen Kodierung erste Notizen zum Bildinhalt festgehalten (s. Abb. 1).

Angela Merkel

Bild-Nr.	Med	Datum		Seite	Person	Größe	Beschreibung
2382.0	1.0	1.0	01.07.08	2.0	Merkel	1.0	mit dt. Fußballspieler (gratuliert)
2383.0	1.0	1.0	01.07.08	2.0	Merkel	1.0	mit dt. Fußballspieler (gratuliert)
2415.0	1.0	1.0	30.06.08	1.0	Merkel	1.0	mit Michael Ballack, Geste!
2464.0	1.0	1.0	28.06.08	17.0	Merkel	1.0	jubelnd bei EM-Spiel
2465.0	1.0	1.0	28.06.08	22.0	Merkel	3.0	Beck prostet Merkel zu
2487.0	1.0	1.0	28.06.08	22.0	Merkel	0.0	Icon Merkel zu Video-Hinweis
2516.0	1.0	1.0	26.06.08	1.0	Merkel	0.0	Schmidt überreicht Merkel den "Osgar"
2517.0	1.0	1.0	26.06.08	2.0	Merkel	4.0	Merkel gratuliert Schmidt
2518.0	1.0	1.0	26.06.08	2.0	Merkel	1.0	Merkel hält Laudatio bei Bild-Preisv
2520.0	1.0	1.0	26.06.08	2.0	Merkel	0.0	Merkel Porträt Mädchen
2529.0	1.0	1.0	26.06.08	24.0	Merkel	1.0	Merkel jubelt bei EM-Spiel
2531.0	1.0	1.0	26.06.08	30.0	Merkel	4.0	Grp mit Merkel, Clinton, Stars bei Osgar
2534.0	1.0	1.0	26.06.08	30.0	Merkel	0.0	Merkel gratuliert Schmidt
2547.0	1.0	3.0	26.06.08	3.0	Merkel	1.0	bei Preisverleihung (verleiht Preis)
2548.0	1.0	3.0	26.06.08	5.0	Merkel	3.0	sitzend im Gespräch

Abb. 1 Erfassung und Kodierung des Bildmaterials nach Person in SPSS (Quelle: eigene Darstellung/Screenshot SPSS)

Ein Auszug der SPSS-Kodierung, unterteilt nach Personen (hier: Angela Merkel), ist in Abbildung 1 zu sehen: Erfasst wurden unter anderem das jeweilige Medium (,Med.'; hier: ,Bild-Zeitung' = 1.0 bzw. ,Süddeutsche Zeitung' = 3.0), Datum und Seite der Veröffentlichung, die Größe der Abbildung (,sehr klein' = 1.0 bis ,groß' = 5.0) sowie kurze Stichworte zum Motiv. Dieses Datenmaterial bildete die Ausgangs-basis für die weiterführende qualitative Bildanalyse. Ein Auszug der SPSS-Daten diente als Grundlage, um den Publikationskontext der (nummerierten) Bilder dann wieder rekonstruieren zu können. Im Gegensatz zur quantitativen Analyse bestand das Ziel der qualitativen Analyse der Bilder nicht darin, repräsentative Ergebnisse über Sichtbarkeiten in ihrer Verteilung zu erzielen, sondern Einsichten in die Art und Weise zu gewinnen, wie die Medien visuell Geschlecht (re-)produzieren, möglicherweise aber auch zu einem ,Undoing Gender' (Butler 2009) und somit zur Auflösung von Geschlechternormen beitragen.

2.2 Zielsetzung und methodische Entscheidungen der qualitativen Bildanalyse

Die qualitative Bildanalyse zur visuellen Repräsentation von Personen in Spitzen-positionen in Politik, Wirtschaft und Wissenschaft ging der Frage nach medialen Konstruktionen von Geschlecht, nach der Konstruktion von Weiblichkeit und Männlichkeit im Rahmen einer durch die Medien heteronormativ geprägten Zweigeschlechtlichkeit nach. Die Konstruktion von Geschlecht in der journalistischen Berichterstattung wurde in ihrer Verschränkung und Verwobenheit mit der sozialen Position und Macht in und durch Bilder untersucht. Visuelle Berichterstattung ist insbesondere deshalb gesellschaftlich relevant, weil gerade fotografische Bilder naturalisierte Vorstellungen von Geschlecht erzeugen und damit an der diskursiven Konstruktion symbolischer Ordnungen mitwirken. Medienrepräsentationen bilden Wirklichkeit nicht einfach ab, sie (re-)produzieren Geschlechterverhältnisse, die auch als Machtverhältnisse begriffen werden können (Bourdieu 2005). Diese Konstruktionen sind von Bedeutung, da sie zum einen Vorstellungen von Lebenswelten von Spitzenkräften, in diesem Fall von Politik, Wirtschaft und Wissenschaft, erzeugen, zu denen viele Rezipientinnen und Rezipienten keinen unmittelbaren Zugang haben. Zum anderen werden in und durch die Aneignung von visuellen Geschlechterrepräsentationen Geschlechteridentitäten von Rezipientinnen und Rezipienten in ihren jeweiligen unterschiedlichen Lebenswelten ausgehandelt, wie auch die im Rahmen des Gesamtprojekts durchgeführte Studie zur Rezeption und Aneignung der medialen Repräsentationen gezeigt hat (Müller 2012).

Erkenntnistheoretisch ging das Projekt davon aus, dass sowohl das biologische Geschlecht (*sex*) als auch das soziale, kulturelle Geschlecht (*gender*) diskursiv hervorgebracht werden (Butler 1991). Es stellte sich daher die Frage, ob und auf welche Art und Weise die visuellen Konstruktionen des Journalismus jene symbolische Ordnung von Zweigeschlechtlichkeit mit konstituieren, ob und wie sich möglicherweise Aufwertungs- und Abwertungsstrategien durch eine Vergeschlechtlichung ein- und fortschreiben und ob auch Brüche, Veränderungen und Verschiebungen zu beobachten sind. Doch wie lassen sich Medienbilder von Spitzenpolitikerinnen und -politikern auf mögliche Geschlechterkonstruktionen hin untersuchen, wenn sehr wenig über mögliche visuelle Darstellungen in diesem Feld bekannt ist? Und wie können auch Auflösungen und Wandel analytisch erfasst werden?

Die von Glaser und Strauss (2010) in den 1960er Jahren entwickelte Grounded Theory bietet in ihrem spezifischen „Stil" (Strauss 1994, S. 30) als eine der grundlegenden qualitativen Methoden spezifische methodologische Prinzipien, Erhebungs- und Auswertungsverfahren, um auf der Grundlage unterschiedlicher Daten und komplexer Phänomene gegenstandsbezogene Theorien entwickeln zu können.

Auch in der Grounded Theory ergeben sich schon durch die zentrale Forschungsfrage bestimmte Perspektiven, auf die sich das Forschungsinteresse richtet. Nach Strauss und Corbin (1996, S. 83) ist die Grounded Theory eine „handlungs- und interaktionsorientierte Methode der Theorieentwicklung", die sich auf den Umgang mit einem Phänomen richte. Dazu werden meist beteiligte Personen beobachtet oder befragt. Im Falle der Medienbilder haben wir es mit einer zweifachen ‚Handlung' zu tun: Medien *zeigen* uns auf eine spezifische Weise *Personen, politisches Handeln und Interaktionen in der Politik.* Hier (Bild) wie dort (Feld) werden also Personen und ihre Handlungen und Interaktionen bedeutsam und gleichzeitig erst durch den Prozess des Sprechens (Text) oder Zeigens (Bild) konstruiert (zur Situiertheit und Konstruktion von Wissen in der Grounded Theory s. Clarke 2012). Im einzelnen Bildmotiv in einem Medium lässt sich somit das Phänomen (Politik) durch die vorgestellten Personen in spezifischen Bewegungsmomenten (Interaktionen, Körperhaltungen, Mimik/Gestik usw.) analysieren.

Als ein mögliches Verfahren zur qualitativen Analyse von medialen Bildern wurde in Weiterentwicklung des ikonografisch-ikonologischen Ansatzes, der auch häufig als ‚Methode' bezeichnet wird, die ‚Bildtypenanalyse' vorgeschlagen, um die Relevanz von Bildmotiven und ihre Bedeutungen untersuchen zu können. Ziel der Bildtypenanalyse ist es, Ikonografien in ihrem historischen und kulturellen Kontext und den dadurch artikulierten Vorstellungen und Ideen herausarbeiten zu können (Grittmann und Ammann 2011). Die qualitative Bildtypenanalyse kann auch zur Kategorienbildung für quantitative Analysen genutzt werden. Als Bildtypus werden wiederkehrende Bildmotive – und nicht nur die Wiederholung einzelner Bildelemente oder spezifischer Repräsentationen einer Person – gefasst, die sich „innerhalb eines Typus möglichst ähnlich sind (*interne Homogenität* auf der ‚Ebene des Typus') und sich die Typen voneinander möglichst stark unterscheiden (*externe Heterogenität* auf der ‚Ebene der Typologie')" (Kelle und Kluge 2010, S. 85, Hervorhebung im Original). Für die Entwicklung dieser Bildtypen ist ein offenes Verfahren, wie es die Grounded Theory ermöglicht, sinnvoll, um unbekannte Bildmotive zu entdecken und damit neue Typisierungen zu ermöglichen. Ein solches Verfahren bleibt auch offen für sozio-kulturellen Wandel, für Brüche, Verschiebungen und Veränderungen und ermöglicht, wie Clarke (2012, S. 51) bereits aufgezeigt hat, eine dekonstruktivistische und kritische Analyse.

Zunächst stellen sich die Fragen, welche Motive zu sehen sind, wie sie sich differenzieren lassen, womit das Motiv in Zusammenhang gebracht werden kann (Bedingungen) und ob sich in den unterschiedlichen Darstellungen vergeschlechtlichte Differenzen beobachten lassen – oder eben auch nicht. Vergeschlechtlichte Darstellungen werden nicht vorausgesetzt, sie sind neben anderen möglichen Relevanzsetzungen in der politischen Berichterstattung erst zu untersuchen. Im Folgenden wird auf die Kodierung der Bildtypen im Sinne von Kategorien eingegangen. Sie können auf einer abstrakteren Ebene angesiedelt werden als sogenannte Konzepte, welche als erste Label begriffen werden können (Corbin und Strauss 1990). In diesem Prozess zeigten sich neue Zusammenhänge zwischen Bedingungen und ‚Phänomenen' der Darstellung.

2.3   Analyse und Typisierung von Bildern: Methodologische Prinzipien der Grounded Theory im Forschungsprozess

Die Grounded Theory bietet für die Bildtypenanalyse methodologische Prinzipien und Verfahren: die Prinzipien des Ständigen Vergleichens und der theoretischen Sensibilität, die für den Kodierprozess grundlegend sind; das Verfahren selbst richtet sich nach dem *Theoretischen Sampling*, das die Datenaufbereitung mit der Analyse und Auswertung der Daten verbindet. Das Vorgehen wich im Detail zuweilen aus forschungspragmatischen Gründen etwas ab. Dabei ist anzumerken, dass es die *eine* Grounded Theory Methodologie nicht mehr gibt (s. die Einleitung zu diesem Band), schon Glaser und Strauss haben nach ihren gemeinsamen Arbeiten unterschiedliche Wege eingeschlagen und die Grounded Theory unterschiedlich weiterentwickelt (Strübing 2014; Strübing, *in diesem Band*). Das Vorgehen orientiert sich an den in unterschiedlichen Lehrbüchern von Strauss und Corbin (1996), Kelle und Kluge (2010) und Strübing (2014) diskutierten Prinzipien und beschriebenen bzw. vorgeschlagenen Verfahren.

a) Auswahl des Datenmaterials: Theoretisches Sampling

Eines der grundlegenden methodologischen Prinzipien der Grounded Theory ist der iterativ angelegte Kodierprozess, in dem Auswahl, Analyse und Auswertung von Daten miteinander verwoben sind (Strauss und Corbin 1996, S. 148ff.). Ziel der Kodierung ist es, theorierelevante Konzepte zu identifizieren und zu entwickeln, die sich im Zuge der Kodierung aus Perspektive der Forschungsfrage von Fall zu Fall als bedeutsam erweisen, und dabei im Sampling so offen vorzugehen, um neue Erkenntnisse verfolgen und das Sample entsprechend anpassen zu können (Krotz, *in diesem Band*). Ähnliche Konzepte lassen sich zu Kategorien gruppieren und in allgemeineren, übergeordneten Begriffen fassen (Strauss und Corbin 1996, S. 47). In dieser Studie wurden zum Beispiel ‚Interaktionen' als Kategorie herausgearbeitet, die wiederum Subkategorien wie zum Beispiel ‚Umarmung' oder bestimmte Eigenschaften umfassen. Kategorien können grundsätzlich auf sehr unterschiedlichen Abstraktionsniveaus gebildet werden (Kelle und Kluge 2010, S. 60ff.). Diese unterschiedlichen Ebenen herauszuarbeiten, ist in jeder neuen Studie eine wiederkehrende Herausforderung und kann nur aus dem Erkenntnisinteresse der jeweiligen Studie heraus erfolgen. Die Subkategorien bzw. Eigenschaften sind dimensionalisierbar, das heißt sie nehmen unterschiedliche Ausprägungen entlang einer Skala an (zum Beispiel ‚stark-schwach'; Strauss und Corbin 1996). In unserer Studie ließen sich beispielsweise bei Aufnahmen von Interaktionen zwischen Personen Gesten der Dominanz, eher gleichberechtigte Gesten als auch Subordinationsgesten unterscheiden. Das *offene Sampling* und Kodieren stellt jedoch in Hinblick auf die Auswahl von Bildern in

Medien eine Herausforderung dar und soll hier im Vergleich mit einer Befragung einer spezifischen Gruppe von leitenden Angestellten, wie sie Strauss und Corbin (1996) als Beispiel vorgestellt haben, verdeutlicht werden: So könnte eine entsprechende Befragung von Spitzenkräften mit einem Ort oder einer Gruppe beginnen, beispielsweise einer Abteilung in einem Unternehmen (Strauss und Corbin 1996, S. 151). Wenn nach der ersten Erhebung, Analyse und Auswertung deutlich würde, dass Hierarchiestrukturen für die Entscheidungsprozesse relevant sein könnten, ließe sich nach der Grounded Theory dann nach vergleichbaren Strukturen oder gerade ganz anders strukturierten Organisationen (in anderen Abteilungen, anderen Unternehmen) suchen, um die Relevanz der Kategorie weiter zu analysieren. Wie sich dieses Vorgehen des offenen Samplings auf die Bilder in journalistischen Medien übertragen ließe, hat im vorliegenden Projekt einiges Kopfzerbrechen bereitet, weil der Zugang zum Datenmaterial ausgesprochen schwierig ist. Die in der Studie gewählte und hier vorgestellte Lösung mag auch nicht ideal sein, aber ein völlig offenes Kodieren, bei dem mit Bildern in irgendeinem Medium zu irgendeinem Zeitpunkt begonnen wird und weitere Bilder von Spitzenkräften so lange kodiert werden bis sich eine als relevant erscheinende Kategorie identifizieren lässt, die dann in anderen Medien weiter erforscht und analysiert werden, erschien nur schwer umsetzbar.

Abb. 2   Beispiele für die Kodierung von Bildmaterial. Bild links: ‚Merkel trifft Sarkozy‘
– Bundeskanzlerin Angela Merkel und der französische Präsident Nicolas
Sarkozy begrüßen sich bei einem Treffen in Straubing (Quelle: Bild-Zeitung,
10. Juni 2008, S. 1; Foto: DPA); Bild rechts: Bundeskanzler Gerhard Schröder
und der russische Präsident Vladimir Putin begrüßen sich, keine Angabe zum
Anlass und Zeitpunkt der Aufnahme (Quelle: Süddeutsche Zeitung, 5. Juni
2008, S. 7)

Ein Beispiel: Angela Merkel wird bei einer Begrüßung eines anderen Staatsober-
haupts im Moment einer Umarmung gezeigt (s. Abb. 2: Bild links). Wird damit
ein Bild von Merkel in ihrer Funktion als Bundeskanzlerin erzeugt? Ist es eine
politische Interaktion? Ist es eine vergeschlechtlichte Geste? Werden auch andere
Spitzenpolitikerinnen und -politiker in vergleichbaren Situationen und diesem
Handlungsmoment gezeigt? Wie komme ich als Forschende zu weiterem Material
für einen Vergleich? Es reicht ja nicht, nach einem beliebigen Bild anderer Spitzenpolitikerinnen und -politiker zu suchen, das möglicherweise ein ganz anderes
Moment zu sehen gibt. Vielmehr wird ein größerer Bestand solcher Medienbilder
zu einer weiteren Person benötigt, um zu vergleichen und zu untersuchen, ob sich
das Motiv auch darin identifizieren lässt und es sich um ein relevantes Motiv in
der politischen Repräsentation – durchaus in dieser Mehrdeutigkeit des Begriffs
der Repräsentation verstanden – handelt, und inwiefern sich dieses Motiv weiter
unterscheidet. Im Fall der Aufnahme von Merkel zeigte sich in der weiteren Kodierung, dass auch ähnliche Motive von anderen Politikern publiziert wurden (s.
Abb. 2: Bild rechts). Es handelt sich somit um eine Geste, die in der politischen
Ikonografie, in der Visualisierung von Macht, konventionalisiert ist.

Bereits Strauss und Corbin (1996, S. 157) weisen darauf hin, dass man auf Basis
des Materials auswählen müsse, zu dem man Zugang hat. Wir haben daher für die
qualitative Analyse das Datenmaterial aus der quantitativen Analyse verwendet,
das somit aus demselben Untersuchungszeitraum stammt, und uns aufgrund
der großen Menge an Bildern im Bereich Politik zu einer weiteren Eingrenzung
entschieden. Aus den 1.208 Repräsentationen wurden die Aufnahmen von sechs
Spitzenpolitikerinnen und -politikern ausgewählt, die hier angegebenen politischen
Funktionen der ausgewählten Personen beziehen sich auf den Untersuchungszeitraum Mai bis Juli 2008: Bundeskanzlerin Angela Merkel, der SPD-Parteivorsitzende
Kurt Beck, Bundespräsident Horst Köhler und die damalige Herausforderin für das
Bundespräsidentenamt, Gesine Schwan, Familienministerin Ursula von der Leyen
und Außenminister Frank-Walter Steinmeier. Damit lagen immer noch rund 600
Bilder vor, darunter aber sehr viele kleine passfotoähnliche Porträts, die im weiteren
Prozess der Kodierung ausgeschlossen wurden. Diese Auswahlentscheidung wurde
auch deshalb getroffen, um eine Vergleichbarkeit mit der parallel durchgeführten
Textanalyse zu ermöglichen (Maier und Lünenborg 2012).

Die Begrenzung auf eine bestimmte Auswahl von Personen stellt somit möglicherweise eine Einschränkung dar. Aber dieses *Theoretische Sampling* fand ja
auch nicht auf Ebene der Personen statt, sondern auf der Ebene der Vielzahl der
Aufnahmen dieser Personen von Ereignissen und Porträts in unterschiedlichen
Kontexten und Zusammenhängen (als Vergleich kann hier das Beispiel von Corbin
und Strauss 1990, S. 8ff. herangezogen werden). Grundlegendes Prinzip der Grounded

Theory ist der ständige Vergleich, um relevante Konzepte herauszuarbeiten, wobei sich das Theoretische Sampling auf den Vergleich theoretisch relevanter Merkmale konzentriert, die „entweder *relevante Unterschiede* oder *große Ähnlichkeiten* aufweisen" (Kelle und Kluge 2010, S. 48; Hervorhebung im Original). Entsprechend wurde das Material im Hinblick auf Unterschiede und Ähnlichkeiten entlang der teils vorab herangezogenen, teils im Material identifizierten Kategorien untersucht. Das Vorgehen wird im Folgenden für die Kodierung und Entwicklung der Bildtypen vorgestellt und zunächst die Bedeutung der *theoretischen Sensibilität* im Projekt diskutiert.

b) Theoretische Sensibilität und die Bildung theoretisch relevanter Kategorien

Eine grundlegende Frage, die sich bei einer offenen Kodierung des Materials stellt und sich auch in der Grounded Theory von Anfang an gestellt hat, ist der Umgang mit Vorwissen im Forschungsprozess. Lange wurde der Grounded Theory unterstellt, die Kategorien und Konzepte würden irgendwie aus den Daten hervortreten. Zu diesem „induktivistischen Selbstmissverständnis" (Kelle 1994, zitiert nach: Strübing 2014, S. 52) haben Glaser und Strauss sicher selbst in ihrer rigorosen Kritik an deduktiven, hypothesenprüfender und vor allem quantitativer Forschung und ihrer Abkehr davon beigetragen. Sowohl Glaser als auch Strauss haben in ihren späteren Arbeiten die Bedeutung des Vorwissens im Sinne einer ‚Theoretischen Sensibilität' ausführlich behandelt (zum Überblick Strauss und Corbin 1996, S. 20ff.). Theoretische Sensibilität wird nach Strauss und Corbin (1996) als Fähigkeit von Forschenden definiert. Sie speist sich im Forschungsprozess aus dem Literaturstudium, eigenen Erfahrungen im zu erforschenden Bereich oder solchen, die dafür bedeutsam sind, und Erfahrungen im Forschungsprozess selbst (Strauss und Corbin 1996, S. 25). Die Analyse von Geschlechterkonstruktionen in Bildern setzt beispielsweise eine Kenntnis der Bedeutung visueller Darstellungskonventionen von vergeschlechtlichten Körperhaltungen voraus, die durch Vorwissen (Literatur, vorangegangene Studien zu in Bildern konventionalisierten vergeschlechtlichten Körperhaltungen etc.), aber auch weitere Literaturrecherche im Forschungsprozess erworben werden kann (dazu Strauss und Corbin 1996, S. 31ff.).

Für die Entwicklung von Konzepten bzw. deren Klassifikation in Form von Kategorien schlagen Strauss und Corbin (1996, S. 33) zur theoretischen Sensibilisierung vor, Literatur heranzuziehen, um deren Konzepte und Beziehungen zu berücksichtigen und zu überprüfen. Auch die Erweiterung einer Theorie durch die Übertragung auf neue Gegenstände eröffnet einen Weg, um sich einem Forschungsgegenstand zu nähern (Strauss und Corbin 1996, S. 34). Wichtig sei dabei, dass die Forschenden offen blieben für die verschiedenen Formen, die diese Konzepte annehmen könnten.

In der vorliegenden Untersuchung wurden unterschiedliche Vorgehensweisen zur Erhöhung der theoretischen Sensibilität im Zuge der Kategorienentwicklung eingesetzt. Eine Kategorie, die sich schon aus der Forschungsfrage ergab, war die der *Geschlechterdifferenz,* dimensionalisiert in den beiden Subkategorien ‚Konstruktionen von Männlichkeit' und ‚Konstruktionen von Weiblichkeit'. Es stellte sich jedoch die Frage, wie und wodurch solche Konstruktionen in Medien visuell erzeugt werden. Bei der Kodierung der Bildtypen konnten auf einige Analysen zur politischen Ikonografie in den Medien zurückgegriffen werden, die für den Typisierungsprozess hilfreich waren. Zur Beantwortung der Forschungsfrage nach den Geschlechterkonstruktionen wurden weitere Dimensionen entwickelt, die aus der Forschungsliteratur abgeleitet worden waren: Körperkonstruktionen und Interaktionen sowie ästhetische innerbildliche Darstellungsweisen und außerbildliche Präsentationsformen (Grittmann 2012). Diese Dimensionen dienten als leitende Kriterien bei der Kodierung des Materials.

c) Offene und axiale Kodierung des Materials

Die Kodierung des Materials erfolgte manuell. Zwar gibt es inzwischen sehr gut erprobte Softwareprogramme für die qualitative Datenanalyse, wie zum Beispiel ATLAS.ti oder MAXQDA (dazu auch Friese, *in diesem Band*). Für die Entscheidung, manuell zu kodieren, sprach jedoch die auch in der Grounded Theory begründete Arbeitsweise, Daten nicht erst zu kodieren und dann zu analysieren, sondern Datenerhebung, -analyse und -auswertung zu verschränken und durch ein ständiges Vergleichen (Strauss und Corbin 1996) neue Kodierungen immer wieder mit vorangegangenen in Beziehung zu setzen.

Das Material war zunächst nach den Personen gruppiert, vergleichbar mit einem Interview oder einem Beobachtungsprotokoll, das sich auf eine Person bezieht (s. auch Linke, *in diesem Band*). Auf Grundlage dieses Materials wurde ein Bild herangezogen und in einem kurzen Memo das Motiv beschrieben und konzeptionalisiert. Konzepte sind nach Strauss und Corbin (1996, S. 47) Bezeichnungen oder Etiketten, die einem beobachteten Phänomen zugeordnet werden können. Zum Beispiel zeigte eine Aufnahme Merkel in einer Redegeste an einem Pult vor der EU-Flagge, kodiert wurde unter anderem ‚Merkel redend, am Mikro, stehend, halbfigurig'. Nach Strauss und Corbin (1996, S. 46ff.) sind allgemeine Begriffe besser als rein deskriptive Beschreibungen, um zu theoretischen Konzepten zu gelangen. Als Beispiel führen sie das ‚Lesen eines Zeitplans' als konkrete Tätigkeit und ‚Informationsgewinnung' als allgemeineres Konzept dafür an. Da das Material im vorliegenden Projekt zunächst nach Personen gruppiert vorlag, wurde das nächste vorliegende Bild von Merkel ebenso beschrieben und konzeptualisiert usw., die Reihenfolge wurde aber immer wieder aufgebrochen. Bereits bei dieser ersten Erstellung von Konzepten zeigten sich weitere Motive, die diesem zuerst beschriebenen Motiv ähnelten. Wie bereits Corbin und Strauss (1990) betont haben, ist ein zunächst entdecktes Konzept wie zum Beispiel das Motiv der ‚Rede' als provisorisch zu betrachten: „Each concept earns its way into the theory by *repeatedly* being present in interviews, documents, and observations in one form or another – or by being significantly absent" (Corbin und Strauss 1990, S. 7; Hervorhebung im Original). Weitere ‚Rede'-Motive zeigten Merkel oder andere Politikerinnen und Politiker unter anderem am Pult, im Moment der Vorbereitung etc., also in unterschiedlichen Varianten. In Anlehnung an die Empfehlung von Strauss und Corbin (1996, S. 47) wurden ähnliche Konzepte gruppiert und unter einer Kategorie zusammengefasst. Daraus ergab sich die Frage, ob es auch andere Formen des Redens gab, zum Beispiel in der Interaktion mit anderen, im Gespräch mit Journalistinnen und Journalisten oder anderen Politikerinnen und Politikern. Diese Bildmotive wurden im nächsten Schritt als eigene Gruppe zusammengefasst und typisiert, woraus sich zunehmend der Bildtypus der ‚formellen Rede' herauskristallisierte, der als Kategorie gefasst werden kann. Im Verlauf der Beschreibung und Konzeptualisierung weiterer Bilder wurden im Prozess der Kodierung weitere vorläufige Kategorien gebildet. Für diese Typisierung war das theoretische Wissen über bereits bekannte Bildtypen der Politikberichterstattung hilfreich.

Das manuelle Vorgehen anhand der Originalbeiträge und -bilder aus den Medien bietet bei der Analyse von Bildern neben einigen Nachteilen den Vorteil, dass die einzelnen Bilder nicht nur einzeln analysiert, sondern auch nebeneinander gelegt und somit gut miteinander verglichen und dabei immer wieder neu arrangiert und gruppiert werden können. Die Kodierung wurde zu zweit durchgeführt – an dieser Stelle sei Caroline Keller, der studentischen Mitarbeiterin im Projekt, gedankt. Mit ihr wurde die Kodierung gemeinsam erarbeitet und die Fortschritte immer wieder diskutiert. Wir haben dazu im Projekt das Bildmaterial mit den Artikeln, in deren Kontext die Bilder publiziert worden waren, aus den untersuchten Medien entnommen und in einem großen Raum auf dem gesamten Boden nach und nach ausgebreitet. Jedes Bild war mit einer Kodenummer versehen, über die wir mithilfe einer Excel-Liste die Herkunftsdaten, wie Medium, Datum oder Seite jederzeit aufrufen konnten. Sobald wir im Prozess der Kodierung auf neue Motive gestoßen sind und neue Konzepte entwickelt hatten, konnten wir die vorherigen Bilder noch einmal einfach heranziehen, vergleichen, wieder verschieben und verwerfen oder auch re-kodieren. Entscheidend war, die uns ähnlich erscheinenden Konzepte immer weiter zu prüfen und die Variationen zu ergänzen, um aus jenen Bildmotiven, die mit ähnlichen Konzepten bezeichnet worden waren, Typen im

Sinne von Kategorien zu bilden und auf diese Weise eine *Theoretische Sättigung* zu erreichen. Gleichzeitig haben wir die vorläufigen Kategorien, das heißt die entwickelten Bildtypen, immer wieder mit anderen Motiven kontrastiert, um die Eigenschaften in der Differenz deutlicher erkennen und herausarbeiten zu können und gegebenenfalls neu zu kategorisieren.

Die Ergebnisse der Typisierung wurden dann genutzt, um die Typen sowohl im Vergleich als auch die einzelnen Typen auf Geschlechterdifferenzen hin zu untersuchen. Im Vergleich der Typen zeigte sich, dass konventionalisierte Aufnahmemomente aus dem beruflichen Kontext der Politikerinnen und Politiker dominierten. Neben dem Typus der ‚Rede' waren dies unter anderem der Typus ‚Beratung', ‚Begegnung', ‚Besprechung', ‚Politikerin bzw. Politiker kümmert sich um gesellschaftliche Gruppen' etc. Insgesamt wurde dabei deutlich, dass die Ikonografie der Politik durch spezifische Motive bzw. Bildtypen geprägt war, die eine Vorstellung politischen Handelns erzeugt. Hierbei trat das Geschlecht bei spezifischen Motiven wie dem Typus der ‚Rede' in den Hintergrund. So wurden Politikerinnen wie Politiker gleichermaßen in kämpferischen oder eher verhaltenen Gesten gezeigt. Allerdings wurden ausschließlich Politiker aktiv in sportlicher Betätigung (Fußball spielend, Teilnahme an Marathon) gezeigt, teils als ‚Sportkumpel', die Politikerinnen hingegen ausschließlich als (jubelnde) Fans im Stadion, wie etwa Bundeskanzlerin Merkel bei der Fußball-Europameisterschaft 2008.

Für die Entwicklung der Bildtypen und die Analyse der Geschlechterkonstruktionen wurde das offene Kodieren eingesetzt – erst während des Kodierens wurde deutlich, dass mögliche Beziehungen zwischen Medium und Bildtypen bestehen. Das Material wurde daraufhin noch einmal in Hinblick auf diesen Zusammenhang axial kodiert. Auf der Suche nach Bedingungen und Ursachen der Präsenz einzelner Bildtypen ergab die Analyse, dass bestimmte Bildtypen der Social-Event-Darstellung (zum Beispiel ‚Auftritt/Ankunft' oder ‚Gespräch') vorrangig im Boulevard, in Illustrierten und People-Magazinen publiziert wurden. Gerade stark in der Interaktion und Körperhaltung hierarchische Paardarstellungen von Politikerinnen und Politikern sowie ihren Partnerinnen und Partnern wurden nur in diesem Pressesegment publiziert (Grittmann 2012). Das heißt, die ‚Privatisierung' der Politik in diesen Magazinen und Zeitschriften geht mit der Reproduktion und Erzeugung traditioneller visueller Geschlechterkonstruktionen einher.

3 Reflexion der Integration der Grounded Theory in die qualitative Bildanalyse

Die Grounded Theory erweist sich als besonders geeignet, um neue theoretische Erkenntnisse nachvollziehbar in einem offenen Prozess hervorzubringen. Sie wurde häufig in der soziologisch-ethnografischen Feldforschung eingesetzt, das Analysematerial beruhte daher maßgeblich auf Interviews und Beobachtungen (Strauss und Corbin 1996, S. 5). Gleichwohl hat bereits Strauss (1994, S. 25) betont, dass auch andere Materialien nach dem Forschungsstil der Grounded Theory analysiert werden können. Er hatte zwar Bilder nicht explizit genannt, inzwischen liegen jedoch auch andere methodologische Arbeiten vor, die sich explizit um eine ‚Visual Grounded Theory‘ bemühen (Konecki 2011; Mey und Dietrich 2016): Um die Spezifik von Bildmedien zu berücksichtigen, hat Konecki (2011) ein Schichtenmodell der Bildanalyse nach dem Stil der Grounded Theory entwickelt. Auch Mey und Dietrich (2016) schlagen auf Grundlage der Objektiven Hermeneutik, Segmentanalyse und der dokumentarischen Methode eine eigene Konzeption eine Visual Grounded Theory Methodology vor, die neben der inhaltlichen Analyse auch die Ästhetik und Komposition des Bildes stärker berücksichtigt. Sehr vage bleiben allerdings ihre Ausführungen zum Vorgehen beim Theoretischen Sampling. Clarke hat bereits 2005 einzelne Verfahren der Grounded Theory im Rahmen ihrer Weiterentwicklung der Grounded Theory zur dekonstruktivistischen Situationsanalyse auch auf Bilder bezogen. Die hier vorgestellte Analyse bezieht sich insbesondere in den erkenntnistheoretischen Grundlagen auf Clarke (2012).

Die Integration der Grounded Theory-gemäßen Prinzipien und Verfahrensweisen in die qualitative Bildanalyse und insbesondere Bildtypenanalyse war in dem vorgestellten Projekt mit einzelnen folgenreichen Entscheidungen verbunden. Diese sollen abschließend noch einmal mit Blick auf die Aspekte Theoretisches Sampling, Kodierung/Konzeptionalisierung und theoretische Sensibilität, sowie Situiertheit des Wissens und Epistemologie reflektiert werden.

Im Projekt wurde eine Vorabauswahl der Personen getroffen, um einen Vergleich der Ergebnisse der Bildanalyse mit denen der Textanalyse zu ermöglichen, die separat durchgeführt wurde. Das Theoretische Sampling fand auf der Ebene der visuellen Repräsentationen dieser Personen statt. Strauss und Corbin (1996) betonen, dass sich das Sampling letztlich an den gegebenen Möglichkeiten orientieren muss, daher lässt sich auch dieses Vorgehen durchaus in Einklang mit der Grounded Theory bringen. Unabhängig von dieser Entscheidung stellt sich jedoch gerade bei Medienbildern die Frage, wie ein offenes Sampling nach der ersten Konzeptionalisierung erster Fälle durchgeführt werden könnte.

Bei der Bildanalyse setzt die Kodierung bereits eine Interpretation von Bildelementen und somit kulturelles Vorwissen durch die Forschenden voraus. Mey und Dietrich (2016) empfehlen deshalb, dieses Wissen zu reflektieren und in der Veröffentlichung auszuweisen. Eine theoretische Sensibilität ist bei der Bildanalyse unbedingt notwendig. Einzelne Kategorien, wie beispielsweise ästhetische Gestaltungskriterien, können darüber hinaus auch eingebracht werden, wobei jedoch offen ist, welche Form sie annehmen und in welche Beziehung sie zu anderen Bildelementen gebracht werden. Weiter wäre zu fragen, wie die von Strauss und Corbin (1996) vorgeschlagenen Ebenen der Kodierung – vom offenen über das axiale bis zum selektiven Kodieren – noch umfassender angewendet werden können.

Jede Methode beruht auf spezifischen erkenntnistheoretischen Annahmen – Clarke (2012, S. 46) verwendet dafür sehr zutreffend den Begriff des „Theorie-Methoden-Pakets". Die Grounded-Theory-Methodologie scheint sich zunächst grundlegend von der (de-)konstruktivistischen *Epistemologie*, wie sie im vorgestellten Forschungsprojekt grundlegend war, zu unterscheiden. Allerdings ist die Grounded Theory zwar im Symbolischen Interaktionismus verankert, hat aber, wie Clarke aufgezeigt hat, den *„Postmodern Turn* immer schon hinter sich" (Clarke 2012, S. 47; Hervorhebung im Original). Sie lässt sich somit gerade mit anderen (de-) konstruktivistischen oder diskurstheoretischen Ansätzen verbinden (Clarke 2012, S. 50ff.). Während die Grounded Theory noch von unabhängig von den Forschenden erforschbaren *Phänomenen* ausgeht, wird die Konstruiertheit und Situiertheit sowohl von der Situationsanalyse nach Clarke als auch in der dekonstruktivistischen kommunikationswissenschaftlichen Geschlechterforschung reflektiert.

Die *Reflexion des eigenen Vorwissens* (Mey und Dietrich 2016) und der *Situiertheit der Forschenden* (Clarke 2012) wird als eine wesentliche Herausforderung in der neueren Grounded Theory benannt. Sie stellt sich in besonderer Weise in der Analyse von Medienbildern, deren Bedeutung zunächst so natürlich und selbstverständlich erscheint. Clarke (2012) hat aus dieser kritischen Reflexion die Situationsanalyse entwickelt. Welche neuen Perspektiven diese veränderten epistemologischen Grundlagen für die konkrete Erforschung von Bildern haben, wäre weiter, auch auf der Grundlage von entsprechenden Studien zu diskutieren.

Zusammenfassung

Die Adaption grundlegender Prinzipien und Verfahren der Grounded Theory nach Strauss und Corbin (1996) in der qualitativen Bildanalyse kann gerade im Hinblick auf wenig explorierte visuelle Gegenstände und Praktiken für das sich entwickelnde Feld der Visuellen Kommunikationsforschung sehr ertragreich sein, weil sie auf ein theoriegenerierendes empirisches Forschen ausgerichtet ist. Sie hat sich als qualitative Methode zwar etabliert, in der Visuellen Kommunikationsforschung ist sie bislang aber selten eingesetzt worden und hat erst in jüngster Zeit größere Aufmerksamkeit erfahren. In den vergangenen Jahren wurden methodologische Entwürfe vorgestellt, wie die Grounded Theory zur Visual Grounded Theory weiterentwickelt und für die qualitative Bildanalyse in Bezug auf mediale Bilder genutzt werden kann (unter anderem Konecki 2011; Mey und Dietrich 2016). Visuelle journalistische Berichterstattung ist einerseits stark konventionalisiert, andererseits zeigen sich auch Veränderungsprozesse in den von ihr mit produzierten Wissensordnungen. Die Visual Grounded Theory eröffnet Verfahrenswege, um beides gleichermaßen zu erforschen. Am Beispiel der Analyse von visuellen Geschlechterkonstruktionen in der medialen Berichterstattung über Spitzenpersonal in der Politik hat der Beitrag beispielhaft vorgestellt, wie die Prinzipien und Verfahren der Grounded Theory insbesondere für die Typisierung im Sinne der ikonografischen Bildtypenanalyse eingesetzt werden können, um die Bedeutung von visuellen momenthaften Handlungs- und Interaktionskonstruktionen im Kontext nachvollziehbar zu analysieren und dadurch zu neuen theoretischen Einsichten zu gelangen. Die Grounded Theory wurde in diesem Fall integriert und insbesondere das Prinzip der Verschränkung von Sampling, Analyse und Auswertung für die Typisierung eingesetzt. Das Prinzip des ständigen Vergleichs schärfte hierbei den Blick für Ähnlichkeiten und Differenzen.

Wenngleich die Grounded Theory die Verfahren des gegenstands- und datenbezogenen empirischen Forschens in den Vordergrund stellt, wurde sie inzwischen auf Grundlage konstruktivistischer (Charmaz 2014) und dekonstruktivistischer Erkenntnistheorien weiterentwickelt und damit ein ‚postmodern turn' (Clarke 2012) vollzogen. Die Situiertheit der Forschenden und ihr (Vor-) Wissen werden nun selbst zum Gegenstand der Reflexion. In diesem Zusammenhang stellt gerade der Austausch zwischen Forschenden im Prozess der Datengenerierung, -auswahl, -analyse und -auswertung ein wichtiges Moment des Forschens nach der Grounded Theory dar.

Das vorgestellte Projekt hat Prinzipien und Verfahrensweisen in die qualitative Bildanalyse integriert, um die medialen Konstruktionen von Politik als spezifische Lebenswelt und die durch Bilder (re-)produzierten Geschlechterdifferenzen zu explorieren. Angesichts der Veränderungsprozesse in den Medien und alltäglichen Praktiken mit visuellen Medien eröffnet die Grounded Theory aber gerade für die Visuelle Kommunikationsforschung Potentiale, um die Analyse der Bedeutung von Bildern, ihren Bedeutungskonstruktionen und von Bildhandlungen in medienbezogenen Lebenswelten weiterzuentwickeln.

Perspektiven und Reflexionen

- Medienbilder, insbesondere Fotografien, werden gerade aufgrund ihres Wirklichkeitsbezugs im Alltag in vielfältiger Weise produziert, distribuiert und rezipiert. Wie tragen Bilder zu symbolischen Wissensordnungen bei?
- Welche Herausforderungen stellt die Analyse von Medienbildern nach der Grounded Theory in Hinblick auf die Auswahlprozesse? Was ist bei der Auswahl des Materials zu berücksichtigen?
- Wie lässt sich eine theoretische Sättigung bei der Bildung von Typen erreichen?
- Wie kann die eigene Situiertheit im Forschungsprozess reflektiert werden?

Lesehinweis

- *Clarke, Adele E. 2012. Situationsanalyse. Grounded Theory nach dem Postmodern Turn. Wiesbaden: Springer VS.*
  Adele E. Clarkes Arbeit bietet eine poststrukturalistische, insbesondere diskurstheoretische Weiterentwicklung der Grounded Theory an. Sie beschreibt die positivistischen ‚Widerspenstigkeiten', aber auch die erkenntnistheoretisch bereits verankerten Potentiale in der Grounded Theory, um den ‚postmodern turn' zu vollziehen und erläutert anhand von sechs Strategien, unter anderem bezüglich der Situiertheit des Wissens, Reflexivität, ‚Embodiment' und Hinwendung zu visuellen Diskursen, wie dieser *turn* vollzogen werden kann.
- *Mey, Günther, und Marc Dietrich. 2016. Vom Text zum Bild – Überlegungen zu einer visuellen Grounded-Theory-Methodologie. Forum Qualitative Sozialforschung / Forum Qualitative Social Research 17 (2).*
  Der Text von Mey und Dietrich ist aktuell eine der wenigen methodologischen Arbeiten zu einer Visual Grounded Theory. Auf Grundlage der Segmentana-

lyse, Objektiven Hermeneutik und Dokumentarischen Methode schlagen die Verfasser eine Konzeption einer 'Visuellen Grounded-Theory-Methodologie' (VGTM) vor und zeigen anhand der Verfahrensweisen die spezifischen Vorgehensweise der VGTM auf.

Literatur

Bourdieu, Pierre. 2005. *Die männliche Herrschaft*. Frankfurt am Main: Suhrkamp.

Butler, Judith. 1991. *Das Unbehagen der Geschlechter*. Frankfurt am Main: Suhrkamp.

Butler, Judith. 2009. *Die Macht der Geschlechternormen und die Grenzen des Menschlichen*. Frankfurt am Main: Suhrkamp.

Charmaz, Kathy. 2014. *Constructing Grounded Theory. A Practical Guide through Qualitative Analysis*. 2. Aufl. Los Angeles u. a.: Sage.

Clarke, Adele E. 2012. *Situationsanalyse. Grounded Theory nach dem Postmodern Turn*. Wiesbaden: Springer VS.

Corbin, Juliet, und Anselm L. Strauss. 1990. Grounded Theory Research. Procedures, Canons, and Evaluative Criteria. *Qualitative Sociology* 13 (1): 3–21.

Glaser, Barney G., und Anselm L. Strauss. 2010. *Grounded Theory. Strategien qualitativer Forschung*. 3. Aufl. Bern: Huber.

Grittmann, Elke. 2012. Der Blick auf die Macht. Geschlechterkonstruktion von Spitzenpersonal in der Bildberichterstattung. In *Ungleich mächtig. Das Gendering von Führungspersonen aus Politik, Wirtschaft und Wissenschaft in der Medienkommunikation*, hrsg. Margreth Lünenborg und Jutta Röser, 127–172. Bielefeld: transcript.

Grittmann, Elke, und Ilona Ammann. 2011. Quantitative Bildtypenanalyse. In *Die Entschlüsselung der Bilder. Methoden zur Erforschung visueller Kommunikation: ein Handbuch*, hrsg. Thomas Petersen und Clemens Schwender, 163–178. Köln: Herbert von Halem.

Grittmann, Elke, und Kathrin F. Müller. 2012. „Voll die Pose". Zur De-Konstruktion von Geschlechterdifferenzen in der journalistischen Bildberichterstattung und deren Aneignung durch junge Rezipientinnen und Rezipienten. In *Medien, Öffentlichkeit und Geschlecht in Bewegung. Forschungsperspektiven der kommunikations- und medienwissenschaftlichen Geschlechterforschung*, hrsg. Tanja Maier, Martina Thiele und Christine Linke, 115–142. Bielefeld: transcript.

Kelle, Udo, und Susann Kluge. 2010. *Vom Einzelfall zum Typus. Fallvergleich und Fallkontrastierung in der qualitativen Sozialforschung*. 2., überarb. Aufl. Wiesbaden: VS.

Keller, Reiner. 2011. *Wissenssoziologische Diskursanalyse. Grundlegung eines Forschungsprogramms*. 3. Aufl. Wiesbaden: VS.

Konecki, Krzysztof T. 2011. Visual Grounded Theory. A Methodological Outline and Examples from Empirical Work. *Revija Za Sociologiju* 41 (2): 131–160.

Krotz, Friedrich. 2005. *Neue Theorien entwickeln. Eine Einführung in die Grounded Theorie, die Heuristische Sozialforschung und die Ethnographie anhand von Beispielen aus der Kommunikationsforschung*. Köln: Herbert von Halem.

Lobinger, Katharina. 2012. *Visuelle Kommunikationsforschung. Medienbilder als Herausforderung für die Kommunikations- und Medienwissenschaft.* Wiesbaden: Springer VS.

Lünenborg, Margreth, und Jutta Röser. 2012. Geschlecht und Macht in den Medien – ein integratives Forschungsdesign. In *Ungleich mächtig. Das Gendering von Führungspersonen aus Politik, Wirtschaft und Wissenschaft in der Medienkommunikation,* hrsg. Margreth Lünenborg und Jutta Röser, 7–35. Bielefeld: transcript.

Maier, Tanja, und Margreth Lünenborg. 2012. „Kann der das überhaupt?" Eine qualitative Textanalyse zum Wandel medialer Geschlechterrepräsentationen. In *Ungleich mächtig. Das Gendering von Führungspersonen aus Politik, Wirtschaft und Wissenschaft in der Medienkommunikation,* hrsg. Margreth Lünenborg und Jutta Röser, 65–126. Bielefeld: transcript.

Mey, Günther, und Marc Dietrich. 2016. Vom Text zum Bild – Überlegungen zu einer visuellen Grounded-Theory-Methodologie. *Forum Qualitative Sozialforschung / Forum Qualitative Social Research* 17 (2). http://nbn-resolving.de/urn:nbn:de:0114-fqs160225.

Müller, Marion G., und Stephanie Geise. 2015. *Grundlagen der Visuellen Kommunikation.* 2., überarb. Aufl. Konstanz, München: UVK.

Przyborski, Aglaja, und Günther Haller (Hrsg.). 2014. *Das politische Bild. Situation Room: Ein Foto – vier Analysen.* Opladen u. a.: Barbara Budrich.

Strauss, Anselm L. 1994. *Grundlagen qualitativer Sozialforschung. Datenanalyse und Theoriebildung in der empirischen soziologischen Forschung.* München: Fink.

Strauss, Anselm L., und Juliet Corbin. 1996. *Grounded Theory: Grundlagen qualitativer Sozialforschung.* Weinheim: Beltz.

Strübing, Jörg. 2014. *Grounded Theory. Zur sozialtheoretischen und epistemologischen Fundierung eines pragmatischen Forschungsstils.* 3., überarb. und erw. Aufl. Wiesbaden: Springer VS.

Zur Autorin

Elke Grittmann (Dr. phil.) ist Professorin für Medien und Gesellschaft am Institut für Journalismus der Hochschule Magdeburg-Stendal. Zu ihren Forschungsschwerpunkten gehören: Visuelle Kommunikation/Fotojournalismus, Migration und Medien, Gender Media Studies, Transnationale Kommunikation, Methoden der Bildanalyse.

Grounded Theory als Entwestlichungsstrategie
Sampling und Kodieren von ethnografischen Beobachtungsdaten, Dokumenten und Interviews

Sigrid Kannengießer

Abstract

Anhand einer Studie eines translokalen Netzwerks von Frauen und Frauenorganisationen und seiner lokalen Arbeit in Südafrika wird in diesem Beitrag diskutiert,
inwiefern die Grounded Theory eine Strategie der Entwestlichung ‚westlicher'
Kommunikations- und Medienwissenschaft sein kann. Dabei wird gezeigt, dass
vor allem die Offenheit des Verfahrens in der Datenerhebung und -auswertung
sowie die Möglichkeit der Methodentriangulation gewinnbringend für ein solches
Anliegen sind. Als theoriegenerierender und nicht theorieprüfender Ansatz können
mit der Grounded Theorie bestehende (‚westliche') Theorien weiterentwickelt und
im Forschungsprozess Positionen ‚westlicher' Wissenschaftlerinnen und Wissenschaftler reflektiert werden.

Keywords

Entwestlichung, qualitative Netzwerkforschung, Methodentriangulation, Ethnografie, translokale Frauenorganisationen

1   Einleitung

Untersucht man als europäische Forscherin oder Forscher Phänomene, die außerhalb europäischer Gesellschaften liegen, so kann man diesen in der Analyse
nur annähernd gerecht werden, wenn man zum einen offen an die Gegenstände
herantritt und zum anderen Theorien für die Analyse heranzieht, die in den ge-

sellschaftlichen Kontexten der Phänomene entstanden sind. Beides ermöglicht der Ansatz der Grounded Theory als ein offenes, theoriegeleitetes und theoriegenerierendes Verfahren.

Anhand einer Studie eines translokalen Netzwerks von Frauen und Frauenorganisationen und seiner lokalen Arbeit in Südafrika wird in diesem Beitrag diskutiert, inwiefern die Grounded Theory eine Strategie der Entwestlichung ‚westlicher' Kommunikations- und Medienwissenschaft sein kann. Spreche ich hier von ‚westlich' oder ‚nicht-westlich', so verwende ich diese Begriffe mit Mohanty (2002, S. 502 und 505) nicht als geographische, sondern als politisch-analytische Kategorien, durch die zwischen privilegierten bzw. marginalisierten Nationen oder Gesellschaften unterschieden werden kann. Auch wenn wir im Norden, Süden, Westen und Osten der Welt (wobei zu hinterfragen ist, von welchem Standpunkt aus man diese Kategorisierung vornimmt) keine homogenen Strukturen finden, so ermöglicht diese Begriffsverwendung, auf diese Differenzen hinzuweisen. Um auf den metaphorischen Charakter der Begriffe ‚westlich' und ‚nicht-westlich' hinzuweisen, setze ich diese daher im Folgenden in einfache Anführungszeichen.

„De-Westernizing Media Studies" – das forderten Curran und Park (2000) bereits vor fast 20 Jahren. Mit derselben Maßgabe argumentierte Lee (2015), dass der Prozess der Internationalisierung der Kommunikations- und Medienwissenschaft weiterhin notwendig sei. Während Lee (2015, S. 1) den Begriff der Internationalisierung unter anderem verwendet, um die Relevanz des Nationalstaates hervorzuheben, nutze ich in Anlehnung an Curran und Park (2000) den Terminus Entwestlichung als politisch-analytischen Begriff, um auf bestehende Machtstrukturen hinzuweisen. Entwestlichung ist demnach ein Prozess, der für die deutsche – sowie europäische und nordamerikanische – Kommunikations- und Medienwissenschaft nicht nur wünschenswert, sondern notwendig ist, da viele Phänomene auch in Deutschland, Europa und Nordamerika aufgrund von Globalisierungsprozessen nicht isoliert zu betrachten sind. Gleichzeitig wäre es ignorant, wenn sich die Kommunikations- und Medienwissenschaft in eben dieser vernetzten Welt nur für ‚westliche' Phänomene interessierte. Waisbord (2015, S. 195) fordert konsequenterweise von den „cosmopolitan media studies" eine analytische Einstellung, die offen für eine Vielzahl von Perspektiven und Entwicklungen unabhängig geographischer Regionen sei. Er schlägt drei Strategien der Entwestlichung der Kommunikations- und Medienwissenschaft vor: Erstens Fragen stellen, die in der ‚westlichen' Literatur nicht gestellt werden; zweitens vergleichende Studien durchführen, deren Fokus auf ‚nicht-westlichen' Fallstudien liegt; und drittens globale Phänomene analysieren, die regionale und geographische Grenzen überschreiten (Waisbord 2015, S. 182).

Diese Strategien möchte ich modifizieren bzw. ergänzen: Entwestlichung meint erstens, dass die regionalen Räume erweitert werden, mit denen sich die Kommunikations- und Medienwissenschaft beschäftigt, also auch Phänomene betrachtet werden, die außerhalb ‚westlicher' Gesellschaften bestehen. Zweitens bedarf es Methoden, mit denen diese Gegenstände auch von ‚westlichen' Wissenschaftlerinnen und Wissenschaftlern untersucht werden können. Drittens müssen ‚nicht-westliche' Theorien herangezogen werden, die also nicht im ‚Westen' entwickelt wurden, sondern außerhalb ‚westlicher' Diskurse entstanden sind. Und viertens rekurriert Entwestlichung auf die Internationalisierung des deutschen (bzw. europäischen und nordamerikanischen) Wissenschaftssystems, in dem Wissenschaftlerinnen und Wissenschaftler aus ‚nicht-westlichen' Kontexten auch an deutschen (sowie europäischen und nordamerikanischen) Universitäten und außeruniversitären Forschungsinstituten die Möglichkeiten für Forschung und Lehre erhalten. Während letzteres vorrangig personalpolitische Aspekte eines Entwestlichungsprozesses tangiert, sollen die ersten drei Aspekte im Folgenden anhand einer empirischen Beispielstudie diskutiert werden.

Gegenstand der Studie ist das Association for Progressive Communications Networking Support Programme (APC WNSP), ein translokales Netzwerk von Frauen und Frauenorganisationen aus mehr als 35 Ländern, hauptsächlich in Asien, Afrika und Lateinamerika. In diesem Beitrag wird gezeigt, wie dieser ‚nicht-westliche' Gegenstand durch eine ‚westliche' Wissenschaftlerin mit dem Verfahren der Grounded Theory analysiert wurde. Dabei wird erklärt, wie Methoden kombiniert, ethnografische Daten erhoben und offen ausgewertet wurden. Des Weiteren wird diskutiert, wie ‚nicht-westliche' Theorien einbezogen und bestehende kommunikations- und medienwissenschaftliche Theorien weiterentwickelt wurden. Außerdem wird herausgearbeitet, in welchen Momenten des Forschungsprozesses eine Selbstreflexion der ‚westlichen' Position der Forschenden stattfand und wie diese zur Theorieentwicklung im Rahmen Grounded Theory-gemäßer Studien beitragen kann.

Der Beitrag ist wie folgt gegliedert: In einem ersten Abschnitt wird die herangezogene Beispielstudie kurz beschrieben, daran anschließend werden die Wahl der Methoden begründet sowie das Datenerhebungs- und Auswertungsverfahren der Studie erläutert. Anschließend wird gezeigt, inwiefern die Grounded Theory im Rahmen der Studie als theoriegeleitetes und theoriegenerierendes Verfahren genutzt wurde und damit Momente der Entwestlichung möglich wurden. Abschließend werden die Möglichkeiten und Grenzen der Entwestlichung der (deutschen) Kommunikations- und Medienwissenschaft durch die Strategie der Grounded Theory diskutiert.

2 Beispielstudie, Erhebung und Auswertung ethnografischer Daten

Das Verfahren der Grounded Theory erlaubt eine Kombination verschiedener Methoden, ein offenes Vorgehen im Prozess der Datenerhebung und -auswertung sowie den permanenten Abgleich bestehender Theorien mit empirischen Daten. In diesem Abschnitt wird die Auswahl der in der Beispielstudie verwendeten Methoden begründet und deren Kombination erläutert. Des Weiteren werden die Verfahrensschritte des Samplings, der Datenerhebung und des Auswertungsprozesses dargestellt und herausgearbeitet, an welchen Stellen in diesem Prozess Momente der Entwestlichung liegen. Zunächst jedoch sollen die Beispielstudie und ihr Untersuchungsgegenstand näher vorgestellt werden.

2.1 Die Beispielstudie: Ein translokales Netzwerk von Frauen und Frauenorganisationen

In der hier herangezogenen Studie (Kannengießer 2014) wurde die „Association for Progressive Communications Networking Support Programme" (APC WNSP) analysiert. APC WNSP ist ein translokales Netzwerk von über 175 Frauen und Frauenorganisationen aus mehr als 35 Ländern, die im Lokalen (überwiegend in ökonomisch weniger entwickelten Ländern) Projekte der Frauenförderung durchführen. Das APC WNSP agiert auf drei Ebenen: Auf internationaler und nationaler Ebene betreibt das Netzwerk Advokatenpolitik für marginalisierte Frauen, auf lokaler Ebene schult es diese im Umgang mit Informations- und Kommunikationstechnologien. Den Begriff der Advokatin bzw. des Advokaten nutze ich hier in Anlehnung an Finke (2005, S. 22) im Sinne einer bzw. eines anwaltschaftlichen Fürsprecherin oder Fürsprechers für Dritte und/oder gemeinwohlorientierte Anliegen.

Medien und medienvermittelte Kommunikation in der Vernetzung zivilgesellschaftlicher Akteure sowie lokaler Ermächtigungsprojekte sichtbar zu machen und zu analysieren, war eines der Ziele der Studie. Die Fragestellung lautete: Wie eignen sich Netzwerke zivilgesellschaftlicher Akteure Informations- und Kommunikationstechnologien an, um sich translokal zu vernetzen und lokale Ermächtigungsprojekte durchzuführen? In der Studie wurde also herausgearbeitet, wie zivilgesellschaftliche Akteure im Allgemeinen und Nichtregierungsorganisationen im Besonderen Medien in ihre Alltagspraxis integrieren. Da die Untersuchung eines konkreten Fallbeispiels es ermöglicht, analytisch in die Tiefe zu gehen und Wirklichkeit detailliert zu beschreiben (Krotz 2005, S. 40), wurde das APC WNSP in der Studie als Fallbeispiel für translokale Netzwerke zivilgesellschaftlicher Akteure ausgewählt.

In der Studie analysierte ich sowohl die translokale Netzwerkebene des APC WNSP (Struktur, Ziele, Strategien und Normen) als auch die lokale Projektarbeit. Als Beispiel für die lokale Projektarbeit wählte ich Workshops für digitales Geschichtenerzählen, da sie zum einen eine innovative Strategie der Frauenförderung sind, zum zweiten im Netzwerk APC WNSP das am meisten nachgefragte Angebot darstellen, und drittens in der Kommunikations- und Medienwissenschaft ein Forschungsdefizit im Hinblick auf die Untersuchung des digitalen Geschichtenerzählens als Strategie der Frauenförderung auszumachen ist. Sogenannte digitale Geschichten werden mittels digitaler Medien produziert und in ihnen verbreitet (Kannengießer 2014, S. 19). In Workshops für digitales Geschichtenerzählen werden diese durch nicht-professionelle Medienproduzierende erstellt.

Die beiden für die Studie ausgewählten fünftägigen Workshops wurden im Jahr 2010 von der APC WNSP-Mitgliedsorganisation Women'sNet in Johannesburg (Südafrika) durchgeführt (für eine detaillierte Analyse der Workshops s. Kannengießer 2014, S. 211-278). An einem der Workshops nahmen Sexarbeiterinnen aus Johannesburg teil, an dem zweiten HIV-Aktivistinnen und -Aktivisten aus verschiedenen Ländern des südlichen Afrikas. In den Workshops erstellten die Teilnehmenden selbst jeweils eine digitale Geschichte, das heißt hier einen Kurzfilm, in dem sie ihre Erfahrungen als Sexarbeiterinnen bzw. als HIV-Aktivistinnen und -Aktivisten thematisierten. Die Kurzfilme wurden mit den Softwareprogrammen Audacity (Aufnahme und Bearbeitung der Tonebene) und Windows Movie Maker erstellt. Bildmaterial wurde unter der Creative Commons-Lizenz im Internet gesucht, selbst fotografiert oder gemalt bzw. gezeichnet (und dann gescannt) und der Text für die Filme wurde in Microsoft Word festgehalten. Der Großteil der Teilnehmenden hatte zuvor noch nicht mit diesen Programmen gearbeitet.

Die Auswahl des Forschungsgegenstandes und der lokalen Projekte kann insofern als ein erster Aspekt einer Entwestlichung der Kommunikations- und Medienwissenschaft angesehen werden, als die Mitglieder des translokalen Netzwerks fast ausschließlich in Asien, Afrika und Lateinamerika zu finden sind und die Workshops in Johannesburg (Südafrika) stattfanden. Der Gegenstand APC WNSP ist ein ‚nicht-westlicher‘, also einer, der nicht aus dem US-amerikanischen oder europäischen Raum stammt. Weitere Momente der Entwestlichung werden im Folgenden herausgearbeitet.

2.2   Methodenauswahl und Prozess der Datenerhebung

Um APC WNSP – ein Phänomen, das in ‚nicht-westlichen‘ Kontexten verortet ist – als ‚westliche‘ Kommunikations- und Medienwissenschaftlerin analysieren

zu können, wählte ich einen qualitativen Ansatz und hier das offene und theoriegenerierende Verfahren der Grounded Theory nach Strauss und Corbin (1996;
zur Entwicklung und Ausdifferenzierung der Grounded Theory s. Bischof und
Wohlrab-Sahr bzw. Krotz, *in diesem Band*; Krotz 2005, S. 151-203; Przyborski und
Wohlrab-Sahr 2014, S. 190-232). Die Wahl dieses Verfahrens ermöglichte es mir,
„eine induktiv abgeleitete, gegenstandsverankerte *Theorie* über ein *Phänomen* zu
entwickeln" (Strauss und Corbin 1996, S. 8; Hervorhebung im Original). Dabei ist
der Ansatz der Grounded Theory in Hinblick auf das Anliegen einer Entwestlichung
der Kommunikations- und Medienwissenschaft insbesondere dahingehend erkenntnisbringend, als nicht etwa ‚westliche' Theorien in ‚nicht-westlichen' Kontexten
geprüft, sondern aus Analysen von Phänomenen in ‚nicht-westlichen' Kontexten
(neue und gegenstandsbezogene) Theorien generiert werden.

Des Weiteren ermöglicht das Vorgehen gemäß der Grounded Theory den
Einsatz verschiedener Erhebungsmethoden (Przyborski und Wohlrab-Sahr 2014,
S. 195), welches für die Analyse des APC WNSP besonders relevant war. Denn
um im Rahmen der Studie die verschiedenen Netzwerkebenen zu erfassen und
ihre Interdependenzen sichtbar zu machen, war es notwendig, unterschiedliche
Methoden zu kombinieren. Folgende Methoden wurden eingesetzt:

- leitfadengestützte Interviews mit Mitarbeiterinnen und Mitgliedern des APC
  WNSP sowie Teilnehmenden der oben benannten Workshops zum digitalen
  Geschichtenerzählen
- teilnehmende Beobachtungen in diesen Workshops
- Inhaltsanalysen von den dort produzierten Filmen sowie Analysen von Websei-
  ten, Profilseiten auf Facebook und Twitter sowie Dokumenten des APC WNSP

Im Folgenden möchte ich die Wahl der Methoden genauer begründen. Um die
Herstellung des Netzwerks, dessen Strategien und Normen sowie die Ziele und
Methoden der lokalen Projektarbeit verstehen zu können, habe ich leitfadengestützte
Interviews mit Mitarbeiterinnen bzw. Mitgliedern des APC WNSP durchgeführt
– durch den Leitfaden werden die Interviews nicht nur strukturiert, sondern auch
vergleichbar (Kruse 2008, S. 53). Den Leitfaden für die Interviews erstellte ich theoriegeleitet, denn das Verfahren der Grounded Theory ist keineswegs theoriefrei,
sondern nutzt Theorien, um Fragen aufzuwerfen (Strauss und Corbin 1996, S. 33).
Dafür zog ich unter anderem theoretische Ansätze der Geschlechterforschung
und qualitativen Netzwerkforschung sowie der Postkolonialen Theorie heran (für
detailliertere Ausführungen zur Konzeption der Leitfadeninterviews und zum
theoretischen Rahmen der Studie s. Kannengießer 2014, S. 23-110 und 115).

Die Auswahl meiner Interviewpartnerinnen erfolgte nach dem im Verfahren der Grounded Theory angewandten Prinzip des Theoretischen Samplings (Krotz 2005, S. 191). Dabei erschien es im Hinblick auf die Mitarbeiterinnen und Mitglieder des APC WNSP sinnvoll, vor allem Personen in unterschiedlichen Positionen des Netzwerks zu interviewen. So habe ich neben der Managerin des gesamten Netzwerks auch mit Koordinatorinnen regionaler Teilnetzwerke und einzelner Projekte gesprochen.

Der Forschungsprozess verlief im Sinne der Grounded Theory spiralförmig (Krotz 2005, S. 167), das heißt im Anschluss an die Durchführung und Auswertung der ersten Interviews suchte ich nach weiteren Interviewpartnerinnen bzw. -partnerinnen, die andere Aspekte aufwerfen konnten: Die ersten Interviews führte ich mit APC WNSP-Mitarbeiterinnen und -Mitgliedern im Rahmen einer Feldphase im Februar und März 2010 in Südafrika durch. Nachdem ich diese ausgewertet hatte, erfolgten weitere Interviews mittels Internettelefonie (Skype) mit Mitarbeiterinnen in Südafrika und auf den Philippinen. Dabei ermöglichte es mir der spiralförmige Forschungsprozess gemäß der Grounded Theory zum einen (erste) Erkenntnisse festzuhalten, zum anderen offene Fragen und Aspekte herauszuarbeiten. Im Hinblick auf die Mitarbeiterinnen und Mitglieder des APC WNSP war diese Phase des Forschungsprozesses insofern theoretisch gesättigt, als sich schlussendlich keine neuen Aspekte mehr in den Interviews ergaben (zur Theoretischen Sättigung s. Krotz 2005, S. 193).

Für die Analyse der lokalen Netzwerkebene führte ich in Johannesburg teilnehmende Beobachtungen in den zwei als Fallbeispiele ausgewählten Workshops für digitales Geschichtenerzählen durch: dem Workshop mit Sexarbeiterinnen und einem mit HIV-Aktivistinnen und -Aktivisten. Diese Beobachtungen waren *teilnehmend* im Sinne eines Miterlebens und Mitmachens, auch wenn ich selbst keine aktive Teilnehmerin der beiden Workshops war, die selbst eine digitale Geschichte, also hier einen Kurzfilm, produzierte (zur teilnehmenden bzw. nicht-teilnehmenden Beobachtung s. Flick 2009, S. 282). Allerdings wurde ich jedoch insoweit Teil des Workshops, als ich wiederholt von den Seminarleiterinnen gebeten wurde, bei der Betreuung der Teilnehmenden im Erstellen der digitalen Geschichten zu helfen. Dieser Wechsel von der nicht-teilnehmenden zur teilnehmenden Beobachterposition tangierte meine Beobachtung insofern, als ich meine scheinbar neutrale, nicht involvierte Position verließ. Gleichzeitig ermöglichte mir diese Form der Teilnahme aber auch, in einen intensiveren Kontakt mit den Teilnehmenden zu kommen. Über diesen individuellen Kontakt in Einzelgesprächen erhielt ich für mein Erkenntnisinteresse bedeutsame Informationen und konnte so genauer beobachten.

Im Prozess der teilnehmenden Beobachtung war ich mit dem „Problem der begrenzten Perspektive im Beobachten" (Flick 2009, S. 289) konfrontiert, das heißt ich konnte nicht alle Aspekte einer Situation erfassen. Da ich während der Workshops auch Interviews mit den Teilnehmenden durchführte, konnte ich insbesondere Einzelarbeitsphasen, in denen die Teilnehmenden an ihren Filmen arbeiteten, zeitweise nicht beobachten. Aufgrund der ständigen Wiederholung solcher Arbeitsphasen während des Workshops scheint dies jedoch kein Problem für den Beobachtungsprozess gewesen zu sein. Meine Beobachtung ist zudem als *natürlich* zu beschreiben, ich habe also keine künstliche Situation zu Forschungszwecken konstruiert (Flick 2009, S. 282). Vielmehr wurden die beobachteten Workshops von der südafrikanischen APC WNSP-Mitgliedsorganisation Women'sNet organisiert und durchgeführt, sie hätten also auch ohne meine Studie stattgefunden.

Die Beobachtung erfolgte *offen*, das heißt alle involvierten Personen waren vorab über mein Vorhaben informiert (Flick 2009, S. 282). Im Workshop mit HIV-Aktivistinnen und -Aktivisten führte meine offene Beobachtung zu Diskussionen, da eine Teilnehmerin aufgrund der ausgesprochenen, sehr persönlichen Erfahrungen über das im südlichen Afrika tabuisierte Thema HIV eine anonyme Behandlung ihrer Informationen von allen Beteiligten verlangte. Die Interviews mit den Teilnehmenden anonymisierte ich für die Publikation der Studie.

Statt eines standardisierten Beobachtungsschemas verwendete ich einen Beobachtungsleitfaden, der mir dazu verhalf, meine Aufmerksamkeit auf für mein Erkenntnisinteresse relevante Aspekte zu richten (Schöne 2003). Themen des Leitfadens waren neben der Akteurskonstellation (Wer ist Teil des Workshops in welchen Rollen?) zum Beispiel auch die Kommunikation innerhalb des Workshops (Wie wird in den Workshops kommuniziert? Wer spricht, wer nicht?). Anhand des Beobachtungsleitfadens verfasste ich während der Workshops Feldnotizen, aus denen ich Beobachtungsprotokolle erstellte. Im Workshop mit den HIV-Aktivistinnen und -Aktivisten verfasste ich nach dem oben beschriebenen Wunsch einer Teilnehmerin nach Anonymität im Anschluss an den jeweiligen Tag Gedächtnisprotokolle, um während der Workshops nicht protokollierend oder kontrollierend zu wirken.

Neben der teilnehmenden Beobachtung führte ich leitfadengestützte Interviews mit 14 Teilnehmenden der beiden Workshops (jeweils sieben Interviewpartner und -partnerinnen pro Workshop) durch, um Erkenntnisse über die lokale Projektarbeit und das individuelle Erleben der Workshops sowie die Relevanz dieser für die medienbezogene Lebenswelt der Teilnehmenden zu erhalten. Über die Leitfadeninterviews mit den Workshop-Teilnehmenden wollte ich vor allem erfahren, welche Bedeutung sie dem digitalen Geschichtenerzählen und den Workshops beimessen, warum sie an den Veranstaltungen teilnehmen, was sie sich von ihnen erhoffen und was sie aus dem jeweiligen Workshop mitnehmen. Beim Sampling für die Interviews mit den Workshop-Teilnehmenden waren vor allem die sozio-demographischen Kategorien des Alters, des Geschlechts und der Nationalität relevant.

Während der Interviews mit den Sexarbeiterinnen wurde die Ungleichheit zwischen mir als Akademikerin und Europäerin der Mittelschicht und den Sexarbeiterinnen wiederholt sichtbar. Zum einen ist Sexarbeit in Südafrika kriminalisiert, Sexarbeiterinnen und Sexarbeiter werden hier nicht nur diskriminiert, sondern sind oft auch Opfer von Gewalt (s. hierzu Kannengießer 2014, S. 232ff.). Zum anderen drängte sich mir in den Interviewsituationen mehrfach der Verdacht auf, dass die Interviewpartnerinnen während der Gespräche einen Rechtfertigungsdiskurs einnahmen, den ich durch meine Rolle als Wissenschaftlerin, ‚Weiße' und/oder Europäerin provozierte. Daher vermute ich, dass die Sexarbeiterinnen aufgrund ihrer Diskriminierungserfahrungen mir als Nicht-Prostituierte die Rolle der Diskriminierenden zuschrieben und sich für ihre Tätigkeit rechtfertigten. So fühlte ich mich zeitweise als ‚moralische Instanz', die in den Interviews Rechtfertigungen entgegennahm. Ein Beispiel, an dem dies festzumachen ist, ist die widersprüchliche Angabe der Interviewpartnerinnen zu ihrer Arbeit als Sexarbeiterin: Während sie sich an manchen Stellen selbst als Sexarbeiterinnen bezeichneten, negierten sie dies wiederum in anderen Momenten der Gespräche. Eine ähnliche Problematik wurde auch in der Bitte einer Teilnehmerin deutlich, ich möge ihr eine andere Erwerbstätigkeit beschaffen. Die Wahrung der Distanz wurde im Interview dann schwierig, als die Interviewpartnerin anfing zu weinen.

Solche Auffälligkeiten vermerkte ich in Memos und berücksichtigte sie in der Auswertung der Daten. Diese Beobachtungen sind mehr als nur Irritationen im Prozess der Datenerhebung: Hier zeigen sich wesentliche Momente des methodischen Spannungsverhältnisses, das sich aus der Arbeit einer ‚westlichen' Wissenschaftlerin in ‚nicht-westlichen' Kontexten ergeben kann, und/oder wenn Personen mit sehr unterschiedlichen Hintergründen zusammenkommen. Natürlich können solche Momente auch in Forschungsprozessen innerhalb einer Region auftreten, da auch hier Ungleichheiten bestehen. In der Konfrontation ‚nicht-westlicher' und ‚westlicher' Akteure bestehen jedoch spezielle historisch gewachsene Ungleichheiten, die in solchen Forschungsprozessen manifest werden können und die es aus der Forschendenperspektive zu hinterfragen gilt – durch eine *Selbstreflexion der Forschenden* und die *Kontextualisierung der erhobenen Daten*. Das Verfahren der Grounded Theory ermöglicht diese Reflexion und Kontextualisierung. Allerdings verlief aufgrund der Notwendigkeit, die Interviews während der Workshops zu führen (die HIV-Aktivistinnen und -Aktivisten reisten nach dem Workshop zurück in ihre Heimatländer und ein Treffen mit den Sexarbeiterinnen im Anschluss an den Workshop hätte einen erheblichen logistischen Aufwand bedeutet), der Forschungsprozess in diesem Teil der Studie nicht im Sinne der Grounded Theory spiralförmig. Die Auswertung der Interviews zeigte aber, dass der Forschungsprozess im Hinblick auf die beiden Workshops als gesättigt gelten kann, da die letzten Interviews keine neuen Aspekte mehr aufwarfen.

Alle Interviews wurden mit dem Einverständnis der Befragten digital aufgezeichnet und mithilfe der Software f4 transkribiert, wobei auffällige parasprachliche Äußerungen wie Pausen, Betonungen und Ähnliches vermerkt wurden, da es mir nicht nur um ein Sammeln von Fakten ging, sondern auch um das Festhalten von Befindlichkeiten, Bewertungen etc., die den inhaltlichen Aussagen oftmals weitere oder gar andere Bedeutungen verleihen. So zog ich neben den inhaltlichen Aussagen auch die parasprachlichen Äußerungen für die Interpretation heran. Neben den leitfadengestützten Interviews und den teilnehmenden Beobachtungen wählte ich weitere Methoden, um Interviewaussagen zu bestätigen, ihnen zu widersprechen und die gewonnenen Erkenntnisse zu erweitern und damit eine Sättigung des gesamten Forschungsprozesses zu erreichen.

So habe ich neben den Beobachtungen und Interviews auch Filmprotokolle (Hickethier 2007, S. 35f.) als weiteres Datenmaterial erstellt, um die in den Workshops hergestellten Kurzfilme analysieren zu können. Des Weiteren archivierte ich verschiedene, über die Webseite des Netzwerks zugängliche Dokumente des APC WNSP (zum Beispiel Jahresberichte), um das Selbstverständnis des Netzwerks sowie seine Normen und Strategien zu analysieren. Die Webseiten des Netzwerks und vorhandene Projektwebseiten wurden mit dem Tool ScrapBook archiviert, das im Internetbrowser Firefox die Speicherung der gesamten Webseite ermöglicht. Auch die Skype-Profile der APC WNSP-Mitarbeiterinnen, zu denen ich (auch weiterhin) Zugang habe, wurden per Screenshot dokumentiert. Die Profile und die Webseiten archivierte ich zu einem ausgewählten Zeitpunkt einmalig und nicht wiederholt, da die Webseiten eher statisch angelegt waren und die Nutzung der Skype-Profile, zum Beispiel für die Verbreitung feministischer Slogans, bereits aus dem punktuell erhobenen Datenmaterial deutlich wurde (Kannengießer 2014, 156ff.).

Zum Zeitpunkt der Datenerhebung im Jahr 2010 waren die Aktivitäten von APC WNSP auf Twitter und Facebook im Vergleich zum jetzigen Zeitpunkt eher gering, so dass damals eine umfassende Analyse weniger relevant war. Dennoch archivierte ich die entsprechenden Profilseiten auf Facebook und Twitter zu einem ausgewählten Zeitpunkt. Durch die Archivierung der Dokumente und Webseiten sowie das Protokollieren der Filme war es anschließend möglich, das gesamte Datenmaterial nach dem Kodierverfahren der Grounded Theory auszuwerten.

2.3   Prozess der Datenauswertung

Das gesamte Datenmaterial (Interviewtranskripte, Interview- und Filmprotokol-le, Protokolle der teilnehmenden Beobachtung, Online-Dokumente, archivierte Webseiten) lag nach der Erhebung in kodierbaren Formaten, also als Word- und PDF-Dokumente vor. Bei der Auswertung zeigte sich die Wahl der Grounded Theory als erkenntnisbringend, da ich offen an das Material herangehen und die Bedeutungen und Sinnzuschreibungen der unterschiedlichen Akteure herausarbeiten konnte. Diese Rekonstruktion der Akteursperspektive war zentral für die Studie, in der die Medienaneignung für die translokale Netzwerkbildung und die lokale Projektarbeit analysiert wurde. Es war also ein zentrales Anliegen herauszuarbei-ten, wie sich die medienbezogene Alltagswelt der Netzwerkmitarbeiterinnen und -mitglieder und lokaler Projektteilnehmenden konstituiert. Das erhobene Material wurde nach dem dreistufigen Verfahren von Strauss und Corbin kodiert, das heißt die Daten wurden im Zuge des Kodierens aufgebrochen, konzeptualisiert und auf neue Art zusammengesetzt (Strauss und Corbin 1996, S. 39). Durch das computer-gestützte Vorgehen der Datenauswertung mithilfe der Software HyperResearch, konnte ich mein Material systematisieren und vergleichen. Ein computergestütztes Vorgehen vereinfacht und beschleunigt nicht nur den Auswertungsprozess, es ist auch für den Umgang mit verschiedenen Datenquellen sehr sinnvoll (s. auch Friese, *in diesem Band*).

Für die Analyse der digitalen Geschichten, also der Kurzfilme, wurde das Ver-fahren der Grounded Theory um den hermeneutischen Ansatz der Filmanalyse nach Hickethier (2007) erweitert, mit dem die Bild- und Tonebene differenziert betrachtet werden kann: Dementsprechend waren nicht nur die inhaltlichen Aspekte der Filme, welche mit Hilfe der Kodierung der Grounded Theory greifbar wurden, für die Filmanalyse relevant, sondern auch ästhetische Merkmale der Filme, wie zum Beispiel Einstellungsgrößen, Kameraperspektive, Musikeinsatz, Montage usw. Zentrale Erkenntnisse im Laufe der Filmanalyse hielt ich in Memos fest. Das Erstellen von Memos war während des gesamten Kodierprozesses wichtig für den Prozess der Theoriebildung (Przyborski und Wohlrab-Sahr 2014, S. 206) und diente auch dazu, Momente der Selbstreflexion festzuhalten.

Die endgültigen, durch das Kodierverfahren erarbeiteten Kategorien wurden gemäß der Grounded Theory erst im Laufe des Forschungsprozesses herausgearbeitet und nicht schon im Vorfeld festgelegt (Krotz 2005, S. 62). So habe ich zunächst das Material *offen* kodiert (Strauss und Corbin 1996, S. 44; s. Strübing, *in diesem Band*) und aus dem Material heraus induktive Kodes gebildet. In diesem ersten Schritt des Kodierens ergab sich eine Vielzahl von Kodes, die zunächst ungeordnet und unsystematisch vorlagen. Das Ordnen und In-Bezug-Setzen der verschiedenen

Kodes nahm ich in einem zweiten Schritt des Kodierprozesses vor, dem *axialen* Kodieren. In diesem Prozess werden „die Beziehungen der Kategorien untereinander genauer untersucht [...] und dabei eine gegenstandsbezogene Hierarchie von Kategorien [entwickelt]" (Krotz 2005, S. 183). Nach der axialen Kodierung folgte das *selektive* Kodieren, in dem ich Hauptkategorien bildete. Der Prozess des selektiven Kodierens erlaubte mir, Beziehungen zwischen den Kategorien herzustellen sowie Hypothesen zu generieren und zu überprüfen. Auf diese Weise entstand schließlich ein Kategorienschema mit Haupt- und Subkategorien sowie Ausprägungen (Kannengießer 2014, S. 122ff.; s. Tab. 1).

Tab. 1   Kategorienschema

Hauptkategorien	Subkategorien	Ausprägungen
Netzwerk	‚Mutterorganisation' APC	Ziel Mitglieder Projekte Struktur
	Mitglieder	Art der Mitglieder Orte der Mitglieder
	Ziel	Geschlechtergerechtigkeit Sozialer Wandel
	Projekte	Medientraining Wissensproduktion Öffentlichkeitskonstruktion Orte der Projekte
	Strategie	Frauenförderung Advokatenpolitik Kompetenzentwicklung Entwicklungskommunikation
	Normen	Feminismus Menschenrechte
	Finanzierung	Finanzgeber Fundraising
	Selbstverständnis	
Netzwerk-kommunikation	Face-to-face-Kommunikation	Eigene Workshops Konferenzen Treffen
	Mediatisierte Kommunikation	E-Mail E-Mailing-Listen Skype Soziale Netzwerkseiten Webseiten

Digitales Geschichten-erzählen	Motivation	Medienkompetenztraining
		Veränderung
		Wissensaneignung
	Medienkompetenz-training	Veränderung
		Kompetenzentwicklung
		Feministische Strategie
		Selbstbestimmung
		Eigentum
	Vergemeinschaftung	Vernetzung
		Zugehörigkeitsgefühl
		Freiheitsgefühl
		Heilung
		Selbstvertrauen
	Veröffentlichung	Advokatenfunktion
		Enttabuisierung
		Hilferuf
		Brisanz
		Postulat
		Handlungsaufforderung
		Warnung
	Selbstrepräsentation	Diskriminierungserfahrung
		Gewalterfahrung
		Selbstäußerung
		Dokumentation
		Rechtfertigung
	Translokalität	Veränderung der Geschlechternormen
		Differenzerfahrung
		Kulturspezifik
		Gemeinsamkeiten
Teilnehmende / Mitarbeiterinnen	Sexarbeit	Selbst-/Fremdbild
	Geschlechterbild	Selbst-/Fremdbild
	Homosexualität	Selbst-/Fremdbild
	Mediennutzung	Computer
		E-Mail
		World Wide Web
		Mobilfunkgeräte
	Sozio-demo-graphische Kategorien	Alter
		(Aus-)Bildung
		NRO-Arbeit
		Familie
		Klasse
		Ethnizität
		Nationalität
		Religion

Der Prozess des Kodierens ist ein wichtiger Schritt der Theoriebildung und verdeutlicht zugleich den komparativen Charakter der Forschung: Erarbeitete Kategorien werden auf ihre Anwendbarkeit geprüft sowie die Daten untereinander und mit dem Vorwissen verglichen (Krotz 2005, S. 154). Auch hier fanden Momente der Entwestlichung im Forschungsprozess statt, verglich ich doch die empirischen Daten mit zuvor zur Kenntnis genommenen ,westlichen' Theorien, darunter die Netzwerk- und Globalisierungsforschung. Der Kodierprozess führte mich letztendlich zu meiner Schlüsselkategorie, der *translokalen Ermächtigungskommunikation*, die in allen Hauptkategorien erkennbar ist.

3   Entwestlichung durch das theoriegeleitete und theoriegenerierende Verfahren der Grounded Theory

Durch die Entwicklung einer Schlüsselkategorie kann mit dem Verfahren der Grounded Theory theoriegenerierend gearbeitet werden. In diesem Abschnitt möchte ich darstellen, welche zentralen Ergebnisse der Studie in der Schlüsselkategorie der *translokalen Ermächtigungskommunikation* festgehalten wurden und wie durch die Entwicklung dieses Konzepts theoriegenerierend gearbeitet wurde (s. detaillierter Kannengießer 2014, S. 279-289). Ermächtigungskommunikation wird auf der translokalen und der lokalen Ebene des Netzwerks APC WNSP unterschiedlich sichtbar: Sie ist zunächst ein Instrument der Strategie der Frauenförderung auf lokaler Ebene. In lokalen Projekten wie den untersuchten Workshops für digitales Geschichtenerzählen nutzen die Mitarbeiterinnen und Mitglieder des Netzwerks Medien, um marginalisierte Frauen zu ermächtigen, also ihnen die Teilhabe an Gesellschaft und selbstbestimmtes Handeln zu ermöglichen.

In der Analyse der ausgewählten Workshops wurde jedoch deutlich, dass die Ermächtigung durch diese Maßnahmen weniger nachhaltig als vielmehr situativ ist, und eher psychologisch als strukturell: Zwar beschreiben die Teilnehmenden der Workshops verschiedene Ermächtigungsmomente, doch können die Seminarinhalte nicht ihr Alltagsleben verändern. Besonders deutlich wird dies am Beispiel der Sexarbeiterinnen: Nach dem Workshop kehren sie in ihren Alltag zurück und finanzieren sich und ihre Familien weiterhin durch die Sexarbeit. In den Interviews äußerten die Sexarbeiterinnen wiederholt, dass sie durch die Teilnahme an dem Workshop erhoffen, eine Qualifikation zu erhalten, die sie zu einer anderen Erwerbsarbeit befähigte. Hier zeigt sich, dass die Akteurinnen Medienkompetenz und berufliche Qualifikation verknüpfen. Die medienbezogene Lebenswelt der Teilnehmerinnen erweitert sich durch die Workshops, weil sie mit für sie neuen

Medien umgehen. Doch wird ihre Hoffnung, durch das Seminar eine medienbezogene Qualifikation erworben zu haben, die ihnen Möglichkeiten eröffnet, aus der Sexarbeit heraus zu gehen, vermutlich enttäuscht, da die im Rahmen dieses Workshops erlernten Medienkenntnisse doch eher gering sind.

Die Ermächtigungsmomente, welche auf der translokalen Netzwerkebene auszumachen sind, können als nachhaltiger beschrieben werden: Hier vernetzen sich die Mitarbeiterinnen und Mitglieder von APC WNSP. Es sind gut ausgebildete Frauen der Mittelschicht ihrer jeweiligen Länder, die über Zugang zu Internetmedien verfügen und sich medienvermittelt translokal vernetzen können. Ermächtigt werden die Mitarbeiterinnen und Mitglieder aus dreierlei Gründen: Erstens weil die lokalen Workshops, die durch externe Geldgeber finanziert sind, den Erhalt des Netzwerks und die Erwerbsarbeit der Mitarbeiterinnen ermöglichen, zweitens die große Nachfrage nach den Workshops die Relevanz der Arbeit von APC WNSP bestätigt, und drittens die Mitarbeiterinnen und Mitglieder durch die Informationen aus den lokalen Workshops eine Advokatinnenfunktion für die marginalisierten Frauen auf (inter-)nationaler Politikebene einnehmen können, zum Beispiel bei Konferenzen der Vereinten Nationen.

In der Schlüsselkategorie der translokalen Ermächtigungskommunikation werden anhand des Fallbeispiels die Ungleichheiten innerhalb translokaler Netzwerke offenbar: Das APC WNSP will marginalisierte Frauen in ökonomisch weniger entwickelten Ländern durch lokale Projekte der Frauenförderung, in denen sie Medien als Instrumente nutzen, ermächtigen. Deren Ermächtigung ist aber nur situativ. Nachhaltig ermächtigt werden die sich translokal durch medienvermittelte Kommunikation vernetzenden Frauen der Mittelschicht in ökonomisch weniger entwickelten Ländern. Die marginalisierten Frauen bilden ihre Handlungslegitimation. Dieses Konzept der translokalen Ermächtigungskommunikation war einer der theoretischen Beiträge für die Kommunikations- und Medienwissenschaft, welcher aus der Analyse des APC WNSP mit Hilfe des Verfahrens der Grounded Theory entwickelt werden konnte. So zeigte die Analyse zum einen für die Globalisierungs- und Netzwerkforschung, wie Machtstrukturen in translokalen Netzwerken zivilgesellschaftlicher Akteure wirken und wo Momente der Ungleichheit (weiter) bestehen. Für die geschlechtertheoretische Kommunikations- und Medienwissenschaft wiederum ergaben sich Erkenntnisse über Möglichkeiten und Grenzen der Ermächtigung von Frauen durch den Einsatz (neuer) Medientechnologien (detaillierter in Kannengießer 2014, S. 277ff.).

Mit dem Verfahren der Grounded Theory können Theorien aus empirischem Material (weiter)entwickelt werden. Die Analyse ‚nicht-westlicher' Phänomene kann ‚westliche' Theorie ergänzen und erweitern. Verfolgt man das Ziel einer Entwestlichung der Kommunikations- und Medienwissenschaft, so müssen in empirischen Analysen wie der hier skizzierten Studie, auch Theorien herangezogen werden, die in ‚nicht-westlichen‘ Kontexten entstanden sind. Wie dies in der empirischen Studie umgesetzt wurde, möchte ich an einem Beispiel erläutern: In den Interviews mit den Sexarbeiterinnen, die an dem Workshop für digitales Geschichtenerzählen teilnahmen, wurde deutlich, dass für sie ihre Mutterrolle zentral ist und sie mit der Teilnahme an dem Workshop die Möglichkeit verknüpfen, ‚gute Mütter‘ zu werden: Sie erhofften sich eine Qualifikation, die es ihnen ermöglicht, andere, diskriminierungsfreie Erwerbstätigkeiten zu finden. Denn eine ‚gute Mutter‘ zu sein meint für sie unter anderem einer in der südafrikanischen Gesellschaft moralisch unumstrittenen Erwerbsarbeit nachzugehen. Berücksichtigt man Ansätze afrikanischer Feminismen (Arndt 2000), so kann man den Wunsch nach ‚guter Mutterschaft‘ als feministisch beschreiben, denn Mutterschaft ist in afrikanischen Feminismen – wie auch in einigen ‚westlichen‘ postfeministischen Ansätzen (McRobbie 2013, S. 142) – zentral.

Der Wunsch nach einer ‚guten‘ Mutterschaft steht jedoch im Gegensatz zu den Zielen der den Workshop durchführenden APC WNSP-Mitgliedsorganisation, die – wie in den von mir geführten Interviews deutlich wurde – durch die lokale Projektarbeit unter anderem die reproduktive Rolle der Frau überwinden will. Ob die im Workshop erworbene Qualifikation im Umgang mit den für die Produktion der digitalen Geschichten genutzten Medien den Teilnehmerinnen den erhofften Ausweg aus der Sexarbeit ermöglicht, ist aufgrund des sehr begrenzten Erwerbs von Medienkompetenzen in diesem Rahmen zwar zweifelhaft. Spannend im Hinblick auf die Entwestlichung der Kommunikations- und Medienwissenschaft ist jedoch, dass durch das Heranziehen afrikanischer feministischer Ansätze, das Ziel der ‚guten Mutterschaft‘ als eine feministische Orientierung bzw. Erwartung beschrieben werden kann. Hier zeigt sich, dass durch das theoriegeleitete Verfahren der Grounded Theory ‚nicht-westliche‘ Ansätze in die weitere Theorieentwicklung der Kommunikations- und Medienwissenschaft eingebracht und bestehende Theorien weiterentwickelt werden können.

Zusammenfassung

Zu Beginn des Beitrags wurden vier Merkmale genannt, die ich für den Prozess einer Entwestlichung der deutschen – sowie europäischen und nordamerikanischen – Kommunikations- und Medienwissenschaft als relevant erachte. Drei davon wurden im Rahmen der hier präsentierten Studie relevant: Erstens müssen die regionalen Räume erweitert werden, mit denen sich die Kommunikations- und Medienwissenschaft beschäftigt, also auch Phänomene betrachtet werden, die außerhalb ‚westlicher‘ Gesellschaften bestehen. Zweitens bedarf es Methoden, mit denen diese Gegenstände auch von ‚westlichen‘ Wissenschaftlerinnen und Wissenschaftlern untersucht werden können. Drittens müssen Theorien herangezogen werden, die außerhalb ‚westlicher‘ Diskurse entstanden sind. Mit APC WNSP als Forschungsgegenstand wurde in der vorgestellten Studie ein ‚nicht-westliches‘ Phänomen untersucht, denn die Mitglieder und Mitarbeiterinnen des Netzwerks sind überwiegend in Afrika, Asien und Lateinamerika verortet und hier vor allem in ökonomisch weniger entwickelten Ländern.

Da mit dem Verfahren der Grounded Theory gegenstandsbezogene Theorien entwickelt werden, liegt in der Wahl ‚nicht-westlicher‘ Phänomene auch die Möglichkeit mit diesem Ansatz bestehende ‚westliche‘ Theorien durch empirische Analysen weiterzuentwickeln. Des Weiteren können durch das theoriegeleitete Verfahren der Grounded Theory in den empirischen Analysen ‚nicht-westliche‘ Theorien berücksichtigt werden. Wie ich an einem Beispiel zeigen konnte, war für die Analyse die Einbeziehung ‚nicht-westlicher‘ Theorien erkenntnisbringend: Hätte ich Ansätze afrikanischer Feminismen nicht berücksichtigt, hätte ich den Wunsch der Sexarbeiterinnen, durch die Workshops für digitales Geschichtenerzählen gute Mütter zu werden, nicht als ein möglicherweise feministisches Anliegen beschreiben können, sondern hätte es aus meiner ‚westlich-feministischen‘ Perspektive eher als traditional benannt. Die Grounded Theory als theoriegeleitetes Verfahren bietet in diesem Zusammenhang das Potenzial der Entwestlichung, da Theorien, die in ‚nicht-westlichen‘ Kontexten entstanden sind, im Prozess der Datenerhebung und -auswertung herangezogen werden können. Wie genau die Prozesse der Datenerhebung und -auswertung des von Strauss und Corbin weiterentwickelten Verfahrens der Grounded Theory ablaufen können, wurde anhand der Beispielstudie erläutert. Da das Verfahren der Grounded Theory eine Kombination verschiedener Erhebungsmethoden ermöglicht, war es für die Analyse der verschiedenen Ebenen des zu analysierenden Netzwerks zivilgesellschaftlicher Akteure besonders geeignet. So konnte gezeigt werden, wie verschiedene qualitative Methoden eingesetzt und kombiniert werden können. Dabei wurde deutlich, dass die Offenheit des Verfahrens der Grounded Theory bei der Datenerhebung und auch im Auswertungsprozess ein weiteres Potenzial der Entwestlichung birgt, da Vorannahmen und Hypothesen ‚westlicher‘ Wissenschaftlerinnen und Wissenschaftlern bewusst zurückgehalten werden und sich dem Forschungsgegenstand offen genähert wird. Dass durch dieses zunächst offene Verfahren der Grounded Theory komplexe theoretische Konzepte entwickelt werden können, wurde anhand der in der Beispielstudie entwickelten

Schlüsselkategorie der translokalen Ermächtigungskommunikation dargelegt. So wurde gezeigt, wie durch den zunächst offenen Kodierprozess schließlich diese Schlüsselkategorie als Ergebnis der empirischen Analyse formuliert und als gegenstandsverankerte Theorie entwickelt wurde. Dabei wurde deutlich, dass im Forschungsprozess die empirischen Daten zunächst offen ausgewertet, dann im Abgleich mit bestehendem Vorwissen und theoretischer Kenntnis verdichtet und interpretiert und die eigene Interpretation immer wieder reflektiert wurde.

Die Selbstreflexion der eigenen Position als Forscherin weist aber auch auf die Grenze des Verfahrens der Grounded Theory als Strategie der Entwestlichung der Kommunikations- und Medienwissenschaft hin: Denn wissenschaftliches Arbeiten und Analysen bleiben immer subjektiv; Ergebnisse sind nie wahr, sondern das Resultat subjektiver Wahrnehmung und Sinnproduktion. So resultieren die Ergebnisse der hier skizzierten Studie aus der Arbeit einer ‚weißen‘ deutschen Wissenschaftlerin, die an deutschen Universitäten sozialisiert wurde und arbeitet. Wie diese Position die Datenerhebung beeinflusste, wurde am Beispiel der Interviews mit den Sexarbeiterinnen gezeigt. Und natürlich ist auch der Prozess der Datenauswertung sowie letztendlich die Ergebnisse einer Forschungsarbeit immer durch die Position und Erfahrungen der die Studie durchführenden Person(en) geprägt. Es gilt also auch, diese eigene (‚westliche‘) Position als Wissenschaftlerin oder Wissenschaftler im Forschungsprozess wiederholt zu hinterfragen und transparent zu machen.

Neben der Reflexion der individuellen Position ist auch eine andauernde Reflexion des Faches essentiell für eine Entwestlichung der Kommunikations- und Medienwissenschaft. Der Gegenstand der Beispielstudie, ein translokales Netzwerk zivilgesellschaftlicher Akteure ist ein Beispiel für den Wandel der medienbezogenen Alltagswelt – es ist ein Phänomen der Globalisierung der Medienkommunikation, das durch transkulturelle Kommunikationsprozesse beteiligter Akteure konstituiert wird. Im Konzept der transkulturellen Ermächtigungskommunikation wurde herausgearbeitet, inwiefern hier gesellschaftliche Ungleichheiten (weiter)bestehen. Die Kommunikations- und Medienwissenschaft ist nicht nur aufgefordert, den Wandel der medienbezogenen Alltagswelt in den Blick zu nehmen und auch neue gesellschaftliche Phänomene zu analysieren, sondern ebenso weiter bestehende und neu entstehende Ungleichheiten und Machtkonstellationen zu dekonstruieren. Dies gilt nicht nur für die empirischen Analysen des Faches, sondern auch für die Kommunikations- und Medienwissenschaft selbst, denn auch das Hinterfragen der Hierarchien und Machtkonstellationen innerhalb der weltweiten Kommunikation- und Medienwissenschaft ist zentral für die Entwestlichung des Faches.

Perspektiven und Reflexionen

- Die Offenheit des Verfahrens der Grounded Theory sowie sein theoriegeleiteter und zugleich theoriegenerierender Charakter sind wesentliche Momente, die zu einer Entwestlichung der Kommunikations- und Medienwissenschaft beitragen können.
- Die Möglichkeit der Kombination verschiedener Methoden im Verfahren der Grounded Theorie erlaubt die Analyse komplexer gesellschaftlicher Phänomene.
- Die Entwicklung gegenstandsverankerter Theorien aus Analysen ‚nicht-westlicher' Phänomene und die Einbeziehung ‚nicht-westlicher' Theorien leisten einen Beitrag zur Entwestlichung der Kommunikations- und Medienwissenschaft.
- Die Reflexion der eigenen Forschungsposition sowie die des Faches sind essentiell im Prozess der Entwestlichung der Kommunikations- und Medienwissenschaft.

Lesehinweis

- *Curran, James, und Myung-Jin Park (Hrsg.). 2000. De-Westernizing Media Studies. London u. a.: Routledge.*
  Ein Klassiker im Diskurs um die Entwestlichung der Kommunikations- und Medienwissenschaft. Die Beiträge vieler (auch namhafter) Autoren stellen aber vor allem Studien aus unterschiedlichen Ländern vor – eine Theorie- oder gar Methodenkritik gibt es weniger.
- *Lee, Chin-Chuan (Hrsg.). 2015. Internationalizing 'International Communication'. Ann Arbor, MI: University of Michigan Press.*
  Ein lesenswertes Buch im aktuellen Diskurs um die Entwestlichung der Kommunikations- und Medienwissenschaft mit Beiträgen von unter anderem Elihu Katz, Paolo Mancini, Colin Sparks und Peter Dahlgren. Die verschiedenen Beiträge beschäftigen sich mit unterschiedlichen Aspekten der Entwestlichung. Neben einer Kritik des Faches und einzelner theoretischer Konzepte werden ‚nicht-westliche' Ansätze und Perspektiven dargestellt.
- *Waisbord, Silvio, und Claudia Mellado (Hrsg.). 2014. De-westernizing Communication Studies. Communication Theory Special Issue, 24 (4).*
  Die fünf Beiträge dieser Spezial-Ausgabe des Journals *Communication Theory* diskutieren verschiedene Ansätze und Beispiele der Entwestlichung einer Kommunikations- und Medienwissenschaft.

Literatur

Arndt, Susan. 2000. *Feminismus im Widerstreit. Afrikanischer Feminismus in Gesellschaft und Literatur.* Münster: Unrast.

Curran, James, und Myung-Jin Park. 2000. Beyond Globalization Theory. In *De-Westernizing Media Studies,* hrsg. James Curran und Myung-Jin Park, 2–15. London: Routledge.

Finke, Barbara. 2005. *Legitimation globaler Politik durch NGOs: Frauenrechte, Deliberation und Öffentlichkeit in der UNO.* Wiesbaden: VS.

Flick, Uwe. 2009. *Qualitative Sozialforschung. Eine Einführung.* Vollst. überarb. und erw. Neuausg., 2. Aufl. Reinbek bei Hamburg: Rowohlt.

Hickethier, Knut. 2007. *Film- und Fernsehanalyse.* 4., aktual. und erw. Aufl. Stuttgart, Weimar: J.B. Metzler.

Kannengießer, Sigrid. 2014. *Translokale Ermächtigungskommunikation. Medien, Globalisierung, Frauenorganisationen.* Wiesbaden: Springer VS.

Krotz, Friedrich. 2005. *Neue Theorien entwickeln. Eine Einführung in die Grounded Theory, die Heuristische Sozialforschung und die Ethnographie anhand von Beispielen aus der Kommunikationsforschung.* Köln: Herbert von Halem.

Kruse, Jan. 2008. *Reader „Einführung in die qualitative Interviewforschung".* Universität Freiburg.

Lee, Chin-Chuan. 2015. International Communication Research: Critical Reflections and a New Point of Departure. In *Internationalizing 'International Communication',* hrsg. Chin-Chuan Lee, 1–28. Ann Arbor, MI: University of Michigan Press.

McRobbie, Angela. 2013. Feminism and the New 'Mediated' Maternalism: Human Capital at Home. *Feministische Studien* 31 (1): 136–142.

Mohanty, Chandra Talpade. 2002. 'Under Western Eyes' Revisited: Feminist Solidarity through Anticapitalist Struggles. *Journal of WNSP in Culture and Society* 2 (28): 499–535.

Przyborski, Aglaia, und Monika Wohlrab-Sahr. 2014. *Qualitative Sozialforschung. Ein Arbeitsbuch.* 4., erw. Aufl. München: Oldenbourg.

Schöne, Helmar. 2003. Die teilnehmende Beobachtung als Datenerhebungsmethode in der Politikwissenschaft. Methodologische Reflexion und Werkstattbericht. *Forum Qualitative Sozialforschung / Forum: Qualitative Social Research* 2 (4). http://nbn-resolving.de/urn:nbn:de:0114-fqs0302202.

Strauss, Anselm L., und Juliet M. Corbin. 1996. *Grounded Theory: Grundlagen qualitativer Sozialforschung.* Weinheim: Beltz.

Waisbord, Silvio. 2015. De-Westernization and Cosmopolitan Media Studies. In *Internationalizing 'International Communication',* hrsg. Chin-Chuan Lee, 178–200. Ann Arbor, MI: University of Michigan Press.

Zur Autorin

Dr. Sigrid Kannengießer ist wissenschaftliche Mitarbeiterin am Zentrum für Medien-, Kommunikations- und Informationsforschung (ZeMKI) der Universität Bremen. In ihrer Dissertation analysierte sie ein translokales Netzwerk von

Frauenorganisationen, in ihrem Habilitationsprojekt arbeitet sie zu konsumkritischen Medienpraktiken. Ihre Forschungsschwerpunkte liegen im Bereich der Mediensoziologie, Umweltkommunikation und Medienökologie, Globalisierung der Medienkommunikation, transkulturellen und politischen Kommunikation sowie der kommunikations- und medienwissenschaftlicher Geschlechterforschung.

Methodentriangulation und Dokumentation
Eine Studie zum kommunikativen Mediengebrauch im Alltag von Paaren

Christine Linke

Abstract

Der Beitrag stellt eine Studie zur alltäglichen Kommunikation in Paarbeziehungen vor, bei der ein besonderes Augenmerk auf der Rolle und Bedeutung von Medien lag. Anhand der konkret im Forschungsprozess vollzogenen Arbeitsschritte sowie methodischen und analytischen Entscheidungen wird die offene und dabei gleichzeitig systematische und reflektierte Untersuchung in der Tradition der Grounded Theory präsentiert und diskutiert. Schwerpunktmäßig vorgestellt werden die Konzeption der Datenerhebung im Sinn einer Triangulation als Interview-Tagebuch-Methodendreieck sowie der Umgang mit Memos als Dokumentations- und Reflexionsmittel in Datenauswertung und Theorieentwicklung.

Keywords

Dokumentation, Kommunikationstagebuch, Kommunikative Repertoires, Memos, Paarinterview, Paarkommunikation, Thematisches Kodieren, Theoretisches Kodieren, Triangulation, Verstehendes Interview

1   Einleitung

Dieser Beitrag stellt eine Studie zum Gebrauch von Medien im Alltag von Paaren vor, die Prozesse der Mediatisierung von Kommunikation in Paarbeziehungen empirisch verdeutlicht und theoretisch konzeptualisiert (weiterführend Linke

2010). Die Arbeit wurde von 2006 bis 2009 als Promotionsprojekt an der Universität Erfurt angefertigt. In diesem Beitrag geht es um eine Erörterung und Reflexion der genutzten Methoden in der Tradition der Grounded Theory (Glaser und Strauss 2005 und die Einleitung zu diesem Band).

Im Folgenden werden zunächst Zielstellung und methodische Implikationen der Studie vorgestellt. Es folgt die Beschreibung der Untersuchung, in der Datenerhebung und Datenauswertung Hand in Hand gehen und unterschiedliche Methoden und Daten zur Analyse alltäglichen Medienhandelns in Beziehungen trianguliert wurden. Hierbei werden forschungspraktische Aspekte der Dokumentation, unter anderem der Gebrauch von Memos, thematisiert. Der Beitrag schließt mit einer Reflexion der Herausforderungen, die sich im Zuge der Umsetzung des Interview-Tagebuch-Interview-Methodendreiecks ergeben haben.

2   Methodentriangulation und Memos: Erheben, Auswerten und Dokumentieren der Kommunikation in Paarbeziehungen

In diesem Abschnitt werden die Anlage der Studie vorgestellt, methodische Implikationen abgeleitet und, darauf aufbauend, die forschungspraktische Umsetzung der methodischen Entscheidungen dargestellt.

2.1   Zielstellung und methodische Implikationen der Studie

Das übergeordnete Ziel der Studie war es, eine offene und gleichzeitig systematische und nachvollziehbare Analyse der Rolle von Medien in Paarbeziehungen zu realisieren. Zum Zeitpunkt ihres Entstehens war der interdisziplinäre Forschungsstand zu dieser Thematik sehr heterogen, das heißt er umfasste unterschiedliche theoretische bzw. methodische Zugänge, und wies bezüglich der konkreten Frage nach der Rolle von Medien für die Kommunikation in Paarbeziehungen Lücken auf. Die Frage nach den Formen und Funktionen von Medienkommunikation war entweder am Rande mit behandelt worden oder sie hatte sich eher nebenbei als bedeutsam herausgestellt (einleitend dazu Duck 2007; Linke 2010). Zudem wurde deutlich, dass sowohl der gebrauchte Medienbegriff als auch das Verständnis von Kommunikation eher alltagssprachlich waren und keine theoretischen Bezüge bzw. aktuellen Diskurse, zum Beispiel zum Phänomen der Fernbeziehung, berücksichtigt wurden (Höflich und Linke 2011; Stafford 2005).

Vor diesem Hintergrund hatte die hier vorgestellte Studie zum Ziel, eine Analyse medienbezogener Lebenswelten über die analytische Auseinandersetzung mit der alltäglichen kommunikativen Konstitution von Paarbeziehungen zu leisten. Damit sollte letztlich auch eine Verbindung von Forschungsfeldern hergestellt werden, die trotz großer Überschneidungen hinsichtlich ihres Forschungsgegenstandes – der medienvermittelten Kommunikation in engen Beziehungen – bis dato eher separat voneinander bearbeitet wurden. In einem theoretischen Rahmen wurde folglich eine differenzierte analytische Perspektive erarbeitet, die den konzeptuellen wie empirischen Forschungsstand zum Gegenstand aus verschiedenen Traditionen (unter anderem Symbolischer Interaktionismus, Sozialkonstruktivismus, Ritualtheorie, Domestizierungsansatz, Mediatisierung und Mobilkommunikationsforschung) und Disziplinen, insbesondere der Medien- und Kommunikationswissenschaft, Soziologie, Psychologie, Cultural Studies oder dem interdisziplinären Forschungsfeld zu *personal relationships*, zusammenbringt.

Aus dieser theoretischen Begründung und Anlage der Studie ergaben sich mit dem Gegenstand verbundene Implikationen für ihr empirisches Design, allen voran hinsichtlich der Konzentration auf die *Einbettung von Medientechnologie* und *Formen des Medienumgangs* im Alltag. So wurde der Ausgangspunkt der empirischen Untersuchung konsequent in alltägliches Handeln gesetzt und zeitliche, situative und soziale Konstellationen als Kontext berücksichtigt (Ang 2006). Dies sollte sicherstellen, die Bedeutung der Medienkommunikation zu erfassen und dabei auch ihre Relation zu Face-to-Face-Kommunikation zu verstehen. In der Folge musste die Studie ausgehend vom Alltagshandeln grundlegend ‚weiter ausholen‘, weil sie eben nicht nur ausgewählte Medienpraktiken bzw. Nutzungsweisen von konkreten medialen Endgeräten oder Anwendungen fokussierte, sondern auch deren Verwobenheit mit sozialen Praktiken und alltäglichen Bezügen, wie etwa den individuellen Vorlieben, Gewohnheiten oder Alltagsverläufen der Partner, einbeziehen wollte. Auf diese Weise sollen die Interdependenzen zwischen Alltagserfahrung und alltäglicher Medienpraxis und ihre Verbindung zu gesellschaftlichem Wandel und explizit zu einem Prozess der Mediatisierung sichtbar gemacht werden (Krotz und Thomas 2007). Dabei geht es um die Aneignung, auch *Domestizierung* von Medien im Alltag und die Frage, wie dies in signifikante soziale Beziehungen, etwa die Paarbeziehung, eingebunden ist. Diese Sichtweise integriert das Interesse sowohl an Nutzungsmustern und Erwartungen an Medienformate, Genres und Technologien, aber auch interaktive Formen der Kommunikation mit zunehmend intelligenter Technologie. Zentral ist des Weiteren die interpersonale Kommunikation, in der Medien und zunehmend digitale Medientechnologien eine große Bedeutung für die Gestaltung von Beziehungen innehaben.

Weiterhin wurde durch die theoretische Auseinandersetzung mit sozialen Beziehungen im Allgemeinen und der Paarbeziehung im Speziellen deutlich, dass nicht nur individuelle Handlungen und Erfahrungen von Interesse sind, sondern insbesondere die *Spezifik der sozialen Struktur der paarweisen Fälle als Dyade* statt als einzelne Individuen charakteristisch für den Gegenstand war und so auch im Fokus der empirischen Konzeption stehen sollte. Während dyadische Konstellationen grundlegend bedeutsam für Untersuchungen sind, in denen Gruppen von Menschen und deren Beziehungen verglichen werden, wird ihre spezifische Struktur jedoch kaum diskutiert (Duck 1990; Flick 2007; Linke 2010). Tatsächlich aber ist die Reflexion der adressierten sozialen Phänomene zentral für ein methodisches Design, dessen angepasste Konzeption den gesamten empirischen Prozess erleichtern kann. Konkret bedeutete dies in der vorliegenden Studie, dass sowohl Daten, die die Partner als Individuen beschreibbar machten, wichtig waren, aber eben auch Daten, die das Paar als soziale Interaktionsmuster der *Zweierbeziehung* kennzeichneten. Folglich war die dyadische Struktur leitend für das Vorgehen im Rahmen der Erhebungs- und Kodierschritte mit der Grounded Theory. Zudem ging es um die Relation der beiden Partner, das gemeinsame Erleben als *Paar* und die Frage, inwieweit Medien im Alltag gemeinsam genutzt und rezipiert bzw. thematisiert werden. Schließlich war der Anspruch der Studie, *Kommunikation und Beziehung als Prozess* abzubilden, und auf diese Weise die Dynamik sowohl von Kommunikation als auch von individueller Entwicklung und letztlich auch den Wandel medialer Praktiken zu erfassen. Entsprechend galt es die theoretische Perspektive auf Beziehungsprozesse in das methodische Konzept der Studie einzubringen (ausführlich Linke 2010, S. 71ff.).

Konsequenterweise wurde die empirische Studie als *Interview-Tagebuch-Interview-Methodendreieck* konzipiert. Um die dargelegten Implikationen des Forschungsprojektes methodisch zu berücksichtigen, war es also nötig, einen nicht nur einmaligen und einseitigen Blick auf den Gegenstand zu werfen, sondern ihn im Sinne einer Triangulation von verschiedenen methodischen Perspektiven zu betrachten und diese als Bestandteile einer kontextualisierten Analyse wahrzunehmen. Die Idee der Triangulation – als Untersuchung eines Gegenstandes mittels verschiedener methodischer Zugänge (Flick 2004, S. 11) – wurde besonders an zwei Stellen im empirischen Prozess aufgegriffen: Zum einen wurden durch die offene Anlage im Rahmen der Datenerhebung innerhalb einer Methode implizit verschiedene Datensorten gesammelt. Hierzu gehörten Erzählungen, Argumentationen, Berichte über eigenes Handeln sowie über subjektives Erleben in spezifischen Situationen. Neben den individuellen Aussagen wurde auch das dialogische Geschehen zwischen den Partnern erfasst. Diese Zugänge werden dabei systematisch verknüpft und theoretisch begründet angewandt. Zum anderen wurden verschiedene qualitative

Erhebungsverfahren genutzt: ‚Problemzentrierte' Interviews (Witzel 2000) wurden als zeitlich versetzte Paarinterviews sowie als Einzelinterviews durchgeführt, in Kombination mit einem Doppel-Kommunikationstagebuch, das beide Partner einzeln jeweils zeitlich parallel und bezogen auf die geteilte Interaktion an demselben Tag führten – eine methodische Weiterentwicklung, die von dem von Auhagen (1991) für Freundschaftsbeziehungen entwickelten Doppeltagebuch inspiriert war.

Der Anspruch der Analyse war es, diese für verschiedene Paare gesammelten Daten in einem Vergleich über die einzelnen Paarbeziehungen hinaus auszuwerten, wobei deren jeweilige Kontextbezogenheit während der Kodierschritte mit unterschiedlichen Datensorten (Interviewtranskripte, Audiomitschnitte, Tagebuchdokumente) fortwährend sichergestellt werden sollte. Es ging also nicht darum, die Datensorten linear, nacheinander abzuarbeiten, sondern sie als miteinander verwobene Dokumentationen von Interaktionen zu analysieren und zu hinterfragen, wie sie miteinander in Relation stehen und aufeinander verweisen. Letztlich war dieser Erhalt von Komplexität eine Stärke des im Folgenden konkreter vorgestellten Interview-Tagebuch-Interview-Methodendreiecks.

2.2 Forschungspraxis: Das Interview-Tagebuch-Interview-Methodendreieck zur Analyse alltäglichen Medienhandelns in Beziehungen

Grundlegendes Ziel der empirischen Studie war es, einen Blick auf die Kommunikation in Paarbeziehungen zu ermöglichen, um dadurch die Rolle von Medien für deren alltägliche Gestaltung und Entwicklung besser zu verstehen. Wie vorangestellt ausgeführt, war es dabei wichtig, den Alltag der Partner, aber auch die Spezifik der Paarbeziehung sowie deren Prozeduren und Verläufe zu berücksichtigen. Diesen Anspruch konnte die Studie insbesondere durch ihre selbst erarbeitete Anlage als Interview-Tagebuch-Interview-Methodendreieck einlösen. Dieses multi-methodische, triangulierende Studiendesign war von der Grounded Theory inspiriert und gleichzeitig Ergebnis intensiver Auseinandersetzung mit dem Gegenstand und seiner strukturellen Spezifik im Vorfeld. Die konsequente Herstellung von Bezügen und Verweisen zwischen den miteinander verknüpften und mit unterschiedlichen Methoden erhobenen Daten ermöglichte letztlich eine umfassende Betrachtung des Gebrauchs von Medien in Paarbeziehungen.

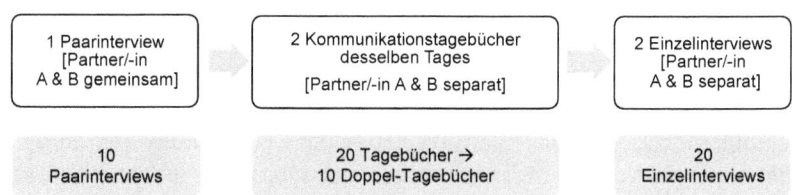

Abb. 1   Empirische Schritte und Datenmaterial der Studie
(Quelle: eigene Darstellung)

Konkret wurden mit jedem der in der Studie betrachteten zehn Paare ausführliche gemeinsame Interviews durchgeführt, die je circa zwei Stunden dauerten. Diesen Gesprächen folgte die Erhebung der kommunikativen Kontakte der beiden Partner miteinander im Verlauf des jeweils selben Tages in einem Doppel-Kommunikationstagebuch (ein Tagebuch pro Partner, insgesamt zehn Doppeltagebücher mit entsprechend 20 einzelnen Tagebüchern; s. Abb. 1). Die Teilnehmerinnen und Teilnehmer wurden gebeten, sowohl direkte als auch medial vermittelte Kontakte, Gespräche mit der Partnerin bzw. dem Partner, die gemeinsame Nutzung von Medien sowie damit einhergehende Eindrücke und darauf bezogene Überlegungen zu dokumentieren. Im Anschluss an die Paarinterviews wurden mit den Partnern jeweils Termine für Einzelgespräche sowie ein Tag vereinbart, an dem beide Partner ihr Kommunikationstagebuch führten. Das gemeinsam gewählte Datum für die Dokumentation sollte einen ‚normalen' Wochentag darstellen bzw. ein Datum, an dem keine ausgewöhnlichen Termine oder Ereignisse anstanden. In diesem Zusammenhang wurde das Kommunikationstagebuch erläutert und offene Fragen geklärt. Die Partner erhielten jeweils ein identisches Dokument als Vorlage mit einer kurzen Beschreibung zur Zielstellung des Tagebuchs, einer Anweisung zur Nutzung des Dokuments, einer Anzahl von Kategorien, in die die notierten Ereignisse möglicherweise einzuordnen waren, sowie eine zu füllende tabellarische Anordnung, die den Teilnehmerinnen und Teilnehmern das handschriftliche Notieren erleichtern sollte. Im Tagebuch wurden der Zeitpunkt bzw. der Zeitraum einer Tätigkeit, die Art der Kommunikation, die Ereignisse, die Aufenthaltsorte sowie die resultierenden Aktionen, Gedanken und Eindrücke festgehalten. Einige Teilnehmerinnen und Teilnehmer machten sich zusätzliche Notizen. Ein Teil schrieb das Tagebuch kontinuierlich über den Tag, während der andere Teil angab, das Tagebuch am Abend ausgefüllt zu haben. Ein Teilnehmer nutzte das Dokument nicht für Notizen, gab aber im Einzelgespräch Auskunft über den Verlauf des Tages. Anschließend wurden die Partnerinnen und Partner erneut, aber dieses Mal getrennt voneinander interviewt, wobei das Kommunikationstagebuch inhaltlich thematisiert wurde. Indem zu Beginn des Einzelinterviews der im Tagebuch dokumentierte Tag gemeinsam nachvollzogen und besprochen wurde, konnte das Tagebuch vervollständigt und erweitert werden. Dabei zeigte sich in allen der insgesamt 20 Einzelinterviews, dass das Kommunikationstagebuch zusätzliche Erzählimpulse lieferte und die Teilnehmerinnen und Teilnehmer im Gespräch weitere Kontextinformationen und Hintergründe für ihr Medienalltagshandeln anführten.

Die drei zentralen Formen der Daten bedingten, ergänzten und informierten einander, insbesondere in ihrer zeitlich und analytisch aneinander anknüpfenden Reihenfolge. Das Interview-Tagebuch-Interview-Methodendreieck ermöglichte zudem eine forschungspraktische Anpassung der Erhebung an die Alltagsanforderungen der Befragten, weil die zeitlichen Abstände der Elemente flexibel abgestimmt werden konnten. Gleichzeitig wurde so im Sinne des *ständigen Vergleichens* gemäß der Grounded Theory (Glaser und Strauss 2005, S. 115) ein über die Fälle hinweg systematischer und fortwährender Zugang zu den Dokumentationen des alltäglichen Medienhandelns möglich. Jedes Paar wurde im Rahmen der Studie empirisch wie analytisch je als ein Fall betrachtet (zu Grounded Theory als Folge von Fallstudien s. Krotz, *in diesem Band*). Die Daten waren durch das Interview-Tagebuch-Interview-Methodendreieck pro Fall bzw. Paar in ähnlicher Weise strukturiert und lagen in gut vergleichbaren Sets von Dokumenten zu einem Paarinterview, zwei Einzelgesprächen und zwei Tagebuchdokumenten vor (s. Abb. 2). Ergänzend zu den insgesamt zehn Paarinterviews, zehn Doppeltagebüchern (bzw. 20 einzelnen Kommunikationstagebüchern) und 20 Einzelinterviews wurden Fotografien und schriftliche Dokumente erfasst und in die Daten integriert. Für jedes Paar wurde dazu eine Mappe angelegt, in der alle Dokumente in handschriftlicher bzw. gedruckter Version vorlagen. In jeder Kodier- und Analysesitzung konnten somit alle vorliegenden Daten fallweise (also pro Paar) herangezogen werden.

Die Entscheidung, für die Analyse von Medien im Alltag von Paaren sowohl Paarinterviews als auch Einzelgespräche in dem Methodendreieck zu integrieren, ergab sich in Anbetracht der jeweiligen Vor- und Nachteile, die für beide Verfahren in der Familiensoziologie diskutiert werden (s. etwa Allan 1980; Kaufmann 2005). Durch eine Kombination beider Interviewarten war es möglich, ihre Stärken – die Erfassung von Paarinteraktion und Paardynamik einerseits sowie von individuellen Perspektiven andererseits – zu vereinen. Die zeitliche Anlage der Datenerhebung ermöglichte zugleich eine Prozessperspektive, die Ergänzungen, Reflexionen und retrospektive Elemente integrieren ließ.

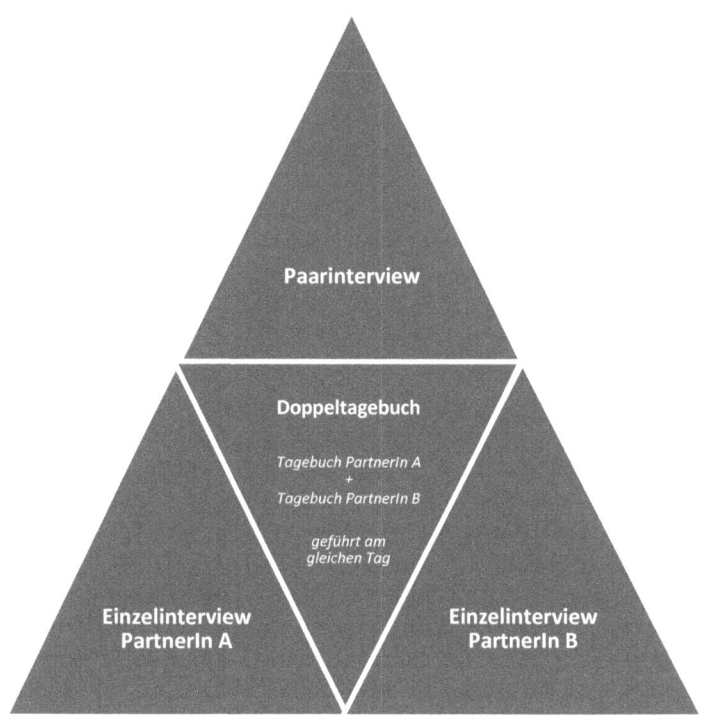

Abb. 2   Interview-Tagebuch-Interview-Methodendreieck
(Quelle: eigene Darstellung)

Der zusätzliche Einsatz eines Tagebuches, das für einen konkreten Tag die Sicht beider Partner auf ihre (Medien-)Kommunikation lenkte, verband zudem die beiden Gespräche und den weiteren Verlauf der Datensammlung. Besonders herauszuheben ist dabei die Reichhaltigkeit der Daten, die durch die Impulse des Kommunikationstagebuches in den möglichst zeitnah erfolgten Einzelgesprächen erreicht wurde. Die Tagebücher boten dabei neben einer schriftlichen und – bei Foto-Tagebuch-Varianten (s. Abb. 3) – bildlichen Dokumentation auch eine Einordnung der Medienkommunikation in alltägliche Abläufe und Strukturen. Auf diese Weise konnte der im Kontext von Medienalltagstudien auftretenden Problematik der Habitualisierung von Medienpraktiken in alltäglichen Lebenswelten, in denen sie selbstverständlich und unhinterfragt vollzogen werden, und dem damit verbundenen Vergessen bzw. Nicht-Erinnern entgegengewirkt werden (Ehling 1991).

Abb. 3 Beispiel für visuelle Dokumentationen des Medienalltags in Form eines
Foto-Tagebuchs
(Quelle: eigenes Datenmaterial)

Basis der Auswertung waren die komplett verschriftlichten Transkripte, die schriftlichen Tagebuchdokumente sowie die Audioaufzeichnungen sämtlicher Interviews im Feld. Postscripts (Gedächtnisprotokolle), die direkt im Anschluss an die Feldgänge unter anderem zur Dokumentation relevanter Informationen nach Beendigung der Aufzeichnung oder zur Beschreibung der Interviewsituation angefertigt worden waren, wurden ebenfalls hinzugezogen. Angeregt von Jean-Claude Kaufmanns (1999) *verstehendem Interview* als prozessorientierter Methode der Grounded Theory, kam den Audiodokumenten im Rahmen aller Kodierschritte eine besondere Rolle zu: Durch das wiederholte Hören, häufig in Kombination mit der Arbeit an den Transkripten und Tagebuchdokumenten, wurde die Situation der Entstehung der Daten stärker eingebunden und war der Auswertenden (die selbst in der Interview-Situation anwesend gewesen war) somit präsent. Auf diese Weise sollte die ursprüngliche soziale Situation im Feld stärker zugänglich werden, denn jegliche

Transkription ist bereits eine (textliche) Konstruktion und Bearbeitung der Originaldaten (Flick 2007; Kaufmann 1999; Kowal und O'Connell 2005). Hintergrund dazu ist die Position, dass der in einer originären Interaktionssituation durch die Beteiligten intersubjektiv konstruierte *primäre* Sinn durch empirische Methoden nicht vollends erfassbar wird (Keppler 1994). Gleichwohl ist es das Anliegen von Verfahren qualitativer Sozialforschung, den primären Sinn möglichst gut nachzuvollziehen und damit als sekundären Sinn der Situation zu rekonstruieren.

Von Anfang an, also mit Beginn des ersten Hörens bei der Transkription sowie insbesondere in den ersten Runden des offenen Kodierens jedes Falls (sprich: der Daten zu jedem Paar) wurden Memos angefertigt. So konnten vor allem Ideen, die komplexer als konkret zuweisbare Kodes waren, oder aber bereits Verbindungen, Vergleiche oder Bezüge zur Theorie (zu möglichen Thesen oder auch im Sinne des axialen oder selektiven Kodierens) beinhalteten, gesichert und – in Anlehnung an das Motto „Stop and Memo! Go On Open Coding!" (Böhm 2005, S. 477) – vorerst ‚beiseite' gelegt werden, um das weitere offene Kodieren angehen zu können. Das Anfertigen von Memos erwies sich im Rahmen der Studie außerdem als hilfreich, um den Arbeitsprozess selbst zu strukturieren. Dabei wurden je nach Komplexität der Memos verschiedene Versionen erzeugt: Während eine erste Version des Memos noch mit Notizen auf einer Karteikarte auskam, wurden spätere Versionen entweder handschriftlich auf einem A4-Blatt bzw. in einem dem jeweiligen Fall zugeordneten Auswertungsheft notiert oder in eine elektronische Textdatei überführt. Zu diesem Zeitpunkt war bereits von einer theoretischen Idee zu sprechen, die meist auch schon Verweise auf verschiedene Datenquellen und -sorten (Audios, Transkripte, Tagebuchdokumente) umfasste.

Das Kodier- und Kategorisierungsverfahren wiederum musste spezifisch an die gegenstandsbegründete Anlage als Interview-Tagebuch-Interview-Methodendreieck angepasst werden. In der Tradition der Grounded Theory sollten aus dem Material theoretische Konzepte und Kategorien generiert werden, die als Bausteine für ein theoretisches Modell dienen konnten. Dem Verfahren des theoretischen Kodierens der Grounded Theory folgend, wurden Schritte des offenen Kodierens, des axialen Kodierens sowie des selektiven Kodierens vollzogen (Böhm 2005; Glaser und Strauss 2005; Krotz 2005; Strauss 1987). Hinzu kam eine weitere Analyseebene, die dabei half, die Struktur der im Rahmen des Interview-Tagebuch-Interview-Methodendreiecks in der für die Untersuchung von Paarbeziehungen spezifischen Form zu überblicken: Zum einen wurden *fallspezifische* und zum anderen *fallübergreifende* Analyseschritte unternommen, die sich am Prozess des thematischen Kodierens orientierten (Flick 2007, S. 402ff.; s. auch Krotz, *in diesem Band*).

Angesichts der großen Datenmenge ermöglichte der Arbeitsschritt der *fallspezifischen* Analyse (zum Beispiel: Wie gestaltet Paar X Alltagskoordinierung mit

Medien?) eine bessere Übersicht sowie Strukturierung und Systematisierung des vorliegenden Materials. Das *fallübergreifende* Kodieren (zum Beispiel: Inwieweit gibt es Gemeinsamkeiten und Unterschiede bei der Gestaltung von Alltagskoordinierung mit Medien bei den verschiedenen Paaren?) erfolgte basierend auf einer sich aus dem Material der Fallanalysen entwickelnden thematischen Struktur. Vergleichende und kontrastierende Analyseschritte (axiales und selektives Kodieren) dienten zur Feinanalyse der übergreifenden Kategorien.

Wie der Kodierprozess von einer fallbezogenen zu einer fallübergreifenden Analyse erfolgte, soll nun mithilfe eines exemplarischen Analyseschritts erläutert werden. Im folgenden Transkript-Ausschnitt eines Paarinterviews geht es darum, wie die Partner den täglichen Kontakt miteinander per Telefon oder Messenger gestalten und dabei eine Strategie entwickelt haben, einander die Dringlichkeit von Kontaktversuchen zu verdeutlichen (überlappende Gesprächsanteile der beiden Befragten sind im Transkript durch eckige Klammern markiert):

„C: Das wär so ein Moment, [wo sie dann weiter klingeln lässt, bis ich drangehe.]
A: [Das ist, wo ich dann weiter klingeln lasse, genau.]
C: Wo ich dann weiß, okay, jetzt brennt irgendwas.
A: Ja, also wenn es gut ist, wenn es was Gutes ist, ne oder irgendein Erfolg dann lass ich mal klingeln und dann denk ich mir, na gut der läuft ja nicht weg. Aber wenn ich dann hier Nervenzusammenbruch hatte oder irgendwas-
C: Genau.
A: Genau und das, das ist ja und das haben wir schon irgendwie, ne nicht mit Absicht, aber irgendwie von alleine zu gekommen, ne-
C: Genau.
A: -wenn ich länger klingeln lasse, dann ist es echt super wichtig.
C: Genau. Da haben wir nie drüber gesprochen, ich weiß es aber.
A: Genau, genau [ne weil, jedes Mal.]
C: [Ich weiß es einfach.]"

Im Auswertungsprozess wurde für dieses Interviewsegment der theoretische Kode ,Abstimmung, Weiterklingeln, Strategie Handytelefonat' vergeben. Zudem wurde in der Kodeliste notiert, dass sich dieses kommunikative Handlungsmuster der Partner indirekt etabliert und verstärkt hat. Daher erhielt die entsprechende Interviewpassage zusätzlich den Kode ,indirekte Abstimmung'. Des Weiteren zeigt der Auszug das *dialogische Interviewgeschehen*, wenn die Partner über ihr Handeln mit Medien berichten sowie über die von ihnen erlebte Veralltäglichung nachdenken. Dieser Aspekt der indirekten Abstimmung wurde in einem dem Paar zugeordneten Memo festgehalten, um ihren spezifischen Kommunikationsstil zu dokumentieren.

Bei der fallübergreifenden Kodierung des Materials wurden durch den Vergleich zwischen den zehn Paaren Relationen zu Kodes für andere Praktiken der Abstimmung und Koordinierung mittels Kommunikationsmedien gefunden. Diese wurden ebenfalls in einem Memo thematisiert. Hiervon ausgehend konnte ein Vergleich und damit eine Weiterentwicklung der Kategorie ‚Abstimmungsprozess' geleistet werden. Aus den Kodierungen, die zwei entgegengesetzte Richtungen des Abstimmungsprozesses erkennen ließen, wurde daraufhin zum einen die *Verstärkung* und zum anderen eine *Reduktion* kommunikativer Handlungen in Paarbeziehungen konzeptualisiert. Neben dieser Unterscheidung zwischen ‚Reduktion' und ‚Verstärkung' des Medienhandelns zwischen Partnern in Paarbeziehungen wurde für die Kategorie ‚Abstimmungsprozess' auch die Unterscheidung zwischen ‚indirekter' und ‚direkter' Abstimmung als Dimension herausgearbeitet. Die Typenbildung stellt das Ergebnis der Kodierung aller Fälle dar. Basierend auf dem Material der Studie konnten die Konstellation zweier dichotomer Kategorien und durch deren Gegenüberstellung vier Typen von Abstimmungsprozessen identifiziert werden. Exemplarische Ausprägungen werden in folgender Tabelle durch konkrete Beispiele aus den Fallanalysen verdeutlicht (s. Tab. 1).

Tab. 1   Darstellung der Kategorie ‚Abstimmungsprozesse' als Matrix

Reduktion	Verstärkung	
Typ 1 Beispiel: Keine Mails mehr schreiben, da zu viele Mißverständnisse	Typ 2 Beispiel: Handy in mobilen Situationen mitnehmen und potentiell nutzen	Direkt
Typ 3 Beispiel: Weniger ICQ-Nachrichten am Arbeitsplatz	Typ 4 Beispiel: Etablierung der Handy-An- und Weiterklingelstrategie	Indirekt

3 Reflexion: Herausforderungen der forschungspraktischen Umsetzung des Interview-Tagebuch-Interview-Methodendreiecks

Mit dem Einstieg ins Feld konnte das Interview-Tagebuch-Interview-Methodendreieck als Studiendesign erprobt und fortlaufend etabliert werden. Damit wurde eine sich wiederholende gleichförmige Struktur der Datensammlung für jeden Fall bzw. jedes Paar geschaffen. Als ,Gegenstück' zu dieser *Konstanz* ermöglichte das Sampling der verschiedenen Paare die *Variation* innerhalb des Materials. Außerdem wurde die Datenerhebung durch flexible Gestaltung, Erweiterung und teilweise auch Fokussierung der Instrumente (Interviewleitfäden, Anweisungen und Hilfestellung für Kommunikationstagebücher) sowie Auswertungsdokumente (Transkripte, Kodelisten, Memos, Auswertungshefte) gehandhabt. Dadurch konnten in der parallel laufenden Auswertung des Materials neu erarbeitete Themen bzw. thematische Aspekte in den folgenden Erhebungen ergänzt und aufgenommen werden.

Eine zentrale Herausforderung bei der Umsetzung des Interview-Tagbuch-Interview-Methodendreiecks war die Zusammenstellung von sich im Sinne des Theoretischen Samplings systematisch unterscheidenden Paaren, um eine Variation der Daten über die Fälle hinweg sicherzustellen (Glaser und Strauss 2005; Strauss 1987). Für die Rekrutierung wurden daher vielfältige Möglichkeiten ausgeschöpft, etwa E-Mails, Social Media-Posts und Aushänge. Die erfolgreiche Gewinnung war indessen vor allem über das erweiterte persönliche Netzwerk der Forscherin möglich, indem über Bekannte Kontakte zu infrage kommenden Paaren hergestellt und diese für die Teilnahme an der Studie gewonnen werden konnten. Dies gelang im Verlauf eines Jahres, wobei die persönliche Referenz wohl der Schlüssel war, während eine Rekrutierung durch mehr oder weniger anonyme Aufrufe erfolglos blieb. Zugleich wird hier das Spannungsverhältnis zwischen den Anforderungen des Theoretischen Samplings und der Handhabung eines Schneeballsamplings deutlich: Während auf der einen Seite eine größtmögliche Varianz des Samples erreicht werden sollte, war es auf der anderen Seite schwierig, überhaupt Paare zu finden, die bereit waren, an einer zeitlich nicht unerheblich aufwendigen Studie teilzunehmen. Und auch die Tatsache, dass es der Studie inhaltlich um einen privaten, ja intimen Lebensbereich ging, machte die Suche nach Teilnehmerinnen und Teilnehmern nicht einfacher. Diese Herausforderung konnte insbesondere durch anhaltende und intensive Kommunikation mit dem rekrutierenden Netzwerk und der Variation von Merkmalen angegangen werden. So unterschieden sich die angesprochenen Paare hinsichtlich des Alters, Formen der Berufs- und Freizeitmobilität (zum Beispiel täglich/gelegentlich unterwegs mit unterschiedlichen Verkehrsmitteln), Formen des Zusammenlebens (ein/beide Partner leben in gemeinsamer Wohnung, ein/beide Partner pendeln, ein/beide Partner leben in eigenen Wohnungen am selben bzw. an verschiedenen Orten usw.), der Größe des Wohnorts sowie hinsichtlich der Frage, ob ein bzw. beide Partner eigene Kinder haben und ob diese in einem gemeinsamen oder getrennten Haushalten leben. Durch dieses Vorgehen im Sampling konnte eine Theoretische Sättigung der bedeutsamen Aspekte des Gebrauchs von Medien im Alltag von Paaren insbesondere bei der fallvergleichenden und kontrastierenden Kodierung erreicht werden (Flick 2007; Glaser und Strauss 2005). Letztlich nahmen von den fünfzehn kontaktierten Paaren zehn an der Studie teil.

Entscheidend für das Gelingen des Interview-Tagebuch-Interview-Methoden-dreiecks waren darüber hinaus die Bemühungen zur Sicherstellung der Kontinuität im Sample und fortwährender Auskunfts- und Beteiligungsbereitschaft. Tatsächlich ist kein Paar im Verlauf der Erhebung ausgestiegen, wobei die Kontaktierung über gemeinsame Bekannte möglicherweise von Vorteil war, weil so eine relativ starke Bindung an das Projekt entstand, vorausgesetzt die Personen hatten daran Interesse gefunden. Wichtig waren zudem die Wertschätzung und Würdigung der Mithilfe und Mitarbeit (Kaufmann 1999) sowie die Wahrung der Intimsphäre der teilneh-menden Personen. In und um die Gespräche herum waren Höflichkeit, Offenheit und Sensibilität zentral, um überhaupt Zugang zu den interessierenden Aussagen zu erhalten. Interviewen – wie auch das empirische, qualitativ orientierte Arbeiten generell – muss in diesem Sinne als Tätigkeit verstanden werden, die neben viel-fältigen handwerklichen vor allem auch ethische und soziale Aspekte einschließt (Hermanns 2005). Der Auswertungsprozess der Studie, wie in Abschnitt 2 vorgestellt, war entsprechend von grundlegenden Entscheidungen zu Design, Dokumentation und zur handwerklichen Arbeitsweise bestimmt. Beispielsweise ging damit die Entscheidung einher, die Analyse mit Audioaufnahmen, gedruckten Transkripten, Notizheften, Klebezetteln sowie diversen Farbstiften und Textmarkern anzugehen. Dieses Vorgehen kann freilich auch auf andere Weise, etwa mit digitalen Arbeits-mitteln, bewerkstelligt werden. So sind die Vorteile, die eine Digitalisierung des Materials und dessen Bearbeitung mit einer Auswertungssoftware wie ATLAS.ti oder MAXQDA mit sich bringen, vor allem auch in der besseren Realisierung der Auswertung in einem Team zu sehen (s. auch Friese, *in diesem Band*). Letztlich aber muss die handwerkliche Praxis der Datenerhebung und -auswertung stets für das spezifische Material und die Anforderungen des jeweiligen Forschungsprojektes und -kontextes angepasst werden.

Anhaltspunkte für die Entwicklung und den Abschluss des Analyseprozesses, welche die Grounded Theory und ihre Spielarten geben, sind häufig nicht sehr konkret. Flick beispielsweise schlägt daher pragmatisch vor, „immer wieder inne zu halten, eine Bilanz des Gefundenen zu ziehen und Prioritätenlisten zu erstellen: welche Kodes unbedingt weiter auszuarbeiten sind und welche mit Blick auf die

Fragestellung auch weggelassen werden können" (Flick 2007, S. 401). Demgemäß erfolgte im Rahmen der hier diskutierten Studie eine solche Priorisierung, sodass die Gruppierung der Befunde letztlich auch das Verhältnis der im Kodier- und Kategorisierungsprozess erarbeiteten Konzepte widerspiegelte. So wurden die Befunde in drei aneinander anknüpfenden thematischen Blöcken – *Aushandlung eines kommunikativen Repertoires, Mediatisierung und Raum-/Zeitbezüge in Paarbeziehungen* sowie *Medienhandeln und Beziehungsidentität* – gebündelt, die die Ausarbeitung der zentralen Kategorien und theoretischen Ideen der Analyse darstellen. Ein weiterer wichtiger Arbeitsschritt, der auch in der Ergebnisdarstellung der Studie einen zentralen Stellenwert einnahm, war die ausführliche Beschreibung der zehn Fälle, also die Vorstellung der zehn Paare und ihres Medienhandelns als integralem Bestandteil partnerschaftlichen Alltags (Hildenbrand 1999; s. auch Krotz, *in diesem Band*). Dieser Schritt sollte zudem den Fällen in ihrer spezifischen sozialen Struktur Raum geben und damit die Ergebnisse, die sich aus den theoretischen Konzepten der fallübergreifenden Kodierung erschlossen, komplettieren.

Im Ergebnis verorteten die zentralen ‚entdeckten' Konzepte Medien als selbstverständliche Bestandteile des Paaralltags. Darüber hinaus zeigten sie, dass der Prozess einer Mediatisierung von Paarbeziehungen sowohl eine Transformation von Beziehungsprozessen beinhaltet als auch neue Handlungsfelder erschließt. Der Gebrauch von Medien durch die Partner eröffnet Potenziale, wie etwa die Möglichkeit unmittelbarer Kontaktaufnahme mittels Mobiltelefonie oder per Messenger. Um diese tatsächlich in ihrem Alltag zu nutzen, gestalten und verhandeln Paare ihr Medienhandeln aktiv und etablieren eigene paarspezifische Medienpraktiken, wie die oben erläuterte ‚Anklingelstrategie', oder Interaktionsweisen (zum Beispiel humorvolle mediale Referenzen als ‚running gags'). Ausgearbeitet wurde in diesem Zusammenhang beispielsweise ein Konzept, das die zunehmende Anforderung erfasste, das Verhältnis von Nähe und Distanz im Alltag innerhalb der Paarbeziehungen aktiv auszuhandeln. Dabei sind Medien sowohl Gegenstand als auch Werkzeug dieser Prozesse. In Anlehnung an Kepplers (1994) Entwurf der kommunikativen Repertoires von Familien wurde so das theoretische Konzept *beziehungsspezifischer kommunikativer Repertoires* erarbeitet. Kommunikative Repertoires wurden als Gegenstand der Aushandlung und gleichzeitig Ausdruck der einzigartigen Identität eines/jedes Paares gekennzeichnet. Dieses theoretische Konzept ermöglichte es, alle sich in einer Beziehung etablierenden kommunikativen Formen inklusive des Medienhandelns der Beziehungspartner sowie des von ihnen genutzten Medienensembles zu fassen und diese in Relation zueinander zu betrachten. Es macht zudem einen Prozess der Paarentwicklung nachvollziehbar und offenbart, wie sich partnerschaftliche kommunikative Repertoires fortwährend wandeln. Auch die räumlichen und zeitlichen Alltagsstrukturen der Partner prägen das Ausgestalten des kommunikativen Repertoires der Paare und beeinflussen seinen Rhythmus. Bestandteil des kommunikativen Repertoires waren zudem rituell ausgeführte Handlungen, die wiederum, so wurde deutlich, auf den verschiedenen Ebenen ihrer Ordnung Momente von Mediatisierung erfuhren. Dies äußert sich in der Erweiterung und Entgrenzung der Kommunikation durch Medientechnologien, der Intensivierung (individueller sowie paarbezogener) medialer Praktiken sowie in der zunehmenden Integration von direkter und medialer Interaktion und Mediennutzung im Alltag von Paaren. Im fortschreitenden Kodier- und Analyseprozess reihten sich die herausgearbeiteten Schlüsselkategorien (unter anderem Abstimmungsprozesse, Dynamik, Instrumente der Koordinierung, Rhythmus, Flexibilisierung, Intensivierung) um die Idee des *beziehungsspezifischen kommunikativen Repertoires,* das somit im Zentrum der entdeckten Theorie verortet werden konnte.

Zusammenfassung

Der Beitrag stellte eine als Interview-Tagebuch-Interview-Methodendreieck angelegte Studie vor, die im Rahmen eines Qualifikationsprojekts ein multi-methodisches Studiendesign realisierte. Sie ist das Ergebnis einer intensiven Auseinandersetzung mit dem Forschungsgegenstand – dem Gebrauch von Medien in Paarbeziehungen – und seiner strukturellen Spezifik. Durch das (auch weitergehend adaptierbare) Studiendesign konnte in einem begrenzten Zeitraum eine Studie gehandhabt werden, die sich in der Tradition der Grounded Theory verortete und den Anspruch einlösen wollte, sich einerseits dem Gegenstand offen gegenüber zu positionieren und andererseits schlüssige theoretische Konzepte zu generieren.

Es wurde demonstriert, wie die konsequente Kontextualisierung der komplex miteinander verknüpften und unterschiedlich erhobenen Daten eine umfassende Betrachtung des Gegenstands ermöglichte. Des Weiteren wurden Herausforderungen der forschungspraktischen Umsetzung thematisiert, insbesondere hinsichtlich der Rekrutierung, der Strukturierung des Kodierprozesses sowie der Nutzung von Memos im Rahmen des Interview-Tagebuch-Interview-Methodendreiecks.

Perspektiven und Reflexionen

- Ein flexibles, an den Gegenstand angepasstes Studiendesign mit multi-methodischen Erhebungs- und Auswertungsmethoden ermöglicht eine offene und systematische Analyse komplexer Phänomene sozialer Interaktion.
- Das für den Gegenstand der Medien im Alltag von Paaren entworfene Interview-Tagebuch-Interview-Methodendreieck kann für Studien zu anderen Fragestellungen hinsichtlich der Erforschung medienbezogener Lebenswelten adaptiert werden.
- Dem Interviewen als Tätigkeit kommt im Rahmen theoriegenerierender Forschung zu medienbezogenen Lebenswelten grundsätzlich eine große Bedeutung zu. Für den empirischen Gegenstand der engen sozialen Beziehungen ist die handwerkliche Fertigkeit des Interviewenden besonders wichtig.
- Thematisches Kodieren ist eine Variante des theoretischen Kodierens und ermöglicht die Kombination von fallspezifischen und fallvergleichenden Kodier- und Analyseschritten, wodurch auch eine bessere Handhabbarkeit großer Datenmengen möglich wird.
- Memos können im Prozess des Kodierens insbesondere zur Dokumentation und Weiterentwicklung theoretischer Ideen und Konzeptentwürfe genutzt werden, die über einzelne Kodes hinausgehen und konzeptuell komplexere und gegebenenfalls auch noch offenere Analyseansätze und Überlegungen beinhalten.

Lesehinweis

- *Böhm, Andreas. 2005. Theoretisches Codieren: Textanalyse in der Grounded Theory. In Qualitative Forschung. Ein Handbuch, hrsg. Uwe Flick, Ernst von Kardorff und Ines Steinke, 475–485. 4. Aufl. Reinbek bei Hamburg: Rowohlt.* Der Aufsatz bietet einen kompakten Einstieg in die Vorgehensweise des Kodierens von im Sinn der Grounded Theory. Der Fokus liegt dabei auf dokumentierten, insbesondere in Schriftform vorliegenden, Daten.
- *Flick, Uwe. 2007. Qualitative Sozialforschung. Eine Einführung. Reinbek bei Hamburg: Rowohlt.* In Kapitel 23 des Einführungsbuches (S. 386-421) wird als Variante des theoretischen Kodierens das thematische Kodieren vorgestellt, das explizit eine Kombination aus fallspezifischem und fallübergreifendem Kodieren ermöglicht.

- *Kaufmann, Jean-Claude. 1999. Das verstehende Interview. Theorie und Praxis. Konstanz: UVK.*
  Kaufmann entwickelt hier eine eigene Lesart und Praxis der Grounded Theory mit einem Fokus auf die Durchführung und Auswertung von Interviews. Dabei geht er auch auf die zum Führen von Interviews notwendigen handwerklichen Fertigkeiten und die nötige Sensibilität für die soziale Situation zwischen Interviewenden und Interviewten ein.

Literatur

Allan, Graham. 1980. A Note on Interviewing Spouses Together. *Journal of Marriage and the Family* 42 (1): 205–210.

Ang, Ien. 2006. Radikaler Kontextualismus und Ethnografie in der Rezeptionsforschung. In *Kultur – Macht – Medien. Cultural Studies und Medienanalyse*, hrsg. Andreas Hepp und Rainer Winter, 61–79. Wiesbaden: VS.

Auhagen, Ann Elisabeth. 1991. *Freundschaft im Alltag. Eine Untersuchung mit dem Doppeltagebuch*. Bern: Huber.

Böhm, Andreas. 2005. Theoretisches Codieren: Textanalyse in der Grounded Theory. In *Qualitative Forschung. Ein Handbuch*, hrsg. Uwe Flick, Ernst von Kardorff und Ines Steinke, 475–485. 4. Aufl. Reinbek bei Hamburg: Rowohlt.

Duck, Steve. 1990. Relationships as unfinished business: Out of the frying pan and into the 1990s. *Journal of Social and Personal Relationships* 7 (1): 5–28.

Duck, Steve. 2007. *Human Relationships*. 4. Aufl. Los Angeles u. a.: Sage.

Ehling, Manfred. 1991. Formen der Tagebuchmethode zur Erhebung von Zeitbudgets. In *Mediennutzung und Zeitbudgets. Ansätze, Methoden, Probleme*, hrsg. Wolfgang Tietze und Hans-Günther Rossbach, 27–48. Wiesbaden: Deutscher Universitätsverlag.

Flick, Uwe. 2004. *Triangulation. Eine Einführung*. Wiesbaden: VS.

Flick, Uwe. 2007. *Qualitative Sozialforschung. Eine Einführung*. Vollst. überarb. und erw. Neuausg. Reinbek bei Hamburg: Rowohlt.

Glaser, Barney G., und Anselm L. Strauss. 2005. *Grounded Theory: Strategien qualitativer Forschung*. 2. korr. Aufl. Bern: Huber.

Hermanns, Harry. 2005. Interviewen als Tätigkeit. In *Qualitative Forschung. Ein Handbuch*, hrsg. Uwe Flick, Ernst von Kardorff und Ines Steinke, 360–368. 4. Aufl. Reinbek bei Hamburg: Rowohlt.

Hildenbrand, Bruno. 1999. *Fallrekonstruktive Familienforschung. Anleitungen für die Praxis*. Opladen: Leske + Budrich.

Höflich, Joachim R., und Christine Linke. 2011. Mobile Media in Intimate Relationships: Relationship Development and the Multiple Dialectics of Couples' Media Usage. In *The Mobile Communication Research Series: Volume II, Mobile Communication: Bringing us Together or Tearing us Apart?*, hrsg. Rich Ling und Scott Campbell, 107–126. Piscataway, NJ: Transaction Books.

Kaufmann, Jean-Claude. 1999. *Das verstehende Interview. Theorie und Praxis*. Konstanz: UVK.
Kaufmann, Jean-Claude. 2005. *Schmutzige Wäsche. Ein ungewöhnlicher Blick auf gewöhnliche Paarbeziehungen*. Konstanz: UVK.
Keppler, Angela. 1994. *Tischgespräche. Über Formen kommunikativer Vergemeinschaftung am Beispiel der Konversation in Familien*. Frankfurt am Main: Suhrkamp.
Kowal, Sabine, und Daniel C. O'Connell. 2005. Zur Transkription von Gesprächen. In *Qualitative Forschung. Ein Handbuch*, hrsg. Uwe Flick, Ernst von Kardorff und Ines Steinke, 437–447. 4. Aufl. Reinbek bei Hamburg: Rowohlt.
Krotz, Friedrich. 2005. *Neue Theorien entwickeln. Eine Einführung in die Grounded Theory, die Heuristische Sozialforschung und die Ethnographie anhand von Beispielen aus der Kommunikationsforschung*. Köln: Herbert von Halem.
Krotz, Friedrich, und Tanja Thomas. 2007. Domestizierung, Alltag, Mediatisierung: Ein Ansatz zu einer theoriegerichteten Verständigung. In *MedienAlltag. Domestizierungsprozesse alter und neuer Medien*, hrsg. Jutta Röser, 31–42. Wiesbaden: VS.
Linke, Christine. 2010. *Medien im Alltag von Paaren. Eine Studie zur Mediatisierung der Kommunikation in Paarbeziehungen*. Wiesbaden: VS.
Stafford, Laura. 2005. *Maintaining Long-Distance and Cross-Residential Relationships*. Mahwah, NJ: Lawrence Erlbaum.
Strauss, Anselm L. 1987. *Qualitative Analysis for Social Scientists*. Cambridge: Cambridge University Press.
Witzel, Andreas. 2000. Das problemzentrierte Interview. *Forum Qualitative Sozialforschung / Forum: Qualitative Social Research* 1 (1). http://www.qualitative-research.net/index.php/fqs/article/view/1132/2519.

Zur Autorin

Dr. Christine Linke ist Medien- und Kommunikationswissenschaftlerin und wissenschaftliche Mitarbeiterin am Institut für Medienforschung der Universität Rostock. Sie promovierte 2010 an der Universität Erfurt mit einer Studie zu Medien im Alltag von Paaren. Von 2011 bis 2012 war sie Gastprofessorin für Kommunikationssoziologie an der Universität der Künste Berlin. Zu ihren Forschungsschwerpunkten gehören Digitale Kommunikation, Mobile Medien, Mediale Repräsentationen und Gesundheitskommunikation.

Qualitätssichernde Strategien und Gütekriterien
Eine Studie der ‚C Walk'-Szene auf Youtube

Christoph Eisemann und Angela Tillmann

Abstract

Die Grounded-Theory-Methodologie liefert ein Rahmenkonzept für die Entwicklung einer Theorie aus Daten. Ihre Güte lässt sich deshalb nicht mit Kriterien beurteilen, die traditionell zur Bewertung hypothesenprüfender Verfahren zugrunde gelegt werden. In diesem Beitrag soll am Beispiel einer Studie über eine kleine medienbezogene Lebenswelt aufgezeigt werden, wie eine Qualitätssicherung im Rahmen einer Grounded-Theory-Studie erfolgen kann und an welchen Stellen besondere Obacht geboten ist. Die Studie wurde im Feld der Jugendkultur ‚C Walk' durchgeführt, einer hybriden Straßentanz-Szene, die sich sowohl online als auch offline konstituiert.

Keywords

Gütekriterien, theoretische Sensibilität, theoretisches Sampling, theoretische Sättigung, Ethnografie, ‚C Walk', Jugendkultur, YouTube

1   Einleitung

Ausgangspunkt der in diesem Beitrag behandelten Grounded Theory-Untersuchung ist die Tatsache, dass Jugendliche heute in einer Welt leben, die von Mediengeräten und Medienkommunikation durchdrungen ist. Ihre Lebenswelten stellen sich somit als „Medienwelten" (Baacke et al. 1990) bzw. zunehmend ‚mediatisiert' dar (Krotz 2001). Der vorliegende Beitrag beschäftigt sich mit einer dieser kleinen medienbezogenen Lebenswelten (Luckmann 1970). Dabei wird nicht mehr selbstverständlich von einer strikten Trennung zwischen on- und offline oder real und virtuell, sondern von dem offenen Konzept der Hybridität (Hugger 2014) ausgegangen, das die jugendkulturellen Praktiken in ihrer Gesamtheit und Verwobenheit in den Blick nimmt. Anhand einer Untersuchung von Eisemann (2015) möchten wir im Folgenden die der Grounded-Theory-Methodologie inhärenten qualitätssichernden Strategien reflektieren und die Frage der Gütekriterien diskutieren. Zu nennen sind hier insbesondere die iterativ-zyklische Vorgehensweise, das theoretische Sampling, die theoretische Sättigung und die Methode des ständigen Vergleichens.

Zunächst gehen wir auf die ethnografische Felderschließung ein. Es folgt eine auf die Studie bezogene Darstellung und Reflexion der qualitätssichernden Strategien und Gütekriterien unter Berücksichtigung der iterativ-zyklischen Vorgehensweise, dem theoretischen Sampling, der theoretischen Sättigung und der Dokumentation.

2 Feldzugang und Erhebung ethnografischer Daten

In diesem Abschnitt wird die Vorbereitung einer an der Grounded-Theory-Methodologie orientierten Studie erklärt und der Ansatz einer ethnografischen Felderschließung vorgestellt.

2.1 Vorbereitung: Der Weg zu einer Grounded-Theory-Studie der ‚C Walk'-Szene

Zu Beginn des hier behandelten Promotionsprojektes war keine Grounded-Theory-Studie vorgesehen. Vielmehr wurde zunächst – und sogar im Unterschied zur Grounded-Theory-Methodologie – versucht, den Untersuchungsgegenstand relativ eng abzustecken: Ausgehend von der Überlegung, dass audiovisuelle Eigenproduktionen von Jugendlichen wertvolle Anhaltspunkte und Einblicke in deren Lebenswelt, Themen, Weltbilder, Werte- und Rollenvorstellungen und ästhetisches Empfinden liefern können (Niesyto 2001; Theunert und Schorb 1989), konzentrierte sich der Forscher zunächst auf das Thema der Selbstdarstellungen von Jugendlichen auf der damals wie heute populärsten Videoplattform YouTube. Ihn interessierte, mit welchen Themen und Inhalten sich Jugendliche auf Videoplattformen beschäftigen, welche ästhetischen Ausdrucksformen sie verwenden und in welche sozialen und kulturellen Praktiken ihre Mediennutzung dabei eingebettet ist.

Damit drängte sich aber auch die Frage auf, wie eine wissenschaftlich begründbare Stichprobenauswahl aussehen müsste. Deren Eingrenzung anhand vorab festgelegter Kriterien entpuppte sich als schwierig, da Jugendliche auf YouTube häufig anonym auftreten und schwer kontaktierbar sind. Zudem sollte der Fokus nicht zu sehr verengt werden, da das gesichtete Material reichhaltig war: Jugendliche stellen sich nicht nur dar – sie kommentieren, bewerten, teilen, vernetzen sich und veröffentlichen unterschiedliche Beitragsformate wie Tutorials, Widmungsvideos oder ‚Battles' (hier: Tanz-Wettkämpfe). Auch die Idee, die Stichprobe anhand einer Klassifizierung des Materials vorzunehmen, erwies sich deshalb als nicht praktikabel. Zudem benennen Jugendliche ihre Videos weder einheitlich, noch weisen sie ihnen von YouTube vorgeschlagene Kategorien nach gemeinsamen Kriterien zu. Im Mittelpunkt der Studie sollte daher die subjektive Sicht Jugendlicher auf YouTube und ihre Praktiken dort stehen.

Anstatt sich also auf die weitere Ausarbeitung einer stark zugespitzten Forschungsfrage zu verlegen und den Untersuchungsgegenstand noch strikter theoretisch abzugrenzen, konzentrierte sich der Forscher – nun auch im Sinne der Grounded-Theory-Methodologie – auf ein Phänomen, das ihm fremdartig erschien: Die Jugendkultur des sogenannten ‚C Walk' (s. Abb. 1).

Abb. 1   Besuch eines ‚C Walk'-Treffens. Zwei ‚C Walkers' battlen sich, das Publikum wird dann durch Beifall entscheiden, wer als Sieger hervorgeht (Quelle: eigene Aufnahme [Eisemann 2015, S. 193])

Erste Recherchen dazu ergaben, dass diese Jugendkultur ihren Ursprung und symbolischen Bezugspunkt in der US-amerikanischen Gangkultur der ‚Bloods' und ‚Crips' hat (Eisemann 2015, S. 136f.). Das C in ‚C Walk' steht für ‚Crip' und damit eine Gruppierung, die mit den ihnen verfeindeten ‚Bloods' zu bekannten Straßengangs in den USA gehören. Ihre Zugehörigkeit zur Szene symbolisieren die beiden Gangs unter anderem dadurch, dass sie Begriffe und Symbole mit den eigenen Füßen auf die Straße zeichnen. Hip-Hop-Stars aus dem Umfeld der Gangs sorgen mit ihren Performances dann für eine entsprechende Verbreitung des sogenannten ‚Crip Walk' bzw. ‚Blood Walk'. Heute praktizieren Jugendliche weltweit den ‚C Walk', schließen sich Crews aus mehreren Tänzerinnen und Tänzern an, tauschen Videos und messen sich im Wettstreit mit anderen – insbesondere online über Videokanäle auf YouTube (Eisemann 2015, S. 140).

2.2 Das Feld: Ein (erster) ethnografischer Zugang

Wir möchten vorausschicken, dass Forschende, die eine Grounded Theory entwickeln wollen, mit einer methodischen Leerstelle der Grounded-Theory-Methodologie konfrontiert werden: Sie liefert keine Hinweise auf geeignete Datenerhebungsmethoden (hierzu auch Unterkofler 2016, S. 295). In der hier behandelten Studie wurde die benannte Leerstelle damit gefüllt, dass an die traditionelle ethnografische Forschung (Krotz 2005; Marotzki 2008) und die Online-Ethnografie (Hine 2000) angeknüpft wurde. Dementsprechend wurde das World Wide Web als Raum für eine im diskursiven Handeln entstehende Kultur und als kulturelles Artefakt betrachtet, womit auch die traditionelle Vorstellung des Feldes als ein geografischer oder physischer Lebensraum erweitert wurde:

> „[I]f culture and community are not self-evidently located in place, then neither is ethnography. The object of ethnographic enquiry can usefully be reshaped by concentrating on a flow and connectivity rather than location and boundary as the organizing principle." (Hine 2000, S. 64)

Die Herangehensweise mit einer solchen Vorstellung vom Feld beschreibt Hine als „adaptive ethnography" (Hine 2000, S. 154). Da die Mitglieder der untersuchten ‚C Walk'-Gruppe nur einen Teilbereich des alltäglichen Lebens und nicht ihre gesamten Alltagspraktiken miteinander teilen, wurde es nicht als notwendig erachtet, 24 Stunden täglich eingeloggt zu sein (Eisemann 2015, S. 84ff.). Vielmehr wurde der Feldzugang – ganz im Sinne des iterativen Prozesses der Grounded-Theory-Methodologie (Abschn. 3.1) – über einen längeren Zeitraum punktuell, mal offline, mal online, hergestellt, wobei das Heraustreten auch immer die Reflexion des

Erfahrenen und die weitere Planung für den Wiedereintritt ermöglichte. Folgende Versuche für den Feldzugang wurden gemacht:

- Es wurde ein Forschungskanal auf YouTube eingerichtet, auf dem das Forschungs-projekt vorgestellt wurde. Einerseits gehört es zum ethnografischen Forschungs-ethos, die Beforschten über die Ziele des Projekts zu informieren, andererseits ermöglichte gerade die Online-Präsenz des Forschers eine jugendadäquate Ansprache. Von diesem Kanal aus wurde eine Online-Kaltakquise betrieben, das heißt Nutzerinnen und Nutzer wurden mit privaten Nachrichten angeschrieben, allerdings mit mäßigem Erfolg. Erfolgreicher verlief die Online-Akquise über Empfehlungen (Eisemann 2015, S. 77ff.; dort finden sich auch Hinweise zur Formulierung von Anschreiben).
- Deutlich aufwendiger, aber auch erfolgreicher als die Online-Akquise verlief die persönliche Offline-Akquise, zum Beispiel in Jugendhäusern und bei ‚C Walk'-Treffen. Hierbei wurde ein kurzer Fragebogen eingesetzt, der für die spätere Auswahl von Fällen (s. unten) sehr hilfreich war. In dem Fragebogen wurden von interessierten Jugendlichen die Kontaktdaten, einige soziodemografische Daten und zentrale Angaben zur Internetnutzung festgehalten (Eisemann 2015, S. 83 und 106).

Das beschriebene Vorgehen, ethnografische Forschung und Grounded-Theory-Me-thodologie zu verknüpfen, ist nicht ungewöhnlich, auch weil die Entstehung der Grounded-Theory-Methodologie historisch eng mit ethnografischen Forschungs-strategien verknüpft ist (s. auch Bozdag, *in diesem Band*). Bereits die frühen Stu-dien von Glaser und Strauss basierten auf Feldforschungen und die längerfristige Teilnahme im Feld war eine wesentliche Voraussetzung für die Entwicklung der ersten Grounded Theory (Unterkofler 2016, S. 291ff.).

In der vorliegenden Studie stellten die Teilnahme und die Beobachtung im Feld zentrale Erhebungsmethoden dar, womit bereits zwei grundlegende Anforderungen formuliert sind, die einen ersten Hinweis auf die Sicherung der Güte einer Grounded Theory liefern: Wie beobachtet und dokumentiert die Forscherin oder der Forscher angemessen? In Anlehnung an Geertz (1987, S. 10ff.) und die oben genannte Hine (2000) wurde in der hier besprochenen Studie versucht, eine möglichst ‚dichte Beschreibung' der untersuchten Kultur ‚C Walk' zu liefern. Dies erfordert einen längeren (wenn auch zum Teil punktuellen) Aufenthalt der Forscherin bzw. des Forschers im Feld, im Zuge dessen sie oder er sich „mit der zu erforschenden Welt hochgradig vertraut" (Honer 2009, S. 197) macht und entsprechende Techniken und Ausdrucksweisen erlernt (Krotz 2005, S. 268ff.). Deutlich wird an dieser Stelle bereits, dass eine Positionierung im (Online-)Feld nicht nur eine methodische

Herausforderung darstellt, sondern auch aufschlussreiches Datenmaterial über das
Feld selbst liefern kann (Unterkofler 2016, S. 301). Bezogen auf die Dokumentation wurden in dem beschriebenen Projekt zeitnah regelmäßige Feldnotizen über
Beobachtungen und Feldgespräche und auf dieser Basis Beobachtungsprotokolle
angefertigt, die im Analyseprozess konsequent einbezogen wurden.

An dieser Stelle lässt sich nun auch die Brücke zur Grounded-Theory-Methodologie schlagen, denn sie thematisiert – anders als die Ethnografie –, wie eine
reflexive Distanz im Forschungsprozess fortdauernd hergestellt werden kann. Im
Mittelpunkt einer Grounded-Theory-Methodologie steht der kontinuierliche Wechsel
zwischen Datenerhebung und -analyse, womit einerseits sichergestellt ist, dass für
die Analyse verwertbares Material produziert wird. Andererseits gewährleistet sie
aber auch, dass die Ergebnisse wieder an die Perspektiven der Feldteilnehmerinnen
und -teilnehmer rückgebunden werden. Die Grounded-Theory-Methodologie liefert
somit das übergeordnete Regelwerk, das erklärt, wie die Prozesse der Datenerhebung, der Auswertung und der Generierung von Theorie zueinander in Beziehung
gesetzt werden können.

Der Zugang zum Phänomen erfolgte in der vorliegenden Studie also ethnografisch
und im Rahmen von teilnehmender Beobachtung, deren Ziel es war,

> „sich mit der zu untersuchenden Kultur des C Walk auf YouTube möglichst gut
> vertraut zu machen und ihre spezifische Sprache und wichtige Codes zu erlernen,
> sodass eine Verständigung zwischen Forscher und Mitgliedern der untersuchten
> Gruppe […] möglich wurde" (Eisemann 2015, S. 84).

Die Grounded-Theory-Methodologie gab hierbei das Prozedere von der Konzeption über die Erhebung bis zur Theoriegenerierung vor, die Ethnografie definierte
zusätzlich das Forschungsverständnis, mit dem sich dem Phänomen ‚C Walk'
und den Forschungsteilnehmerinnen und -teilnehmern im Feld genähert wurde.

3   Qualitätssichernde Strategien und Gütekriterien: Iterativ-zyklische Vorgehensweise und theoretisches Sampling

Die Qualität einer Grounded Theory lässt sich nicht anhand traditioneller Gütekriterien bemessen, darauf haben sowohl Glaser und Strauss (1967, 1998) als auch
Strauss und Corbin (1996) hingewiesen. Sie haben ihrerseits auch je eigene Überlegungen zu Kriterien der Glaubwürdigkeit der Grounded-Theory-Methodologie
angestellt bzw. eine Neudefinition von klassischen Gütekriterien unternommen.

Begründet haben sie ihre Position insbesondere mit der eigenen Zielsetzung und Forschungslogik der Grounded-Theory-Methodologie: Nicht die Überprüfung einer Theorie ist hier das Ziel, sondern deren Entwicklung aus den Daten heraus. Der kreative Einfall steht also – im Unterschied zur Popper'schen Logik (Popper 1971) – nicht am Anfang der Forschung und muss im Rahmen eines streng empirisch-logischen Vorgehens gerechtfertigt werden, sondern er entwickelt sich im Laufe eines zyklisch-iterativen Forschungsprozesses und somit in der Erhebung und sukzessiven Auseinandersetzung mit den Daten. Dementsprechend sind auch andere Indikatoren für eine ‚gute' Grounded Theory anzulegen (Krotz, *in diesem Band*).

Darüber hinaus sollte sich eine ‚gute' Grounded Theory immer auch daran messen lassen, inwieweit sie ein soziales Phänomen für Forscherinnen und Forscher hinreichend erklären und die Praxis bzw. Handlungsfähigkeit für Akteurinnen und Akteure im untersuchten Feld verbessern kann (Strübing 2004, S. 57f.). Im Hinblick auf das untersuchte soziale Phänomen einer Jugendkultur, die sich sowohl online als auch offline insbesondere mit der Nutzung einer Videoplattform konstituiert, sollte die zu entwickelnde Theorie also in der Lage sein, sowohl das soziale Handeln in einer solchen Jugendkultur zu erfassen als auch die Potenziale und Hemmnisse dieses Handelns für die Entwicklung und die Vergemeinschaftung junger Menschen aufzuzeigen.

3.1   Theoretisches Sampling: Fälle und Materialien

Angeführt wird in diesem Kontext die genannte *iterativ-zyklische Vorgehensweise*. Diese ist gekennzeichnet durch eine Suchbewegung, in der die Heuristik des ständigen Vergleichs eine wesentliche Rolle spielt. Bereits kodiertes Material wird kontinuierlich in den Prozess einbezogen, neue Fälle werden erschlossen und verglichen. Die Gestaltung dieses Auswahlverfahrens erfolgt durch das *theoretische Sampling*. Gemeint ist damit ein „auf die Generierung von Theorie zielender Prozess der Datenerhebung, währenddessen der Forscher seine Daten parallel erhebt, kodiert und analysiert sowie darüber entscheidet, welche Daten als nächstes erhoben werden sollten und wo sie zu finden sind" (Glaser und Strauss 1998, S. 53). Die Entscheidung für die Auswahl neuer Daten und Fälle wird auf der Basis theoretischer und praktischer Vorkenntnisse – der *theoretischen Sensibilität* – und einer Analyse erster Falldaten getroffen: „Hat man erst einmal mit der Arbeit begonnen, entwickelt sich die theoretische Sensibilität kontinuierlich fort" (Glaser und Strauss 1998, S. 54). Die Herausforderung besteht vor allem darin, das Vorwissen kreativ und phantasievoll zu nutzen, aber gleichzeitig den systematischen Bezug zu den Daten im Blick zu behalten.

Wie wurde dies im Rahmen der vorliegenden Studie umgesetzt? Der Forscher näherte sich dem Feld zunächst über einen ersten, ihm interessant erscheinenden Fall – dem ‚C Walker' Tai. Der Zugang zu diesem Jugendlichen war nicht im eigentlichen Sinn theoretisch begründet, sondern erfolgte aufgrund eines unerwarteten Kontakts (Strauss und Corbin 1996, S. 61). So heißt es in der Darstellung des theoretischen Samples im Forschungsbericht:

> „Tai war zu Beginn der empirischen Phase, als der Fokus noch nicht auf die mir bis dato unbekannte Jugendkultur des C Walk gelegt worden war, […] der erste C Walker, den ich getroffen habe. Der Kontakt war über ein Jugendhaus zustande gekommen, in dem ich mich in Absprache mit dem Personal persönlich vorgestellt und Informationsmaterial verteilt hatte. Insofern handelte es sich noch nicht (oder nur was die allgemeinen Vorannahmen angeht) um eine theoretisch geleitete Fallauswahl, sondern sie erfolgte, ganz im Sinne von Strauss und Corbin, nach pragmatischen Gesichtspunkten." (Eisemann 2015, S. 89)

Erst die folgenden sieben analysierten Fälle wurden dann im Sinne einer Perspektivenvielfalt ausgewählt. Kriterien waren dabei die Suche nach Unterschieden sowie eigene theoretische Erkenntnisse, die im zunächst offenen, später auch im axialen Kodieren gewonnen wurden. Anknüpfend daran wurden im Anschluss an die Aufnahme eines jeden Falles in das Sample und die Kodierung des entsprechenden Materials Anforderungen für die noch zu untersuchenden Fälle formuliert (Eisemann 2015, S. 88ff.):

> „Es hatte sich gezeigt, dass die vietnamesischen Wurzeln eine wichtige Rolle für Tais Selbstverständnis und auch für seine Aktivität auf YouTube und im C Walk darstellen. Insofern erschien es interessant, nun einen Fall eines Nutzers mit anderem kulturellen Hintergrund in das Sample aufzunehmen. Tai ist sehr medienaffin, es konnte nun durchaus eine weniger medienaffine oder bezüglich der Herstellung von Medieninhalten weniger eigenproduktiv tätige Person in das Sample aufgenommen werden" (Eisemann 2015, S. 90).

Ausgewählt wurde dann der Fall Samir, da er die beiden oben beschriebenen Kriterien erfüllte (er stammt ursprünglich aus Tunesien und nutzte YouTube damals rezeptiv und kommunikativ, stellte aber selbst keine eigenen Videos ein). Interessant erschien dem Forscher auch, dass Samir sich offenbar noch in einer Orientierungsphase befand und erst am Anfang seiner ‚Karriere' als ‚C Walker' stand (Eisemann 2015, S. 91). Weitere Fälle (insgesamt acht Fälle, wobei weit mehr Kontakte zu C Walkers erfolgten, die aber nicht für eine ausgiebige Analyse in das Sample aufgenommen wurden) und Differenzierungen entlang der analysierten Kategorien folgten.

Wichtig ist, dass die Auswahl der Forschungsteilnehmerinnen und -teilnehmer (oder anderen Materials) für eine Grounded Theory theoriegeleitet erfolgt und darstellbar ist. Die in der hier zugrunde liegenden Studie zentralen theoretischen Konzepte bezogen sich anfangs auf die sozialpsychologische Identitätstheorie (Keupp 1997) und Entwicklungsaufgaben (Oerter und Montada 2008) sowie die Mediensozialisationsforschung (boyd 2008; Tillmann 2008; Turkle 1998, 2012). Identität wird hier als ein ‚Patchwork‘ bzw. eine prozessuale Verknüpfungs- und Passungsarbeit konzeptualisiert, in der die Subjekte ihre Erfahrungen vor dem Hintergrund unterschiedlicher Ressourcen narrativ zu Identitätskonstruktionen verdichten und anknüpfend daran optionale Identitäten bzw. Identitätsentwürfe entwickeln. Zur Bewältigung von Entwicklungsaufgaben gehört zum Beispiel auch die Suche nach einer Geschlechteridentität. Hier eröffnet das Social Web neue Sozialräume, die Menschen zu verschiedenartigen Selbstinszenierungen und neuen Identitätskonstruktionen motivieren können. Gleichzeitig zeigt sich aber auch, dass bestimmte (beispielsweise geschlechtsspezifische) Einstellungen und Handlungsmuster reproduziert werden. Die theoretischen Konzepte wurden im Zuge der intensiveren Auseinandersetzung mit den Daten ergänzt durch das Konzept der Aneignung (Baacke 2000), aktuelle Raumdiskurse (Löw 2001) und die Kapitaltheorie von Bourdieu (1976, 1991).

Nun war häufig von ‚Daten‘ die Rede. Wir möchten genauer darauf eingehen, welche Erhebungsmethoden in der behandelten Studie gewählt bzw. entwickelt wurden (Eisemann 2015, S. 102ff.):

- *Literatur- und Onlinerecherche:* Entsprechend dem iterativ-zyklischen Verfahren der Grounded-Theory-Methodologie traten immer wieder neue, für die Theoriegenerierung relevante Aspekte hervor. Deshalb mussten jeweils der entsprechende Forschungsstand und die anschlussfähige Theorie recherchiert und vertieft aufgearbeitet werden. Da es sich um eine Jugendkultur handelte, deren Verständnis häufig populärkulturelles Wissen erfordert, wurde auch online auf Webseiten, in Foren usw. recherchiert.
- *Kurzfragebogen:* Der Kurzfragebogen wurde bei ‚C Walk‘-Treffen verteilt und unterstützte die Suche nach passenden Studienteilnehmerinnen und -teilnehmern im Rahmen des theoretischen Samplings. Abgefragt wurden unter anderem demographische Daten und Daten zur Nutzung der Videoplattform. Die Forschungsteilnehmerinnen und -teilnehmer wurden parallel mit einem separaten Info-Flyer über die Verwendung der Daten aufgeklärt.
- *Beobachtungen (offline und online):* Aus einem streng ethnografischen Verständnis heraus wäre eine ausführliche Beobachtung aller ‚C Walk‘-bezogenen Aktivitäten der Teilnehmerinnen und Teilnehmer über einen längeren Zeitraum anzustreben gewesen. Aus forschungsökonomischen und -praktischen Gründen war dies jedoch nicht möglich. Insgesamt wurde sich aber, wie in Tabelle 1 dar-

gestellt, um die Erfassung eines möglichst reichhaltigen und verschiedenartigen Datenmaterials bemüht.

- *Episodisches Interview:* Die von Flick (2006) beschriebene Methode des episodischen Interviews vereint Vorteile des narrativen und des leitfadengestützten Interviews und eignet sich zur Medienforschung mit Jugendlichen, da sie einerseits Anknüpfungsmöglichkeiten an eigene Erfahrungen ermöglicht, andererseits aber auch verschiedene Wissensbereiche aktiviert. Ergänzt wurde die Methode um das praktische Element von Surf-Phasen, also spontanem Surfen am Laptop, das mit einem Screen Recorder aufgezeichnet wurde. Es lockerte die Interviews auf, wirkte aktivierend und lieferte weitere Gesprächsanlässe und zusätzliches Anschauungsmaterial. Ganz im Sinne der adaptiven Ethnografie (Hine 2000) konnten so kontextreiche Daten erhoben werden, sowohl online als auch offline.

- *Kontextbezogene Video-Analysen:* Die kontextbezogene Video-Analyse nach Niesyto (2001, S. 90f.) wurde zur Analyse von YouTube-Videos herangezogen. Die Methode zeichnet sich dadurch aus, dass sie sich nicht auf die Untersuchung des Artefakts, also des Films beschränkt, sondern explizit Kontextwissen einbezieht, beispielsweise das Hintergrundwissen des Forschers über die Entstehung des Videos oder die subjektiven Symboldeutungen durch den Produzenten oder die Produzentin. Insofern lässt sie sich gut mit anderen Methoden wie der adaptiven Ethnografie kombinieren (s. auch Kannengießer, *in diesem Band*).

- *Forschungstagebuch:* Über den gesamten Projektzeitraum hinweg wurde ein Tagebuch geführt, in dem der Forschungsprozess und eigene Sichtweisen dokumentiert und reflektiert wurden. Auch das Festhalten von Misserfolgen und subjektiven Frustrationen fand hier seinen Platz.

- *Austausch mit anderen Forscherinnen und Forschern:* Die kritische Diskussion der (vorläufigen) Ergebnisse fand im Rahmen regelmäßiger Kolloquien statt. Der Austausch mit anderen Forscherinnen und Forschern im Sinne einer kommunikativen Validierung stellt sicher, dass wesentliche Gütekriterien qualitativer Forschung eingehalten werden, so zum Beispiel die intersubjektive Nachvollziehbarkeit oder Angemessenheit des Forschungsvorgehens (Krotz, *in diesem Band*). Hilfreich war hierbei auch das Erstellen von Memos und Gesprächsprotokollen.

Tab. 1 Empirische Bausteine und Datenmaterial

Methode/Erhebungsform	Datenmaterial
Literatur- und Online-Recherche	• Auszüge • Memos • Notizen
Kurzfragebogen	• soziodemographische Daten • Nutzungsdaten • Kontaktdaten
Beobachtungen (offline und online)	• Protokolle mit zentralen Angaben zu Ort, Zeit, Anlass etc. • Feldnotizen • dokumentarische Audio-Aufnahmen • dokumentarische Fotos • dokumentarische Videos • Kurzfragebogen • Memos • Screenshots von Websites • eigenproduzierte Videos der Kanäle der Teilnehmenden • verlinkte Videos der Kanäle der Teilnehmenden
Episodisches Interview mit Surf-Phasen	• Audio-Aufnahmen • Transkripte der Audio-Aufnahmen • Video-Aufnahmen der Desktop-Aktivität (aufgenommen mit der kostenlosen Software ‚Auto Screen Recorder‘) • Feldnotizen • eigenproduzierte Videos • fremde Videos, die im Gespräch erwähnt wurden • Memos
Kontextbezogene Video-Analysen	• Analysen in Textform • Memos
Forschungstagebuch	• schriftliches Dokument
Austausch mit anderen Forscherinnen und Forschern	• Memos und Protokolle • Mailkonversationen • dokumentarische Audioaufnahmen

3.2 Theoretische Sättigung: Das Ende eines Kodierprozesses

In jeder Grounded-Theory-Studie stellt sich die Frage, wann die prozessorientierte und theoriegeleitete Gestaltung der Auswahl und Erhebung empirischer Daten bzw. der Prozess des theoretischen Samplings abgeschlossen ist. An dieser Stelle ist ein weiteres wichtiges Element anzuführen, an dem sich die Güte einer Grounded Theory bemisst: das Kriterium der *theoretischen Sättigung*. Mit dem Begriff der theoretischen Sättigung wird der Moment in der Analyse beschrieben, in dem eine weitere Auswertung keine neuen Erkenntnisse hinsichtlich der aus dem Material gewonnenen Kategorien und der entwickelten Theorie mehr erbringt und die Analyse somit als beendet angesehen werden kann (Glaser und Strauss 1998, S. 69). Strübing spricht in diesem Kontext von einer „konzeptuellen Repräsentativität", deren Ziel eine „möglichst umfassende und hinreichend detaillierte Entwicklung der Eigenschaften von theoretischen Konzepten und Kategorien" ist (Strübing 2004, S. 33; s. auch Strübing, *in diesem Band*). Zwei Herausforderungen sind im Zuge dessen zu bewältigen: Zum einen ist die Auswahl jener für die (konzeptuelle) Repräsentativität der entstehenden Theorie als relevant zu erachtenden Daten und Fälle systematisch herzuleiten und plausibel darzustellen. Zum anderen muss der Zeitpunkt ermittelt werden, ab dem neue Daten nichts konzeptuell Wesentliches mehr zur Weiterentwicklung der Grounded Theory beitragen können. Die Forscherin bzw. der Forscher muss also ein Gespür dafür entwickeln, wann ihre oder „seine Theorie als Prozeß zwar noch weiter entwickelt werden kann, aber daß sie für [ihre oder] seine aktuelle Arbeit ausreichend formuliert ist, um abgeschlossen und veröffentlicht zu werden" (Glaser und Strauss 1998, S. 229). Gültig und belastbar bzw. valide ist eine Grounded Theory dann, wenn die Ergebnisse „eine adäquate Repräsentativität der sozialen Wirklichkeit garantieren" (Glaser und Strauss 1998, S. 79). Wann dies der Fall ist, kann nicht anhand von standardisierten Kriterien ermittelt werden, sondern bedarf der Einschätzung der oder des Forschenden im Austausch mit Forschungskolleginnen und -kollegen. Erleichtert wird die Entscheidung durch den erfolgten Einbezug vielfältiger Datensorten und die Perspektivenvielfalt, die eine (validierende oder differenzierende) Funktion in der Analyse erfüllen.

Die theoretische Sättigung ist somit das Ergebnis eines komplexen Auswertungsprozesses, in dem die Daten (Texte, Videos, Webseiten usw.) zueinander in Beziehung gesetzt und theoretische Konzepte und Kategorien sukzessiv aus der kontinuierlich vergleichenden Analyse entwickelt werden. In der hier besprochenen Studie wurde hierzu die Analysesoftware MAXQDA verwendet (Version 2007 – mit neueren Versionen von MAXQDA ist auch die Kodierung von Video-Dateien möglich; s. Abb. 2; zur computergestützten Auswertung Friese, *in diesem Band*). Die Kodierung fand entsprechend der von Strauss und Corbin (1996) vorgeschlagenen Kodierschritte des offenen, axialen und teilweise selektiven Kodierens statt, wie wir im Folgenden darstellen.

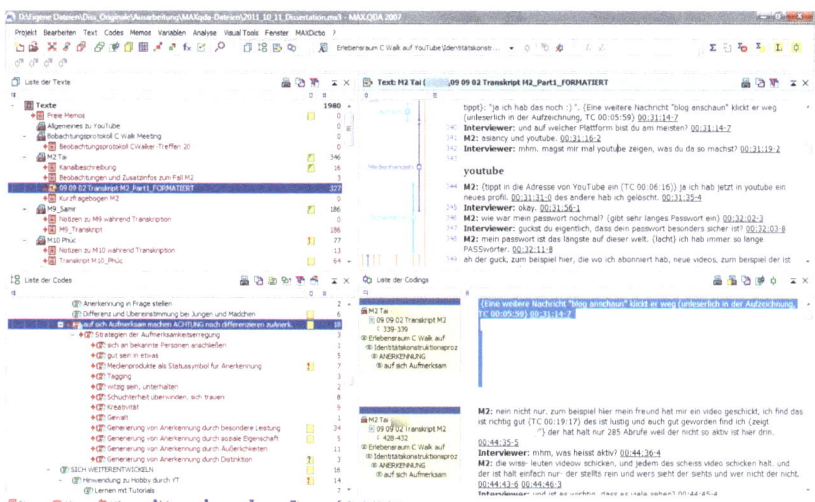

Abb. 2 Screenshot der Ansicht von MAXQDA während des Kodierprozesses (Quelle: eigene Darstellung/Screenshot MAXQDA [Eisemann 2015, S. 118])

a) *Offenes Kodieren:* Dieser Kodierschritt schafft einen offenen Zugang zum Material. In der Studie wurden ohne vorher festgelegtes Kodesystem aus dem Material heraus Kodes gebildet, die dann auf das weitere Material angewendet, ergänzt und gegebenenfalls verändert wurden. Die Kodes wurden ständig neu geordnet und mit dem Fortschreiten der Auswertung in Konzepte zusammengefasst. Einige dieser Konzepte ließen sich zu Kategorien verdichten, andere bildeten Eigenschaften von Kategorien (s. Abb. 3).

b) *Axiales Kodieren:* Beim axialen Kodieren werden die gefundenen Kategorien zueinander in Beziehung gesetzt. In der besprochenen Studie wurde mit dem von Strauss und Corbin (1996, S. 78ff.) vorgeschlagenen Kodierparadigma gearbeitet (s. Abb. 4). Mit diesem Schema wird eine Kategorie, die es näher zu bestimmen gilt, ins Zentrum eines Bezugssystems gestellt – als *Phänomen*, auf das Handlungen und Interaktionen gerichtet sind. Andere Kategorien werden dann zu ihr in Beziehung gesetzt: als *ursächliche Bedingungen* für das Auftreten des Phänomens, als *Kontexte und intervenierende Bedingungen* und als *Konsequenzen*.

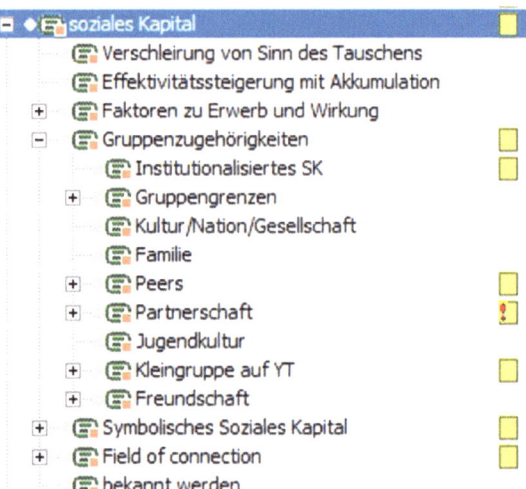

Abb. 3 Screenshot eines Ausschnitts aus MAXQDA während des Kodierprozesses. Die Kodes wurden aus dem Material heraus entwickelt, einige wurden hier schon zu vorläufigen Kategorien verdichtet. Gelb sind Memos markiert (Quelle: eigene Darstellung/Screenshot MAXQDA [Eisemann 2015, S. 119])

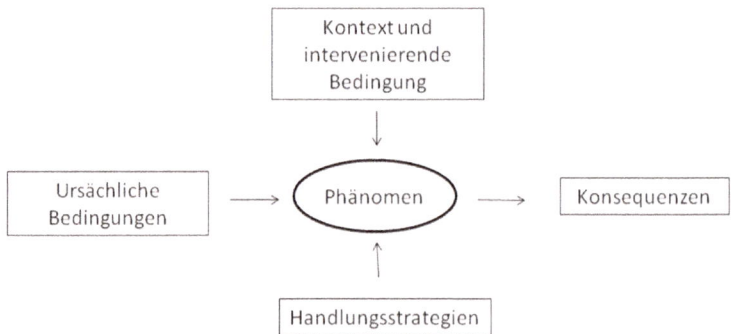

Abb. 4 Darstellung des Kodierparadigmas nach Strauss und Corbin (1996) (Quelle: eigene Darstellung in Anlehnung an Böhm 2009 [Eisemann 2015, S. 69])

Diese strukturierte Auseinandersetzung mit dem Material wurde insbesondere aufgrund der großen Materialfülle als sehr hilfreich empfunden. Wichtig ist, dass die Beziehungen zwischen den einzelnen Elementen nicht als zu starr und als monokausale Zusammenhänge gedacht werden, wie es das von Böhm (2009, S. 479) vorgeschlagene grafische Modell des Paradigmas aufgrund der Pfeilrichtungen suggerieren mag. Es ist daher wichtig, für die (vielfachen) Bezüge zwischen den Kategorien offen zu bleiben (s. Abb. 5).

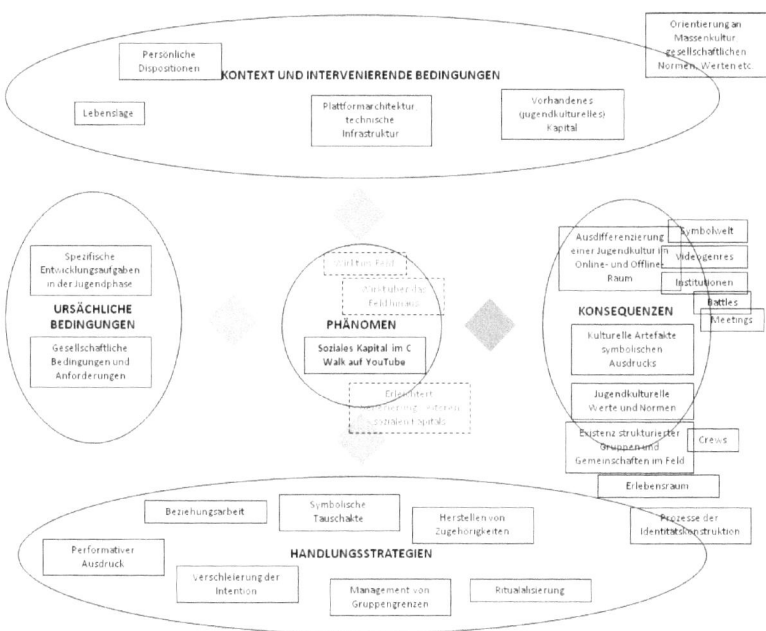

Abb. 5 Darstellung aus dem Prozess des axialen Kodierens der Kategorie ‚Soziales Kapital im C Walk auf YouTube' in Anlehnung an das Kodierparadigma (Quelle: eigene Darstellung [Eisemann 2015, S. 120])

c) *Selektives Kodieren:* Mit dem selektiven Kodieren soll Strauss und Corbin (1996, S. 94) entsprechend eine zentrale Kategorie als Kernkategorie definiert werden, um die herum das Material dann neu geordnet wird – mit dem Ziel, möglichst viele Kategorien in diese Kernkategorie zu integrieren. Dabei ist es hilfreich, einen ‚roten Faden' zu spannen (Strauss und Corbin 1996, S. 117), entlang dessen sich die

Theorie als analytische Geschichte erzählen lässt. Hierfür schlagen sie ebenfalls die Zuhilfenahme des Kodierparadigmas vor, wie für die hier behandelte Studie in Abbildung 6 dargestellt. Sie merken jedoch an, dass es sich beim selektiven Kodieren um „vielleicht die schwierigste Aufgabe [handelt]. Sogar erfahrene Forscher haben damit zu kämpfen" (Strauss und Corbin 1996, S. 117).

In der besprochenen Studie wurden mehrere *zentrale* Kategorien um das untersuchte Phänomen, die Jugendkultur ‚C Walk', gruppiert (s. Abb. 6).

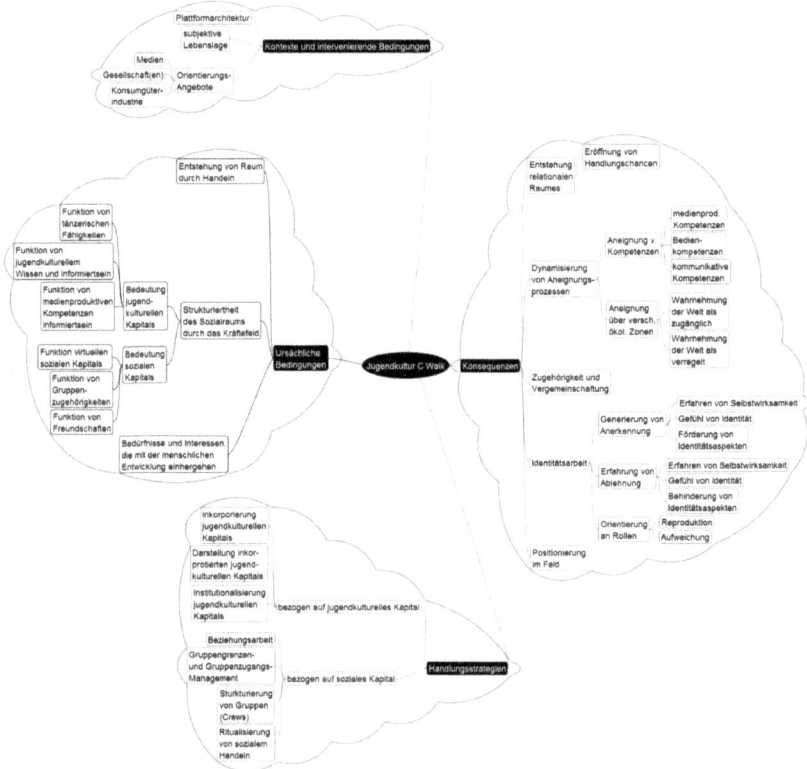

Abb. 6 Mindmap aus dem Arbeitsprozess des selektiven Kodierens. In der Mitte die zentrale Kategorie, darum gruppiert weitere (zum Teil vorläufige) Kategorien und deren Eigenschaften
(Quelle: eigene Darstellung [Eisemann 2015, S. 142])

Die drei Schritte des Kodierens ermöglichen es also, aus dem Material heraus (und nicht gleich unter Einbezug der Forschungsliteratur) Kategorien und theoretische Konzepte zu entwickeln und diese, mit zunehmender theoretischer Sättigung, zu einer eigenen gegenstandverankerten Theorie zu verdichten. Glaser (2011, S. 147) betont allerdings, dass eine korrekte Anwendung der Verfahrensschritte allein nicht ausreiche, um eine valide Grounded Theory zu entwickeln, sondern es vor allem auch von der theoretischen Sensibilität des oder der Forschenden abhängt, ob und inwieweit es gelingt, eine Theorie aus den Daten zu generieren, die systematisch in Bezug zu den entwickelten Konzepten steht. Eine gewissenhafte und nachvollziehbar dokumentierte Ausführung ist hierzu unerlässlich. Auch aus diesem Grund wurden während aller Kodierphasen *Memos* zu den wichtigsten Kodes und später Kategorien verfasst (s. Tab. 1). In den Memos wurden Aspekte festgehalten, die über die Schärfung von Kategorien, ihre Füllung mit Eigenschaften und ihr In-Bezug-Setzen mit anderen Kategorien teilweise zu Textteilen der entstehenden Theorie verdichtet wurden (s. auch Linke, *in diesem Band*).

3.3 Dokumentation: Transparente Darstellung des Vorgehens

Am Ende besteht die Herausforderung der Darstellung einer Grounded Theory darin, eine Balance zu schaffen: zwischen der Lesbarkeit der Ergebnisse und der Nachvollziehbarkeit des zyklisch-iterativen Forschungsprozesses. Bei der hier behandelten Studie sollte das Vorgehen im Forschungsprozess möglichst transparent dargestellt werden. Aus diesem Grund ist der Forschungsbericht in drei Teile gegliedert: Zuerst wird der Forschungsstand zum anfänglich fokussierten Thema dargestellt, also der Stand bevor die Entscheidung für die Untersuchung des Phänomens ‚C Walk' und die Methodologie der Grounded Theory gefallen war. Diese Darstellung ist für diese Studie sinnvoll, aber nicht typisch für die Präsentation einer Grounded Theory-Studie.

Im zweiten Teil werden die Methoden und die Konzeption der Studie beschrieben. Hier werden unter anderem die Zusammensetzung des Samples und seine schrittweise Auswahl begründet. Im dritten Teil werden die Ergebnisse der Studie entlang der zentralen Kategorien formuliert. Weitere theoretische Konzepte, die sich im Zuge der Auseinandersetzung mit dem Material als relevant erwiesen hatten, werden ebenfalls in diesem Teil des Berichts erschlossen. Dieser dokumentiert damit die prozessorientierte und theoriegeleitete Gestaltung der Auswahl und Erhebung empirischer Daten bzw. den Prozess des theoretischen Samplings. Er stellt nicht, wie es bei anderen Forschungsberichten häufig der Fall (aber für eine Grounded Theory eher untypisch) ist, einen geschlossenen Theorieteil an den Anfang.

Zusammenfassung

Eine Grounded Theory muss sich bezüglich ihrer Güte an verschiedenen Kriterien messen lassen: Zum einen daran, inwieweit sie das untersuchte Phänomen für Forscherinnen und Forscher hinreichend erklären und die Praxis bzw. Handlungsfähigkeit für Akteurinnen und Akteure im untersuchten Feld verbessern kann. Zum anderen ist es wichtig, dass sie eine anknüpfungsfähige Grundlage für weitere theoretische Überlegungen bietet.

Es gibt Strategien, die helfen, die Güte einer Grounded Theory bereits während ihres Entstehungsprozesses sicherzustellen, anstatt sie nur im Nachhinein zu prüfen (Krotz, *in diesem Band*). Der vorliegende Beitrag reflektiert diese qualitätssichernden Strategien im Forschungsprozess. Er zeigt, wie sowohl ein iterativ-zyklisches Vorgehen, ein theoretisches Sampling und eine theoretische Sättigung als Ergebnis eines komplexen Kodiervorganges als auch eine transparente Dokumentation dazu beitragen, eine ‚gute' Grounded Theory zu entwickeln. Das Kriterium der Objektivität ist im Rahmen der Grounded-Theory-Methodologie nicht relevant, da die Datengewinnung interpretativ erfolgt. Es ist demzufolge nicht davon auszugehen, dass alle Interpretinnen und Interpreten die gleichen Schlüsse ziehen (Strübing 2004, S. 79ff.). Umso mehr Gewicht erhält das Kriterium der Nachvollziehbarkeit der subjektiven Interpretation von Wirklichkeit durch die Forscherinnen und Forscher. Hier sollten sich Forschende fragen (und dies auch schriftlich dokumentieren), inwieweit die intersubjektive Nachvollziehbarkeit sichergestellt ist – durch eine erkennbare Reflexion des Vorwissens (theoretische Sensibilität), eine systematische Herleitung der Materialauswahl (theoretisches Sampling) und eine nachvollziehbare Darlegung der Beziehungen zwischen den erarbeiteten Kategorien (Kategoriensystem).

Weitere wichtige Mittel zur Kontrolle und Absicherung der eigenen Theorieentwicklung stellen der Austausch mit anderen Forschenden und die Diskussion der analytischen Ansätze und Zwischenergebnisse mit nicht involvierten Kolleginnen und Kollegen dar. Daher sollte diesen Schritten in der Projektplanung ausreichend Zeit eingeräumt werden. Auch bei der Entstehung der hier besprochenen Studie war der Zeitfaktor sehr relevant: Der Prozess der Forschung umfasste von der ersten Idee bis zur Abgabe des Projekts etwas mehr als vier Jahre. Die

Entscheidung zu einer Grounded Theory erfordert also auch immer ein Abwägen forschungsökonomischer Aspekte. In der Studie zur Jugendkultur ‚C Walk' wurde dabei von Beginn an großer Wert auf die intersubjektive Nachvollziehbarkeit gelegt; dies umso mehr, da nicht von Beginn an eine Grounded Theory geplant war, sondern die Entscheidung dafür erst im Laufe der ersten ethnografischen Annäherung an das Feld getroffen wurde. Der Zugang zur Jugendkultur ‚C Walk' erfolgte dann auch zunächst pragmatisch – nicht theoriegeleitet. Erst die folgenden Fälle wurden dann unter Berücksichtigung des regelgeleiteten Vorgehens der Grounded-Theory-Methodologie gezielt und entlang der analysierten Kategorien und unter Berücksichtigung ergänzender theoretischer Perspektiven ausgewählt. Von Beginn an bemühte sich der Autor um große Offenheit und einen vielschichtigen Zugang zum Feld – und trug im Zuge dessen vielfältige Daten mit verschiedenen Methoden zusammen. Der Abschluss des zyklisch-iterativen Forschungsprozesses erfolgte nach einem komplexen Kodiervorgang und im Austausch mit anderen Forscherinnen und Forschern.

Das Ergebnis ist eine Theorie über jugendkulturelle Sozialraumkonstruktion am Beispiel der Jugendkultur ‚C Walk'. Sie zeigt, wie durch mediales und nonmediales Handeln Inhalte, physische und ‚virtuelle' Orte sowie physische und symbolische Objekte zu einem sozialen und kulturellen Raum verknüpft werden. Sie legt weiterhin dar, wie durch jugendkulturelle Aktivität hybride bzw. vielfach vernetzte, sich überlappende On-/Offline-Räume angeeignet und im Zuge dessen spezifische Kompetenzen erworben werden bzw. deren Aneignung dynamisiert wird. Zugleich fokussiert sie auf strukturierende Faktoren, wodurch etwa die Bedeutung der Kategorie Geschlecht sowie die Relevanz spezifischer Kapitalsorten (Bourdieu 1991) deutlich werden. Beides beeinflusst die soziale Positionierung der Einzelnen im jugendkulturellen Sozialraum ‚C Walk'. So wird ein „detailreiche[s] Bild" gezeichnet, das einen „intensiven und differenzierten Einblick in die Potenziale der Nutzung des Social Web oder von YouTube für die Entwicklung und die Vergemeinschaftung junger Menschen" (Rhein 2015) gibt.

Perspektiven und Reflexionen

- Warum greifen die klassischen wissenschaftlichen Gütekriterien bei einer Grounded-Theory-Methodologie nicht bzw. warum müssen sie neu definiert werden?
- Wie erfolgt die Qualitätssicherung im Rahmen einer Grounded Theory-Studie?
- Beschreiben Sie die iterativ-zyklische Vorgehensweise zur Theoriegenerierung entsprechend der Grounded-Theory-Methodologie.

- Was bedeutet es, Daten im Rahmen einer Grounded-Theory-Methodologie theoretisch sensibel auszuwählen?
- Wie lässt sich der Moment bestimmen, in dem eine Grounded Theory-Analyse beendet ist?

Lesehinweis

- *Tillmann, Angela. 2008. Identitätsspielraum Internet. Selbstbildungspraktiken von Mädchen und jungen Frauen in der virtuellen Welt. Weinheim: Juventa.*
  In dieser Grounded Theory-Studie über Mädchen und junge Frauen in einer Online-Community wurde in Auseinandersetzung mit theoretischen Ansätzen aus der Jugend- und Mädchenforschung, Medien-, Sozialisations-, Identitäts- und Genderforschung eine gegenstandsbezogene Theorie über informelle Lernprozesse im Internet erarbeitet. Anhand des Konzepts der ‚Identitätsspielräume' erfasst die Autorin die Identitäts- und Raumbildungsprozesse sowie realen und virtuellen Handlungs- und Gestaltungsspielräume von jungen Frauen im Umgang mit dem Internet.
- *Hugger, Kai-Uwe. 2009. Junge Migranten online. Suche nach sozialer Anerkennung und Vergewisserung von Zugehörigkeit. Wiesbaden: VS.*
  In dieser Grounded Theory-Studie über Jugendliche der zweiten Generation von Migranten und Migrantinnen wurde mit Bezug auf die Globalisierungs-, Migrations- und Identitätsforschung deutlich, dass vornehmlich in türkischer Sprache geführte Online-Communities natio-ethno-kulturelle Hybridumgebungen darstellen, die in Abhängigkeit zu persönlichen Zugehörigkeitserfahrungen zur Bearbeitung prekärer Zugehörigkeit genutzt werden.
- *Hepp, Andreas, Matthias Berg, und Cindy Roitsch. 2014. Kommunikative Vernetzung und das Gemeinschaftsleben junger Menschen. Wiesbaden: Springer VS.*
  In dieser Grounded Theory-Studie wurden die subjektiven Vernetzungspraktiken und Vergemeinschaftungshorizonte junger Menschen im Hinblick auf die ihnen zugrunde liegende kommunikative Vernetzung erforscht. Auf dieser Basis und in Anknüpfung an die Globalisierung-, Mediatisierungs- und Netzwerkforschung wurde eine materialbasierte Theorie mediatisierter Alltagswelten translokaler Vergemeinschaftung entwickelt.

Literatur

Baacke, Dieter. 1980. Der sozialökologische Ansatz zur Beschreibung und Erklärung des Verhaltens Jugendlicher. *Deutsche Jugend* 28 (11): 493–505.

Baacke, Dieter. 2000. *Die 13- bis 18-Jährigen. Einführung in die Probleme des Jugendalters.* Unveränd. Nachdruck der 7. Aufl. Weinheim, Basel: Beltz.

Baacke, Dieter, Uwe Sander, und Ralf Vollbrecht. 1990. *Lebenswelten sind Medienwelten. Lebenswelten Jugendlicher.* Opladen: Leske + Budrich.

Böhm, Andreas. 2009. Theoretisches Codieren: Textanalyse in der Grounded Theory. In *Qualitative Forschung: Ein Handbuch,* hrsg. Uwe Flick, 475–485. 7. Aufl. Reinbek bei Hamburg: Rowohlt.

Bourdieu, Pierre. 1976. *Entwurf einer Theorie der Praxis auf der ethnologischen Grundlage der kabylischen Gesellschaft.* Frankfurt am Main: Suhrkamp.

Bourdieu, Pierre. 1991. *Sozialer Raum und Klassen.* 2. Aufl. Frankfurt am Main: Suhrkamp.

boyd, danah. 2008. Why Youth love social network sites. The role of social of networked publics in teenage social live. In *Youth, Identity and Digital Media,* hrsg. David Buckingham, 119–142. Cambridge, MA: MIT Press.

Eisemann, Christoph. 2015. *C Walk auf YouTube. Sozialraumkonstruktion, Aneignung und Entwicklung in einer digitalen Jugendkultur.* Wiesbaden: Springer VS.

Flick, Uwe. 2006. *Qualitative Sozialforschung. Eine Einführung.* 4. Aufl. Reinbek bei Hamburg: Rowohlt.

Fuchs-Heinritz, Werner, Daniela Klimke, Rüdiger Lautmann, Otthein Rammstedt, Hanns Wienold, Urs Stäheli, und Christoph Weischer (Hrsg.). 2011. *Lexikon zur Soziologie.* 5., überarb. Aufl. Wiesbaden: VS.

Geertz, Clifford. 1987. *Dichte Beschreibung: Beiträge zum Verstehen kultureller Systeme.* Frankfurt am Main: Suhrkamp.

Glaser, Barney G. 2011. Der Umbau der Grounded-Theory-Methodologie. In *Grounded Theory Reader,* hrsg. Günther Mey und Katja Mruck, 137–162. 2., aktual. und erw. Aufl. Wiesbaden: VS.

Glaser, Barney G., und Anselm L. Strauss. 1967. *The Discovery of Grounded Theory: Strategies for Qualitative Research.* New York: Aldine.

Glaser, Barney G., und Anselm L. Strauss. 1998. *Grounded Theory: Strategien qualitativer Forschung.* Bern: Huber.

Hine, Christine. 2000. *Virtual Ethnography.* London: Sage.

Honer, Anne. 2009. Lebensweltanalyse in der Ethnographie. In *Qualitative Forschung. Ein Handbuch,* hrsg. Uwe Flick, Ernst von Kardoff, und Ines Steinke, 194–204. 7. Aufl. Reinbek bei Hamburg: Rowohlt.

Hugger, Kai-Uwe. 2014. Digitale Jugendkulturen. Von der Homogenisierungsperspektive zur Anerkennung des Partikularen. In *Digitale Jugendkulturen,* hrsg. Kai-Uwe Hugger, 11–28. 2. Aufl. Wiesbaden: Springer VS.

Keupp, Heiner 1997. Diskursarena Identität. Lernprozesse in der Identitätsforschung. In *Identitä.tsarbeit heute: klassische und aktuelle Perspektiven der Identitätsforschung,* hrsg. Heiner Keupp und Renate Höfer, 11–39. Frankfurt am Main: Suhrkamp.

Krotz, Friedrich. 2001. *Der Wandel von Alltag und sozialen Beziehungen, Kultur und Gesellschaft durch die Medien.* Wiesbaden: Westdeutscher Verlag.

Krotz, Friedrich. 2005. *Neue Theorien entwickeln: Eine Einführung in die Grounded Theory, die heuristische Sozialforschung und die Ethnographie anhand von Beispielen aus der Kommunikationsforschung*. Köln: Herbert von Halem.

Löw, Martina. 2001. *Raumsoziologie*. Frankfurt am Main: Suhrkamp.

Luckmann, Benita. 1970. The small life-worlds of modern man. *Social Research* 37 (4): 580–596.

Marotzki, Winfried. 2008. Multimediale Kommunikationsarchitekturen. Herausforderungen und Weiterentwicklungen der Forschungen im Kulturraum Internet. *MedienPädagogik* 14. http://www.medienpaed.com/article/view/92.

Niesyto, Horst. 2001. Jugendforschung mit Video. Formen, Projekte und Perspektiven eines Forschungsansatzes. In *Selbstausdruck mit Medien. Eigenproduktionen mit Medien als Gegenstand der Kindheits- und Jugendforschung*, hrsg. Horst Niesyto, 89–102. München: kopaed.

Oerter, Rolf, und Leo Montada (Hrsg.). 2008. *Entwicklungspsychologie*. 6., vollst. überarb. Aufl. Weinheim, Basel: Beltz.

Popper, Karl R. 1971. *Logik der Forschung*. Tübingen: Mohr Siebeck.

Rhein, Stefanie. 2015. Rezension. Christoph Eisemann: C Walk auf YouTube. Sozialraumkonstruktion, Aneignung und Entwicklung in einer digitalen Jugendkultur. *Ludwigsburger Beiträge zur Medienpädagogik* 18. https://www.ph-ludwigsburg.de/fileadmin/subsites/9i-verw-t-01/user_files/veranstaltungskalender/Aktuelles/2016/Eisemann_Rezension_C-Walk_Rhein.pdf.

Strauss, Anselm L., und Juliet Corbin. 1996. *Grounded Theory: Grundlagen qualitativer Sozialforschung*. Weinheim: Beltz.

Strübing, Jörg. 2004. *Grounded Theory. Zur sozialtheoretischen und epistemologischen Fundierung des Verfahrens der empirisch begründeten Theoriebildung*. Wiesbaden: VS.

Theunert, Helga, und Bernd Schorb. 1989. Videoproduktionen mit Jugendlichen als qualitative Forschungsmethode. In *Qualitative Medienforschung. Konzepte und Erprobungen*, hrsg. Dieter Baacke und Hans-Dieter Kübler, 279–304. Tübingen: Niemeyer.

Tillmann, Angela. 2008. *Identitätsspielraum Internet. Selbstbildungspraktiken von Mädchen und jungen Frauen in der virtuellen Welt*. Weinheim: Juventa.

Turkle, Sherry. 1998. *Leben im Netz. Identität im Zeitalter des Internet*. Reinbek bei Hamburg: Rowohlt.

Turkle, Sherry. 2012. *Verloren unter 100 Freunden. Wie wir in der digitalen Welt seelisch verkümmern*. München: Riemann.

Unterkofler, Ursula. 2016. Wer soziales Handeln erforscht, muss soziales Handeln beobachten. Zum Potenzial der Ethnografie für eine pragmatistisch-handlungstheoretische Grounded Theory Methodologie. In *Handbuch Grounded Theory. Von der Methodologie zur Forschungspraxis*, hrsg. Claudia Equit und Christoph Hohage, 290–306. Weinheim: Beltz Juventa.

Zum Autor und zur Autorin

Dr. Christoph Eisemann ist Dozent für Wirtschaftskommunikation an der Hochschule für Wirtschaft FHNW in Basel. Zuvor lehrte er an der Universität Basel (Medienwissenschaften) und arbeitete in Deutschland und in der Schweiz in der

Kommunikation von Unternehmen und politischen Institutionen. An der Abteilung Medienpädagogik der Pädagogischen Hochschule Ludwigsburg forschte er für seine Dissertation zur Jugendkultur des C Walk im Social Web, wofür er 2016 mit dem Promotionspreis der Sektion Medienpädagogik der Deutschen Gesellschaft für Erziehungswissenschaft ausgezeichnet wurde.

Angela Tillmann ist Professorin für Kultur- und Medienpädagogik an der Technischen Hochschule Köln und leitet dort den Forschungsschwerpunkt ,Medienwelten', in dessen Fokus die Bedeutung von Medien für Lern-, Sozialisations- und Bildungs- sowie Teilhabeprozesse steht. Ihre Arbeitsschwerpunkte liegen im Bereich: Prozesse der Mediensozialisation bei Kindern und Jugendlichen, Medienkompetenz (Forschung und Evaluation), Medien und Geschlecht, Digitale Spiele und qualitative Medienforschung. In ihrer Dissertation erforschte sie informelle Lernprozesse in einer Online-Community für Mädchen (www.lizzynet.de).

Computergestützte Analyse: Das Kodieren narrativer Interviews

Susanne Friese

Abstract

Ich gehe in diesem Beitrag der Frage nach, wie anhand der heutigen technischen Möglichkeiten die Verfahren der klassischen Grounded Theory verändert bzw. weiterentwickelt werden können. Anhand eines Beispielprojekts zeige ich Schritt für Schritt, wie eine softwaregestützte Grounded Theory Analyse durchgeführt werden kann. Ich arbeite hierzu mit der Software ATLAS.ti, weil sie sich aufgrund der Zitatebene besonders gut für einen Grounded Theory-Ansatz eignet.

Keywords

Computergestützte Analyse, computer-assistierte qualitative Datenanalysesoftware, CAQDAS, Kodieren, Taggen, Memos, ATLAS.ti, NCT-Methode

1 Einleitung

In der Literatur findet man eine Bandbreite von Einstellungen zur computergestützten Auswertung von Daten, die im Rahmen einer Grounded Theory-Studie erhoben werden. Diese reichen von Bejahung bis hin zu kompletter Ablehnung. Die Anfänge der Grounded Theory mit Glaser und Strauss liegen zeitlich vor der Einführung von Programmen zur computergestützten qualitativen Datenanalyse. Als 1989 bis 1992 der erste Prototyp von ATLAS.ti im Rahmen eines Forschungsprojekts an der TU Berlin entwickelt wurde, bestanden persönliche Kontakte zu Anselm Strauss, der das Potential eines Werkzeugs wie ATLAS.ti gesehen hatte, auch wenn er es selbst nicht mehr nutzen konnte. Entsprechend schrieb er im Vorwort des ATLAS.ti 4 Manuals:

> „Now the program has been further elaborated and improved. It should be of considerable aid in providing both greater efficiency and more elaboration for social scientists who master its intricacies. I myself am no expert computer-based researcher, and at my age am not likely to become one" (Muhr 1997, S. 1).

Die zweite Generation von Grounded Theory-Forscherinnen und -Forschern, die noch persönlich mit und von Glaser und Strauss gelernt haben, und Grounded Theory methodisch weiterentwickelten, führen indessen ihre Analysen zum überwiegenden Teil händisch durch (Morse et al. 2009). Zum Teil lehnen sie eine Computerunterstützung entweder komplett ab (Holton 2007) oder halten sie prinzipiell für sinnvoll, auch wenn sie selbst lieber manuell arbeiten (Corbin und Strauss 2015). Es gibt daher von den führenden Vertreterinnen und Vertretern der Grounded Theory keine griffigen Beispiele, wie man eine Grounded Theory mit Unterstützung von Computer-Aided Qualitative Data Analysis Software (CAQDAS) entwickeln kann. Hierzu gehören Programme wie ATLAS.ti, MAXQDA, NVivo, QDA Miner, Transana oder HyperResearch.

In diesem Beitrag werde ich anhand des Beispielmaterials, das Corbin in den 2008 und 2015 erschienenen Ausgaben von *Basics of Qualitative Research* verwendete, exemplarisch zeigen, wie Grounded Theory computergestützt entwickelt werden kann und welche Möglichkeiten der Analyse eröffnet werden, die weit über das manuell Mögliche hinausgehen. Insbesondere geht es dabei um die Prozesse des Kodierens, der Interpretation, das Fokussieren auf eine Kernkategorie und der Integration von Daten.

---

2 Methodologisch-methodische Verortung: Kodieren in Grounded Theory und in CAQDAS

Ein grundlegendes Missverständnis in Bezug auf computergestützte Auswertung besteht darin, dass Kodieren in CAQDAS *nicht* gleichzusetzen ist mit dem Prozess des Kodierens in einer Grounded Theory-Studie. Im Folgenden wird beschrieben, worin die Unterschiede liegen. Darauf aufbauend wird in den weiteren Abschnitten erläutert, wie Grounded Theory-Kodieren computergestützt umgesetzt werden kann.

Kodieren in CAQDAS ist ein technischer Akt, sprich: man zieht einen Begriff mit der Maus auf ein Datensegment. Gemäß der methodologisch-methodischen Überlegungen der Grounded Theory ist Kodieren allerdings mehr, als ein Label mit einem Datensegment zu verknüpfen (s. auch Bischof und Wohlrab-Sahr bzw. Müller, *in diesem Band*). In der deutschen Ausgabe des von Strauss und Corbin verfassten Einführungsbuches wird Kodieren sehr kurz als „der Prozess der Datenanalyse" (Strauss und Corbin 1996, S. 43) definiert. Corbin bietet in der Ausgabe von 2015 die folgende Definition an, demnach bedeutet Kodieren: „Delineating concepts to stand for interpreted meaning of data." Konzepte definiert sie dann wie folgt: „Words that stand for interpreted meaning of data, the conceptual name enabling researchers to group ‚raw data' with other ‚raw data' that share a coming meaning or characteristic" (Corbin und Strauss 2015, S. 220). Konzepte sind somit die Wörter, die man etwa am Seitenrand eines Interviewtranskripts oder eines Beobachtungsprotokolls notiert oder beim Schreiben von Memos im Prozess des Kodierens abstrahiert. Kodieren ist also mehr als nur das Notieren oder Auflisten von Begriffen (s. Linke, *in diesem Band*). Schaut man sich die von Strauss (1998) verwendeten Beispiele an, so stehen auf dem separaten Blatt nicht nur Begriffe, sondern auch analytische Gedankengänge, zum Teil Zitate aus dem Originaldokument oder Verweise, Anweisungen für das theoretische Sampling und Hinweise zu den Elementen des Kodierparadigmas, etwa ob damit eine Bedingung, eine Interaktion oder eine Konsequenz angesprochen ist. Dies trifft auch für die Beispiele in Corbin und Strauss (2015) zu. Das heißt im Schluss, dass das, was man gemeinhin innerhalb von CAQDAS als Kodieren bezeichnet, nicht das ist, was Glaser, Strauss, Corbin oder auch Charmaz (2014) unter ‚Kodieren' im Sinne der Grounded Theory verstehen. Die ablehnende Haltung gegenüber Softwareanwendungen wird zudem noch bestärkt von softwaregestützten Studien, die zwar mit einem Grounded Theory-Label versehen sind, aber im Ergebnis nur Häufigkeitsauszählung der gebildeten Kodes präsentieren. Dieses Problem des sogenannten ‚grounded theory mantra', also die Verwendung des Labels um die eigene Forschungsmethode zu legitimieren, ist allerdings ein grundsätzliches Problem und besteht unabhängig von Softwareanwendung (Bryant 2002; Morse et al. 2009, S. 244).

Mit einem Kode in CAQDAS indessen markiere ich etwas, halte es fest, damit ich es später wiederfinden und abrufen kann. Das kann ein Computer viel besser als ein Mensch, der versucht, etwas in Stapeln von Notizzetteln zu finden. Verwendet man eine Software, so ist es auch nicht notwendig den Text, den man kodieren möchte, in Kurzform abzuschreiben oder einen Verweis zu notieren, da der Kode und die Anmerkungen zum Text direkt mit dem entsprechenden Datensegment verknüpft sind. Was bei computergestützten Analysen allerdings oft fehlt, ist das Schreiben, das Sich-Gedanken-Machen, das Reflektieren über den Kode-Namen hinaus. Oftmals wird nur markiert und dieser Markierung ein Begriff zugewiesen. Ein solcher Begriff ist in der Regel dann zunächst auch noch kein Konzept. Ich verwende zur klareren Unterscheidung und zum besseren Verständnis hierfür die

Begriffe ‚Tag' und ‚taggen', die sich am besten als Tätigkeiten des Etikettierens oder Identifizierens übersetzen lassen.

Über das Taggen hinaus kann man auch mithilfe von Software im Sinne von Grounded Theory kodieren. Das Problem ist dabei aber häufig, dass viele Nutzerinnen und Nutzer nicht wissen, wie sie vorgehen müssen. CAQDAS bieten vielfältige Funktionen an, die Art und Weise der Verwendung bleibt allerdings den Anwenderinnen und Anwendern selbst überlassen. Kodieren gemäß der Grounded Theory in der computergestützten Analyse könnte man umreißen als: Taggen und Schreiben. Je nach Software hat man dazu verschiedene Möglichkeiten und in allen Programmen gibt es eine Memofunktion, wobei dies nicht notwendigerweise der am besten geeignete Ort für die verschiedenen Formen des Kodierens ist. Die Begrifflichkeiten der manuellen Vorgehensweise können zudem nicht eins zu eins übernommen werden. Die Namen der verschiedenen Softwarefunktionen mögen zwar den Methodenbüchern entlehnt sein, haben aber heutzutage, nach mehr als 20 Jahren CAQDAS-Entwicklung, oft nur noch wenig mit ihren Ursprüngen zu tun. Vielmehr sollte man überlegen und verstehen, was der Sinn und Zweck eines Vorgangs ist und dann eine diesem Vorgang entsprechende Softwarefunktion verwenden (s. Tab. 1, 2 und 3).

2.1 Exkurs zu den Besonderheiten von CAQDAS

Software hilft uns, Datenmaterial zu sortieren und zu strukturieren und Dinge wieder zu finden. Über das einfache Auffinden von getaggten Datensegmenten hinaus können auch komplexere Abfragen gestellt und das Datenmaterial auf verschiedenste Weise betrachtet werden. Man kann sich Zahlen anschauen, etwa um eine Übersicht zu gewinnen oder Hinweise für mögliche Zusammenhänge zu entdecken. Man kann auf die Daten an sich zugreifen oder sich die Elemente eines Projekts in Form von Netzwerkansichten oder *maps* visualisieren. Damit dabei sinnvolle Ergebnisses herauskommen, muss das Kodesystem in einer bestimmten Art und Weise aufgebaut sein. Das ist vergleichbar mit statistischen Analysen, bei denen man etwas über Skalenniveaus wissen muss, damit Daten entsprechend kodiert sind, um bestimmte Analysen durchführen zu können. Die von mir entwickelte NCT-Methode (*Notice – Collect – Think*) beschreibt, wie man ein brauchbares Kodesystem entwickelt (Friese 2014). Es würde den Umfang des Beitrags sprengen, diese hier im Detail zu erläutern, aber man kann anhand der dargestellten Beispielanalyse nachvollziehen, wie sie in der Praxis aussieht. Meine These ist, dass die NCT-Methode das Grundgerüst jeder computergestützten

Analyse sein kann – oder sogar sein sollte – und zwar unabhängig vom gewählten methodologischen Ansatz.

Doch was hat dieser Exkurs nun mit Grounded Theory zu tun? Ich möchte noch einmal deutlich machen, dass Kodieren in der technischen Umsetzung von CAQDAS etwas ganz anderes ist als das, was unter Kodieren in der Grounded Theory verstanden wird. Es ist daher nicht verwunderlich, warum manche mit der Grounded Theory arbeitende Forscherinnen und Forscher die Anwendung von CAQDAS ablehnen. In vielen Büchern wird zwar behauptet, dass die dort beschriebene Methodologie auch mit Software umgesetzt werden kann, aber es wird zumeist nicht beschrieben, wie es funktioniert (s. zum Beispiel Bernard und Ryan 2010; Breuer 2009; Bryant und Charmaz 2007; Charmaz 2014; Goulding 2002; Remenyi 2014; Seale et al. 2004) – eine Ausnahme ist etwa der Artikel von Bringer et al. (2006). In der dritten Ausgabe des Bandes *Basics of Qualitative Research* wird die Umsetzung anhand von Screenshots aus MAXQDA gezeigt. Diese sind meines Erachtens aber leider wenig hilfreich und zum Teil auch irreführend. So wird beispielsweise ein Kodesystem gezeigt, das als Oberbegriff den Namen der/des Kodierenden verwendet und darunter als Unterkodes ein paar erste Konzeptideen (Corbin und Strauss 2008, S. 111 und 132). Dies wäre im besten Falle geeignet, um die ersten Ideen von zwei Kodierenden zu vergleichen, jedoch nicht für die Darstellung einer an der Grounded Theory orientierten Analyse.

2.2 Evolution der Grounded Theory durch Technik?

Es gibt heute verschiedene Varianten von Grounded Theory. Insbesondere haben die Schülerinnen und Schüler von Glaser und Strauss die Methode weiterentwickelt (Übersicht bei Morse et al. 2009). Viele aus dem Personenkreis der zweiten Generation sind heute schon im Ruhestand; sie gehören nicht der Generation der ‚Digital Natives‘ an und analysieren Daten, wie eingangs erwähnt, zumeist händisch, auch wenn manche CAQDAS-Unterstützung nicht grundsätzlich ablehnen. Für eine computergestützte Erweiterung hin zu einer Art Grounded Theory 2.0 sprechen unter anderem die neuen Auswertungsmöglichkeiten, die durch Softwareunterstützung realisiert werden können. Adaptiert man gängige Definitionen des Begriffs Web 2.0 (hier *Gabler Wirtschaftslexikon*, Stichwort Web 2.0; Springer 2015), so liest sich das wie folgt: Grounded Theory 2.0

> beschreibt eine in sozio-technischer Hinsicht veränderte Nutzung der Methode, bei der deren Möglichkeiten konsequent genutzt und weiterentwickelt werden. Es stellt eine Evolutionsstufe hinsichtlich des Angebotes und der Nutzung der Methode dar, bei der die Generierung weiteren Zusatznutzens im Vordergrund steht.

Einige dieser Zusatznutzen, die sich aus dem adäquaten Einsatz von Analysesoftware ergeben können, werden in Abschnitt 3 anhand eines Beispiels gezeigt. Dazu gehören eine bessere Datenorganisation, das verlässliche Wiederfinden von Daten, die Sortierungsmöglichkeiten von geschriebenen Notizen auf verschiedenen Ebenen, die direkte Verknüpfung von Notizen und Dateninhalten ohne die Notwendigkeit, diese abschreiben oder Referenzen notieren zu müssen, sowie die Verbindung von Daten mittels Hyperlinks und diverse Visualisierungsmöglichkeiten.

3   Exemplarische Analyse: Das Kodieren von Interviews

In diesem Abschnitt werde ich anhand eines Beispiels zunächst den Unterschied zwischen Taggen und Kodieren zeigen. Darauf aufbauend werden die Analysepraxis des offenen und axialen Kodierens sowie die Integration der Kategorien und ihre Visualisierung schrittweise dargestellt. Als Datenmaterial verwende ich die Beispielinterviews, die Corbin in der dritten und vierten Ausgabe des Buches *Basics of Qualitative Research* exemplarisch auf ihre Art und Weise, also händisch, analysierte (Corbin und Strauss 2008, 2015). Bei den Daten handelt es sich um ein offenes Interview aus dem Jahr 1987, das von Anselm Strauss durchgeführt wurde (in ATLAS.ti mit D1 gekennzeichnet; hierzu ist anzumerken, dass die in ATLAS.ti eingegebenen Daten mit einer laufenden Nummer – also D1, D2, D3 usw. – und dem Namen des Dokuments versehen sind). Zwei weitere Interviews mit ehemaligen US-Marinesoldaten – ein semi-strukturiertes mit einem Vietnamkriegsveteranen (D2) und eine E-Mail-Konversation mit einem Veteranen, der zwischen 1989 und 1995 in mehreren Kriegen gedient hatte (D3) – wurden von Corbin im Jahr 2006 durchgeführt. Dabei gab es zunächst keine festgelegte Fragestellung, sondern nur das Interesse an dem Thema, der Erfahrung eines Soldaten im Krieg.

3.1   Taggen vs. Kodieren

Im Rahmen eines Doktorandenseminars, in dem es um die Umsetzung verschiedener methodischer Ansätze in ATLAS.ti ging, habe ich die Studierenden gebeten, die ersten beiden Absätze des ersten Interviews zunächst ‚wie üblich' zu kodieren, das heißt die Daten zu lesen, interessante Textstellen zu markieren (*Notice*) und ihnen einen Begriff zuzuweisen (*Collect*). Abbildung 1 zeigt die zusammengetragenen Ergebnisse. Manche der Teilnehmerinnen und Teilnehmer haben sehr nah am Text kodiert und auch *in vivo*-Kodes verwendet, andere haben größere Abschnitte kodiert.

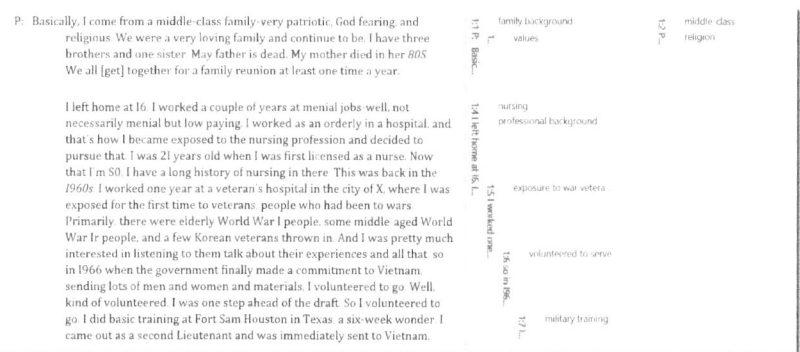

P: Basically, I come from a middle-class family-very patriotic, God fearing, and religious. We were a very loving family and continue to be. I have three brothers and one sister. May father is dead. My mother died in her 80s. We all [get] together for a family reunion at least one time a year.

I left home at 16. I worked a couple of years at menial jobs-well, not necessarily menial but low paying. I worked as an orderly in a hospital, and that's how I became exposed to the nursing profession and decided to pursue that. I was 21 years old when I was first licensed as a nurse. Now that I'm 50. I have a long history of nursing in there. This was back in the 1960s. I worked one year at a veteran's hospital in the city of X, where I was exposed for the first time to veterans, people who had been to wars. Primarily, there were elderly World War I people, some middle-aged World War I'r people, and a few Korean veterans thrown in. And I was pretty much interested in listening to them talk about their experiences and all that, so in 1966 when the government finally made a commitment to Vietnam, sending lots of men and women and materials, I volunteered to go. Well, kind of volunteered. I was one step ahead of the draft. So I volunteered to go. I did basic training at Fort Sam Houston in Texas, a six-week wonder. I came out as a second Lieutenant and was immediately sent to Vietnam.

family background
values

middle-class
religion

nursing
professional background

exposure to war veteran

volunteered to serve

military training

Abb. 1　Ein mit ATLAS.ti getaggter Text
(Quelle: eigene Darstellung/Screenshot ATLAS.ti)

Im Anschluss sollten sich die Studierenden den Text noch einmal genauer anschauen, einzelne Wörter oder Satzelemente herausgreifen und ihre Gedanken dazu in Zitatkommentaren festhalten (*Think*) – Zitate in ATLAS.ti sind ausgewählte Datensegmente, die kodiert werden können. In diesen Kommentaren sollten sie Fragen, die sich während des Kodierens stellten, ausführlich und mit Rückbezug auf die Zitate diskutieren: Warum etwa verwendet die Interviewperson das Wort „god fearing" und nicht „god loving"? Was fällt ihnen zum Wort ,fear' bzw. ,respect' ein und im Vergleich dazu zu dem Wort ,loving'? In welchem Verhältnis steht dies zur „loving family" und warum ist die Erzählperson mit 16 Jahren (schon) von zu Hause ausgezogen? War das zum damaligen Zeitpunkt üblich? Was machte eine Familie der Mittelklasse in den 1950er und 1960er Jahren in den USA aus? Zum Teil stieß diese Übung auf Widerstand. Die Bedenken waren, dass an dieser Stelle schon zu viel in den Text hinein interpretiert werden würde. Entsprechend musste ich zunächst deutlich machen, dass es darum geht, den Text zu öffnen, und nicht darum, eine abschließende Interpretation zu erstellen (s. dazu auch Strübing 2004, S. 19f.). Vielmehr sollten sie sich auf die Übung einlassen, um zu sehen, was passiert, wenn man nicht nur ein Label vergibt, sondern gleichzeitig beginnt zu Schreiben.

Hier zwei aus dieser Übung hervorgegangene Reflexionen, die ich sinngemäß wiedergebe:

„Mir ist aufgefallen, dass hierarchische Strukturen eine Rolle im Leben dieser Person spielen. Daraufhin deuten die Werte, die in der Familie vermittelt wurden, die Wahl des Berufs im medizinischen Bereich, der ebenfalls durch

Rangordnungen geprägt ist, der daraus resultierende Einfluss von Personen, die älter sind, und schließlich die Wahl zum Militär zu gehen."

„Die Person scheint fleißig und zielstrebig zu sein. Er hat schon früh angefangen, seinen Lebensunterhalt selbst zu bestreiten, auch wenn in niedrigen, untergeordneten [Teilnehmer korrigiert sich] gering bezahlten Jobs. Das vermutete Muster scheint sich zu bestätigen."

Es ist unschwer zu erkennen, dass man mehr in den Daten ‚sieht', wenn man über das Taggen hinaus genauer hinschaut. Nur wie setzt man dies in der Software um? Alle CAQDAS-Programme bieten Möglichkeiten, neben dem Taggen auch zu Schreiben. Diese Optionen haben unterschiedliche Namen und funktionieren in jedem Programm etwas anders. In MAXQDA würde man im Dokument Memos verwenden. Es gibt zudem eine Option Kommentare zu Kodierungen zu schreiben. Da diese aber nicht länger als 127 Zeichen sein können, eignet sich diese Funktion eher nicht, das offene Kodieren zu unterstützen. In NVivo lassen sich Datensegmente annotieren und Memos schreiben. Und ATLAS.ti bietet neben der Ebene der Kodes Zitate als eigenständige Objekte an. Man muss ein Datensegment also nicht notwendigerweise sofort taggen, sondern kann es markieren und etwas dazu schreiben. Jedes Zitat kann kommentiert, benannt und mit anderen Zitaten oder Memos verknüpft werden. Diese Funktionalität in ATLAS.ti eignet sich besonders gut für die Umsetzung von Kodierungen im Rahmen der Grounded Theory. Einmal können Kodes zum Markieren von Textstellen verwendet werden, um sie bei Bedarf schnell abrufen zu können. Will man im Sinne der Grounded Theory kodieren, kann zudem parallel der Zitatmanager geöffnet werden, um im Kommentarfeld zu schreiben. Daraus ergibt sich ein erster Vorteil gegenüber der händischen Analyse und zwar, dass man den Originaltext, den man kommentiert, nicht abschreiben muss, wie dies in den Beispielen von Strauss und Corbin der Fall ist (Corbin und Strauss 2015; Strauss 1998). Abbildung 2 zeigt den getaggten Text im ‚Quotation Manager' mit der Liste der Zitate und dem Kommentar zu Zitat 1.1.

Der Kommentar kann auch per Doppelklick auf das Zitat eingeblendet werden, wenn der ‚Quotation Manager' gerade nicht geöffnet ist (s. Abb. 3).

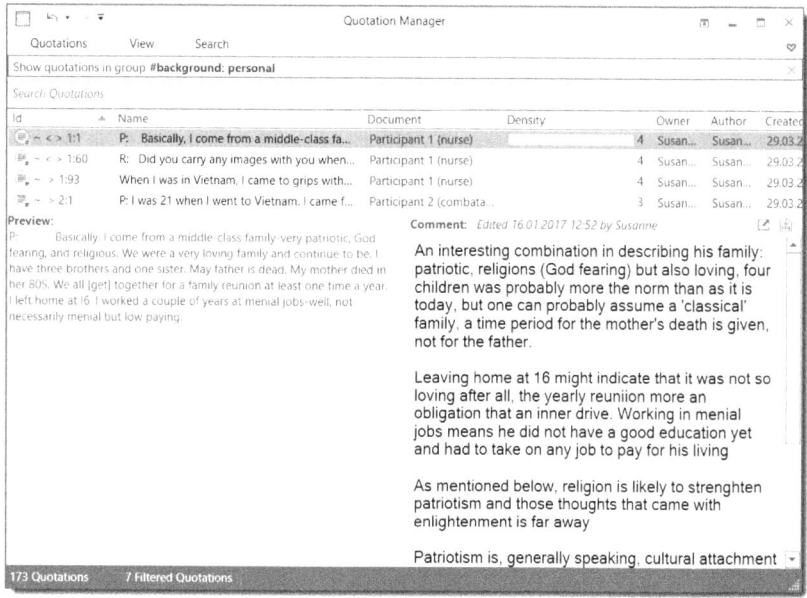

Abb. 2 Umsetzung von Grounded Theory-gemäßen Kodierungen mit ATLAS.ti
(Quelle: eigene Darstellung/Screenshot ATLAS.ti)

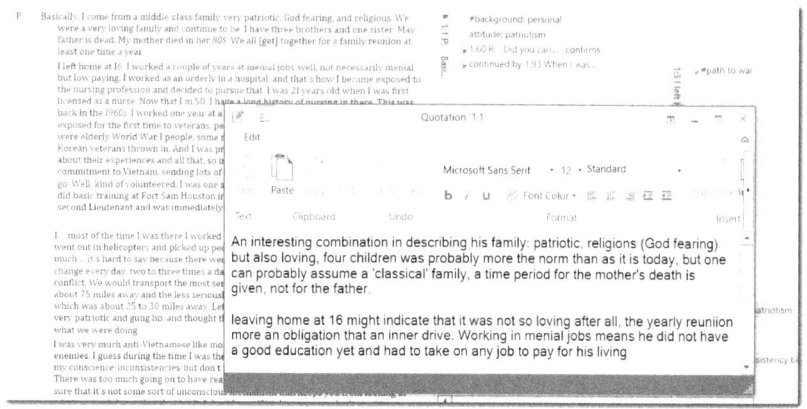

Abb. 3 Umsetzung von Grounded Theory-gemäßen Kodierungen mit ATLAS.ti
(Quelle: eigene Darstellung/Screenshot ATLAS.ti)

Strauss und Corbin (1996, S. 44) verstehen diesen geschriebenen Text als ein Produkt des Kodierens und klassifizieren diese Kode-Notizen als einen Typ von Memo. Schaut man sich dieses begriffliche Durcheinander an, wird schnell deutlich, warum es nicht so einfach ist, einen händischen Ansatz computergestützt umzusetzen, zumal viele Begriffe zwar von der Grounded Theory entlehnt sind, ihre technische Umsetzung aber nicht der händischen Vorgehensweise entspricht. Mein Vorschlag für die Übertragung einer händischen Kode-Notiz in ATLAS.ti ist, diese in einen Zitatkommentar zu schreiben.

Allerdings lässt sich nicht jede Vorgehensweise direkt in eine Funktion oder einen Objekttyp in einer CAQDAS-Software übertragen. Oftmals wird die gleiche Funktion für mehrere methodologische Ebenen verwendet. Schauen wir uns nochmals die Begriffe ‚Taggen' versus ‚Kodieren' an, denn ganz so einfach ist die Unterscheidung nicht. Anfängliche Tags entwickeln sich weiter und es können daraus Kategorien und Subkategorien entstehen (Seidel und Kelle 1995). Eigenschaften – laut Corbin und Strauss (2015, S. 219) „Charakteristiken, die ein Konzept definieren und beschreiben" – würde ich beispielsweise nicht taggen, sondern eher in einem geschriebenen Text ausformulieren. Dazu verwende ich in ATLAS.ti Kodekommentare. Sollten Dimensionen (wie etwa ‚schwach ausgeprägt – stark ausgeprägt', ‚leicht – schwer' oder ‚leise – laut') wichtig sein, so erstelle ich in der Regel keine Unterkodes für jedes Konzept, sondern eine neue Gruppe von Kodes für Dimensionen und wende diese zusätzlich zu dem inhaltlichen Kode an, das heißt ich tagge das Datensegment mit zwei Kodes. Der Grund hierfür hat etwas mit den weiterführenden Analyseoptionen der Software zu tun: Wenn ich Kodes für Dimensionen separat von inhaltlichen Kodes verwalte, so habe ich anschließend mehr Flexibilität in der Formulierung von Abfragen.

Wie aus Tabelle 1 ersichtlich wird, können Kodes für viele methodische Ebenen in der Analyse verwendet werden. Bisher stellt jedoch keine Software eine echte Möglichkeit zur Verfügung, um unterschiedliche Arten von Kodes kenntlich zu machen. Die Unterscheidung bleibt alleine den Nutzerinnen und Nutzern überlassen und zwar über die jeweilige Benennung eines Kodes. Im Laufe der Jahre habe ich mir daher eine Art Syntax angeeignet (s. Tab. 2), um die verschiedenen Arten zu kennzeichnen: So verwende ich zum Beispiel für Kategorien Großbuchstaben; alle Kodes, die zu einer Kategorie gehören, haben die gleiche Farbe; Kodes, die den Charakter von Variablen haben, beginne ich mit einem Hashtag-Symbol (#) und färbe sie grau ein, während alle Kodes, die auf der Konzeptebene verbleiben und zunächst nirgendwo einsortiert werden können, schwarz bleiben und mit einem Asterisk-Symbol (*) beginnen.

Tab. 1 Softwarefunktionen von ATLAS.ti und ihre Verwendung für Grounded Theory

Softwarefunktion in ATLAS.ti	Verwendung
Kode (tag)	• erste Strukturierung der Daten • Konzepte • Kategorien • Subkategorien • Dimensionen
Zitatkommentar	• Offenes und axiales Kodieren • Kode-Notiz • Notizen für das theoretische Sampling
Kodekommentar	• Erste Überlegungen beim ersten Durchgang, die der Konzeptentwicklung dienen • Beschreibung von Eigenschaften • Zusammenfassung und zusammenfassende Interpretation aller Datensegmente, die mit dem Kode getaggt sind

Tab. 2 Syntax für die verschiedenen Bedeutungsebenen von Tags

Bedeutung	Umsetzung in ATLAS.ti	Beispiel
Konzept	kleingeschrieben / schwarz	depersonalizing conscience ingroup-outgroup
Kategorie	Großbuchstaben / farbig	WAR EXPERIENCE
Subkodes	kleingeschrieben / farbig entsprechend der Kategoriezugehörigkeit	war experience: inconsistencies war experience: killing war experience: survival
Konzept (sofern schon eine erste Strukturierung vorhanden ist)	kleingeschrieben / vorangestelltes Sonderzeichen (*) / schwarz	*about the enemy *about being drafted
Dimension	kleingeschrieben / vorangestelltes Sonderzeichen, # oder anderes Zeichen, falls auch Variablen getaggt werden / farbig	/TIME /time: during /time: after
Soziodemographisches Merkmal, wenn man zum Beispiel unterschiedliche Akteure kodiert werden (bei Gruppeninterviews, Kommentare verschiedener Personen in einem Blog oder zu einem YouTube-Video usw.)	kleingeschrieben / vorangestelltes Sonderzeichen (#) / grau	#background: personal #background: professional #gender: male #gender: female

3.2   Offenes Kodieren

Im Folgenden zeige ich Schritt für Schritt, wie eine Analyse im Rahmen der Grounded Theory computergestützt durchgeführt werden kann. Den Stand meiner Analyse habe ich zu unterschiedlichen Zeitpunkten als Screenshot festgehalten, so dass man die Veränderungen mitverfolgen kann.

Begonnen habe ich damit, das erste Interview zu lesen und erste Ideen und Gedanken in Form von Tags festzuhalten (*Notice* und *Collect*). Zu diesem Zeitpunkt habe ich, anders als bei der händischen Vorgehensweise, noch nicht sehr viele Notizen geschrieben; ich wollte mir das Material vorstrukturieren, damit ich die Vorteile der Software früh nutzen kann, indem ich über die Tags schnell auf die Daten zur weiteren Analyse zugreifen kann.

In ATLAS.ti sieht diese erste Strukturierung wie folgt aus (s. Abb. 4): Kodes sind noch nicht sortiert oder eingefärbt, es existiert zu diesem Zeitpunkt der Analyse nur eine Liste von Begriffen. Rechts neben dem Text werden in der Bedienoberfläche Kodierungen, Hyperlinks und – falls vorhanden – verknüpfte Memos angezeigt. Auf der rechten Seite der Abbildung sieht man den geöffneten ‚Code Manager'. Bisher sind nur wenige Kodes kommentiert. Kommentierte Kodes sind an dem gelben Post-It-Symbol und der Tilde (~) hinter dem Kodenamen zu erkennen. Einer der kommentierten Kodes ist ausgewählt (grau hinterlegt), der dazugehörige Kommentar wird im Textbereich unten im ‚Code Manager' des Programms angezeigt (s. Abb. 5).

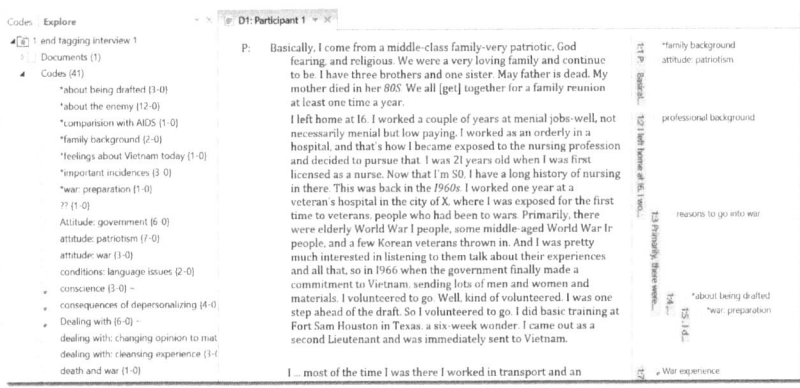

Abb. 4   Erste Phase: Taggen des Datenmaterials in ATLAS.ti
(Quelle: eigene Darstellung/Screenshot ATLAS.ti)

Die Beschreibung von Inhalten – also salopp gesagt: worum es im Datenmaterial geht bzw. was in den Daten steht – ist für eine computergestützte Analyse eine sehr wichtige Ebene. Wenn sie in der Analyse fehlt und Kodes zu interpretativ oder zu abstrakt sind, kommt man in der softwaregestützten Analyse über das Taggen nicht hinaus. Die Daten sehen dann zwar ‚kodiert' aus, aber man merkt schnell, dass man mit der Kodierung nichts anfangen kann, weil entweder die Abfragen nicht funktionieren oder das, was dabei herauskommt, keinen Sinn ergibt.

Als nächstes habe ich das zweite und dritte Interview in ähnlicher Weise getaggt und im Sinne der Grounded Theory angefangen zu kodieren, indem ich ausführlichere Notizen zu den markierten Textpassagen (Zitaten) im Kommentarfeld geschrieben habe. Hierbei bin ich auch zwischen den Interviews hin und her gesprungen, um ähnliche Passagen, die schon getaggt waren, in den anderen Interviews aufzusuchen und zu vergleichen. Die Veränderungen, die sich dabei in der Liste der Kodes ergaben, erweiterten und präzisierten das offene Kodieren, das von Corbin und Strauss (2008, S. 195) wie folgt definiert wird: „Breaking data apart and delineating concepts to stand for blocks of raw data. At the same time, one is qualifying those concepts in terms of their properties and dimensions". Die Abbildungen 13.5 und 13.6 zeigen die sich entwickelnde Kategorie ‚DEALING WITH'.

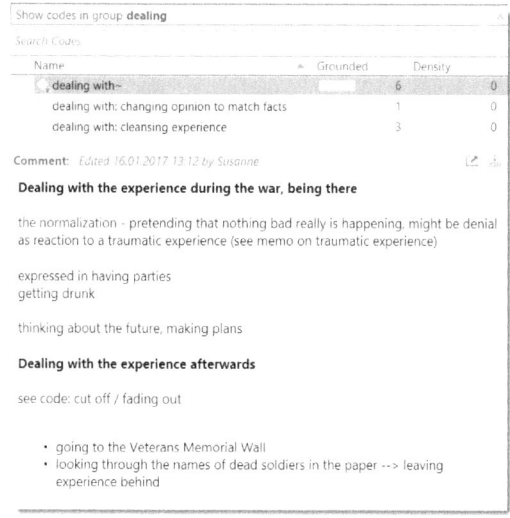

Abb. 5 Kodekommentar für das Konzept ‚dealing with' (hier klein geschrieben, da es zu diesem Zeitpunkt der Analyse noch nicht als Kategorie ausgearbeitet war) (Quelle: eigene Darstellung/Screenshot ATLAS.ti)

Die unterschiedlichen Aspekte im Umgang mit der Kriegserfahrung habe ich zunächst unter dem Konzept ‚dealing with‘ gesammelt. Sobald deutlich wurde, dass es klar unterscheidbare Aspekte gab, habe ich begonnen, folgende Subkodes zu bilden: ‚changing opinion to match facts‘ und ‚cleansing experience‘. Auf diese Weise entwickelt sich nach und nach aus dem Konzept eine Kategorie mit Subkodes (s. Abb. 6). Um dies deutlich zu machen, habe ich den Kategorienamen mit Großbuchstaben geschrieben.

Nach dem Taggen des dritten Interviews wurde zudem eine zeitliche Dimension eingeführt: ‚after‘ (Aufarbeitung der Kriegserfahrung nach der Heimkehr) und ‚during‘ (Aufarbeitung der Erfahrung während des Kriegsgeschehens). Diese Dimensionen sind noch vorläufig und können zum Teil auch noch nicht klar zugeordnet werden (beispielsweise die Dimensionen ‚depersonalizing‘, ‚fade out‘ und ‚lack of support and skills’). Daher wurden sie zunächst mit in die Bezeichnung der Subkodes aufgenommen. Mit fortschreitender Analyse wurde die Zuordnung klarer und die Anzahl der Subkodes kleiner. Dementsprechend erhöhte sich die Zahl der Kodierungen in den einzelnen Subkodes, das heißt einige Datensegmente konnten subsumiert werden. Einige der Subkodes wurden jedoch ausgegliedert, worauf ich weiter unten näher eingehen werde.

An dieser Stelle möchte ich festhalten, dass die Entwicklung eines Kodesystems ein Prozess ist und es für die Forschenden wichtig ist, offen für Veränderungen zu bleiben – auch wenn dies bedeuten kann, schon entwickelte Kodes wieder aufgeben zu müssen, Namen zu ändern oder Kodes zusammenzuführen. In der softwaregestützten Analyse ist eine immer länger werdende Liste an Subkodes ein Anzeichen dafür, dass an der Kategorie noch gearbeitet werden muss: Entweder ist die Kategorie noch nicht auf der richtigen analytischen Ebene oder es befinden sich noch Konzepte darin, die eigentlich in eine andere Kategorie gehören.

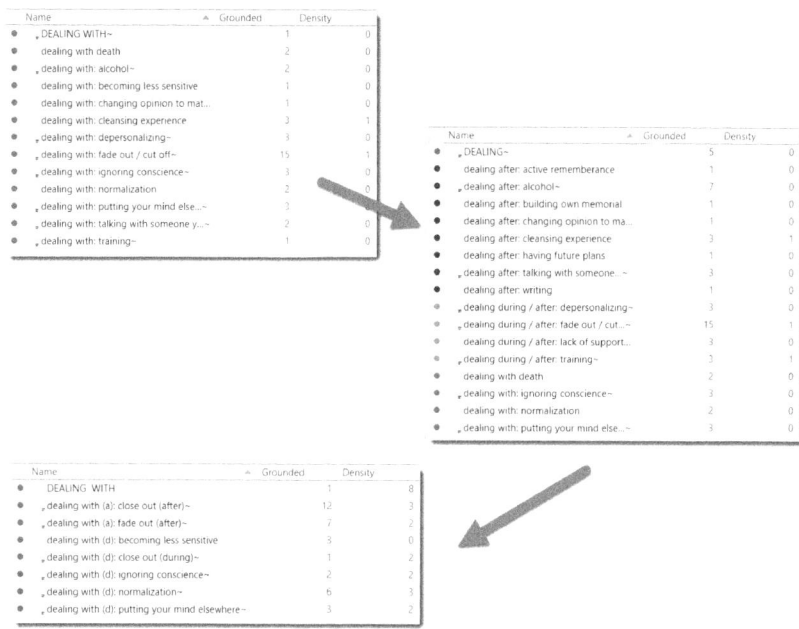

Abb. 6 Entwicklung der Kategorie ‚DEALING WITH‘
(Quelle: eigene Darstellung/Screenshot ATLAS.ti)

3.3 Axiales Kodieren

Das axiale Kodieren, also das Kodieren entlang der Achsen einer Kategorie, ist bei einer computergestützten Analyse in der Liste der Kodes nicht unmittelbar sichtbar, auch wenn das Wort ‚Kodieren‘ verwendet wird. Schauen wir also zunächst wieder auf die Begriffsbestimmung: In der dritten Ausgabe von *Basics of Qualitative Research* wird axiales Kodieren definiert als „crosscutting or relating concepts to each other" (Corbin und Strauss 2008, S. 195; s. auch Strübing, *in diesem Band*). In der vierten Ausgabe heißt es ausführlicher:

> „When researchers are coding for context, they are doing what Strauss (1987) called 'axial coding'. They are locating and linking action-interaction within the framework of sub concepts that give it meaning and enable it to explain what interactions are occuring, and why and what consequences real or anticipated are happening because of action-interaction" (Corbin und Strauss 2015, S. 156).

Mit Tagging kommt man hier also nicht weiter, da Kodes nur auf Datensegmente verweisen, aber keine Verbindung zwischen einzelnen Passagen herstellen und auch keine Zusammenhänge erklären. Beim axialen Kodieren geht es vielmehr um das Erstellen von Verknüpfungen. Diese lassen sich computergestützt zwar leicht erstellen, aber vorher muss man sich erst erarbeiten, wo und wie etwas sinnvoll zu verknüpfen ist. Das ist nur möglich, wenn man beginnt zu schreiben (*Think*). Axiales Kodieren in der softwaregestützten Analyse findet also vornehmlich innerhalb von Texteditoren und nicht beim ‚Taggen‘ (*Collect*) der Daten statt. Abbildung 6 zeigt ein Beispiel für den Vorgang des axialen Kodierens, in dem das Kodierparadigma angewendet wurde. Es wurden insbesondere Handlungsstrategien, Kontexte, Bedingungen und intervenierende Bedingungen sowie Konsequenzen identifiziert. Angefangen habe ich mit der näheren Betrachtung von Aspekten aus den persönlichen Biographien der Veteranen, die mit #background: personal (Erzählungen zum Familienkontext) und #background: professional (beruflicher Werdegang) getaggt sind, ihren Motivationen in den Krieg zu ziehen (#path to war) und, damit verbunden, den Kriegerlebnissen und wie diese beschrieben, wahrgenommen und verarbeitet werden (Kategorien: ‚WAR EXPERIENCE‘, ‚EFFECTS‘ und ‚DEALING WITH‘). Die Funktion von Kodes ist, wie schon erwähnt, dass man schnell und zielgerichtet auf Daten zugreifen und sich in den Daten bewegen kann. Jedes Interviewdokument hat zudem eine Nummer, die auch bei jedem Zitat angegeben wird, so dass man eine bestimmte Person, einen Fall bzw. ein Dokument leicht identifizieren kann. Alle Zitate, die mit 1 beginnen, sind Teil des Interviews mit dem Soldaten im Sanitätsdienst (D1); alle Zitate, die mit 3 beginnen, sind Teil des Interviews mit dem Veteranen, der in verschiedenen Kriegen gedient hat (D3).

Die Softwarefunktion zum Verfassen von Memos wurde bis zu diesem Zeitpunkt nur für allgemeinere Notizen verwendet. Alle bisherigen Analysen wurden in das Kommentarfeld für das jeweilige Zitat geschrieben. Abbildung 7 zeigt die Programmfunktion ‚Quotation Manager‘ im Kontext der Daten und Kodierungen. Ausgewählt ist das Zitat mit der Nummer 3:14 – im unteren Bereich des Fensters, dem Kommentarfeld, werden die näheren Erläuterungen dieses Zitats angezeigt. Wenn beim Schreiben erkennbar wurde, dass es sich um Strategien, Interaktionen, Bedingungen oder Konsequenzen der Akteure bzw. der Phänomene handelte, habe ich dies im Text vermerkt und farblich hervorgehoben (s. dazu auch Strübing, *in diesem Band*).

Im Kommentar gibt es zudem Verweise auf andere Kodes (in Form von „--> Kodename") als Notiz an mich, mir die Zitate zu diesem Kode noch einmal in Verbindung mit dieser Textstelle anzuschauen. Eine weitere Hilfestellung, die man hierbei einbauen kann, sind gut wieder auffindbare Kürzel. Zum Beispiel verwende ich das Kürzel *TS, wenn ich mir eine Notiz zum theoretischen Sampling gemacht habe (s. Abb. 8). Dieses Kürzel lässt sich als Suchbegriff in ATLAS.ti verwenden, um alle Notizen, die ich mir zur weiteren Datenerhebung gemacht habe, wieder zu finden. Die ‚Search Project'-Funktion sucht in allen verfügbaren Textfeldern, sei es im Dokument, in den Kommentarfeldern, in den Memos oder auch in den Objektnamen.

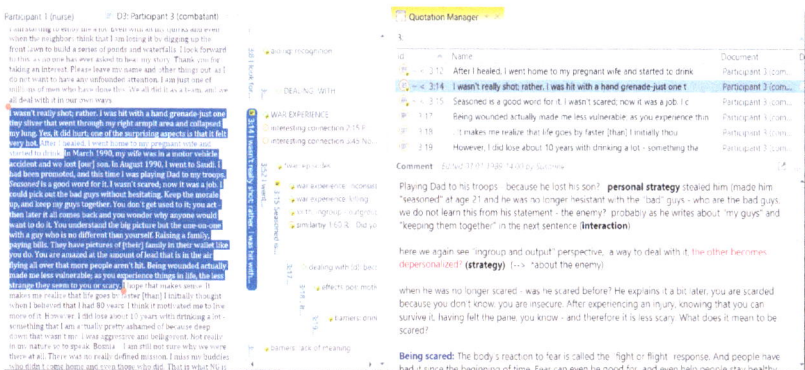

Abb. 7 Umsetzung des axialen Kodierens in ATLAS.ti
(Quelle: eigene Darstellung/Screenshot ATLAS.ti)

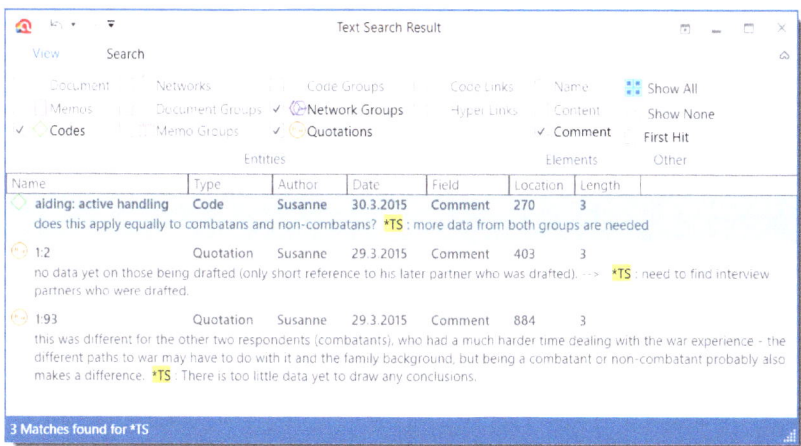

Abb. 8 ‚Search Project' durchsucht alle verfügbaren Felder, in diesem Fall die Kommentare
(Quelle: eigene Darstellung/Screenshot ATLAS.ti)

Möchte man Zusammenhänge zwischen Zitaten festhalten, so lassen sich in AT-LAS.ti Hyperlinks erstellen. Hyperlinks sind im Seitenrandbereich erkenn- und abrufbar, sie können mit Hilfe der Netzwerkfunktion visualisiert oder als Liste im ‚Hyper-Link Manager' anzeigt werden (s. Abb. 9). Des Weiteren können sie benannt (*confirms*, *contradicts*, *expands*, etc.) und kommentiert werden. Zudem kann man mittels Doppelklick auf einen Hyperlink im Text hin und her springen. Es ist also nicht notwendig, sich Verweise zu notieren und diese gegebenenfalls zu suchen, da sie sofort verfügbar sind.

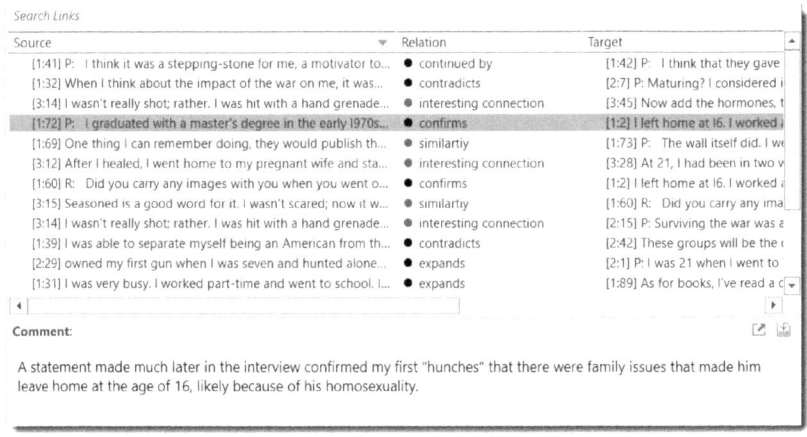

Abb. 9 ‚Hyper-Link Manager' in ATLAS.ti
(Quelle: eigene Darstellung/Screenshot ATLAS.ti)

Parallel zum Schreiben in der Phase des axialen Kodierens habe ich die Liste der Kodes fortlaufend verändert und dabei Schritt für Schritt das Kategoriensystem entwickelt. Kodes machen es dabei einfach, die Textstellen, mit denen man gerade arbeiten möchte, zu finden. Meine Beschreibungen wurden dichter und ich begann Zusammenhänge zu erkennen. Ein alleiniges Sortieren von Kodes, ohne sich näher mit den Daten, die dahinterstehen, und den Notizen, die man dazu geschrieben hat, auseinander zu setzen, hätte nicht den gleichen Erkenntnisgewinn mit sich gebracht. In dieser Phase habe ich intensiv mit dem ‚Quotation Manager' gearbeitet, denn Zitate lassen sich hier auch themenspezifisch, also mittels Kodes, sortieren. Was dabei automatisch passiert: Mit dem Sortieren der Kodes sortieren sich auch gleichzeitig die Notizen, das heißt die Texte, die man zu den Daten geschrieben hat

– in der Terminologie der Grounded Theory also Memos. Dabei ist das Sortieren dieser Memos als gesonderter Arbeitsschritt, wie er bei Glaser (2003) beschrieben ist, nicht notwendig:

> „Sorting memos is the last stage of the grounded theory process that challenges the researcher's creativity in generating conceptual theory. […] SO WHY ON EARTH WOULD THE GT RESEARCHER WANT TO BLOCK THIS STAGE OF THE GT PACKAGE WITH A COMPUTERIZATION? The answer is there is no reason to. Computers would erode, block and remodel GT at the sorting stage" (Glaser 2003, S. 37; Hervorhebung im Original).

Was Glaser hier als Argument gegen die computergestützte Analyse anführt, erfolgt praktisch fortlaufend und im Kontext der Daten. Es handelt sich damit eher um eine Frage der Umsetzung und Kenntnis der zur Verfügung stehenden Funktionalitäten als um ein grundsätzliches analytisches Manko. Ein wichtiger Bestandteil in der computergestützten Analyse ist der Aufbau des Kategoriensystems, das Erstellen von Kategorien und Unterkodes. Wie abstrahiert man, wenn man zu kleinteilig getaggt hat? Wie differenziert man aus, wenn die Begriffe zu umfassend sind und zu viele verschiedene Dinge hineingepackt wurden? Hierzu muss man zum einen die Funktionen des Programms beherrschen, zum anderen aber auch die entsprechende methodische Kompetenz mitbringen. Letzteres erlangt man nur durch Übung. Das ist bei der computergestützten Analyse nicht anders als bei manuell durchgeführten Analysen.

Um den Prozess der Entwicklung von Kategorien zu zeigen, sind in den Abbildungen 10 und 11 die Kategoriensysteme zu verschiedenen Zeitpunkten der Analyse dargestellt. Auch das in Abbildung 11 gezeigte Kategoriensystem ist als vorläufig zu betrachten und würde sich mit Hinzufügen von weiterem Datenmaterial sicherlich noch weiter verändern.

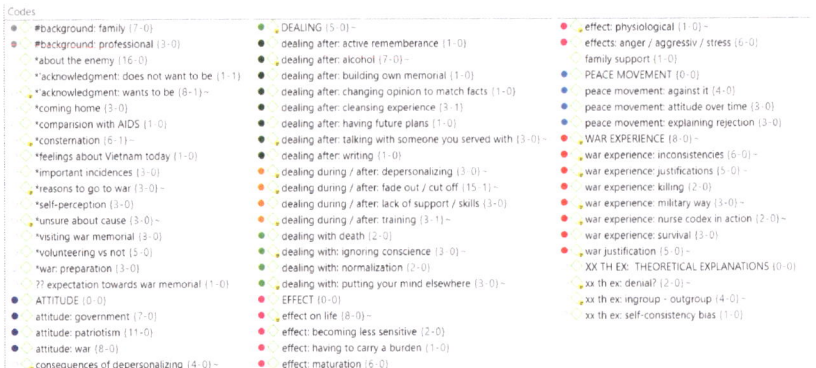

Abb. 10 Kodesystem im Verlauf des axialen Kodierens
(Quelle: eigene Darstellung/Screenshot ATLAS.ti)

An dieser Stelle möchte ich noch einmal die Kategorie ‚DEALING WITH' als Beispiel heranziehen. Im weiteren Verlauf der Analyse habe ich das Konzept ‚coming home' in den Mittelpunkt gestellt. Dadurch war es leichter zu erkennen, dass in der Kategorie ‚DEALING WITH' Elemente von zwei anderen Aspekten enthalten waren, die bisher noch nicht benannt wurden, und zwar Faktoren, die das ‚coming home' begünstigen (‚AIDING') und solche, die es erschweren (‚BARRIERS'). So passte etwa der Subkode ‚dealing with (a): alcohol' besser in die Kategorie ‚BARRIERS', wurde entsprechend umbenannt und war somit auch gleichzeitig umsortiert. Die Ergänzung (a) für ‚after the war' war als Teil der Bezeichnung für diesen Subkode nicht länger notwendig, weil sich die zeitliche Dimension aus der Definition der Kategorie erklärt. Ähnlich verlief es mit der Kategorie ‚EFFECTS', die ich in positive und negative Effekte gruppiert habe. Die Kategorie ‚PEACE MOVEMENT' hat sich komplett aufgelöst, die dort getaggten Datensegmente sind nun als Subkode ‚barriers: no recognition' Teil der Kategorie ‚BARRIERS': Anstatt jubelnd im Heimatland bei der Rückkehr aus dem Vietnamkrieg empfangen zu werden, wurden die Veteranen von der Friedensbewegung attackiert, weil der Krieg in Großteilen der Bevölkerung keinen Rückhalt mehr fand.

Abb. 11 Kodesystem nach der Integration bezogen auf die gewählte Kernkategorie
‚COMING HOME'
(Quelle: eigene Darstellung/Screenshot ATLAS.ti)

In Abbildung 12 sieht man, dass sich nicht nur die Tags verändern, sondern im Laufe der Analyse auch weitere Kodegruppen hinzugefügt wurden. Kodegruppen können in ATLAS.ti als Filter verwendet werden, um gezielt und entlang bestimmter Fragestellungen auf Kodes und deren Inhalte zuzugreifen. Im Beispiel wurden Kodes entsprechend ihrer Kategorien in Gruppen zusammengefasst und auf einer zweiten Ebene nach den analytischen Kriterien des axialen Kodierens, also je nachdem, ob sie Strategien, Interaktionen, Bedingungen oder Konsequenzen darstellen.

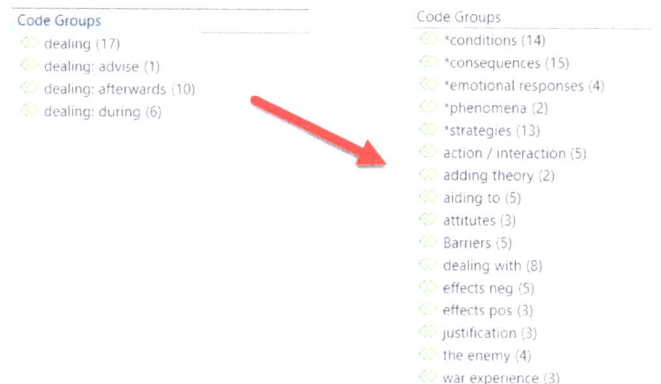

Abb. 12 Entwicklung von Kodegruppen im Verlauf der Analyse
(Quelle: eigene Darstellung/Screenshot ATLAS.ti)

3.4   Integration und Visualisierung

In ihrer exemplarischen Analyse wählte Corbin das Konzept ‚survival: reconciling different realities' als zentrales Konzept, um das Phänomen Kriegserfahrung in seiner Gesamtheit zu erklären. Ich habe meinen Fokus hingegen auf das Konzept ‚coming home' gelegt, weil mir folgende Interviewpassage als wesentlich erschien:

> „My spirit took a long time to come home. Physically I was home in 24 hours. Emotionally and spiritually most of me is here. That I owe to my wife. Great girl teaching me how to live again; that's harder [than] anything I have ever done. Dying is the easy part." (D3, Absatz 18)

Von einer Kernkategorie kann man hier noch nicht sprechen, da bei der vorhandenen Datenbasis noch keine theoretische Sättigung erreicht ist. Daher hat die weitere Analyse eher hypothetischen Charakter. Ich hatte zu diesem Zeitpunkt eine Reihe von Ideen, wie die unterschiedlichen Einzelaspekte mit ‚coming home' zusammenhängen könnten. Auf der Basis von weiterem Datenmaterial und mit längerer Vertiefung in die Analyse wäre ich eventuell ebenfalls darauf gestoßen, dass die Versöhnung der unterschiedlichen Lebensrealitäten eine passende Klammer – sprich: übergreifendes Konzept – für das gesamte Datenmaterial ist. Auch bei Corbin war ‚coming home' neben ‚the changing self' oder ‚culture of war' eines der Hauptthemen. Da es hier um die computergestützte Umsetzung der Analyse geht, würde eine Diskussion darüber, ob und warum verschiedene Forscherinnen und Forscher zu gleichen oder anderen Ergebnissen kommen, an dieser Stelle zu weit führen. Grundsätzlich tendiere ich aber zu der Aussage: „The data themselves do not lie" (Strauss und Corbin 1998, S. 44).

In der nächsten Phase der Analyse habe ich eine Netzwerksicht aufgerufen und die gewählte Kernkategorie ‚COMING HOME' in die Mitte gezogen. Die anschließende Frage war, was dazu beiträgt, dass es sich für einen Soldaten, der im Krieg war, anfühlt, als sei er wieder zu hundert Prozent zu Hause angekommen. Zunächst einmal sind dies die Bewältigungsstrategien, deren entsprechende Kodes ich mir in die Netzwerkansicht zog (Kategorie ‚AIDING', das heißt alles, was den Prozess des ‚coming home' fördert und unterstützt). Dem gegenüber stehen aber auch Faktoren, die das erfolgreiche Heimkommen hemmen (Kategorie ‚BARRIERS'). Weitere analytische Fragen waren: Mit welchen Strategien wird auf welche Auswirkungen des Krieges reagiert? Gibt es Unterschiede zwischen Personen, die unmittelbar an der Front gekämpft haben oder in zweiter Linie als Sanitäter? Was wurde erlebt und hatte es unterschiedliche Auswirkungen? Wie ging man während des Kriegs mit dem Erlebten um? Welchen Einfluss hatte darauf die ursprüngliche Einstellung zum Krieg und hat sich diese durch das Erlebte geändert? Über diese Fragen habe ich mich zeitlich von der Gegenwart in die Vergangenheit zurückgearbeitet. Das Arbeiten mit der Netzwerkfunktion für diese Phase der Analyse hat maßgeblich zur Integration beigetragen. Zum Beispiel wurde durch den oben beschriebenen Prozess deutlich, dass sich die Kategorie ‚DEALING WITH' unter anderem aus Barrieren für das ‚coming home' zusammensetzt und aus Faktoren, die diesen Prozess unterstützen. Das Setzen eines Fokus für die Analyse, sprich die Auswahl der Kernkategorie, und der Prozess der Verlinkung der anderen Kategorien mit der Kernkategorie haben dazu beigetragen zu verstehen, wie die einzelnen Aspekte zusammenhängen und möglicherweise auch noch weiter ausdifferenziert werden können. Einschränkend sei angemerkt, dass ich keine Kontextanalyse durchgeführt oder weiteres Material in Betracht gezogen habe. Für eine Kontextanalyse würde man sich auch die politischen, sozialen und historischen Bedingungen der Kriege auf der Makroebene sowie die Bedingungen des Alltagslebens der Soldaten im Krieg auf der Mikroebene anschauen.

Aus Abbildung 11 (s. oben) wird ersichtlich, dass die Kernkategorie ‚COMING HOME' nur eine einzige Verbindung hat, erkennbar an der Markierung {0 - 1}. Sie ist mit dem Kode ‚coming home as process/journey' verbunden. In den Interviews sprechen die Soldaten über das ‚coming home' als einen Prozess und es ist nicht ein bestimmtes Datum gemeint. Dieser Kode eignete sich also besser für die eigentliche Kodierung. Der Grund, noch einen weiteren Kode ‚coming home' einzuführen, hatte eher ästhetische Gründe für den Zweck der Visualisierung in der Netzwerksicht. ‚Coming home as process' ist noch mit sieben anderen Kodes und diese wiederum mit anderen Kodes verbunden. Daraus ergibt sich ein dichtes Netz von Verknüpfungen, die für eine übersichtliche Darstellung allerdings mehr als eine Buchseite benötigt. Daher stelle ich im Folgenden nur einen Teilaspekt vor:

In Abbildung 13 steht die Kategorie ‚WAR EXPERIENCE' im Mittelpunkt: Die Aspekte der Kriegserfahrung, die Konsequenzen, die diese Erfahrungen haben, und die Strategien, wie mit diesen Erfahrungen umgegangen wird, sowie die Wahrnehmung des Feindes differenziert nach Personengruppe (Kämpfer/Nicht-Kämpfer). Als Besonderheit von ATLAS.ti ist hier hervorzuheben, dass man die Beziehungszusammenhänge benennen und kommentieren kann. So wird die Art der Zusammenhänge mittels der Relationen (unter anderem *expressed by*, *strategy for*, *is associated with* oder *to deal with*) erkennbar.

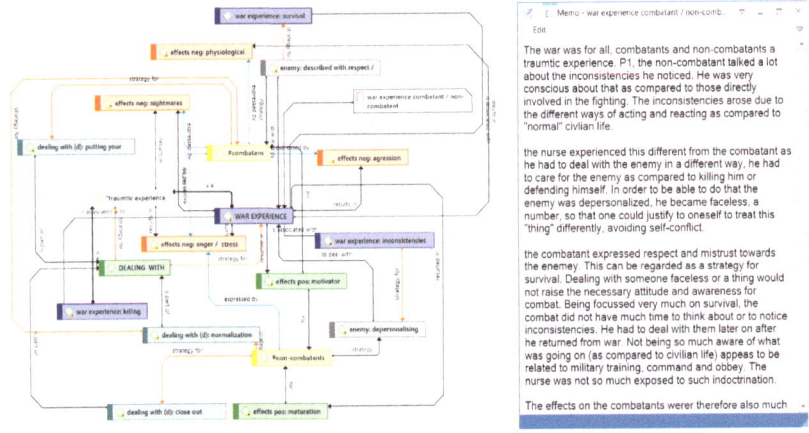

Abb. 13 Netzwerk-Diagramm zur Kategorie ‚WAR EXPERIENCE' mit Memo
(Quelle: eigene Darstellung/Screenshot ATLAS.ti)

Zum Schreiben der zusammenfassenden Analyse wurde ein ATLAS.ti Memo
verwendet, welches auch parallel zu einem Netzwerk aufgerufen werden kann (s.
Abb. 13). Wichtig ist hier wieder die begriffliche Unterscheidung: Im Sinne der
Grounded Theory-Methodologie sind ATLAS.ti Zitat- und Kodekommentare auch
Memos. ATLAS.ti differenziert allerdings zwischen Kommentaren und Memos:
Während ich beide Funktionen dazu verwenden kann, Reflektionen, Beobachtun-
gen und Interpretationen aufzuschreiben, haben Memos in ATLAS.ti noch weitere
Eigenschaften, unter anderem haben sie einen Titel und man kann ihnen einen
Typ zuweisen. Sie sind eigenständige Entitäten, sie können mit mehreren Zitaten
und Kodes verknüpft sein und der Memoinhalt kann zusätzlich noch kommentiert
werden. Ein Kommentar hingegen ist direkt mit der zugehörigen Entität, zum
Beispiel einem Dokument, Zitat oder Kode verbunden.

Für jeden Teilaspekt, der die Daten dann letztendlich mit Bezug auf die Kernkategorie zusammenführen könnte, wurde ein Memo erstellt – Memos lassen
sich in ATLAS.ti im ‚Memo Manager' darstellen (s. Abb. 14). Beim Schreiben der
Analyse wurde das abgebildete Memo mit Zitaten aus den Interviews verknüpft
(Spalte ‚Grounded'), die man möglicherweise im Ergebnisbericht zitieren möchte
und die mittels der Verknüpfung schnell auffind- und abrufbar sind.

Name	Type ▲	Grounded	Density	Groups
☐ role of family background	Analysis	4	4	[chapter 4.1]
☐ Strategies to deal with the experience (during the war)	Analysis	4	5	[chapter 4.3]
☐ Strategies to deal with the war experience after the war	Analysis	5	2	[chapter 4.3]
☐ Factors hindering and facilitating "coming home"	Analysis	3	2	[chapter 4.4]
☐ changing attitude over time	Analysis	3	1	[chapter 4.5]
☐ war experience combatant / non-combatant~	Analysis	8	1	[chapter 4.2]
☐ Taumatic experience	Literature	3	0	
☐ congruence (Roger)	Literature	0	0	

Memo: *Edited 19.01.2017 21:02 by Susanne*

The war was for all, combatants and non-combatants a traumtic experience. P1, the non-combatant talked a lot about the inconsistencies he noticed. He was very conscious about that as compared to those directly involved in the fighting. The inconsistencies arose due to the different ways of acting and reacting as compared to

Comment: *Edited 19.01.2017 21:02 by Susanne*

Im Kommentarfeld kann man sich selbst Notizen zu diesem Memo machen. Arbeitet man im Team, kann man die Memos anderer kommentieren.

ProfessorInnen / BetreuerInnen können die Memos ihrer Studierenden kommentieren.

Abb. 14 ,Memo Manager'
(Quelle: eigene Darstellung/Screenshot ATLAS.ti)

Hierzu ist anzumerken, dass der Begriff *Groundedness* in ATLAS.ti angibt, wie viele Zitate mit einem Kode oder Memo verbunden sind – die Verwendung des Begriffs wurde wahrscheinlich von der Grounded Theory-Methodologie inspiriert, ich würde ihn aber nicht mit Sättigung gleichsetzen. In der computergestützten Analyse kann ich anhand der *Groundedness* zum Beispiel erkennen, ob ein Kode noch ausdifferenziert werden muss, oder ob zu nah am Datenmaterial kodiert wurde. Erst bei einem gut entwickelten Kategoriensystem lässt die *Groundedness* Aussagen über die Sättigung eines Kodes mit Bezug auf die ausgebildete Theorie zu. Die Spalte ,Density' im ,Memo Manager' wiederum gibt an, mit wie vielen Kodes und Memos das Memo verknüpft ist. Die Zahl sagt jedoch nicht viel über die Dichte der Zusammenhänge aus, weil das Memo – wie schon der Kode ,coming home' (s. Abb. 10) – nicht direkt mit allen relevanten Kodes verknüpft ist, sondern indirekt über andere Kodes.

3.5 Theoretisches Sampling, Sättigung und Theoriebildung

Den oben beschriebenen Prozess müsste man jetzt mit weiterem Datenmaterial fortführen, wobei sich die Vorgehensweise dabei nicht ändert: Die Daten werden getaggt, die Kategorien weiterentwickelt, beim Schreiben von Zitatkommentaren wird weiter axial kodiert, interessante Verbindungen mittels Hyperlinks festgehalten und mithilfe der Netzwerkfunktion werden Diagramme gezeichnet und

Zusammenhänge visualisiert. Die Netzwerksichten sind immer direkt mit dem Datenmaterial verknüpft. Es ist kein Jonglieren von Begriffen, sondern man kann sich die dahinterliegenden Daten immer wieder anschauen, die Kommentare dazu lesen und weiterentwickeln, wie auch die zusammenfassenden Memos.

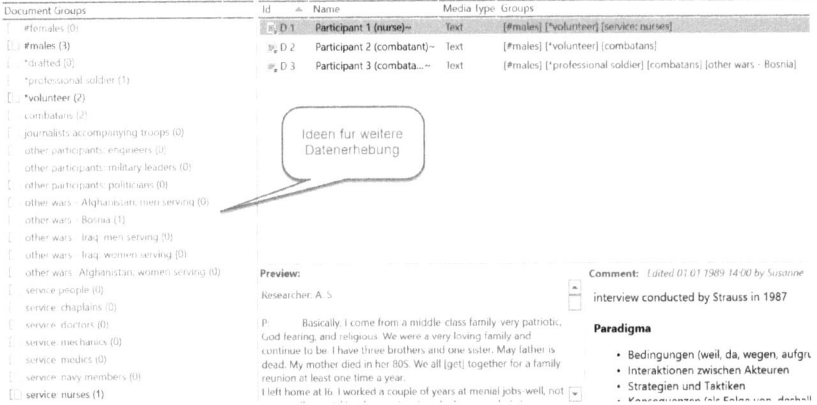

Abb. 15 Ideen zur Erhebung von weiterem Datenmaterial im Sinne des Theoretischen Samplings
(Quelle: eigene Darstellung/Screenshot ATLAS.ti)

Abbildung 15 zeigt auf Basis der Ideen von Corbin und Strauss (2015), welche Daten zur vollständigen Entwicklung einer Theorie noch erhoben werden könnten. Vorhanden sind bisher nur drei Interviews. Links in der Abbildung werden die bestehenden und wünschenswerten Dokumentgruppen angezeigt. Fett markiert sind die Gruppen, für die es aktuell Daten gibt – es fehlt also noch eine ganze Menge an Material.

Nehmen wir einmal an, diese Daten wären tatsächlich erhoben worden, dann wäre es zum Beispiel möglich, einen Ländervergleich mit Bezug auf verschiedene Aussagen zu erstellen (s. Abb. 16): Ich könnte prüfen, ob es Unterschiede in den Erfahrungsberichten von Soldaten gibt, die in Vietnam, im Irak oder in Afghanistan gedient haben. Berichten Frauen andere Dinge als Männer? Wo sind die Gemeinsamkeiten? Gibt es unterschiedliche oder ähnliche Bewältigungsstrategien? Wie wird das ‚coming home' je nach Umfeld und Situation erlebt? Das sind alles Fragen, zu denen Software mittels weniger Mausklicks die entsprechenden Daten liefern kann, vorausgesetzt die Daten wurden sinnvoll aufgearbeitet. Auf Basis des kodierten Datenmaterials können auch neue Vergleichsgruppen gebildet werden, die zum Beispiel die gleiche Bewältigungsstrategie gewählt haben. Dies kann dann Ausgangspunkt für neue Vergleiche sein usw.

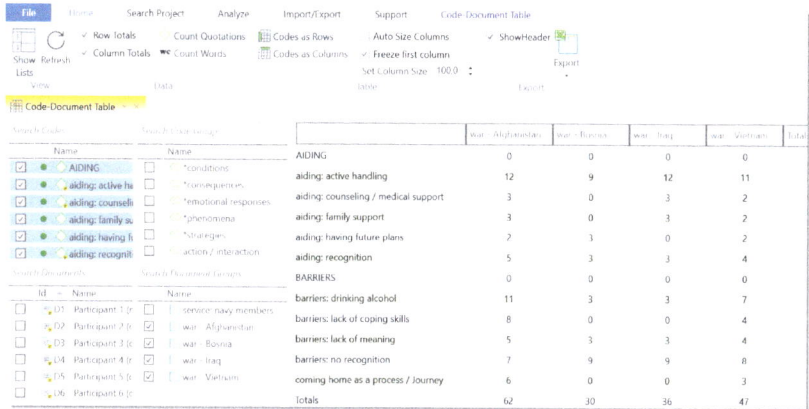

Abb. 16 Vergleich von Aussagen verschiedener Personengruppen zu ausgewählten Themen
(Quelle: eigene Darstellung/Screenshot ATLAS.ti)

Eine andere Möglichkeit ist, Kategorien miteinander in Beziehung zu setzen (s. Abb. 17). Hierbei geht es nicht um eine Quantifizierung der Daten, sondern um eine Hilfestellung, um Beziehungszusammenhänge zu erkennen, denn verknüpft mit den Zahlen sind die Daten per Mausklick abrufbar. Wichtig ist, den Schritt von den Zahlen zu den Daten zu vollziehen, denn die Zahlen geben zwar Hinweise, aber es sollten die dazugehörigen Daten gelesen werden, um Schlussfolgerungen zu ziehen. In diesem Prozess ist wieder das Schreiben von Memos wichtig. Ein wesentliches Merkmal von Grounded Theory – das Vergleichen und Kontrastieren – wird auf diese Art und Weise par excellence unterstützt. Dies ist umso bedeutsamer, je umfangreicher das Datenmaterial wird. Demgegenüber wird man viele Möglichkeiten für Vergleiche händisch nie oder nur sehr umständlich in Erwägung gezogen haben, weil sie nicht bzw. nur unter großem Aufwand durchführbar gewesen wären.

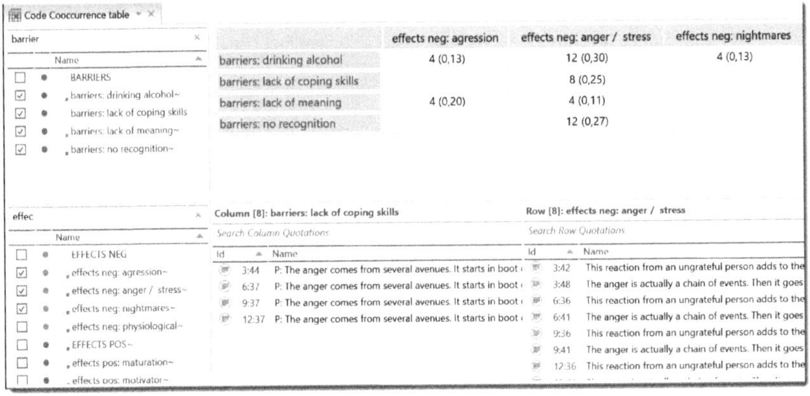

Abb. 17 Untersuchung von zusammen auftretenden Kategorien
(Quelle: eigene Darstellung/Screenshot ATLAS.ti)

Gegenüberstellungen wie in den Abbildungen 16 und 17 sind mittels Software einfach zu erstellen. Voraussetzung dafür ist ein gut aufgebautes Kategoriensystem, welches mithilfe der NCT-Methode erstellt werden kann, wie hier implizit am Beispiel gezeigt wurde. Das Denken – also das ‚T' im NCT-Prozess – bleibt freilich immer noch den Forschenden überlassen und lässt sich schreibenderweise gut implementieren, indem man die Kommentar- und Memofunktion nutzt. Die Erstellung von Netzwerksichten regt das Denken auf eine kreative Art und Weise an, hilft beim Erkennen übergeordneter Zusammenhänge und bei der Integration der Daten in Bezug auf die Kernkategorie. Während die Daten dabei natürlich immer die gleichen sind, lassen sie sich mittels der Software anders aufbereiten. Dies ermöglicht einen anderen Blickwinkel auf das Datenmaterial und trägt zum Erkenntnisgewinn bei. In Tabelle 3 sind noch weitere Softwarefunktionen in ATLAS.ti und ihre Verwendung für eine Grounded Theory-Analyse im Überblick zusammengestellt.

Tab. 3   Weitere Softwarefunktionen und ihre Verwendung für Grounded Theory

Software-funktion in ATLAS.ti	Verwendung
Hyperlinks	• Verweise auf andere Datensegmente, die bei einer händischen Analyse auf einer Karteikarte notiert werden müssen • Die Art der Verbindung kann benannt werden: die Textstelle bestätigt eine Vermutung / liefert eine Erklärung / zeigt eine Konsequenz auf / ist eine Strategie für / diese Aussage widersprechen sich • Die verknüpfte Textstelle kann im aktuellen Kontext aufgerufen werden, man kann per Mausklick zu ihr springen und Hyperlinks können auch in Netzwerksichten erstellt und angezeigt werden
Netzwerke	• Empfohlen für das Arbeiten auf der konzeptionellen Ebene, wenn es um das Erkennen von Zusammenhängen geht • Unterstützen den Prozess der Integration • Darstellung der Kernkategorie und ihren Verbindungen
Memo	• Forschungstagebuch • Festhalten von Ideen, welche theoretischen Ansätze hilfreich für die Interpretation sein könnten • Formulierung von Antworten zu kodeübergreifenden Fragestellungen / Axiales Kodieren • Formulierung der Bestandteile, der sich entwickelnden Theorie • Beschreibung der Theorie • Technisch: Erstellung einer Liste von Kodes, die dann in die Kodeliste importiert werden können
Kodegruppen *smart groups*	• Technische Anwendung: als Filter für den erleichterten Zugriff und für spezifische Abfragen

Zusammenfassung

Software wird uns nicht das Denken abnehmen, sie stellt uns lediglich Funktionen und Werkzeuge zur Verfügung, mit denen wir arbeiten können – wie wir damit arbeiten, sagt sie uns nicht. Sie legt zwar anhand der gestaltenden Nutzeroberfläche und den Prorammfunktionen bestimmte Aktionen nahe, ob und wie diese dann aber genutzt werden, steht auf einem anderen Blatt. Software stellt uns Entitäten, wie zum Beispiel ‚Kodes' oder ‚Memos' zur Verfügung. Je nach verwendetem methodologischen Ansatz müssen diese in die jeweilige Methodensprache übertragen werden. Im Zusammenhang mit Grounded Theory habe ich in diesem Beitrag am Beispiel der Software ATLAS.ti gezeigt, dass Kodes zunächst einmal nur Tags sind, und dass der Prozess des softwaregestützten Kodierens nicht das Gleiche ist wie das, was in der Grounded Theory unter Kodieren verstanden wird. In der Vergangenheit hat dies zu vielen Missverständnissen und teils sogar zur Ablehnung von CAQDAS für Grounded Theory-gemäße Analysen geführt (dazu ausführlicher Friese 2015). Exemplarisch habe ich in diesem Beitrag die Übersetzung der traditionellen Variante der Grounded Theory von Strauss und Corbin in einen computergestützten Ansatz beschrieben. Wird dieser Ansatz einer ‚Grounded Theory 2.0' adäquat durchgeführt, zum Beispiel unter Anwendung der NCT-Methode, so kann eine computergestützte Analyse im Vergleich zu traditionellen händischen Verfahren einen Mehrwert bieten.

Perspektiven und Reflexionen

- Die Durchführung einer softwaregestützten Analyse ist nicht selbsterklärend. Es bedarf einer methodologisch-methodischen Übersetzung. Die NCT-Methode (*Notice – Collect – Think*) kann dabei helfen, einen qualitativen methodologischen Ansatz wie die Grounded Theory in einem softwaregestützten Rahmen umzusetzen.
- Kodieren mit CAQDAS ist nicht das Gleiche wie das Kodieren nach der Grounded Theory. Der Begriff ‚Taggen' beschreibt besser, was in Software unter ‚Kodieren' verstanden wird, nämlich die Zuordnung eines Labels zu einem Datensegment.
- Offenes Kodieren bedeutet bei einer softwaregestützten Analyse ‚Taggen und Schreiben'. Hierzu kann in ATLAS.ti ein Zitatkommentar verwendet werden.
- Axiales Kodieren hat wenig gemein mit dem Taggen in CAQDAS. Es geht vielmehr darum Konzepte miteinander in Beziehung zu setzen und dies zu begründen. Hierzu kann in ATLAS.ti wieder ein Zitatkommentar verwendet werden, in anderen Programmen Memos. Die einzelnen Aspekte des Kodierparadigmas können helfen, diese Überlegungen zu strukturieren.
- Die Visualisierungstools in CAQDAS in Form von Netzwerken, *maps* und Modellen unterstützen den Prozess der Datenintegration. Weiterführende Analysefunktionen, wie Kode-Dokument- oder Kode-Kode-Tabellen und weitere Abfrageoptionen unterstützen die komparative Analyse und gehen über das hinaus, was mit händischen Analysen durchführbar ist.

Lesehinweis

- *Friese, Susanne. 2014. Qualitative Data Analysis with ATLAS.ti. 2. Aufl. London: Sage.*
  In diesem Buch beschreibe ich Schritt für Schritt, angefangen vom Projektmanagement bis zum Schreiben eines Ergebnisberichts, wie man eine qualitative Datenanalyse computergestützt durchführen kann. Auf Basis meiner langjährigen Erfahrung habe ich die NCT-Methode entwickelt (*Notice – Collect – Think*), die sich prinzipiell als Grundlage jeder computergestützten Analyse eignet – auch unabhängig von ATLAS.ti – und die man durch den entsprechenden methodologischen Ansatz erweitern kann.
- *Strauss, Anselm L., und Juliet Corbin. 1998. Basics of Qualitative Research: Techniques and Procedures for Developing Grounded Theory. 2. Aufl. London: Sage.*
  Es scheint offensichtlich, dass man etwas von Strauss und Corbin liest, wenn man mit Grounded Theory arbeiten möchte. Ich möchte an dieser Stelle insbesondere auf die zweite Ausgabe von *Basics of Qualitative Research* hinweisen bzw. die Übersetzung der ersten Ausgabe, weil sie zum Erlernen der einzelnen Auswertungsschritte besser geeignet sind als die aktuelleren Ausgaben. Das Buch ist auf Basis der Seminare von Strauss entstanden: Seine Studierenden wollten ein Lehrbuch. Also haben sie seine Veranstaltungen aufgezeichnet und ihm das Transkript in die Hand gedrückt, mit der Bitte, ein Buch daraus zu schreiben. Die ersten Ausgaben kommen sozusagen direkt aus der Lehre. Das Buch wurde im Laufe der Jahre viel diskutiert, Juliet Corbin hat in der Ausgabe von 2008 auf diese Diskussion reagiert und den Aufbau des Buches umgestellt. Es ist zwar richtig, dass die in der ersten und zweiten Ausgabe beschriebenen Auswertungsschritte oft parallel ausgeführt werden und nicht der Lehrbuchdidaktik folgen. Möchte man das Verfahren erlernen, ist es aber durchaus sinnvoll, zunächst einmal eine Schritt-für-Schritt Anleitung zu lesen. Daher sind auch die ersten Ausgaben dieses Klassikers empfehlenswert.
- *Morse, Janice M., Phyllis N. Stern, Juliet Corbin, Barbara Bowers, Kathy Charmaz, und Adele E. Clarke. 2009. Developing Grounded Theory: The Second Generation. Walnut Creek, CA: West Coast Press.*
  Wer an den vielen Formen der Weiterentwicklung der Grounded Theory interessiert ist, dem bietet dieser Band einen guten Überblick – geschrieben und diskutiert von den Personen, die von der ersten Generation der Grounded Theory-Forscher Glaser und Strauss gelernt haben und durch diese inspiriert wurden.

- *Online-Tutorials zur Software ATLAS.ti.*
  Auf YouTube finden sich zahlreiche Videos, mit deren Hilfe man mehr über
  die Anwendung der Software ATLAS.ti oder auch anderer CAQDAS lernen
  kann. Beispielsweise unter dem Titel „Approaches to Coding" ein von mir
  erstelltes Tutorial zum Aufbau eines Kodiersystems: https://www.youtube.
  com/watch?v=EvcQLhEZP-A.

Literatur

Bernard, H. Russel, und Gery W. Ryan. 2010. *Analyzing Qualitative Data: Systematic Approaches.* Los Angeles u. a.: Sage.

Breuer, Franz (unter Mitarbeit von Barbara Dieris und Antje Lettau). 2009. *Reflexive Grounded Theory: Eine Einführung für die Forschungspraxis.* Wiesbaden: VS.

Bringer, Joy D., Lynne H. Johnston, und Celia H. Brackenridge. 2006. Using computer-assisted qualitative data analysis software to develop a grounded theory project. *Field Methods* 18 (3): 245–266.

Bryant, Antony. 2002. Re-grounding grounded theory. *The Journal of Information Technology Theory and Application* 4 (1): 25–42.

Bryant, Antony, und Kathy Charmaz (Hrsg.). 2007. *The Sage Handbook of Grounded Theory.* London u. a.: Sage.

Charmaz, Kathy. 2014. *Constructing Grounded Theory. A Practical Guide Through Qualitative Analysis.* 2. Aufl. Los Angeles u. a.: Sage.

Corbin, Juliet, und Anselm L. Strauss. 2008. *Basics of Qualitative Research: Techniques and Procedures for Developing Grounded Theory.* 3. Aufl. Los Angeles u. a.: Sage.

Corbin, Juliet, und Anselm L. Strauss. 2015. *Basics of Qualitative Research: Techniques and Procedures for Developing Grounded Theory.* 4. Aufl. Los Angeles u. a.: Sage.

Friese, Susanne. 2014. *Qualitative Data Analysis with ATLAS.ti.* 2. Aufl. Los Angeles u. a.: Sage.

Friese, Susanne. 2015. Grounded Theory computergestützt und umgesetzt mit ATLAS.ti. In *Handbuch Grounded Theory – Von der Methodologie zur Forschungspraxis*, hrsg. Claudia Equit und Christoph Hohage, 483–507. Weinheim: Beltz Juventa.

Glaser, Barney G. 2003. *The Grounded Theory Perspective II: Description's Remodeling of Grounded Theory Methodology.* Mill Valley, CA: Sociology Press.

Goulding, Christina. 2002. *Grounded Theory: A Practical Guide for Management, Business and Market Researchers.* London: Sage.

Holton, Judith A. 2007. The coding process and its challenges. In *The Sage Handbook of Grounded Theory*, hrsg. Antony Bryant und Kathy Charmaz, 265–290. London u. a.: Sage.

Morse, Janice M., Phyllis N. Stern, Juliet Corbin, Barbara Bowers, Kathy Charmaz, und Adele E. Clarke. 2009. *Developing Grounded Theory: The Second Generation.* Walnut Creek, CA: West Coast Press.

Muhr, Thomas. 1997. *ATLAS.ti: Visual qualitative data analysis, User's Manual and Reference. Version 4.1.* Berlin: Scientific Software Development.

Remenyi, Dan. 2014. *Grounded Theory: A Reader for Researchers, Students, Faculty and Others*. Reading: acpi.

Seale, Clive, Giampietro Gobo, Jaber F. Gubrium, und David Silverman. 2004. *Qualitative Research Practice*. London: Sage.

Seidel, John, und Udo Kelle. 1995. Different functions of coding in the analysis of textual data. In *Computer-Aided Qualitative Data Analysis: Theory, Method and Practice*, hrsg. Udo Kelle, 25–61. London: Sage.

Strauss, Anselm L. 1987. *Qualitative Analysis for Social Scientists*. Cambridge: Cambridge University Press.

Strauss, Anselm L. 1998. *Grundlagen qualitativer Sozialforschung. Datenanalyse und Theoriebildung in der empirischen soziologischen Forschung*. 2. Aufl. München: Fink.

Strauss, Anselm L., und Juliet Corbin. 1996. *Grounded Theory: Grundlagen Qualitativer Sozialforschung*. Weinheim: Beltz.

Strauss, Anselm L., und Juliet Corbin. 1998. *Basics of Qualitative Research. Grounded Theory Procedures and Techniques*. 2. Aufl. London: Sage.

Springer Gabler Verlag. 2015. *Gabler Wirtschaftslexikon*. Stichwort: Web 2.0. http://wirtschaftslexikon.gabler.de/Archiv/80667/web-2-0-v9.html.

Strübing, Jörg. 2004. *Grounded Theory. Zur sozialtheoretischen und epistemologischen Fundierung des Verfahrens der empirisch begründeten Theoriebildung*. Wiesbaden: VS.

Zur Autorin

Dr. Susanne Friese hat Oecotrophologie an der Universität Bonn studiert, Haushaltsökonomie an der Universität Hohenheim, und machte dann den Master of Science in den Fächern Family Resource Management und Marketing in Oregon (USA). Seit 1992 arbeitet sie mit Software zur Unterstützung von qualitativer Datenanalyse, u. a. von 1992 bis 1994 bei QualisResearch (USA), als Mitarbeiterin im CAQDAS-Projekt in England (1994-1996) sowie im Rahmen ihrer Promotion im Fachbereich Konsumökonomik und der anschließenden Tätigkeit als Assistent Professor am Institut für Marketing an der Copenhagen Business School (Dänemark). Von 2004 bis 2011 unterrichtete sie am Institut für Soziologie an der Leibniz Universität Hannover qualitative und quantitative Forschungsmethoden. Seit 2011 arbeitet sie als Freiberuflerin und hat weltweit zahlreiche Projekte beratend begleitet, gibt Workshops zu ATLAS.ti und MAXQDA, zur qualitativen Interviewführung und zur Datenauswertung. Daneben geht sie als Senior Research Partner des Max-Planck-Institutes zur Erforschung multireligiöser und multiethischer Gesellschaften in Göttingen ihrem Interesse an Methodenweiterentwicklung in der qualitativen Forschung nach.

Medienbezogene Lebenswelten mit Grounded Theory erforschen

Ansatzpunkte, Hindernisse und Perspektiven

Ein Gespräch zwischen Andreas M. Scheu, Andreas Bischof und Christian Pentzold

Abstract

Im abschließenden Beitrag dieses Bandes wollen wir uns mit dem Status Quo des Verfahrens, insbesondere im deutschsprachigen Raum, auseinandersetzen. Dafür wählen wir eine Form, die aus unserer Sicht dem Ansinnen der Reflexion entgegenkommt: Ein Gespräch zwischen Herausgebern des Bandes und Andreas M. Scheu, der sich an anderer Stelle mit der Adaption der Grounded Theory in der Kommunikationswissenschaft beschäftigt hat, aber an diesem Buch nicht direkt beteiligt ist. Dementsprechend soll in diesem Kapitel durchaus auch eine reflexive Distanz zum vorliegenden Band gewonnen und diskutiert werden, wie Grounded Theory im Feld der Medien- und Kommunikationswissenschaft und in Untersuchungen medienbezogener Lebenswelten aufgenommen wurde.

Keywords

Interpretatives Paradigma, Induktion, Abduktion, Adaption, Methodentriangulation

1   Einleitung

Die Grounded Theory gehört zum Kernbestand qualitativer Forschung in den Sozialwissenschaften. Sie kann als die wohl prominenteste und einflussreichste „Forschungsstil zur Erarbeitung von in empirischen Daten gegründeten Theorien" (Strübing 2014, S. 10) angesehen werden und ist als solcher Bezugspunkt für eine unübersehbare Anzahl empirischer Studien.

Während die Grounded Theory in verschiedenen sozialwissenschaftlichen Fächern und Arbeitsfeldern einen festen Platz im methodologisch-methodischen Kanon und den Curricula der Methodenlehre hat, fristet sie in der Medienanalyse und Kommunikationsforschung, wie Andreas M. Scheu (2016) bemerkt, gewissermaßen ein Nischendasein. Wenn sie in Methodenbüchern beschrieben oder zumindest erwähnt wird (zum Beispiel Deacon et al. 2007; Jensen 2012; Lindlof und Taylor 2011), dann in erster Linie als schrittweise, elaborierte Form der Textinterpretation (Lampert 2005; Scheufele 2011). In dieser eng gefassten Lesart stellt Grounded Theory einen „Komplex aus einer Methodologie, einer Kombination von Erhebungsverfahren und aus verschiedenen textbasierten Auswertungsverfahren (des unterschiedlichen Codierens)" dar (Loosen und Scholl 2012, S. 13). Tatsächlich zielen nur wenige Arbeiten, so Scheu (2016, S. 84), die sich mit der Erforschung von Medien und Kommunikation befassen, auf die Generierung empirisch gesättigter Theorien ab (Ausnahmen wären etwa: Becker und Stamp 2005; Krotz und Eastman 1999; Pentzold 2016). Verbreiteter sind Studien, die einzelne methodische Bausteine aufgreifen oder sich von ihren Prinzipien inspirieren lassen (zum Beispiel Hijmans und Peters 2000; Maireder und Nagl 2010; Scheufele 2003). Folglich kann die Erforschung medienbezogener Lebenswelten nur auf eine vergleichsweise geringe Zahl an spezifischen forschungspraktischen Vorschlägen und vorbildhaften Studien aus den Bereichen Kommunikationsforschung und Medienanalyse zurückgreifen.

Dialoge, Konversationen bzw. Interviews haben in der Beschäftigung mit der Grounded Theory und der Diskussion ihrer Adaptionsmöglichkeiten und -grenzen eine eigene Tradition. So haben Strauss und Glaser selbst in einer Reihe von Gesprächen ihre Sicht auf die adäquate Umsetzung bzw. Weiterführung der Grounded Theory dargelegt. Und auch die folgende Generation an Schülerinnen und Schülern nutzte diese Form, um ihre Perspektive zu erklären und weiterzugeben. Eine Reihe von Interviews mit Anselm L. Strauss bzw. mit Barney G. Glaser sowie mit Juliet M. Corbin, Kathy C. Charmaz und Adele E. Clarke findet sich zum Beispiel im *Grounded Theory Reader* von Mey und Mruck (2011). Anknüpfend an diese ‚tradierte' Form des Austauschs soll das folgende, für die Publikation aufbereitete Gespräch zwischen Andreas M. Scheu (AS), Andreas Bischof (AB) und Christian Pentzold (CP) dazu dienen, Ansatzpunkte und Anwendungsbereiche einer substantiellen Auseinandersetzung mit Grounded Theory zu beleuchten. Uns geht es dabei insbesondere darum, die im Band versammelten Texte zu kontextualisieren. Hierzu diskutieren wir die Rolle der Grounded Theory in Bezug auf die Analyse medienbezogener Lebenswelten, Vorteile und Limitationen der Perspektive sowie spezifischen Herausforderungen in Lehre und Forschung. An der Vorbereitung des Gesprächs und der leitenden Fragen war unsere Mitherausgeberin Nele Heise intensiv beteiligt. Wir danken zudem Charlotte Fischer, die uns neben der Transkription auch bei den Korrekturarbeiten am Band unterstützend zur Seite stand.

2 Vorteile und Nachteile der Grounded Theory

Frage: Inwiefern kann die Erforschung medienbezogener Lebenswelten von der Grounded Theory profitieren?

Christian Pentzold (CP): Grounded Theory ist, so würde ich beginnen, die Methode bzw. der methodische Rahmen der Wahl, wenn wir davon ausgehen, dass medienbezogene Lebenswelten disparat sind, sodass sie nicht einer verbindlichen sozialen Logik folgen. Vielmehr existieren, so gesehen, sehr verschiedene medienbezogene Lebenswelten, die in vielfältiger Weise miteinander verschachtelt sind, die sich dynamisch entwickeln, die sich aufgrund ihrer politischen, ökonomischen oder kulturellen Bezüge anders gestalten und die dementsprechend verschieden gelebt und erfahren werden. Auch haben wir es nicht mit einem einzelnen Medium zu tun, sondern eher mit einer Vielzahl an Kommunikationsformen und Medientechnologien, auf die zurückgegriffen wird, um Medienwelten zu konstituieren. Das alles im Blick ist Grounded Theory deshalb besonders geeignet, medienbezogene Lebenswelten zu rekonstruieren, weil sie offen ist für Exploration. Genauer gesagt erlaubt sie auf der einen Seite das Erkunden und Entdecken von Neuem und bietet dafür auf der anderen Seite einen Satz an methodischen Elementen, die genutzt werden können, um ein Feld systematisch zu erfassen und auf seinen Sinn hin zu befragen.

Andreas Bischof (AB): Ich formuliere es so: Wenn innerhalb des Forschungsfeldes medienbezogener Lebenswelten explorative Ziele verfolgt werden, dann kann (auch) mit der Grounded Theory gearbeitet werden. Ich habe Schwierigkeiten mit der Forderung, die Grounded Theory ‚sollte' angewandt werden, weil ich stark machen würde, dass die Methode immer zur Forschungsfrage bzw. zum Forschungsziel passen muss. Wenn zum Beispiel hypothesentestend vorgegangen werden soll, dann bietet sich die Grounded Theory nicht an. Im Forschungsfeld ‚medienbezogene Lebenswelten' kann – und sollte – durchaus mit unterschiedlichen Paradigmen gearbeitet werden.

Andreas M. Scheu (AS): Die Offenheit als methodisches Prinzip wird häufig als Argument für den Rückgriff auf Grounded Theory ins Feld geführt. Das aber ist kein Alleinstellungsmerkmal der Grounded Theory, sondern gilt wohl für qualitative Methoden allgemein. Was also kann Grounded Theory, was andere Ansätze nicht leisten? Dazu erklären Strauss und Corbin (1994, S. 283): „The features of this methodology that we consider so central that their abandonment would signify a great departure, are the grounding of theory upon data through data-theory interplay, the making of constant comparisons, the asking of theoretically relevant questions." Sie betonen demnach das theoretisierende Potential der Grounded Theory. Die Aufgabe ist dann, die propagierte Offenheit zielführend zu gebrauchen und eine empirisch gesättigte Theorie der handlungspraktisch realisierten medienbezogenen Lebenswelten anzufertigen. Das ist der Anspruch, den Forschung aus der Perspektive der Grounded Theory erhebt: Mehr zu leisten als eine Beschreibung von Realität, sondern im besten Fall über systematische Vergleiche die vorgefundenen Handlungs- und Deutungsmuster in Verbindung zu bringen und konzeptuell erklären zu können.

CP: Ich meine auch, dass die Grounded Theory neben der Herstellung empirisch grundierter Erklärungen von Sozialgeschehen sogar noch mehr zu bieten hat. Wenn wir davon ausgehen, dass sich medienbezogene Lebenswelten komplex konstituieren, ist die Grounded Theory auch ein Angebot, verschiedene Methoden zusammenzubringen. Also etwa Interviews zu führen, sich aber auch Dokumente anzuschauen oder ethnografische Beobachtungen zu akkumulieren – und diese alle durch Stufen des Kodierens und Konzeptualisierens zusammenzuführen. Grounded Theory lädt dazu ein, die deskriptive Ebene zu verlassen und vom ersten Moment an, noch vor der ersten Datenerhebung, konzeptuell zu denken und gleichzeitig die Offenheit in Datenauswahl und theoretischen Schlüssen zu bewahren. Entsprechend erklären zum Beispiel Charmaz und Mitchell (2001, S. 160) zur Kombination von Grounded Theory und Ethnografie: „Using grounded theory methods can streamline fieldwork and move ethnographic research toward theoretical interpretation. Attending to ethnographic methods can prevent grounded theory studies from dissolving into quick and dirty qualitative research."

Was sind die Vorzüge, aber auch Hindernisse der Anwendung von Grounded Theory bei der Erforschung medienbezogener Lebenswelten? Warum findet sich bislang ein vergleichsweise geringes Echo im Feld der Medienanalyse und Kommunikationsforschung?

AB: Im Blick auf die Beiträge dieses Bandes wird die Grounded Theory vor allem als Werkzeugkasten bzw. als Set an Instrumenten produktiv gemacht. So zum Beispiel das Kodieren als Abfolge von offenem, dann axialem und selektivem Kodieren. Eben als relativ regelgeleitetes systematisiertes Verfahren der induktiven Datenauswertung. Das Label Grounded Theory wird auch als Verortung des eigenen Vorgehens genutzt. Also ‚Grounded Theory' zu nennen, was analytisch betrieben wird, und ‚Grounded Theory' zu nennen, was dabei rauskommt. Eine Erfahrung aus der Redaktion des Buches ist zudem, wie zögerlich manche der von uns angefragten Projekte waren, für sich die Bezeichnung ‚Grounded Theory' vollumfänglich zu beanspruchen. Ihre Sorgen waren beispielsweise, keine ‚klassische' Grounded Theory betrieben zu haben, ‚nur' Teilstücke benutzt oder Anleihen genommen zu haben. Und da sind wir bei der Frage angelangt: Was ist als Grounded Theory akzeptabel? Was braucht es, um als Grounded Theory zu gelten?

CP: Ich würde es so sagen: Der grundsätzliche Reiz und gleichzeitig die Erschwernis des Verfahrens ist die Interdependenz der einzelnen Schritte des parallel verlaufenden Forschungs- und Datenauswertungsprozesses. Was sich oft findet, ist die Nutzung des Labels ‚Grounded Theory' als Referenzrahmen für das eigene Vorgehen und als Rechtfertigung dessen, was man getan hat – wie Andreas Bischof gerade festgestellt hat. Gerade unter den Bedingungen projektförmiger Forschung kann das auch Sinn haben. In Förderanträgen für explorativ angelegte Vorhaben, in denen per se nicht alle Entscheidungen vorherbestimmbar sind, mag der Hinweis auf die Grounded Theory zum einen helfen, dem methodischen Vorgehen einen Namen zu geben und es so zu legitimieren. Zum anderen kann es ein notwendiges Maß an Unterbestimmtheit akzeptabel machen, da die Verfahren erst in Auseinandersetzung mit dem Material zu konkretisieren sind.

AB: Aus der Sicht von Einsteigenden ist aber wohl eine Schwierigkeit an der Grounded Theory die Vielzahl an Grounded Theor*ies*. Ihre Aneignung reicht von Vorhaben, die sie als relativ rigides Set an Prozeduren nutzen, bis zu Studien, die sie eher als offenen Forschungsstil ohne starre Methodik aufgreifen. Es gibt verschiedene Verständnisse und Schulen, Grounded Theory zu betreiben, und Vorhaben als Grounded Theory-gemäß zu deklarieren. Sie gehen einher mit der Zustimmung zu oder Ablehnung von vorbildlichen oder verpflichtenden Verfahrensschritten als auch mit methodologischen oder sozialtheoretischen Annahmen, die akzeptiert werden müssen oder die beiseitegelassen werden dürfen. Mein Vorschlag wäre, Grounded Theory als methodologisch fundierten Rahmen von Verfahren zu verstehen. So gesehen ist Grounded Theory offen für verschiedene Erhebungsmethoden, aber auch verschiedene Auswertungsmethoden, also zum Beispiel Interviews, teilnehmende Beobachtung, die Analyse von Dokumenten, die miteinander kombiniert werden können.

AS: Ein generelles Hindernis besteht meiner Meinung nach auch darin, dass gängige Publikationsformate, Zeitschriften- und Tagungsformate nicht unbedingt viel Spielraum für Experimente lassen. Eine Studie, die im Sinne der Grounded Theory offen, zirkulär usw. aufgebaut ist, kann unter Umständen nur schwierig für die etablierten doch recht starren Formate aufgearbeitet werden. Warum die Kommunikationswissenschaft bislang noch relativ wenig auf Grounded Theory zurückgreift, lässt sich zudem auch fachhistorisch begründen. Die – wissenssoziologisch gesprochen – „Ideengestalt" (Averbeck-Lietz 2015, S. 6) einer Disziplin und ihr Methodenkanon sind abhängig von interdisziplinären Zusammenhängen, von externen Einflüssen, nationalen Kontexten usw. Für die Kommunikationswissenschaft bestimmend ist da einmal die empirisch-sozialwissenschaftliche Wende (Löblich 2010). In Absetzung zu geisteswissenschaftlichen Strömungen war es eine Überlebensstrategie der deutschen Publizistikforschung, sich stark an der US-amerikanischen Kommunikationswissenschaft zu orientieren und hypothesentestende Verfahren zu adaptieren. Das hat es ab den 1960er Jahren relativ schwierig gemacht, ein qualitatives Paradigma im Fach zu installieren. Dann ist es auch so, dass innerhalb der Kommunikationswissenschaft in den 1970er Jahren alternative, kritischere Ansätze verdrängt wurden (Scheu 2012). Und laut Strübing (2014) zumindest ist die Grounded Theory ja auch ein Produkt der Rebellion, nämlich der Rebellion gegen hypothesentestende, affirmative Forschung. Damit verknüpfte Paradigmen wurden in der deutschen Kommunikationswissenschaft seit den 1970er Jahren bis in die 1980er Jahre hinein überwiegend abgelehnt.

CP: Schauen wir aber weg von der deutschen Kommunikationswissenschaft, dann wird deutlich, dass die Grounded Theory einer der prominentesten Forschungsstile weltweit ist. Grounded Theory wird über Fachgrenzen hinweg angewandt, wie wir auch bei dem vorliegenden Band sehen können. Die Beiträge zielen auf das Forschungsfeld der medienbezogenen Lebenswelten und kommen aus unterschiedlichen Disziplinen. Somit ergibt sich die Möglichkeit des interdisziplinären Dialogs, der auf einer methodischen Ebene und einer gegenstandsbezogenen Ebene stattfinden kann.

AB: Im Übrigen ist ein weiteres Hemmnis der Hinwendung zur Grounded Theory, dass sie oft als sehr voraussetzungsreich wahrgenommen wird. Das gilt sowohl für ‚die' Grounded Theory, als die sie in den 1960er Jahren begründet wurde, als auch im Blick auf medienbezogene Lebenswelten. In ihrer Anwendung verschränken sich dabei drei Fragen. Einmal die erkenntnistheoretische Frage nach den Implikationen des interpretativen Paradigmas. Dann die gegenstandsbezogene Frage, nämlich welche Gegenstände auf diese Art vorrangig erforscht werden können – und sollten. Und schließlich auch die Frage nach den Beziehungen von Forscherinnen und Forscher zueinander als auch zu bzw. in ihren Feldern. Damals, als man sich Tod und Sterben in Krankenhäusern anschaute, hatte dies einen lebensweltlichen Bezug auf diese sogenannten ‚social worlds' (Strauss 1978; s. auch die Einleitung zu diesem Band). Auch bei der Beschäftigung mit medienbezogenen Lebenswelten gehen wir davon aus, dass sie nicht durch Medientechnologien determiniert sind, sondern die Analysen beginnen häufig bei medial geprägten Handlungs- und Deutungsmustern. Und hinsichtlich der Disposition der Forschenden fällt auf, dass ausgehend von Strauss und Glaser die nachfolgende Generation fast gänzlich von Schüler*innen* geprägt wird.

CP: Das bedeutet aber nicht, dass die Grounded Theory eine Sache von Frauen oder von Männern sei. Jedoch werden mit ihr mitunter bestimmte Kompetenzen verbunden, die mitzubringen sind, um eine gute Grounded Theory durchzuführen. Diese Kompetenzen sind dann wiederum durchaus geschlechtlich konnotiert bzw. werden als solche wahrgenommen, zum Beispiel ‚sich einfühlen', ‚Zeit mitbringen', ‚sensibel sein'. Dabei steht auch der Vorwurf im Raum, die Grounded Theory sei eine Kunstlehre, die im Grunde nicht mehr nachvollziehbar und auch nicht vermittelbar bzw. lehr- und erlernbar sei: Entweder man ist begabt für die Grounded Theory, oder eben nicht. Klar ist wohl, dass der kreative Prozess des Interpretierens in der Grounded Theory mitgedacht ist. Es wird Raum gelassen für abduktive Schlüsse als „flight of imagination", wie William James (1907, S. 105) es ausdrückt. Und das ist schwer zu formalisieren. Anders als in hypothesentestenden Verfahren lässt sich nicht sagen, dass die Daten nur aus sich selbst heraus ‚sprechen', denn darüber hinaus gibt es auch einen hermeneutischen Prozess (Reichertz 2007).

AS: An der von Christian Pentzold aufgeworfenen Frage, zu welchen Teilen der analytische Prozess nun kreativ und offen bzw. strukturiert und vorbestimmt sein sollte, scheiden sich verschiedene Grounded Theory-Traditionen. Es bestehen abweichende Vorstellungen davon, inwiefern nicht-standardisierte Forschung standardisiert werden kann. Sie berufen sich entweder mehr auf Glaser und dessen betont induktives Vorgehen oder auf Strauss und das von ihm vorgestellte analyseleitende Kodierparadigma (Kelle 2005). Wobei alle schematisierten Vorgaben wohl immer als Faustregeln und nicht als starre Vorgaben verstanden wurden – auch das Kodierparadigma ist ja im Grunde ziemlich banal. Es hilft aber, gerade aus Sicht von Einsteigerinnen und Einsteigern, den kreativen Prozess durch Verfahrensschritte zu begleiten und ihn einzubetten in mehr oder weniger handwerkliche Textarbeit wie der *line-by-line* Analyse, bei der zum Beispiel Interviewtranskripte Zeile für Zeile durchgegangen und Aussagen mit Kodes belegt werden. Gerade im Blick auf das Erlernen der Grounded Theory scheinen mir die Sorgen, dass die ‚kreativen Sprünge' im Grunde nicht vermittelbar sind, unbegründet. Es kommt vielmehr darauf an, Grounded Theory praktisch einzuüben. Auch Musikalität kann man erlernen. Zumindest kann man lernen, ein Instrument zu spielen. Man kann Noten lernen, das Gehör schulen und man kann vor allem praktisch üben. So ähnlich verhält es sich meiner Ansicht nach auch mit der analytischen Sensibilität, die die Grounded Theory erfordert.

3   Perspektiven der Grounded Theory

Welche Themenbereiche der Medienanalyse und Kommunikationsforschung sind für eine produktive Beschäftigung mit der Grounded Theory besonders geeignet? Welche medienbezogenen Lebenswelten sollten mit Hilfe der Grounded Theory erforscht werden?

AB: Es ist wohl keine medienbezogene Lebenswelt auszuschließen. Zu hoffen ist eher, dass sich die Studien von einzelnen Lebenswelten miteinander verknüpfen lassen. Denn was wir heute sehen, sind viele Einzelanalysen von partikularen Lebenswelten, die aber nicht so verstreut und unzusammenhängend bleiben müssen, sondern miteinander verglichen werden sollten, um verbindende, generalisierbare Kategorien herauszuarbeiten. Das bedeutet nicht, dass Grounded Theory-Vorgehen explizit darauf aus sind, Großtheorien moderner Gesellschaften aufzustellen. Vielmehr sollte der Anspruch sein, verbindende Elemente des Medienbezugs zu bestimmen. Also hat es Sinn, die Lebenswelt erstmal aus sich heraus zu verstehen. Ausgehend von den ermittelten Strukturmerkmalen wäre dann aber in systematischen Vergleichen zu überlegen, welche Aspekte auch in anderen Lebenswelten wiederkehren und diese bestimmen. Dagegen steht aber wohl ein pragmatisches Problem: Sich intensiv mit einem Feld auseinanderzusetzen und dann mit derselben Intensität den Vergleich mit anderen Lebenswelten zu betreiben, geht oft über den Rahmen projektförmiger, zeitlich begrenzter Vorhaben hinaus.

AS: Auf der einen Seite ist also anzunehmen, wenn ich das von Andreas Bischof Gesagte zusammenfasse, dass sich keine Lebenswelt komplett dem Zugriff durch Forschung verschließt, die unter den Prämissen von Offenheit und Exploration vorgeht. Darüber hinaus scheinen bestimmte Fragestellungen eher geeignet für die Erforschung mittels Grounded Theory. Das sind vor allem Fragen der kulturellen Deutung und praktischen Nutzung, Fragen von Aneignung und Akkulturation –

also Fragen, die im Prinzip auf dem Fundament interpretativer Sozialforschung fußen und bei denen es daher naheliegt, auf Grounded Theory zurückzugreifen, gerade weil es auch Vorbildstudien und Traditionen gibt. Auf der anderen Seite scheint es aber auch Fragestellungen zu geben, die bislang eher weniger mit Hilfe der Grounded Theory bearbeitet werden. Was bei der Orientierung auf Interaktionsmuster und Sinnformeln oft zu kurz kommt, sind die Berücksichtigung von institutionalisierten Beziehungen, Machtverhältnissen, die Strukturebene, sowie die materialen und technologischen Dimensionen, die Handlungen zugrunde liegen. Obwohl gerade letztere den frühen Krankenhausstudien von Glaser und Strauss (1965) sehr wohl wichtig waren.

CP: Grundsätzlich muss deutlich werden, dass Lebenswelten nicht fixe Einheiten sind. Gerade wenn wir sie als Lebenswelten betrachten, tritt die Dynamik ihrer sozialen, oft kommunikativ erfolgenden Konstruktion in den Blick (Knoblauch 2016). Neue wie bestehende Lebenswelten werden im Austausch hervorgebracht, verändert, miteinander verknüpft oder auch abgegrenzt. Auch das Tableau an medienbezogenen Lebenswelten in diesem Band ist selbstverständlich nicht abgeschlossen, sondern im Wandel. Abseits von der allgemeinen Antwort, dort zu forschen, wo ein unbearbeitetes Gegenstandsfeld liegt und hier offene Fragen zu stellen, ist es hilfreich, die Beiträge des Bandes – und die von ihnen gelassenen Lücken – anzuschauen: Ein Fokus liegt auf der Gestaltung medial geprägter Relationen, zum Beispiel in Paarbeziehungen, Diaspora-Gemeinschaften oder in einer translokalen Tanzszene. Ein anderer ist die Aneignungsforschung, etwa hinsichtlich des Gebrauchs von Printmedien, mobiler Technologie und sozialer Medien in verschiedenen Lebensbereichen und in unterschiedlichen Akteurskonstellationen. Wiederum anders gelagert sind Arbeiten zu medialen Repräsentationen in publizistischen Medien sowie in transmedialer Kommunikation, die in verschiedenen Öffentlichkeiten stattfindet und sozusagen Online- mit Offline-Arenen verbindet.

AB: Wenn wir uns fragen, wo es mit der weiteren Beschäftigung hingehen kann, dann würde ich ähnlich wie Andreas Scheu sagen, dass es sich lohnen könnte, die ‚strukturellen‘ Bedingungen medienbezogener Lebenswelten anzuschauen. Zu fragen wäre beispielsweise, wie die Ausformung einer Lebenswelt mit ihren Organisationsformen zusammenhängt, und den digitalen Infrastrukturen, die genutzt werden? Studien über Gemeinschaften, die sich um bestimmte Hobbies oder *serious leisure* (Stebbins 2014) zentrieren, können dabei an soziologische Studien ‚kleiner Lebenswelten‘, zum Beispiel der des Bodybuilding (Honer 1985) oder des Taubenzüchtens (Soeffner 1991) angeschlossen werden. Kollektive Lebenswelten und soziale Bewegungen wären ein ähnliches Thema. Zu fragen wäre hier, wie

Bewegungen aus bestehenden Kollektivitäten erwachsen und wiederum umgekehrt deren Transformation bewirken. So sehen wir es in der Occupy-Bewegung oder den Pionier-Gemeinschaften (Hepp 2016). Zugegeben – das sind exotische Felder, in denen das Forschungsinteresse anfänglich wohl oft auch aus einer Verwunderung oder Befremdung kommt.

Gerade wo wir von medienbezogenen Lebenswelten sprechen, kann insbesondere die Beschäftigung mit alltäglichen Phänomenen und der Vergleich von räumlich und zeitlich verschiedenen Ebenen die Tiefe und Stärke der medialen Durchdringung aufzeigen. Alle diese analytisch zu bearbeitenden Lebenswelten konstituieren sich in Bezug auf Medien, sowohl gedacht als technologische Kommunikationsmedien wie als symbolische Medien, vermittels derer Botschaften und Deutungen zirkulieren. Sie helfen, dass die Teilnehmer infrastrukturell die Möglichkeit haben, in Kontakt zu kommen und sich auszutauschen, und sie tragen dazu bei, Sinnmuster zu formulieren und weiterzugeben.

CP: Die Frage nach den bevorzugten Anwendungsbereichen der Grounded Theory kann auch gedreht werden: Welche Erkenntnisinteressen erschließen das Potential von Grounded Theory gerade nicht, sondern sind mit anderen Methoden weniger aufwendig oder auch ertragreicher zu beantworten? Darunter fallen Fragen, die auf mentale Einstellungen, kognitive Prozesse und Persönlichkeitsmerkmale abheben, also etwa zu intrinsischen Motiven. Grounded Theory-Vorhaben sind häufig eher geneigt, sich nach sozial eingebetteten Gründen auszurichten als nach persönlichen Regungen. Ihr Schwerpunkt liegt auf interaktionalen Beziehungen, die häufig kommunikativ in die Welt kommen bzw. eine kommunikative Ebene haben. Auch Fragen, die auf Mechanismen von Ursachen und Wirkung abzielen, passen weniger zur analytischen Grundhaltung der Grounded Theory.

4 Praxis und Praxisvermittlung der Grounded Theory

Wie kann der Prozess der Grounded Theory vermittelt werden?

AB: Eine Grounded Theory wird selten im Studierstübchen nur unter der stillen Befragung von Daten entwickelt. Vielmehr ist es wichtig, Perspektiven, die man nicht selbst in die Analyse einbringen kann, hinzuzuziehen. Werkstattgespräche sind eine Gelegenheit für die offene Diskussion über Konzepte und Kategorien sowie das Verständnis von Textpassagen. So können verschiedene Gesichtspunkte schon in der Analyse eingenommen werden. Was damit möglich wird, ist eine Weitung des

Blicks, ein Hinzufügen von Lesarten, von Spielarten, von Verständnismöglichkeiten. Vielleicht kann so nur ein kleiner Aspekt des erhobenen Materials beleuchtet werden, der aber wiederum informativ sein mag für den weiteren analytischen Fortschritt. Überhaupt sollte eine Grounded Theory zumindest streckenweise als Teamarbeit durchgeführt werden, im Tandem oder in größeren Interpretationsgruppen.

CP: Sprich: Die Entwicklung einer Grounded Theory findet selten allein statt, sondern in Bezug zum Feld, aber bestenfalls auch in Bezug zu Interpretationsgemeinschaften, etwa Interpretationswerkstätten, Kolleginnen und Kollegen oder Teams an Forschenden, die sich über entstehende Konzepte austauschen. Dieser Prozess ist häufig auf gewisse Weise kollektiv und kommunikativ (Strauss 1998). Eine weitere andere Variante ist, die sich entwickelnden Konzepte mit den Beforschten selbst zu besprechen. Die Handelnden sind ja Expertinnen und Experten ihrer eigenen Lebenswelt und so kann es sinnvoll sein, die Deutungen wiederum zurück zu spiegeln. So wird ein Publikum erschlossen, das abseits wissenschaftlicher Kreise liegt (außer es werden akademische Lebenswelten studiert).

AS: Bei der Vermittlung der Grounded Theory in Lehrveranstaltungen wird häufig die Zeit zum Problem. Zeit, um mit Lesarten zu jonglieren, Konzepte aufzustellen und zu verwerfen. Curricula erfordern notwendigerweise eine gewisse Standardisierung und die Lehre sollte im besten Fall sowohl ergebnis- als auch kompetenzorientiert sein. Meist müssen abrechenbare Leistungen herauskommen, obwohl zum Erlernen und Einüben der Grounded Theory auch eine gehörige Portion *trial-and-error* gehört. Für Studierende bedeutet das, dass sie selbst ins Feld gehen und hier die Chance erhalten, auch erfolgreich zu scheitern. Nur so lernen sie, mit den notwendigen und allfälligen Unsicherheiten umzugehen, etwa wie das Sampling betrieben werden kann oder wie die Daten konzeptuell aufzubereiten sind. Die größte Lücke aber klafft wohl in der Auswertungsphase. Es gibt viele Lehrbücher und Veranstaltungen, die die Datenerhebung und dann die Kodierung vermitteln. Dann aber gibt es die *black box* der praktischen Auseinandersetzung mit dem Material – bevor dann der Forschungsbericht da ist. Hier wäre es hilfreich, die angesprochene *black box* zu öffnen, konkrete Prozeduren und Auswertungsschritte zu beschreiben, notwendige, hilfreiche und nützliche Schritte zu differenzieren. Damit wäre auch der Sorge, Grounded Theory nicht korrekt zu betreiben, entgegengekommen.

Wie kann ein Grounded Theory-gemäßes Vorhaben dargestellt werden? Wie sind die Anforderungen oder auch Vorbilder, um über Grounded Theory zu berichten?

AB: Mit der Hinwendung zur Grounded Theory geht die Anforderung an Forschende einher, ihre eigene Forschungspraxis beständig zu dokumentieren, zu reflektieren und gegebenenfalls abzuändern. Diese in sich rückgekoppelte Arbeitsweise läuft aber den üblichen Darstellungsformaten zuwider. Um den Anforderungen an Validität und Plausibilität zu entsprechen, muss quasi die ‚Hinterbühne' der Forschung gezeigt werden. Das bereitet manchen Forschenden Sorge, inwiefern sie sich und ihre im Grunde nicht exakt replizierbare Analyse Kritik aussetzen. Dagegen gehen wir in diesem Band davon aus, dass es wichtig ist, diese Hinterbühnen so weit als praktisch und ethisch möglich zu öffnen. Auch neue Arten von Publikationsmöglichkeiten, wie Online-Publikationen oder Online-Repositorien, sind so gesehen Bühnen, die zur Steigerung von Transparenz und Nachvollziehbarkeit bespielt werden sollten.

CP: Da sind wir bei der normativen Frage nach der ‚guten' Grounded Theory bzw. ihrer ‚guten' Darstellung. Das Buch versucht ja auf gewisse Weise im kleinen Rahmen ein Paradox, nämlich die *Praxis* der Grounded Theory festzuhalten. Dabei ist Grounded Theory ein zirkulärer Prozess, der Phasen hat, die im besten Fall einander ergänzen, informieren und überlappen. Und das ist nur begrenzt formalisierbar und überhaupt darstellbar in einem linearen Text. Also da kommen auch die Beiträge des Bandes an eine Grenze, über sich selbst zu reflektieren. So nah an der Praxis wie möglich sein zu wollen, heißt noch nicht, dass es die Praxis ist, sondern bedeutet immer, dass es eine *Darstellung* von Praxis ist.

AS: Aus meiner Sicht sollte sich die qualitative Forschung noch stärker darum bemühen, den Blick auf die Hinterbühne zu ermöglichen. Forschung muss angreifbar sein: Überprüfbarkeit ist ein zentrales Qualitätskriterium. Bezogen auf die Grounded Theory sind hierbei die Texte von Glaser und Strauss (1965, 2005) selbst immer noch exemplarisch. An dieser Stelle nicht notwendigerweise in der Hinsicht, ob hier auf eine Forschungsfrage eine plausible Antwort gegeben wurde. Vielmehr gelingt es ihnen, zum Nachmachen einzuladen und Lust zu machen, sich mit Grounded Theory zu befassen und diese für eigene empirische Studien einzusetzen. An ihren Berichten lässt sich gut das Bemühen ablesen, produktiv mit Verfahrensschritten zu arbeiten und diese am Material anzuwenden. Auch wenn da nicht jede Frage, die man an das analytische Verfahren oder an bestimmte Interpretationsschritte hat, abschließend beantwortet wäre, sind sie Referenzpunkte, um sich in die Grounded Theory einzulesen. Die schriftliche Darstellung stößt aber an Grenzen, wenn es darum geht, den kompletten analytischen Prozess in seinen Einzelheiten nachvollziehbar oder sogar reproduzierbar zu machen.

AB: Hierbei ist bemerkenswert und auffällig, dass viele Beiträge des Bandes aus Qualifikationsarbeiten hervorgegangen sind, in denen Zeit und Raum, eine Grounded Theory durchzuführen und auch darzustellen eigentlich gegeben ist. Und selbst dort wird meistens das, was die ‚Praxis Grounded Theory' ausmacht, in Anhänge oder methodische Kapitel gepackt, die wiederum bei der Publikation zusammengedampft werden oder wegfallen. Sie gelten dann als Mittel zum Zweck, also als Weg zu den eigentlich interessanten Ergebnissen. Wenn wir aber ein prozesshaftes Verständnis von Grounded Theory haben, dann ist gerade das der Kernbestand der analytischen Leistung. Im Übrigen ist aber ein Mehr an Ausführung nicht gleichzusetzen mit einem Mehr an Darstellungsqualität, oder auch mit einem Mehr an Forschungsqualität. Vielmehr ist bei jedem Format der Spagat zu leisten, substantiell Ergebnisse zu berichten *und* von einer Arbeitsweise zu erzählen, die schwerlich in einen separaten Daten- und Methodenteil passt, weil sich Forschungsergebnisse und Forschungsfortschritt wechselseitig bedingen.

AS: Überhaupt macht die Trennung von praktischem Vollzug und textförmiger Darstellung einen falschen Gegensatz auf. Denn schon der Forschungsprozess selbst ist ja textbasiert und produziert eine ganze Reihe von schriftlichen Dokumenten als integrale Bestandteile der analytischen Arbeit. So sind das Schreiben und die Pflege von Memos enorm wichtig. Mit Hirschauer (2004) kann hier gesagt werden, dass auch die Grounded Theory im wesentlichen Texte über Texte hervorbringt: Die meisten Erhebungsverfahren sind dazu da, letztlich textförmige Daten zu fabrizieren und die Schritte von Kodieren, Konzeptualisieren und Kategorisieren wiederum sind besonders darauf geeicht, auf Texte angewandt zu werden. Der Forschungsbericht ist somit nur die letzte Stufe eines längeren textbasierten und textgenerierenden Vorgangs.

CP: Wobei – auch mit Blick auf manche Beiträge im Band, die sich visuellem Material widmen – der Einbezug anderer Modalitäten wichtig werden kann. Forschung muss nicht zwingenderweise nur textbasiert ablaufen. Gerade wenn die Grounded Theory als Verfahrensrahmen verstanden wird, besteht die Option, mit audiovisuellem Material oder Bildern zu arbeiten. Das kann nützlich sein, gerade bei medienbezogenen Lebenswelten, die nicht nur textbasiert ablaufen, sondern die zum Beispiel bildbasiert sind, etwa die Community von fitnessbegeisterten Instagram-Nutzerinnen oder -Nutzern. Doch auch in Studien dieser multimodalen Darstellungen bleibt die Rolle von schriftlichen Memos bestehen. Wichtig wird also die Kombination von Formaten, gerade wenn keine alleinstehende Publikation der Komplexität einer Grounded Theory vollumfänglich gerecht werden kann. Denkbar wäre zum Beispiel, neben dem Forschungsbericht in Videos das Vorgehen zu erläutern oder Netzwerke von Kodebeziehungen zugänglich zu machen. Auf diesem Weg wird den Ansprüchen an die Nachvollziehbarkeit der Studie nachgekommen und zugleich werden etablierte und neue wissenschaftliche Formate bespielt.

Literatur

Averbeck-Lietz, Stefanie. 2015. *Soziologie der Kommunikation. Die Mediatisierung der Gesellschaft und die Theoriebildung der Klassiker.* Berlin, Boston: de Gruyter Oldenbourg.

Becker, Jennifer A. H., und Glen H. Stamp. 2005. Impression management in chat rooms: A grounded theory model. *Communication Studies* 56 (3): 243–260.

Charmaz, Kathy, und Robert G. Mitchell. 2001. Grounded Theory in Ethnography. In *Handbook of Ethnography*, hrsg. Paul Atkinson, Amanda Coffey, Sara Delamont, John Lofland und Lyn Lofland, 160–174. London: Sage.

Deacon, David, Michael Pickering, Peter Golding, und Graham Murdock. 1999. *Researching Communications. A Practical Guide to Methods in Media and Cultural Analysis.* London: Hodder Arnold.

Glaser, Barney G., und Anselm L. Strauss. 1965. *Awareness of Dying.* Chicago: Aldine.

Glaser, Barney G., und Anselm L. Strauss. 2005. *Grounded Theory. Strategien qualitativer Forschung.* 2., korr. Aufl. Bern: Huber.

Hepp, Andreas. 2016. Pioneer communities: collective actors in deep mediatisation. *Media, Culture & Society* 38 (6): 918–933.

Hijmans, Ellen, und Vincent Peters. 2000. Grounded theory in media research and the use of the computer. *Communications* 25 (4): 407–432.

Honer, Anne. 1985. Beschreibung einer Lebens-Welt. Zur Empirie des Bodybuilding. *Zeitschrift für Soziologie* 14 (2): 131–139.

James, William. 1907. *Pragmatism. A new name for some old ways of thinking; popular lectures on philosophy.* London, New York: Longmans, Green & Co.

Jensen, Klaus Bruhn. 2012. *A Handbook of Media and Communication Research: Qualitative and Quantitative Methodologies.* 2. Aufl. London, New York: Routledge.

Kelle, Udo. 2005. 'Emergence' vs. 'Forcing' of Empirical Data? A Crucial Problem of 'Grounded Theory' Reconsidered. *Forum Qualitative Sozialforschung / Forum: Qualitative Social Research* 6 (2). http://www.qualitative-research.net/index.php/fqs/article/view/467/1000.

Knoblauch, Hubert. 2016. *Die kommunikative Konstruktion der Wirklichkeit.* Wiesbaden: Springer VS.

Krotz, Friedrich, und Susan Eastman. 1999. Orientations Toward Television Outside the Home in Hamburg and Indianapolis. *Journal of Communication* 49 (1): 5–27.

Lampert, Claudia. 2005. Grounded Theory. In *Qualitative Medienforschung. Ein Handbuch*, hrsg. Lothar Mikos und Claudia Wegener, 516–526. Konstanz: UVK.

Lindlof, Thomas, und Bryan C. Taylor. 2011. *Qualitative Communication Research Methods*. 3. Aufl. Los Angeles u. a.: Sage.

Löblich, Maria. 2010. *Die empirisch-sozialwissenschaftliche Wende in der Publizistik- und Zeitungswissenschaft*. Köln: Herbert von Halem.

Loosen, Wiebke, und Armin Scholl. 2012. Theorie und Praxis von Mehrmethodendesigns in der Kommunikationswissenschaft. In *Methodenkombinationen in der Kommunikationswissenschaft. Methodologische Herausforderungen und empirische Praxis*, hrsg. Wiebke Loosen und Armin Scholl, 9–25. Köln: Herbert von Halem.

Maireder, Axel, und Manuel Nagl. 2010. Potentiale für Gewalt auf Social Network Sites. Cybermobbing im Kontext der sozialen Praktiken des Kommunikationsraumes. *MedienJournal* 34 (3): 36–48.

Mey, Günter, und Katja Mruck (Hrsg.). 2011. *Grounded Theory Reader*. 2., aktual. Aufl. Wiesbaden: VS.

Pentzold, Christian. 2016. *Zusammenarbeiten im Netz. Praktiken und Institutionen internetbasierter Kooperation*. Wiesbaden: Springer VS.

Reichertz, Jo. 2007. Abduction: The logic of discovery of Grounded Theory. In *The Sage Handbook of Grounded Theory*, hrsg. Antony Bryant und Kathy Charmaz, 214–229. Los Angeles u. a.: Sage.

Scheu, Andreas M. 2012. *Adornos Erben in der Kommunikationswissenschaft. Eine Verdrängungsgeschichte?* Köln: Herbert von Halem.

Scheu, Andreas M. 2016. Grounded Theory in der Kommunikationswissenschaft. In *Handbuch nicht standardisierte Methoden in der Kommunikationswissenschaft*, hrsg. Stefanie Averbeck-Lietz und Michael Meyen, 81–94. Wiesbaden: Springer VS.

Scheufele, Bertram. 2003. *Frames – Framing – Framing-Effekte. Theoretische und methodische Grundlegung des Framing-Ansatzes sowie empirische Befunde zur Nachrichtenproduktion*. Wiesbaden: Westdeutscher Verlag.

Scheufele, Bertram. 2011. Synopse und Kritik qualitativer (Text-)Analyseverfahren – Qualitative Inhaltsanalyse, Grounded Theory und Diskursmusteranalysen. In *Zählen oder Verstehen? Diskussion um die Verwendung quantitativer und qualitativer Methoden in der empirischen Kommunikationswissenschaft*, hrsg. Andreas Fahr, 123–143. Köln: Herbert von Halem.

Soeffner, Hans-Georg. 1991. Der fliegende Maulwurf. (Der taubenzüchtende Bergmann im Ruhrgebiet) – totemistische Verzauberung der Realität und technologische Entzauberung der Sehnsucht. In *Paradoxien, Dissonanzen, Zusammenbrüche*, hrsg. Hans Ulrich Gumbrecht und K. Ludwig Pfeiffer, 431–453. Frankfurt am Main: Suhrkamp.

Stebbins, Robert A. 2014. *Careers in Serious Leisure: From Dabbler to Devotee in Search of Fulfillment*. Basingstoke: Palgrave Macmillan.

Strauss, Anselm L. 1978. A Social World Perspective. *Studies in Symbolic Interaction* 1: 119–128.

Strauss, Anselm L. 1998. *Grundlagen qualitativer Sozialforschung. Datenanalyse und Theoriebildung in der empirischen soziologischen Forschung*. 2. Aufl. München: Fink.

Strauss, Anselm L., und Juliet Corbin. 1994. Grounded Theory Methodology: An overview. In *Handbook of Qualitative Research*, hrsg. Norman K. Denzin und Yvonna S. Lincoln, 273–285. 3. Aufl. Thousand Oaks: Sage.

Strübing, Jörg. 2014. *Grounded Theory. Zur sozialtheoretischen und epistemologischen Fundierung eines pragmatistischen Forschungsstils*. 3., überarb. und erw. Aufl. Wiesbaden: Springer VS.

Zu den Autoren

Dr. Andreas M. Scheu ist seit 2013 wissenschaftlicher Mitarbeiter am Institut für Kommunikationswissenschaft der WWU Münster, Leiter des DFG-geförderten Forschungsprojektes ‚Medialisierung von Organisationen' (seit 2016) und Redakteur der Zeitschrift ‚Studies in Communication | Media'. Von 2007 bis 2010 war er wissenschaftlicher Mitarbeiter am Institut für Kommunikationswissenschaft und Medienforschung der LMU München und promovierte dort 2010 über die Tradition der ‚Kritischen Theorie' in der deutschen Kommunikationswissenschaft. Anschließend koordinierte Scheu ein vom BMBF gefördertes Forschungsprojekt zur Medialisierung von Forschungspolitik (2010-2013). Seine Forschungsschwerpunkte sind Medialisierung, Wissenschaftskommunikation, Theorie- und Fachgeschichte der Kommunikationswissenschaft sowie Qualitative Methoden.

Dr. Andreas Bischof ist wissenschaftlicher Mitarbeiter der Professur Medieninformatik an der Technischen Universität Chemnitz. Der studierte Kultursoziologe befasst sich mit technisch vermittelter Interaktion, Science and Technology Studies und partizipativen Methoden in der Technikentwicklung.

Dr. Christian Pentzold ist seit 2016 Juniorprofessor für Kommunikations- und Medienwissenschaft mit dem Schwerpunkt Mediengesellschaft am Zentrum für Medien-, Kommunikations- und Informationsforschung der Universität Bremen. Zuvor war er seit 2011 wissenschaftlicher Mitarbeiter am Institut für Medienforschung der Technischen Universität Chemnitz. Als Post-Doc war er dort mit der DFG-Graduiertenschule ‚Crossworlds. Connecting Virtual and Real Social Worlds' assoziiert. Seine Forschungsschwerpunkte umfassen Internet-basierte Kommunikation und Kooperation, Digitale Medientechnologien, Qualitative Methoden der Medien- und Kommunikationsforschung, Theorien medialer Praxis und Alltagskultur.